户外运动装备

品牌推荐及选购指南

世界品牌研究课题组　主编

北京工业大学出版社

出版缘起

户外生活都是基于户外运动装备开展的，如徒步、攀登、露营、滑雪、海上娱乐、垂钓等，无不与户外装备密切相关。

户外运动装备是参与户外活动的重要前提，它们带给户外运动参与者全面的保护，以及极高的舒适感。这种性能和品质上的卓越表现，又是通过户外运动品牌创新的设计和先进的科技实现的，以至于许多户外装备如同科技产品和艺术品一样，兼具实用价值和欣赏性。在更舒适、更轻便、更安全、更易于操作等方面，户外装备引领了技术、材料和设计上的革命，其发展呈现出快速进化的特点。

好的户外品牌的产品具有不可比拟的优势，首先来自于其卓越的性能和可靠的品质保证。它们的每一项性能指标、技术指标都已达到了同类产品的上限，达到了同类产品所无法承受的临界状态。这些装备从来不会拒绝竞争和比较，因为那些劣势和低端的户外装备在性能上根本无法满足恶劣环境对户外装备的要求。对于那些期望更舒适，期待挑战更险峻环境的户外参与者而言，优质的户外装备不仅仅是安全的需要，更是获得最佳户外体验的需要。

户外装备的选择，不仅仅要适用和美观，更要可靠。户外运动总是夹杂着让人难以预测的各种突发状况，比如背包带断裂、防水冲锋衣出现大面积渗漏、透气型冲锋衣却排不出浑身的汗液等，以及在露营的过程中，帐篷突然坍塌；在徒步的过程中，指北针失灵；在攀爬的过程中，绳索出了问题……这些可能出现的窘境，更多的时候隐藏着危机，更是户外爱好者所不能、也不应忽视的。

可靠的装备和户外参与者是相互选择的。优质品牌在确保产品卓越的性能和品质的同时，也给自己贴上了身份和品位的标签。对于那些选择一流装备的人而言，户外运动是一项崭新的生活挑战。对于他们来说，优质的户外装备，不仅仅能够带来所需的性能、舒适感，满足安全上的需要，更是展现个人身份、品位的符号。

对于户外参与者而言，出于实际需要去了解这些品牌的装备以及它们的特色是必要的，不仅能增加知识，扩大选购的范围，更让他们懂得如何去比较，如何去选择自己真正需要且适合自己的产品。

户外装备和户外参与者是相互支持的。翻开近50年的户外运动的历史画卷，你会发现，意大利、挪威、美国、加拿大等国家的国民对户外运动的热情远比其他国家和地区高，除了与这些国家的地理环境、个人爱好有关外，还与这些国家在户外装备的研发中，总是有一线装备的不断出现有关。户外参与者因为这些顶级装备的存在而有了更多的自信、更大胆的追求、更疯狂的冒险，而这些产品也因为拥有越来越多的参与者而获得了更多、更翔实的信息反馈。

需要说明的是，由于一些户外装备品牌并不像始祖鸟、北面等，有着认可度极高的通用中文译法，故本书对有些品牌沿用了英文原名，有些则采用业内相对普遍的称谓，还有一些涉及特定称谓和专业术语，为了保证信息的精准，并未做出硬性翻译。另外，旨在为读者提供更大认知空间的“购买推荐”栏目，并没有出现在书中的所有品牌介绍中。

本书甄选了99个世界上顶级的户外装备品牌，全面呈现其品牌传奇、标志识别、品牌精神以及产品的主要特点。更为重要的是，以读者容易理解的文字翔实、准确地介绍了316款最具代表性的中高档产品，并且增加800多款单品推荐。包括性能指标、独特技术、功能特色、适宜活动项目以及参考价格，在方便读者阅读的同时，还兼具很强的导购作用。

无论你是初入此道的新人，还是久经沙场的老手，阅读本书，都能对你有所帮助。你不仅能够了解到这些优质品牌在户外运动领域中所处的地位、品牌对户外运动的巨大促进作用，还能在与之接触、了解的过程中，感受到选购户外运动装备的乐趣，并以此作为了解户外运动装备顶级品牌性能、品质的参考手册和选购指南。

世界品牌研究课题组

2014年8月

目录

CONTENTS

ASOLO

Lafuma

GIANT
MAXXIS

U.S.
ARMY
SIGG

Titleist
Titleist

PETZL

PETZL charlet

LEKI
SPITFIRE

GERBER

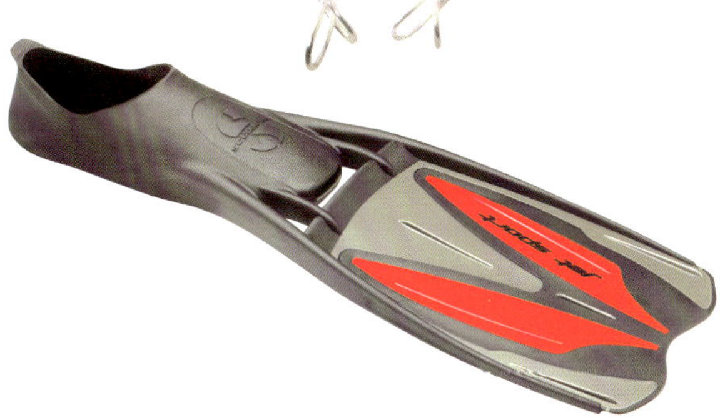

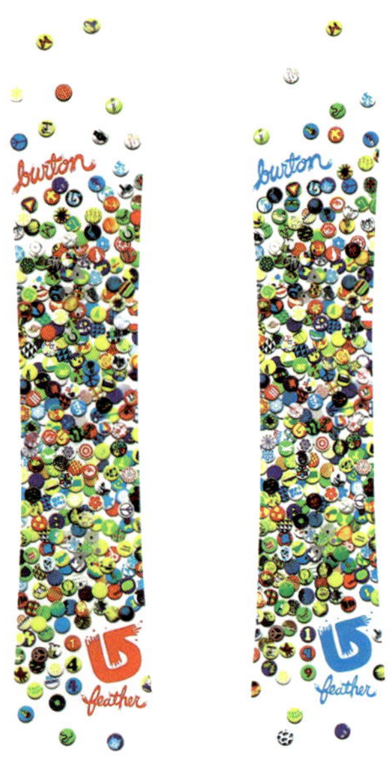

burton
burton

一亿五千万年前，一种生命挣脱了大地的束缚。

它变得精瘦强壮并演化成一个杰出的攀登者。

1861 年在德国巴伐利亚州发现的始祖鸟化石让“始祖鸟”成为全世界关注的焦点，

而 1989 年，在加拿大的温哥华又有一只腾空出世的“始祖鸟”，

使它再一次成为户外人类的荣耀中心。

始祖鸟

户外服饰的行业领袖

ARC′TERYX

“Arc′teryx”的图案形象基于 1880 年前后于柏林发现的“Berlin Specimen，HMN1880 柏林标本”——迄今最完整的始祖鸟化石。因此，Arc′teryx 品牌中文一般称作“始祖鸟”。

始祖鸟（Arc´teryx）于1989年创立于加拿大，至今其总部、设计工作室和主要生产线依然在温哥华。基于对新工艺和新技术近乎疯狂的追求，在短短十几年时间内，始祖鸟成长成为公认的北美乃至全球领导型的户外品牌。它的产品主要涉足于徒步、攀登和冰雪运动。由于在设计理念、材料、科技和时尚元素上的大力创新，以及对产品设计和做工不惜工本的强调，始祖鸟被公认为最高端、最可靠的户外品牌之一，同时也带来不菲的售价。如今始祖鸟是Amer旗下Salomon集团的子公司，但是仍然保持了其在温哥华的独立运营，虽然有部分附属产品线的生产移至了新西兰、越南和中国等地。从创立至今，始祖鸟的产品依然主要涉及户外服装、背包和攀登护具。

始祖鸟的冲锋衣多数采用顶级GORE-TEX（戈尔特斯，一种防水透气性布料）面料，该面料由美国W.L.Gore&Associates公司研制完成，在使用PTFE的实验中发现它在薄膜状态时，每11.1平方厘米有多达90亿个小孔，这些小孔的大小是水滴的2万分之一，但又比水蒸气分子大700倍。此外它又柔软坚韧，故为顶级的防水透气面料。所以它的防风性极佳，在此之前，纺织界对兼顾防水及透气的要求并无理想之解决方法，现有材料只能低度防水及透气，或者不能兼顾。GORE-TEX面料的出现改变了这一切。并且虽然GORE-TEX面料本身并不保温，但由于空气分子难以穿透，因此十分挡风，表现出极佳的保温性能。其防水性也不在话下，一般防水尼龙的防水度只有1000~2000毫米，只能承受一般骤雨；稍佳者5000毫米，可以承受大雨；美国军部之标准也才7000毫米，而GORE-TEX面料的防水度高达20000毫米。

品牌名品

麦肯冲锋衣

麦肯冲锋衣是始祖鸟服饰中顶级的作品，是专门为越野滑雪、单板等极限运动而设计的顶尖装备。在设计上，这款剪裁宽松的冲锋衣采用GORE-TEX专业复合Coreloft保暖内衬，在防水性和保暖性上都表现出色。该冲锋衣的手臂处采用光滑的塔夫塔布料作为内衬，增加了身体的灵活性；贴近身体部位采用不起毛的Coreline布料作为内衬，起到很好的保暖效果，并且不会和里层衣服贴在一起，让运动更加自在随意。它在细节上也表现出一个顶级产品的优势，独特的防雪通风口排除了雪水进入衣服内部的可能，带有拉链的大容量置物袋能够保存各种物件，内置网眼置物袋和音乐播放器口袋增加了服饰的实用性，一如保暖型的风雪帽和加长至臀部的衣沿设计。麦肯冲锋衣还将安全因素考虑了进来，在服饰内增加了雪崩信号反射器。

麦肯冲锋衣

适宜项目　滑雪　登山

参考价格　￥10 800

阿尔法系列冲锋衣

始祖鸟的阿尔法系列冲锋衣专为严酷环境而制，在高山环境下提供终极保护。作为技术上精益求精的典范，阿尔法系列冲锋衣被授予美国登山协会向导选择奖。该冲锋衣采用了三层GORE-TEX Proshell面料，专为严酷的环境而准备，同时又表现出绝佳的防水透气和防风性能。这一强大

阿尔法系列冲锋衣

适宜项目　登山　滑雪　徒步

参考价格　￥9 000

性能的实现，除了出色的面料之外，还在于设计。该冲锋衣的衣长及后胯进行了加长设计，先进的热压无针脚收腰工艺保证了设计目的的实现，其人体工程设计的3D预成型肘部保证了运动时获得最大的活动自由度。另外，大容积的前侧口袋、弹性内袋，以及带拉链的袖袋可以安全保存各种小件物品。肩部、肘部和袖口的加强设计，以及特别为使用头盔而设计的帽子，都体现了始祖鸟无与伦比的设计水准。单手帽子松紧调节方便着衣者获得最大视野，同时单手操作的收口线、聚酯防水前襟拉链、腋部拉链，配合带模压成型拉链头盖的聚酯防水口袋拉链，阻止了水分进入衣内。热压型防水袖口（快干防水，容易收紧并且柔软舒适），再加上一体化设计的带帽檐的帽子、快干抓绒胶合不变形前领、冲压剪切的魔术贴、冲压剪切的压胶带、热压拉链内衬等，造就了无与伦比的阿尔法系列冲锋衣，这一切只为最舒适的行动而设计。

文塔系列冲锋衣

作为始祖鸟系列中中高档冲锋衣的明星之一，文塔冲锋衣尤其适合寒冷干燥的登山环境，是始祖鸟软壳系列中最受欢迎的冲锋衣之一，它由3种不同构造的防风材料制造，在严酷的寒冷环境中提供最佳表现和舒适性能。其主要特点是：舒适的防风弹性软壳表现出来的高度透气性能、防风性能和保暖性能。该冲锋衣采用了多材料构造，保证了服饰的保暖性能，再加上多种特殊的细节设计，例如特别为佩戴头盔而设计的帽子，可以单手操作帽子的松紧等，表现出强大的防风性能。肩部以及手臂加固，腰部加长是出于增加运动时的灵活性考虑。并且还采用了接缝压缩技术，使得缝合得更为密实。在配件设计上，采用立体关节设计，有两个插手口袋，一个内部口袋，让双手在最寒冷的时候找到依靠。全开拉链后配备防

文塔系列冲锋衣

适宜项目　登山　徒步

参考价格　￥5 000

风条，领子处进行了刷毛处理，既舒适柔软，又增强了防风性能。这样保证了该冲锋衣在拉链和领口处的100%防风防水。

波拉 80 徒步背包

波拉系列是专业的登山、徒步背包，其背负系统结合了突破性的技术和人体工学设计，该背负系统以“稳定”著称，尤为适合大型背包，是始祖鸟背包的灵魂。始祖鸟的背包有很多，包括神殿系列、阿莱克斯系列都因为面料珍贵而价格极高，但最受人欢迎和认可的当属波拉系列，这款性价比极高的大型背包拥有出色的背负系统，其 V 形双支架结合可扭转调整的胯带，在行进时会随着胯骨的摆动而调节，让背负轻松舒适。波拉系列 80 升背包的腰带是世界标准——四层泡棉层叠然后热熔成，吻合人体曲线的形状，让负重平均转移到整个胯带的接触面积上。它的大背包可内调肩带和腰带以及弹力织物可以保证适合大多数人的身材需求，顶包枕部凹陷使背包者可以舒服地后仰休息，顶包可快速拆下做成一款简易腰包。高密度聚乙烯板状背负系统，采用了 630D 超级背包尼龙面料和高强度耐磨防刮材料，再辅以 6061 铝合金支撑条，双层面料底部带来了更耐用的表现，而铝合金支架则增加了背包的稳定性。背包还设置有六条收缩带，能更好地固定包内物品；加厚的肩带也很特别，带头窝设计，使用时更舒服。

波拉 80 徒步背包

适宜项目　登山　徒步

参考价格　￥4 500

购买推荐

Fission SL 男款冲锋衣

GORE-TEX 防水面料，强大防水功能，微缝设计（仅 1.6 毫米，有利于减少体积和重量），头帽设计，重 614 克。

适宜项目：登山　攀岩

参考价格：￥9 800

Theta SV 男款冲锋衣

GORE-TEX Soft Shell 软壳防风面料，防水透气，重 549 克。

适宜项目：登山　攀岩　徒步

参考价格：￥7 700

Theta AR 女款冲锋衣

GORE-TEX 面料，具备防水，防风，透气，耐磨等特点，超轻设计仅 32 克，带遮光罩。

适宜项目：登山　攀岩

参考价格：￥7 200

Alpha LT 女款冲锋衣

轻量化三层 GORE-TEX 面料，防水，透气，耐磨，重 332 克。

适宜项目：登山　攀岩

参考价格：￥7 000

Macai 男款 GTX 连帽羽绒服

防水 GORE-TEX 面料，配以 750 蓬松度欧洲鹅绒，采用运动型剪裁，在保证防雨防潮和更好保暖效果的前提下，达到更加出色的运动舒适度。正面和腋下设计有透气防水拉链，三维填充技术也是该羽绒服的一大特色。

适宜项目：城市休闲　滑雪

参考价格：￥11 000

Dually Belay 男款防雨滑雪服

一款屡获殊荣的明星产品，具备高度保暖、防潮、可压缩携带等功能的外套。Therma Tek 无缝材质，头盔带拉链，内部为网状，重量为 677 克，接缝均为无缝设计，防水效果显著。

适宜项目：城市休闲　徒步　越野等

参考价格：￥9 300

Therme 男款 GTX 长羽绒服

整体设计简洁、朴素，袖扣有鲜明的品牌材质标记。采用连帽设计，GORE-TEX 防风防水材质，长款设计，保暖效果出色，重量约为 1100 克。

适宜项目：城市休闲　户外野营

参考价格：￥8 500

麦肯户外裤

3 层 GORE-TEX 面料，内置超大置物袋，雪崩信号反射器，耐磨裤脚贴片，超强保暖。

适宜项目：登山

参考价格：￥6 600

Hyllus 男款抓绒外套

可压缩存放，采用多种重量温标的面料，能有效应对恶劣的气候环境。隔热、高透气的保温面料，采用立体结构剪裁，穿着更舒适，多处拉链设计，配以插手口袋。

适宜项目：远足　滑雪　攀登

参考价格：￥4 000

贝塔 AR 女款外套

专为高山严峻环境而设计，在肩部、肘部进行加强处理，增加了耐磨性。帽子部分专门为使用头盔而设计，采用三层 GORE-TEX 面料，整体时尚大方。

适宜项目：高山徒步　滑雪

参考价格：￥6 200

Sidewinder SV 防风外套

防水、防风透气型雪上运动外套，具有高强度的耐磨外层，以及个性的响尾蛇曲线形拉链。表层添加有防水涂层，采用 GORE-TEX 三层面料，多口袋设计，重量约为 630 克。

适宜项目：滑雪　徒步　野营等

参考价格：￥8 200

Gamma MX 男款软壳连帽外套

专为攀登高手设计，采用运动型剪裁，衣长至臀部，提供了更好的灵活性，强悍的防风外层阻止潮气入侵，抓绒内衬吸湿保暖。超强拒水处理，头盔兼容风雪帽。

适宜项目：攀登　徒步

参考价格：￥3 800

Rho AR Top 女款保暖外套

超轻、保暖，穿着舒适且不吸水，能快速将水汽带离皮肤，排汗效果出色，建议与冲锋衣搭配使用。

适宜项目：登山　徒步

参考价格：￥1 800

Detente 女款连帽卫衣

穿着舒适，款式时尚大方，重490克。

适宜项目：户外休闲

参考价格：￥1 600

Sylva Parka 女款棉衣

定位为都市休闲、城市郊游用途，采用N70p双层面料，能有效防止寒气入侵，重690克。

适宜项目：徒步　城市户外休闲

参考价格：￥5 600

Ridgeline 男款速干长袖格子衬衣

采用棉纺弹力面料，立体剪裁工艺，两个隐形口袋，轻量化材质，配以宽松款式，带来了更好的运动空间。

适宜项目：旅行　都市休闲

参考价格：￥1 200

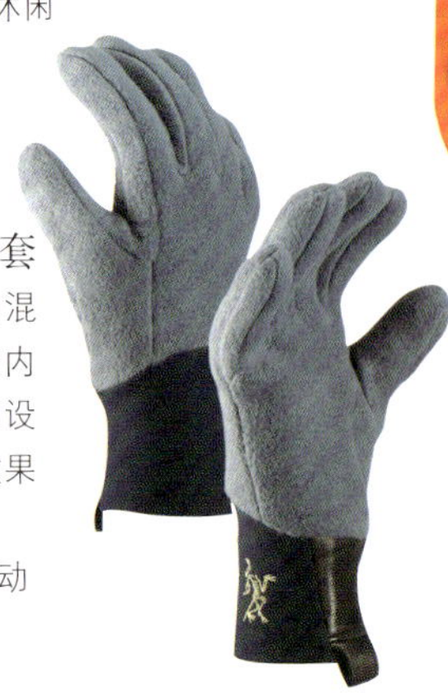

Delta AR 秋冬保暖手套

弹性涤纶与氨纶的混合面料，配以高蓬松度内衬，另加皮革腕部加固设计，使用灵活，保暖效果出色。

适宜项目：日常冬季活动

参考价格：￥500

Sentinel 女款冲锋裤

N70p GORE-TEX 三层软壳面料裤，防水，透气，耐磨，大腿设计通风口，修身设计，重512克。

适宜项目：滑雪

参考价格：￥5 900

Naos 85 背包

420D 防水耐磨面料，Kydex 背负骨架，6061 铝合金支撑条，透气网眼材料，接缝完全防水，多层结构腰带和肩带保证舒适背负，背包主仓 100% 防水，超大 85 升容积。

适宜项目：登山等

参考价格：¥11 000

Altra 62 女款背包

轻量化设计，透气腰带和肩带，AC 悬挂系统，重量 2150 克。

适宜项目：女性徒步旅行

参考价格：¥5 100

Khamski 48 男款背包

420D 尼龙面料，6005-T6 铝合金支架，轻装旅行背包，最大可扩展至 64 升，重 1532 克。

适宜项目：滑雪　短途越野

参考价格：¥3 600

Stroyer 条纹羊毛围巾

多种颜色可选，外形时尚前卫，适合潮流男女，其面料为 50% 羊毛 +50% 腈纶，佩戴舒适，保暖效果好。

适宜项目：都市休闲

参考价格：¥500

Axios 系列 48 背包

可压缩携带，最大容积为 48 升，重 1420 克。

适宜项目：徒步　越野等

参考价格：¥2 600

Caden Glove 男款手套

3 层 N80p-X GORE-TEX 防水面料，Tri-Dex（一种提高手指关节灵活度和手感的设计）技术。

适宜项目：野外滑雪等

参考价格：¥3 000

Nozone 55 登山包

容量 55 升，可扩至 65 升，可满足多天自行补给需要。采用 210D 尼龙织物面料、420D 防撕裂面料以及 100D 尼龙面料，配以 6005-T6 铝制支架，重量约 1450 克。

适宜项目：登山　徒步

参考价格：¥3 100

它是一个全能型的户外专家。选择土拨鼠服饰，
就是选择一种轻松、愉悦、自由、安全的户外生活方式。
它还是一个环保主义的极力倡导者，新型材料、独特的功能，
让地球和在此之上的户外运动变得更加美好。

土拨鼠

全天候型的顶级户外伴侣

Marmot®

土拨鼠的标志是：红色圆形背景影衬，“M”型雪白山峰，寓意为“有高山的地方就有土拨鼠服饰”。

美国专业户外装备品牌土拨鼠（Marmot）于1971年诞生于美国阿拉斯加州首府朱诺的冰原上，品牌将科技创新与对高山探险的热情融为一体，使得土拨鼠在短短几十年的时间内发展成为世界顶级户外品牌。土拨鼠服饰每年向全球专业户外运动人士提供服装、睡袋、手套、帐篷、背包等类别共几百个款型产品。在全美、欧洲、日本等几十个国家和地区，上千家专卖店为热爱大自然的“土拨鼠迷”提供热情周到的服务。从攀爬阿拉斯加山难度达3+级的线路，到飞驰在佛蒙特州的雪道，或是骑行在金门公园的海滩上，土拨鼠服饰总能给人舒适、耐用和全天候保护。

在英文单词中，“Marmot”是“土拨鼠”的意思，土拨鼠是一种生活在高寒山区的小动物，在公司创始人眼中，它和高山一样都具有生命力。土拨鼠服饰以“专业仿生、以人为本、全天候功能”著称，它向户外运动爱好者们传递一种理念：“Marmot For Life（土拨鼠的生活方式）”，并致力于打造终身拥有的感情纽带，竭力创造客户与自然的二人世界。土拨鼠产品之所以保持世界领先地位，其秘诀就在于广泛使用当今世界上最新科技的布料、材料和生产技术，如最新Gore-Tex XCR面料、全球最高900蓬松度羽绒、蛋白活性酶PreCip压胶布、有“三维立体排汗王”之称的DriClime材料、超级防风透气Wind Stopper及Dry Loft布料、POLARTEC系列、Polarguard 3d三角异型长纤维中空棉、超级吸汗Cool Max材料等。

品牌名品

暗影羽绒外套

暗影羽绒外套的穿着效果可以用“厚重”来形容，不过它本身的定位就是在极限环境下使用的，厚重在所难免。从功能设计上来看，这款外套的一大亮点就是多且合理实用的收纳设计，胸口前的储物袋方便拿取一些随身物品，小臂贴近袖口的位置也同样设置了一个小储物袋。面料上采用了土拨鼠专利之一的 MemBrain 防水透气面料，使它在透气性、防水性和防泼水性之间取得了最佳平衡，防水性达到 20000 毫米、40PSI（英制压力单位，即 6894.76 帕斯卡）以上，并且拥有出色的防风透气性。值得一提的是，尽管这件羽绒服是 650D 蓬松度充绒，量大且面料厚实，本来是给人一种厚重的感觉，但是由于其穿着系统设计合理，尤其是天使之翼肩部系统的使用，所以运动时候穿着也十分舒适得力，不会给人丝毫的约束感。

暗影羽绒外套

适宜项目　城市旅游　短途徒步　登山

参考价格　￥2 000

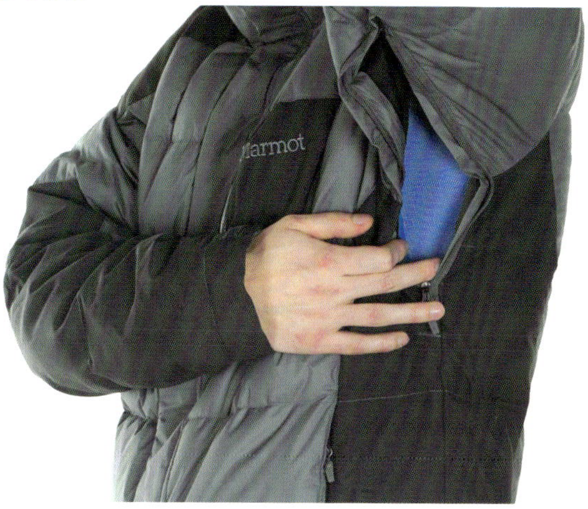

经典防风夹克

和电子产品一样，户外产品更新换代的速度也极快，它们很容易被日新月异的科技所淹没，可是土拨鼠的这款经典防风夹克却像一个经验丰富的战场老手，历久弥新。这款获得过《背包客》

经典防风夹克

适宜项目　登山　长途徒步　城市旅游
参考价格　¥1 500

杂志评选的“编辑选择奖”的防风夹克仅有284克，且比其他任何品牌同类型衣物更具有收纳性，功能更佳。它的设计非常注重实用方面：腋下的网状透气孔、具伸缩性的袖口、单一拉链的胸前小口袋、背后下摆具有加长设计，可以防止因系背包腰带所产生的不便，在前面拉链的背面更有挡风片的设计。在高山环境中，该夹克结合了高功能性衣物和传统风衣的共同特点，比一般的化纤、羊毛面料更加保暖，同时比一般的防水透气夹克的透气性更强。

岩壁男款冲锋衣

适宜项目　城市旅游　短途徒步　登山
参考价格　¥3 000

岩壁男款冲锋衣

岩壁冲锋衣属于土拨鼠的中高端冲锋衣系列，也是重装风雨衣的经典作品，其最显著的特征是扎实精细的做工和透气性能极强的面料，穿着舒适度极佳，配色款式也美观大方。这款冲锋衣采用了GORE-TEX的薄膜布料，其防水透气度是GORE-TEX一般面料的1.5倍，即使应付高山天气也绰绰有余。衣服外层使用高密度编织尼龙，使得整体质感偏硬挺，耐磨性也极强，而且完全没有塑胶雨衣和一般冲锋衣的塑料感，当然重量也增加到了961克。在细节处理上，胸口采用了高密度的YKK防水拉链，确保外套的防水性。衣服内部采用复合材质的人体映射拼接处理，背后和前胸两侧采用大型格状透气网，右侧两排拉链，最外侧那条可以外接土拨鼠公司的抓绒中层衣，变身两层式外套。配备天使翼设计，使得活动时无论身体如何伸展都可以让衣服贴身舒适，并产生吸湿排汗和保暖的效果。

购买推荐

Shadow 男款羽绒服

双层 MemBrain 透气面料，650 蓬松度，太阳镜接口设计，立体剪裁肩部设计，可拆卸防风裙，重量 1185 克。

适宜项目：休闲

参考价格：￥3 400

Cervino 男款冲锋衣

GORE-TEX 双层面料，100% 聚酯纤维材料，防水，可拆卸防风帽，网眼口袋，重 800 克。

适宜项目：滑雪　登山　徒步

参考价格：￥5 100

Minimalist 男款冲锋裤

GORE-TEX 棉纶，100% 聚酯纤维，防水，膝盖铰链设计，重 292 克。

适宜项目：徒步　越野　登山

参考价格：￥2 000

Scree 速干男裤

运动剪裁，90% 棉纶加 10% 伸缩氨纶，土拨鼠软壳面料，多关节拉链设计。

适宜项目：春夏季节户外徒步　越野等

参考价格：￥1 500

Furlong 女款抓绒外套

软壳面料，人造毛内衬风帽，暖手袋。

适宜项目：城市休闲

参考价格：￥1 700

Windstopper 男款手套

100% 涤纶材质，耐洗牛皮加固，羊毛内衬，超强保暖防风，重 68 克。

适宜项目：户外登山　徒步等

参考价格：￥600

Super Mica 男款冲锋衣

运动剪裁，100% 防裂尼龙，防水透气，防水拉链，可调袖扣。

适宜项目：徒步　越野　登山等

参考价格：￥2 600

Thunder Road 男款三合一冲锋衣

土拨鼠专利防水透气面料，2 层完全压胶结构，带有帽檐的可拆卸风帽，胸口和手袋均为防水拉链，袖扣可调节魔术贴，防水性能高达 20000 毫米，透气性大于 25000，完全挡风。

适宜项目：徒步　登山　滑雪

参考价格：￥6 500

Cosset 女款三合一冲锋衣

2013 年秋冬款，MemBrain 防水透气面料，完全压胶结构，专利设计的肩部系统，穿着更舒适，重 1165 克。

适宜项目：徒步　城市户外运动

参考价格：￥3 000

Guides Down 男款羽绒服

土拨鼠经典款男款羽绒服，带下巴防护，立领设计，防风拉链，专利肩部系统，重 590 克。

适宜项目：城市休闲户外运动

参考价格：￥2 500

Lindsey 女款三合一冲锋衣

防水透气面料，完全压胶结构设计，带帽檐可拆卸风帽，可拆卸抓绒内衬，斜插手袋有拉链，专利肩部系统，重 1165 克。

适宜项目：登山　徒步

参考价格：￥3 000

Drakon 45 背包

此款背包可拆卸盖上带有拉链口袋及钥匙扣，背包外层带有压缩绳的防风袖，水袖带有拉链口袋，可拆卸腰带上有环和斜齿轮轴套。此外，还配有可拆卸的动态弯曲悬架，YKK 防水拉链，前部垂直拉链口袋，双重冰斧环，绳索挂环，弹性网状水壶袋。

适宜项目：徒步　越野　登山

参考价格：￥2 300

Mendocion Flannel LS 长袖衬衫

工艺中空型芯法兰绒，耐用保暖，天然保暖的美利奴羊毛，防晒指数 50，速干灯芯绒，衬衫下摆，两个胸部口袋。

适宜项目：徒步　越野　城市户外休闲

参考价格：￥1 200

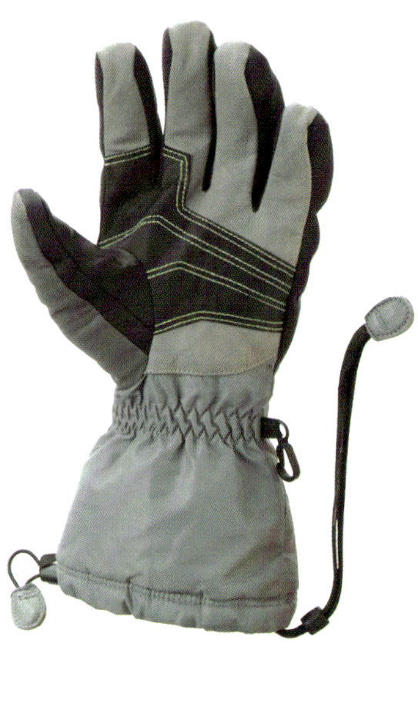

Moraine 手套

MemBrain 防水透气面料，Thermal R 填充物，速干灯芯绒，腕关节处有松紧带和信号绳，鹰爪仿生设计，安全皮带。

适宜项目：攀冰　登山

参考价格：￥700

Backroad 男款抓绒衣

肩部加固处理，重约 800 克。

适宜项目：登山 徒步 越野

参考价格：¥1 700

Helsinki 女款外套

可拆卸羽绒风帽，650 蓬松度鹅绒填充，内部口袋，内部羊绒袖口，弹性袖口设计。

适宜项目：城市户外休闲

参考价格：¥3 300

Long Hauler Duffle 背包

耐磨防撕裂面料，肩带可以转换为手提柄，大号 D 型拉链，外部口袋容易插入，上锁拉链，压缩打包带，两末端有线圈，内置口袋。

适宜项目：休闲 旅行

参考价格：¥1 500

Terminus 女款 GTX 冲锋衣

GORE-TEX 3 层防水透气面料，采用微型缝纫及完全压胶结构，兼容帽盔，带有帽檐的可拆卸风帽，PitZips 防水拉链，不对称袖口有可调节魔术贴，背部激光钻孔口袋可增加透气性，可拆卸防风裙，专利设计肩部系统。

适宜项目：登山 滑雪

参考价格：¥7 600

Evie LS 女款长衫

85%聚酯纤维加 15%棉，柔软，透气轻量的针织面料，防晒指数 UPF30，采用 Dri-release 速干科技，弹性可增加可动性，V 字领风格，下摆有纽扣，衣领标签处舒适设计。

适宜项目：城市户外休闲

参考价格：¥600

ROM 女款冲锋衣

100%聚酯纤维面料，里衬为 100%聚酯纤维，防风，防泼水，透气，可拆卸帽子，胸部口袋有隐形拉链，专利肩部系统。

适宜项目：徒步 越野

参考价格：¥2 600

PreCip 女款长裤

Precip 速干科技，防水透气，完全压胶结构，踝关节侧部有拉链，裤脚处有按扣，前后面口袋有拉链。

适宜项目：徒步 越野

参考价格：¥1 200

BUFF 头巾引领了户外头巾的时尚潮流，
因为百变的造型和多彩的图案而成为时尚的定制专家。
它以在保暖防风方面的先进材质和极具创意的时尚元素，
满足户外达人们对时尚和功能性的双重要求。

BUFF

时尚户外的定制专家

BUFF 的本意是“淡黄色”，这与品牌创立之初的面料色泽密切相关，并且黄色给人温暖、柔软的感觉，今天的 BUFF 头巾早已拥有了多种时尚色彩。

1993 年，西班牙加泰罗尼亚商人琼·罗哈斯在距离巴塞罗那 60 千米的伊瓜拉达创立了 BUFF 品牌，使其成为世界上第一个无接缝、多功能头巾产品的品牌。琼·罗哈斯在户外骑自行车的过程中，发现原有的头巾难以达到舒适和防风保暖的要求，因此他在家族的纺织工厂里进行了近一年的研究，最终打造出了兼具防风、保暖和时尚性的户外头巾。他早期只是将这种头巾送给亲朋好友使用，但很快引起了人们的注意和询问，于是他决定将该头巾推向市场。在短短的三年时间内，BUFF 头巾迅速在德国、法国、瑞士引起抢购热潮。自品牌创立至今 20 年的时间内，BUFF 已经进入服装领域，其头巾和服饰产品以无法阻挡的魅力向全世界扩展，引起了一股时尚户外的潮流。

BUFF 头巾的特色在于其先进的超细纤维面料和无缝编织工艺。超细纤维材料是一种极细的人工纤维，一般直径在 5 微米以下，带来了柔软、保暖、透气的特点，而无缝编织工艺则拒绝了接缝和缝边的麻烦，同时独特的编织方法带来了更为出色的弹性及恢复原状的能力。

品牌名品

抓绒系列头巾

BUFF 的抓绒系列头巾是专门为冬季户外运动设计的，由超细纤维材质和挡风材质编织而成的头巾使佩戴者在低温和寒风中都能保持足够的温度。先进的面料加上双面抓绒帽兜，带来了舒适的佩戴感受，超细纤维具有良好的透气性，即便是捂住口鼻，也能顺畅呼吸。该系列头巾具有多种用途，可用作保暖围巾、无檐圆帽、帽兜（仅留脸部而把头、耳、颈部盖住）、脸罩、头盔内衬、海盗帽、头巾等。多变百搭的特性加上多种色彩的组合，产生了更为时尚的动感形象。不论是冬季滑雪，还是春季骑行都可使用。值得一提的是，该头巾系列在设计上充分考虑使用的实际情况，不同的

抓绒系列头巾

适宜项目　多项户外运动

参考价格　¥500

部位设计成不同的厚度，其中帽兜部分约2毫米，围巾部分约0.4毫米，将保暖、透气、舒适的效果发挥到最大程度。

防风暴系列头巾

防风暴系列头巾是专门为冬季高速运动或大风环境下使用的头巾，所有新的防风暴系列BUFF头巾结合使用双层超细纤维和美国GORE-TEX公司的防风面料，最大限度地保护使用者免受低温、风、雨和雪的侵害，头巾底部有一根松紧带，可以帮助使用者创造出更多不同的使用体验。该头巾同样具备多种佩戴形式，在材质上也采用了分段设计，其中防风部分长22厘米，超密纤维部分长9厘米，在满足防风保暖需求的前提下，又提高了佩戴的舒适性和透气性。该系列头巾还加入了先进的抑菌面料，抑菌率高达99%，让佩戴者尽情享受极限运动，确保头巾的清爽和舒适。值得一提的是，该头巾还具备一定的防晒功能，其SPF值为10。

防风暴系列头巾

适宜项目　滑雪　骑行　雪上摩托　滑冰

参考价格　¥400

猎装抓绒系列头巾

猎装抓绒系列是BUFF头巾中生产款式最多的头巾系列之一，也是一款面向男女老少的中端头巾系列。该系列头巾以时尚的设计和“让佩戴者发挥想象力去创造佩戴形式”而著称。和BUFF头巾的高端产品一样，该系列头巾也采用了抑菌面料和高档的抓绒面料，具有温暖且舒适的基本特点。先进的无接缝工艺的运用，带来了出色的弹性，让佩戴舒适，且产品不易变形，这也是该系列产品能够以不同形式佩戴的前提条件。该系列产品注重流行趋势，并以此为引导，设计出更多精美的款式，同时还有偿使用国际著名品牌的图案，设计出引领时尚的产品。不论是极限运动，还是日常休闲，猎装抓绒系列头巾都能满足佩戴者的需要。

猎装抓绒系列头巾

适宜项目　多种户外运动 日常休闲

参考价格　¥350

从猿到人类，进化使我们的双脚承担了越来越多的东西，
它们支撑着我们的体重，并在我们行走的每一步中充当着“减震器”的角色。
鞋子已经分出了不同的类型，袜子不需要分吗？X 功能袜让我们进入袜子进化的时代。

X–SOCKS
用科技创造的赤足体验

“X”既代表着未知，也代表着先进的科技，X 功能袜代表的就是一个先进科技的集合。

X 功能袜品牌于 2000 年诞生于瑞士，它是由瑞士 X 科技公司研发，全部由意大利工艺生产的高科技运动袜子品牌。在短短十几年的发展过程中，X 功能袜与其系列品牌 X 仿生服一起获得过 300 多项国际大奖和测试冠军，包括素有“设计界的奥斯卡”之称的德国 IF 工业设计大奖，以及同样享有广泛声誉的德国红点设计大奖。强大的科技研发能力和出色的意大利工艺成就了其超过 3000 万的使用者以及超过 20 个国家队队员的信任。如今，X 功能袜以 28 项国际专利技术成为世界超一流的运动袜子品牌。

该品牌的座右铭是：“袜子并不是我们发明的，但是发明仅仅只创造了一半的历史，而我们就是另一半历史的创造者。我们保持在科技创新上的领先，同时向自然学习，带来专业的足部保护。”科技是 X 功能袜最大的特色，每一双 X 功能袜都是瑞士科技专利技术和意大利生产技术相结合的高科技产品，拥有空气调节系统、X 保护绷带等专利，使用专门设计的织机精心制造，是世界上技术含量最高的袜子，也是唯一提供两年质量保证的袜子。全系列产品均从意大利原厂进口，它创造性地从人体解剖学的角度设计整体结构，提供最舒适的袜子产品。

品牌名品

高尔夫能量袜

作为高尔夫系列功能袜的高端产品，高尔夫能量袜运用了X功能袜品牌的28项专利技术中的13项，堪称是技术派的集大成者。其紧缩的意大利工艺带来更佳动能的表现。该袜子利用渐进式紧缩抵抗重力，加速静脉血液回流至心脏，这一设计提高了血液循环和营养供给的效率，缓解了心血管系统的压力，降低脉搏跳动频率。因此，节省的能量和稳定的心跳有利于高尔夫球手准确地挥杆击球。另外，高智能紧缩区产生的渐进式紧缩能提高再生能力并降低血栓产生的潜在危险，高尔夫能量袜的衬垫和保护系统紧密结合，给双脚提供了14处位置的特殊保护。持有专利的气流调节通道的通风系统结合降温带，以及结构学左右定型袜底，将湿热气流输送到鞋外的同时，吸入新鲜空气至脚底，这样就能保持双足干爽，防止水泡发生擦伤问题。

高尔夫能量袜

适宜项目　高尔夫运动　户外休闲

参考价格　￥650

自行车银丝短袜

自行车银丝短袜是自行车系列中设计最朴实的一款，也是销量最大的款式之一。高成分的棉质材料带来了出色的透气和防滑性能。这款袜子同样采用了多项专利技术，对于车手而言，脚趾保护尤为重要，该专利可以减缓双脚受到的挤压，脚趾尖保护由吸震纱线制成，保护敏感的趾尖部位。与此同时，鸭嘴兽型足部保护则衬垫着脚趾、脚面及脚趾尖，能够对付在山丘及高速骑行时面临的沉重压力。特别的抗菌材质以及多股设计，则将空气引入纤维中。这些细微的空气包可防范任何由鞋子或踩踏造成的挤压，而当脚部需要加大运动强度时，它会延展并扩展，保证足部需要的空间和干燥性。值得一提的是，该款袜子增设了防滑袜舌和多条防滑条纹，提高了袜子对脚部的支持程度。

自行车银丝短袜

适宜项目　骑行　高速奔跑

参考价格　￥400

徒步登山中帮袜

徒步登山中帮袜是针对专业户外运动者设计的，其出色的保暖性能和保护性能是该款袜子的最大特色。它的加厚型衬垫和新型的保暖速干纤维能够保持双脚温暖，并具备一定的缓冲能力，

徒步登山中帮袜

适宜项目　登山　徒步

参考价格　￥500

减少因徒步而引起的压力，并给予脚趾和后跟出色的保护。同时独特的中帮设计还能防止周围的冷空气侵入双脚。专利技术的 X 型束带紧缚脚踝，提供了强大的稳定性能。另外，除了抵御寒冷，徒步登山中帮袜还能控制渐多的湿气，这归功于气流调节通道的功效，每走一步，双脚都在不断地通过气流调节通道释放湿气，从而保证了双脚在寒冷地带干燥、温暖、舒适地前行。

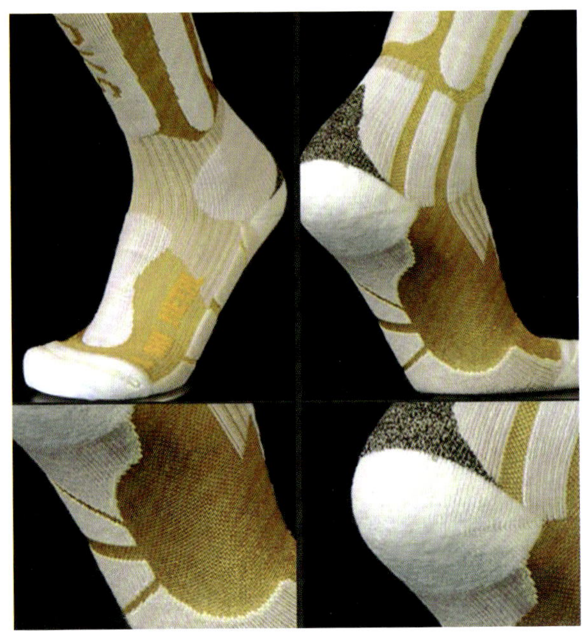

滑雪金属抗寒长袜

滑雪金属抗寒长袜是滑雪爱好者的必备功能袜，堪称是材料、技术、设计的完美结合，这款高科技袜子提供最佳的温暖和保护效果。该长袜采用精密的编织技术而成，保证滑雪时能量的完美转换和传送。创新型反热辐射金属纤维材料能够反射身体热量，作用类似于急救用毛毯，能让双脚保持暖和。弹性极佳的柔软美利奴羊毛保证足弓处舒适，且能减少不需要的摩擦，而超轻薄、坚固耐用的混合纱线带来了出色的透气性，湿气很快就能挥发，减少脚气的形成。在人体解剖学专家的指导下，该袜经过精心设计的保护系统的保护，能让脚趾、后跟、跟腱、脚踝和胫骨免受擦伤的困扰，让滑雪者更好地享受滑雪的乐趣。

滑雪金属抗寒长袜

适宜项目　滑雪　登山

参考价格　￥800

它低调从容，鲜有让人过目难忘的标志，却以品质保证了人们对它的忠诚，
它又骄傲冷酷，几乎是用剪裁的艺术唤醒了人们对材料的盲目崇拜，
而用舒适的线条、实用的设计满足人们对户外的需求，
它就是巴塔哥尼亚，一个对剪裁与细节无比挑剔的服饰大师。

巴塔哥尼亚

剪裁一流的顶级服饰大师

公司名称源自阿根廷高原的称谓，本意是“巨足”的意思。

1973年，美国户外爱好者伊冯·乔伊纳德和他的伙伴经过近半年的跋涉，从阿根廷的巴塔哥尼亚高原探险归来，在美国加利福尼亚州创立了巴塔哥尼亚（PATAGONIA）品牌。公司早期主要是加工生产来自英国的户外服装，并很快引起人们的关注。在随后40年的发展过程中，巴塔哥尼亚将在服装裁剪上的优势进一步巩固，它更加注重服装设计的细节，并强调功能性。产品线也开始扩展到滑雪服、冲锋衣、睡袋、帐篷等领域，并以其强烈的社会责任心和环保意识成为受人尊敬和喜爱的品牌。这个低调的户外品牌，凭借着在服饰设计上的创造性和品质上的卓越表现，成为足以与始祖鸟媲美的顶级服饰品牌，成为美国销量最大的户外品牌之一。

简洁有力的标志实际是巴塔哥尼亚高原上那些险峻的山峰图案，意指巴塔哥尼亚产品卓越的性能，足以应对高原上的恶劣气候。它始终将客户的需求和利益放在首位，将对细节和设计上的虔诚转换成产品品质上的卓越表现，以出色的性能和户外的热情满足人们对户外装备的要求。巴

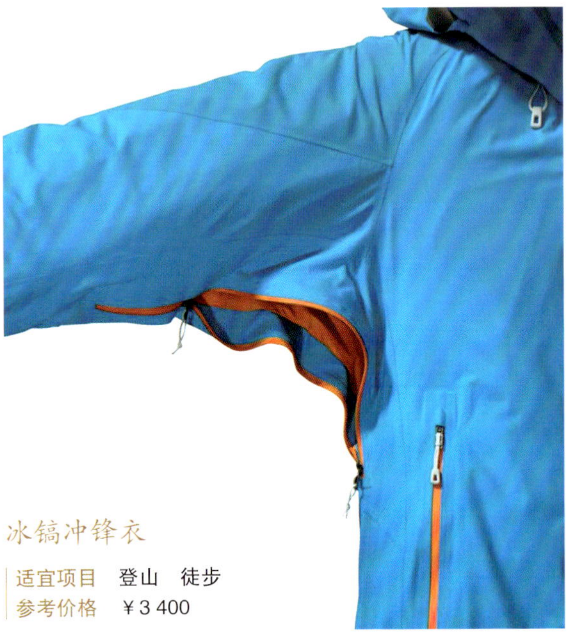

冰镐冲锋衣

适宜项目　登山　徒步

参考价格　¥3 400

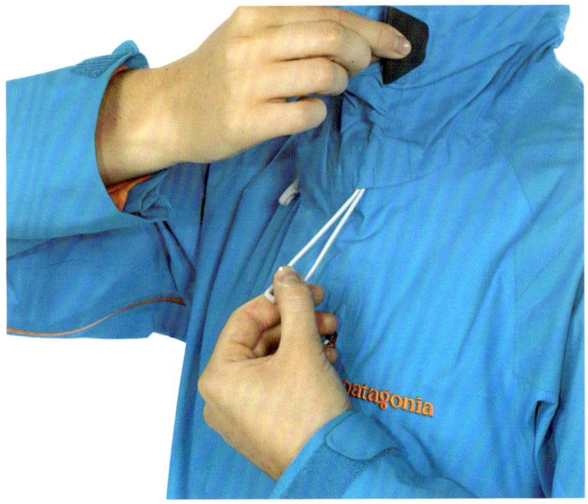

塔哥尼亚的特色在于其设计和环保理念，这种略显低调的设计风格源自于其快乐且务实的设计师团队，有专门负责剪裁设计的，也有负责色彩设计的，这些人或是户外运动中的佼佼者，又或是设计领域的专家。他们和多数人一样崇尚卓越的产品，但绝不盲目崇拜材质，因此在新材料的选择上表现得尤为谨慎，只有在经过了多项测试并保证安全之后才会使用。

这种理念与其环保理念不谋而合，使得包括美国前总统克林顿在内的政治家和演艺明星均以拥有巴塔哥尼亚服装为荣。

品牌名品

冰镐冲锋衣

这款中端冲锋衣以其舒适且美观的表现，以及出色的防水性能赢得了户外爱好者的好评。在材质上，2层压胶的GORE面料带来了出色的保暖效果和防风性。再加上GORE-TEX材料和DWR防水涂料的综合应用，使它能有效保持强大的防水性能。透气加防水是冲锋衣的重要特性，在户外运动时除应保持一定的防水性外，还应保持一定的干燥性，特别是靠近身体的部分，内衬的干爽性会使身体感到更加舒适。最值得称赞的当属其功能设计，轻量化的材质带来了舒适的穿着，

特里奥莱冲锋裤

适宜项目　登山　滑雪

参考价格　¥4 500

上肢的伸展性没有受到衣服的限制，可调节的风帽能有效地包裹头部，不会出现风帽过大兜不住头而晃动的现象。帽檐在强调防风性的同时，也保证了足够的视野，与太阳镜配合尤为合适。

特里奥莱冲锋裤

特里奥莱冲锋裤是户外冲锋裤装备中的高端产品，作为一款具有持久抗水功能的冲锋裤，它是由 3 层 GORE-TEX 面料和耐磨防水的 DWR 材料制作而成，新型的 GORE-TEX 面料带来了特殊的柔软触感，同时具有更轻、更耐磨、更防水、更透风的特点。在设计上，活动部位增加了强化尼龙材质，增加了弹性，增加了膝盖的活动自由度。双向易调整拉链和内置可调节纽扣，让穿脱以及穿着过程中的调整变得更加容易，防水拉链和精致剪裁实现了减少体积和重量的双重目的。在细节上，两个暖手袋既柔软又温暖，与滑雪靴兼容的裤腿处设计有磨损警示，提醒人们小心认真地穿着鞋子，在绑腿处另增加了耐磨材质，以增强整体的耐用性和防水性，另还有同名冲锋衣可选。

男款超级抗寒冲锋衣

这款超级抗寒冲锋衣是巴塔哥尼亚的高端产品，其卓越的性能如同一个布满现代科技的超级盔甲，为那些酷爱高山运动的冒险者提供了最好的保护。不论是在严酷恶劣的高寒气候环境下，还是在温暖湿润的多雨天气下，它总是表现得十分出色。轻便耐用的尼龙 GORE-TEX 面料带来了出色的防水性能，同时在一个防水尼龙外层的辅助下强化了防水性，内部的网状面料则增加了透气性，以此来应对长久、潮湿、阴冷的天气。接缝处也进行了压胶处理，在增加耐用性的同时也增强了整体防水性能。在设计者精细的剪裁下，防水拉链和口袋都进行了压缩处理，使穿着更显历练简洁。在细节上，对帽子进行特殊设计以与头盔兼容，带有纽扣的拉绳能够快速调整下摆或帽子的紧松度，增强保暖效果。

男款超级抗寒冲锋衣

适宜项目　登山　滑雪

参考价格　¥6 000

购买推荐

Tres 男款三合一冲锋衣

300 克 Deluge DWR 双层面料，填充 100 克聚酯羊毛，具备出色的防风防水性，拉链口袋，立体剪裁，重 1372 克。

适宜项目：极寒地带徒步　越野等

参考价格：￥6 500

Northwall 男款冲锋衣

性能优异的软壳冲锋衣，是专门为恶劣环境而设计的，Polartec Power Shield Pro 面料，缝边加固处理，头帽设计，防水拉链，重 731 克。

适宜项目：滑雪　登山探险等

参考价格：￥5 100

Bucket 圆边帽

100% 尼龙面料，耐久，防水，免烫，360 度防晒，重 68 克。

适宜项目：休闲户外

参考价格：￥400

Triolet 男款冲锋衣

3 层 GORE-TEX 外壳，头帽兼容，防雨雪专利下摆设计，轻量化立体剪裁，重 590 克。

适宜项目：滑雪　登山

参考价格：￥4 700

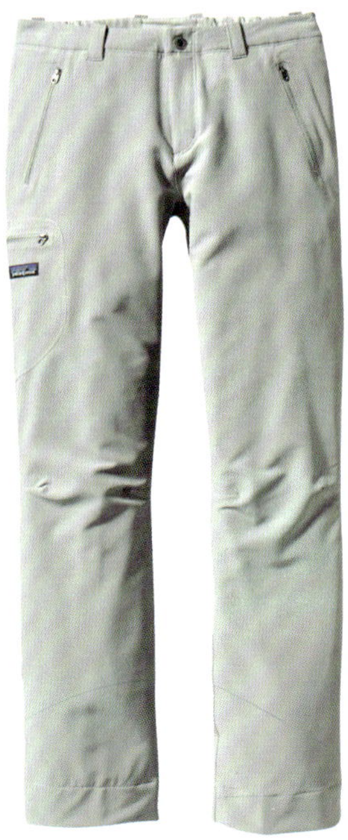

Simple Guide 女款长裤

多色可选，柔软舒适，防水面料，轻量化，防风透气且耐磨，弹性腰带。

适宜项目：春季徒步　越野等

参考价格：￥1 200

Advocate 编织带户外休闲鞋

可拆卸耐磨面料，拉环鞋扣设计。

适宜项目：户外休闲　徒步等

参考价格：￥530

Hi-Loft 女款羽绒服

时尚风格，超轻设计，800 蓬松度，修身剪裁，400 克重。

适宜项目：城市休闲　郊游等

参考价格：￥2 800

R3 Hi-Loft 男款抓绒外套

采用高蓬松度聚酯布材质，拉绳下摆，重473克。

适宜项目：城市休闲 郊游等

参考价格：￥2 000

Fitz Roy 男款羽绒服

聚酯防裂防水外层，800蓬松度鹅绒填充，可调式袖扣设计，可配头盔风帽。

适宜项目：滑雪 登山

参考价格：￥4 100

Super Cell 男款冲锋衣

2层GORE-TEX面料，配以头帽设计，防水、防风又透气，颈部内衬优化处理，增加了穿着的舒适性，可调式袖扣，超轻设计仅重382克。

适宜项目：登山 滑雪 徒步等

参考价格：￥2 800

P26 中帮男款登山鞋

GORE-TEX防水透气外层，足弓支撑设计，加固鞋头，巴塔哥尼亚减震鞋垫，VIBRAM橡胶鞋底，重1020克。

适宜项目：登山 徒步等

参考价格：￥1 600

Winter Sun 女款冲锋衣

强大的保护能力是该冲锋衣的显著特色，双层绝缘外壳材质与生态材料的结合，配以头帽兼容设计，足以应对恶劣的环境，重598克。

适宜项目：登山 滑雪等

参考价格：￥3 400

Down With It 女款修身保暖马甲

聚酯防水外壳，600蓬松度鹅绒填充，双向拉链，保暖口袋，修身剪裁。

适宜项目：城市休闲 郊游等

参考价格：￥1 900

多功能背包

超强防水材质，保护电子产品和衣服，尺寸52厘米×34厘米×18厘米，容积45升，重1318克。

适宜项目：商旅 短途郊游等

参考价格：￥1 800

它是世界上顶级户外袜的代表，保暖、耐磨、吸汗，它无所不能，
它是英伦军用袜的始祖，高品质羊毛、先进工艺、全世界行销，它备受信赖，
它就是戴桥羊毛袜，它将耐穿和舒适性完美结合，成为顶级户外袜类的代表。

戴桥
与足部的舒适接触

bridgedale® enduring comfort

戴桥原本是工厂所在地的地名，加上"足型"图案，意指品牌产品带给足部的舒适特性。

英国作为最早完成工业革命的国家，其先进的纺织工艺随着时代的发展逐渐远离英国本土，唯有戴桥（Bridgedale）还在持续汲取先进科技，继续传承着高贵、纯粹的英格兰精神。1910年，英国商人克里斯·罗伯茨建立的工厂成为戴桥历史的起点。工厂早期主要是使用北爱尔兰羊毛生产毛线衣，直到1914年"一战"爆发，才开始了生产军用羊毛袜的历史，并且保持了很长一段时间。1980年，工厂首次以"戴桥"为品牌向世人推出了高品质的羊毛袜，以其优质的原材料和先进的科技赢得了世界性的声誉。尤其是1992年发明了将羊毛与人造纤维混纺在一起的技术（也就是后来的"羊毛混合技术"），为其在羊毛袜生产中保持着长期的技术领先优势。经过多年的发展，戴桥早已经受了各种极限环境的严苛检验，成为户外爱好者最为信赖的袜类品牌。目前，戴桥最受欢迎的产品主要有"户外"、"快 & 轻"、"周末旅行"三大系列，其中尤以户外系列最为出色。

戴桥户外袜的主要特色在于其独有的羊毛混合技术，此技术能把天然的羊毛纤维与人造的纤维（尼龙纤维，排汗纤维，弹性纤维）结合在一起，使此纤维同时具有天然纤维保暖、除臭、舒适的特性。人造纤维吸湿排汗快干的特性，则使穿着戴桥户外袜的运动者感受到更好的干爽，同时人造纤维能够增加纱线的强度，让袜子更耐穿且具备长久的舒适性。

品牌名品

顶级登山羊毛袜

有着"军用袜"背景的戴桥产品，一直以耐穿和舒适著称，这款顶级的登山用羊毛袜便是其代表作品。该系列羊毛袜曾被美国权威的《背包客》杂志评为最佳编辑推荐产品，在该杂志进行的十多个户外袜类品牌的性能测试中，该系列户外袜在每一项指标上都名列榜首。该登山用羊毛袜以47%的优质羊毛纤维加上34%的尼龙材质，再混合18%的排汗保温纤维以及1%的弹性纤维材

质组成，保温又排汗，并且避震性佳，适合冰雪、登山、跳跃等极限运动者。该产品在设计上也颇具特色，其湿度控制系统提供高层级的排汗机能，使人们在穿着防水鞋类时也能维持透气舒适。袜口采用专利技术的收紧系统，提高了袜口的闭合程度。袜底 MMS 结构设计使足部保持干燥，在弹性尼龙材质的辅助下，使袜子与足部紧密结合。特殊的剪裁，使袜子在运动中也不易出现褶皱或磨破。袜子掌部采用波纹状织法，使前脚掌活动更加灵活。

顶级登山羊毛袜

适宜项目 登山 滑雪 越野
参考价格 ￥250

排汗保暖内衬羊毛袜

排汗保暖内衬羊毛袜是戴桥户外系列的又一顶级产品，以出色的排汗保暖性能和舒适的穿着感受著称。在材质上，57%的优质羊毛纤维加上20%的尼龙材质，再混合19%的排汗纤维以及4%的弹性纤维材质组成，是一款适合四季穿着的、能够快速排汗、干净清爽的羊毛袜。与顶级登山羊毛袜相比，更大比例的羊毛纤维、排汗纤维和弹性纤维成分使它在保暖、透气和弹性上表现更为出色，而相对较低的尼龙纤维虽然降低了它的耐穿程度，但舒适性更高，而脚趾和脚跟部位进行了强化处理，弥补了材质上耐穿度相对较低的缺憾。该款羊毛袜采用弹性纤维编织，弹性适中，不松弛，先进的杜邦排汗纤维带来了快速干爽性能。符合人体工学的独特剪裁，经热蒸汽防缩定型处理，使袜子与脚步亲密结合，防止磨脚现象的出现，同时久穿久洗也不易变形。

排汗保暖内衬羊毛袜

适宜项目 徒步 登山 越野
参考价格 ￥250

旅行者徒步袜

旅行者徒步袜是越野、登山健行等专业级野外活动爱好者的最佳选择，该款徒步袜适合春秋季节使用。在材质上，41%的防臭处理排汗纤维加上23%的强韧尼龙材质，带来了出色的排汗除臭效果，另外33%的美利奴羊毛混合3%的弹性纤维让穿着更加舒适。除了防臭面料带来的排汗除臭之外，在设计上也更加注重这一点，脚背处依左右脚不对称而编织设计超轻网眼织法，透气快干，脚尖缝合处平顺不磨脚。脚踝与脚背区加强固定织法，长时间穿着不滑落。值得一提的是其依左右脚不对称而编织袜底吸震耐磨防撞系统，带给双脚更好的保护性。

旅行者徒步袜

适宜项目 休闲旅行 徒步 登山 越野
参考价格 ￥250

舒适登山羊毛袜

该登山袜适用于各个季节的休闲旅行和登山运动，以出色的排汗性能和舒适的穿着体验为人们所称道。在材质上，高品质的美利奴羊毛占到了30%，而以排汗著称的排汗纤维材质比例高达48%，因此才拥有了其卓越的排汗性能，21%比例的尼龙材质是其耐穿性能的保证。在设计上，袜口采用了宽边双层织法，弹力适中，久穿不松弛。脚踝与脚掌皆以弹性纤维加强，减少了袜子与足部的摩擦。袜底多层不同密度编织，避震耐穿保护性特佳、不磨脚起泡。

舒适登山羊毛袜

适宜 休闲旅游 徒步 登山 越野
价位 ￥200

它总是习惯成为一种标准，成为面料的标准，成为睡袋的标准，
成为背负系统的标准，成为帐篷的标准，成为科技的标准，
它是当之无愧的科技先锋，一个驰骋在户外世界的科技勇士，
要将人类关于户外的一切梦想照顾到最好。

哥伦比亚

户外运动的科技先驱

Columbia Sportswear Company

哥伦比亚取名自公司所在地附近的一条河流，除了公司名称之外，就是一个由四团棉花组成的图案，象征着哥伦比亚公司在御寒保暖行业的突出贡献。

哥伦比亚创立于1938年，哥伦比亚的名字起源于美国俄勒冈州哥伦比亚河。从1938年起，公司扎根于俄勒冈州，此地经常下雨，故早年的哥伦比亚是以生产雨衣、雨帽起家。在1998之前，公司产品主要为大众户外用品，之后，依靠科技优势和在面料上取得的创新，哥伦比亚在户外服饰工业中再次成为领导者，加之出色的立体裁剪设计，使其成为户外用品的先驱者。时至今日，哥伦比亚的产品系列已经涵盖了户外运动用品的大部分领域，深得户外运动爱好者拥戴之余，更大受美国、日本、中国香港等世界各地潮流人士的欢迎，多了一份时尚和休闲的元素。

哥伦比亚公司以客户的舒适为最高宗旨，提供在温暖、干燥、凉爽、舒适、快捷行动等方面的最佳产品，提升人们的多彩户外活动体验。它认为户外活动不在于技巧，不在于攀登山峰的高低，而在于享受户外活动的乐趣。因此哥伦比亚公司力求以更实用、更时尚、更高品质的产品让

户外爱好者享受到户外运动的乐趣。

哥伦比亚是一家户外产品公司，更是一家科技公司，其最具代表性的奥米技术系列，将保暖、防水、抗污、防震、抓地、速干、清凉、透气等户外用品最重要的环节进行了分解，并以其超强的科技能力建立了以夹层特殊纤维来保持温暖的超凡保暖科技，以独创的层压工艺来保持干燥的立体轻盈防水技术，以特殊涂层面料实现防水污的抗污科技，以加速排除汗水和多余水分的水分管理技术来保持干燥的速干科技等，其服饰运用多种科技组合而成。

品牌名品

情侣拼色三合一冲锋衣

该款情侣冲锋衣集合了哥伦比亚最顶尖的科技，是一款以高山滑雪、攀登为主要人群的高端冲锋衣。该款冲锋衣打破了传统服饰沉重、暗淡的视觉概念，采用跃动的黄、红、蓝等色泽，并于衣袖及衣边处特别配以灰色增加层次感，极具时尚潮感的同时亦具备了哥伦比亚经典三合一互换系统及防水透气功能，一衣三穿，全天候保护，成为划时代御寒科技典范。另外超凡保暖系统的加入，也为爱美怕冷的潮人带来划时代的喜讯！更为实用的意义是，它使得人们摆脱了厚服饰的束缚，更好地享受户外运动的乐趣。

情侣拼色三合一冲锋衣
适宜项目　高山滑雪　攀登雪山
参考价格　￥6 000

峰狂户外登山鞋

峰狂登山鞋专为男性设计，是哥伦比亚公司有史以来最轻的登山鞋，单只鞋仅为499克，不仅可以帮助男性快速、敏捷地行走于任何路面，还能提供足够牢固性和支撑力但又不增加额外的负担。这款流线型防水鞋拥有哥伦比亚公司独创的超轻缓震科技贴合技术，给脚部及脚踝提供轻盈又牢靠的支撑力。除此之外，它的中底采用新型的超轻缓震科技流线型结构设计，在鞋尖和鞋跟之间呈“U”字形构造，对脚部进行特殊的保护，使人们在复杂多变的路面上更好地行走。

峰狂户外登山鞋
适宜项目　登山　徒步
参考价格　￥3 000

哥伦比亚双面冲锋衣

适宜项目　冬季户外徒步
参考价格　￥2 000

足弓支撑片也可以提供额外的支撑力，同时鞋尖还设有砾石护片保护双脚不受挫伤。它的鞋底采用了奥米·户外抓地科技橡胶鞋底，一直延伸到鞋跟，提供了最大面积的缓冲区域，并精心设计了多向凸纹，以便在行走崎岖不平的下坡路时提供额外的抓地力。

哥伦比亚双面冲锋衣

透气双面冲锋衣是哥伦比亚冬日经典系列的三合一外套，分男款和女款。该款冲锋衣的特色之处在于采用了领先的防水科技面料，传统的“防水”技术采用全缝合防水面料制成，这会导致内衬不固定，使水分和杂物滞留在夹层中间，造成布料的笨重，身体的不舒服，甚至会影响到保暖的性能。然而这款冲锋衣所采用独创的层压工艺，可将防水性能极强的隔膜直接黏合到衣服的超透气表层，阻隔一切可能的渗水点，让人穿着感觉无比舒适。加上长毛抓绒内衬以及尼龙镶边上衣外套，三效合一，给人最舒适的户外体验。

Orbit Freeze 女款滑雪夹克

这件短款夹克轻盈、暖和、隔热。它运用漂亮的造型和线条，有如量身定制一般修身服帖。不仅如此，它的奥米·超凡保暖科技热反射衬里和防寒层使人在寒冷的环境下也能保持温暖舒适。服装表面采用了高效保暖夹层物料，由独特的纤维结构组成，拥有更高的保温效能。其凭借行业最高的每克保暖系数，并采用50%回收环保物料，使物料在保暖的同时，质地更为轻盈舒适，更为环保。与面料相配的是热反射技术，相比普通御寒物料，保暖度提高20%。独创银色热能反射圆点物料高效反射身体热能的同时，配合透气中层，将体温锁在衣服和身体之间，给人带来前所未有的舒适和保暖效果。其点状内衬在提供身体保暖的同时，又具有超强的透气性，有助于排出身体表面多余的水分和热量，此外，金属特性能有效地中和静电。

Orbit Freeze 女款滑雪夹克

适宜项目　冬季滑雪　登山
参考价格　￥1 600

购买推荐

Cool Creek 男款钓鱼马甲

涤纶网布面料，采用哥伦比亚透气系统，穿着舒适透气，重 300 克。

适宜项目：钓鱼

参考价格：￥1 000

Millennium Flash 热反射速干冲锋衣

采用专利热反射技术，配以专利防水透气科技，通过对多余温度和水分的调节，保证身体的干爽舒适，奥米技术材料带来了极为出色的保暖防水效果。多处防水拉链与时尚色彩的搭配，让整体的时尚感十足。

适宜项目：登山　滑雪　城市户外休闲

参考价格：￥3 100

Drainmaker Slip 男款溯溪鞋

Omni-Tech 防水透气鞋帮，超轻中底，柔软缓震，橡胶混合物大底，抓地力强且耐磨，单只重 600 克。

适宜项目：溯溪　沙滩等

参考价格：￥760

Travel Luggage 2 In 1 拉杆箱

100%聚酯面料，里料 100%棉纶，双肩包与拉杆箱的组合，可分开使用，重 735 克。

适宜项目：旅行

参考价格：￥2 000

Oyster Plaid 女子长款风衣

外层材质为氨纶和涤纶的结合，采用独有的防污技术，配以先进的热反射科技，带来更加出色的保暖效果。全方位的抗污能力和时尚外观是该风衣的突出特点。

适宜项目：城市户外休闲

参考价格：￥2 600

Sportswear Greene Trail 男款三合 - 冲锋衣

时尚色彩设计，棉纶材料和聚酯材质的结合，配以奥米•热能反射技术，带来出色的防风、防水、保暖、透气效果。

适宜项目：郊游　野营　攀岩

参考价格：￥2 500

Sun Freeze 男款短袖速干 T 恤

多种颜色可供选择，面料采用爽干科技，能够快速吸湿和蒸发，重 200 克。

适宜项目：夏季户外休闲

参考价格：￥500

Lay 'D' Down 女款羽绒马甲

100%聚酯纤维面料，灰鸭绒填充，含绒量 80%，重 300 克。

适宜项目：城市郊游

参考价格：￥2 000

Bugaboot Plus II 男款休闲保暖靴

奥米·保暖技术热能反射科技，配以轻盈缓震技术，全方位缝线处理，提供更加出色的防水保温效果。独特的户外抓地鞋底，带来出色抓地表现的同时，让前行更舒适，每只重约900克。

适宜项目：城市户外休闲

参考价格：￥1 700

Yama 女款低帮徒步鞋

防水布料强化处理，雨雪在布料上不会渗透，而呈现水珠。面料布满小孔，透气的同时保护防水薄膜，穿着舒适，每只重约350克。

适宜项目：徒步　越野

参考价格：￥1 500

Ravenous II 男款越野跑鞋

鞋面超强防水，内衬采用御寒透气科技，鞋底拥有出色的抓地表现，减震效果佳。

适宜项目：越野

参考价格：￥1 700

Silver Ridge Bucket II 防紫外线速干遮阳帽

多种颜色可选，帽檐周围有多处气孔，透气效果好，宽大柔软的帽檐能够有效遮挡紫外线。

适宜项目：城市户外休闲　徒步

参考价格：￥300

Descender 男款低帮跑步鞋

鞋帮为密实网布，配以反毛毛皮，中底为超轻缓震设计，外底为无痕设计，先进的户外抓地科技让跑鞋的抓地力和耐磨性大大增强。

适宜项目：跑步

参考价格：￥1 000

Triteca II 男款防水速干冲锋衣

采用涤纶和聚酯纤维面料，采用完全防风、热反射，以及全方位汗水蒸发技术，配以可调帽子、腋下通风拉链，以及防水拉链等。速干，穿着干爽舒适是其最大优点。

适宜项目：徒步　登山　城市户外休闲

参考价格：￥2 400

Insect Blocker Plaid 男款速干衬衣

出色的防紫外线能力和速干能力是该衬衣的最大特色，因此能有效地保证身体的温度和干爽程度，由于面料加入了菊科植物，拥有较为明显的驱蚊虫能力。

适宜项目：越野　徒步

参考价格：￥650

火柴棍服饰追求完美的方式是经过时间沉淀的，作为户外运动装备中的老牌代表，
它深知用一整块材料制作冲锋衣要比用很多块材料拼接而成更好，
但不可避免的细节处更应该表现完美。它就像一位哲学家，
总能找到人与自然的平衡，整体与细节处的统一。

火柴棍

顶尖功能性服饰的代表

火柴棍的原名本是创始人的名字 HAGLÖFS，后来因为这个标志如同五根火柴棍组成的“H”，而有了“火柴棍”的称谓。

1914年，在瑞典达拉纳省的一个小镇上，创始人维克多·哈格罗夫刚刚缝制完他的第一批背包并把它们绑在自行车上，想试试能不能把这些东西卖给当地的林中居民和伐木工人，这就是火柴棍的起点。经过一个世纪的发展，火柴棍已经成为北欧最大的户外装备供应商之一，产品也从背包扩展到服饰、睡袋等500个类型，其冲锋衣、冲锋裤和速干棉裤颇具特色。

出色的设计和实用的功能让火柴棍赢得了一大批拥趸，其产品所获得的知名度和美誉度足以媲美始祖鸟，被公认为当今最为顶尖的功能性户外品牌。

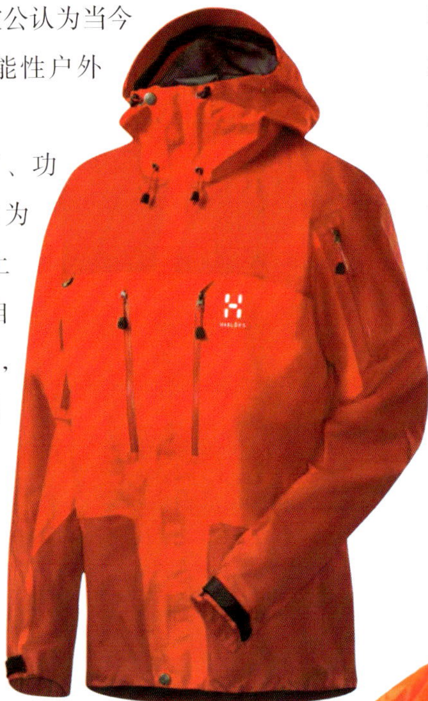

“注重细节、功能至上，技术为先，在此基础上去创新，去与自然和谐相处”，这便是火柴棍的品牌精髓。实用性是火柴棍服饰最突出的特点，务必要让户外装备真正发挥作用是火柴棍的中心思想，因此它的产品均以功能为先，坚持将功能诉求摆在首要位置。

高科技的材料、先进的制造工艺、轻量化的设计、较好的易用性以及持久的耐用性等都是其设计特色，火柴棍希望其产品不仅只适用于某一特定的活动，还希望在多种不同环境下都可以发挥作用。例如在背包、睡袋及其他户外装备的设计中，火柴棍摒弃了很多不必要的东西，在轻量化和实用性中寻找平衡点，火柴棍将之称为“LIM”（Less Is More，意为“少即是多”）。

品牌名品

圆环GTX冲锋衣

作为火柴棍品牌最高端的系列，圆环冲锋衣是专门为高海拔、高强度的登山、滑雪运动而设计的。在材质上，这款冲锋衣使用高耐用性的三层GORE-TEX ProShell面料，该面料每平方米仅为128克，表现出极端耐用，保暖透气的特性，整体成衣重量仅为605克，其袖口以及衣摆内底则采用聚酰胺内衬，保证了穿着的舒适度。由于织物表面经过了耐久泼水处理，静水耐压程度超过了28000毫米。为了增加运动的自由度，设计者对它的肩膀、袖子、后背、臀部以及帽子都做了加强、加宽、加固处理。衣服后部长度可覆盖臀部，带调节绳，帽子可三向调节，可配合头盔使用，同时帽舌使用了泡棉以及金属丝进行加强，关节式袖管设计，配有用于增加透气性的腋下防水拉链。

圆环GTX冲锋衣

适宜项目　登山　滑雪

参考价格　¥8 000

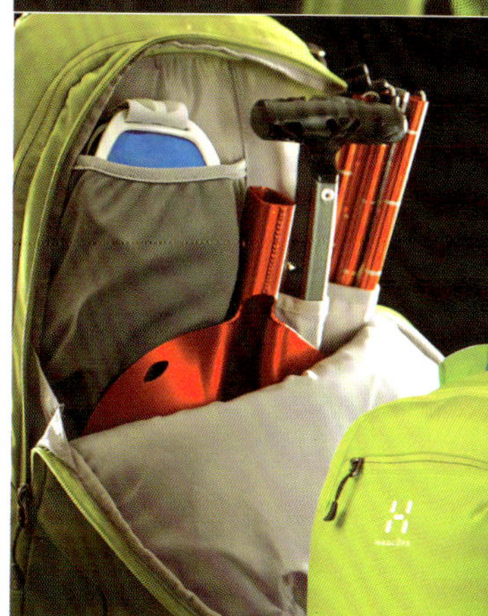

袖口可通过魔术贴调节，最底部的调节绳可单手调节……这些细节都是为了保暖和防风的需要而设计的。耐用的双向防水主拉链，带挡条以及抓绒内衬的下巴保护条，阻止外来水渍的进入。

火花系列 20 背包

一款适合于单日徒步或野外滑雪的背包。该款背包可携带雪板及滑雪所需的安全设备，主体为 400D 尼龙面料，易磨损部位选用 840D 尼龙面料。

火花系列 20 背包

适宜项目　徒步　攀登　滑雪

参考价格　￥1 100

沙蟒防风裤

这款专为极端天气设计的防风裤以出色的防水防风性能赢得了户外行家的认可。沙蟒防风裤采用两种不同材质的“防风三层面料”，在尼龙、氨纶和撕裂面料之间找到了精准的平衡，这种梭织弹性表面面料提供了绝佳的穿着以及耐撕裂强度。同时在关键的部位又辅以高度耐用的 Cordura/Kevlar 混合面料，该面料具有极端的抗撕裂以及耐切割性，用于保护小腿内衬免于冰爪以及雪板边缘的伤害。100%聚酯内衬和高强度防水膜起到了保暖和防水的作用。在设计上，由于采用了立体裁剪的工艺，使得该防风裤拥有了“沙蟒”的称谓，然而这条“巨蟒”的体重不过 460 克而已。

沙蟒防风裤

适宜项目　登山　滑雪

参考价格　￥5 000

购买推荐

Oxo 70 男款背包

功能齐全的徒步用背包，采用快速调节背负系统，专门根据男性身体特征而设计，采用 6061 铝合金，防水拉链，2 个水壶袋，2 个冰镐环和固定器，全压胶防水罩，重 2800 克。

适宜项目：徒步　越野　旅行等

参考价格：￥3 800

Zolo Q50 女款背包

210D 聚酯酰胺面料，PU 涂层增加了防水和耐磨性，弹力织物侧袋，2 个冰镐环及固定装置，整体根据女性身体结构而设计，背负轻松舒适，重 2150 克。

适宜项目：徒步　越野等

参考价格：￥3 200

Rugged Crest 男款速干弹力长裤

多部位的强化处理是该产品的亮点，提高了耐磨性和保护性，采用弹力混合面料，防水透气性表现出色，并且穿着舒适，重 760 克，全能型山地长裤。

适宜项目：登山　越野等

参考价格：￥2 300

Balaclava 防风保暖帽

三层软壳防风面料，经由防水处理，带来了出色的防风、防水、透气表现，采用激光切割，提高了舒适性和精准度，兼容头盔、眼镜等。

适宜项目：骑行　滑雪等

参考价格：￥500

Twice Beanie 秋冬季保暖帽

针织材质，排汗保暖效果显著，休闲纹理设计，平缝工艺让佩戴更舒适。

适宜项目：户外休闲

参考价格：￥560

Convoy 男款拉杆箱

两截拉杆设计，泡沫填充保护侧面板，设计有专门的文件袋，安全实用，容量 80 升，重 4500 克。

适宜项目：旅行

参考价格：￥3 200

Roc Legend 男款中帮登山鞋

采用牛皮外层加 GORE-TEX 内衬，配以防臭鞋垫，VIBRAM 橡胶鞋底，以及高密度的 EVA 减震中底，加长的鞋带提升了整体的包裹性和舒适度。

适宜项目：复杂路面的防水徒步

参考价格：￥3 000

Spinx Q 女款冲锋衣

使用三层 GORE-TEX 70D 面料，专为女性设计，织物表面防水涂层处理，三向可调节的风帽，带衣襟的双向防水拉链，防水指数大于 28000 毫米，重 550 克。

适宜项目：滑雪　登山

参考价格：6 500

Roc Ice 男款 GTX 连帽冲锋衣

三层 GORE-TEX 30D 面料，柔软轻量，无肩缝，避免摩擦，防水拉链，防水指数大于 28000 毫米，重 790 克。

适宜项目：滑雪　登山

参考价格：¥5 500

Magi II Down Q 女款连帽羽绒服

全功能的登山羽绒服，卓越的保暖性，超轻，面料使用超轻防撕裂的防风面料，短款剪裁，800 蓬松度羽毛填充（90% 鹅绒 +10% 鹅毛），箱壁式结构更加保暖，同时固定填充的羽绒不乱跑，肩膀、中袖、前襟和下摆羽绒下方都使用合成纤维保暖面料，消除冷死角，重 645 克。

适宜项目：登山　徒步

参考价格：¥4 900

Skra Insulated Q 女款 GTX 冲锋裤

将 GORE-TEX 科技和保暖相结合的裤子，100% 再生聚酯纤维加两层透气面料压在一起，表面经过防泼水处理，腰部使用刷毛的织物，后腰部更高更宽设计，提供更多保护，防水指数大于 28000 毫米，重 985 克。

适宜项目：滑雪　登山

参考价格：¥3 000

Crag Hi 男款 GTX 徒步鞋

防水人造纤维，绒面牛皮，EVA 中底，鞋头和鞋跟均有橡胶保护层，抗菌除臭处理鞋垫，GORE-TEX 内衬防水透气。

适宜项目：徒步

参考价格：¥2 700

Roc Legend 女款 GTX 登山鞋

防泼水小山羊皮鞋面，快干多孔纤维内衬，VIBRAM 鞋底，更长的鞋带绊设计用于更紧的合脚效果，抗污防臭鞋垫，重 900 克。

适宜项目：登山　徒步

参考价格：¥2 400

Ulta 男款软壳外套

三层防风防水面料，100% 聚酯材质，圆形双针织表面，带柔软法兰绒内衬的 ePTFE 薄膜（一种新型高分子材料），表面防泼水处理，拉毛内衬的领子内衬提供了舒适性和保暖性，腋下带透气拉链，重 530 克。

适宜项目：徒步　越野

参考价格：¥2 700

Roc Icon 男款 GTX 低帮登山鞋

防泼水小山羊皮鞋面，GORE-TEX 内衬，防臭鞋垫，VIBRAM 鞋底，重 830 克。

适宜项目：徒步　登山

参考价格：¥2 100

Lethe Q35 女款徒步背包

210D 加 410D 抗撕裂尼龙材质，PU 面料防水涂层处理，防水指数大于 1500 毫米，容量约 35 升，重 1100 克。

适宜项目：徒步　日常使用

参考价格：¥1 900

Roc Mountain 35 登山包

多用途山地背包，可以胜任几乎所有的攀登挑战。干净极简的设计使得它成为峭壁攀登的极佳选择，容量能够装入冬季攀登的装备，这也使得其可作为全季节使用。400D 加 849D 尼龙面料，采用 Interact 背负系统，3D 网纱背带，容积 35 升，重 1450 克。

适宜项目：攀登

参考价格：¥2 000

Swook 男款防风保暖外套

含羊毛成分的保暖夹克，可单独外穿或在寒冷的天气下作为中间层穿着，高领设计和羊毛针织带来良好的保暖性和舒适性，微羊毛衬里的衣领充分保护颈部，休闲剪裁，重 600 克。

适宜项目：休闲户外

参考价格：¥1 300

Gram AM 男款低帮 GTX 越野跑鞋

防泼水结构的聚酯纤维鞋面，GORE-TEX 内衬，EVA 鞋垫，Asics 防滑橡胶鞋底，外侧保护衬板，保护足部免受石头以及树枝的伤害，重 620 克。

适宜项目：越野　徒步

参考价格：¥1 400

Zando SS 男款速干短袖

采用 53%聚酯纤维加 47%尼龙混合而成的专业面料，面料具有柔软的棉质触感，并有高透湿性能，经典的双片立领造型，使用天然银盐技术控制异味，防晒指数 UPF40+，重 140 克。

适宜项目：休闲

参考价格：¥1 000

Bungy II Q 男款软壳抓绒外套

高弹力面料，由 53%聚酯纤维加 38%棉纶加 9%氨纶组成，弹力抓绒内衬，耐用并提供充足活动自由度，保暖效果出色。

适宜项目：徒步　越野

参考价格：¥1 700

Connect 商务型单肩包

500D 加 1000D 尼龙材质，两个隔舱，单肩和拉杆多合一，可作公文包，容积 20 升，重 679 克。

适宜项目：短途旅行

参考价格：¥1 300

它是欧洲老牌的顶级户外装备提供者之一，
因为性能出众而常用来和始祖鸟相提并论；
它是欧洲最早使用 GORE 面料的公司，因为具有前瞻性而功成名就，
它便是老人头，一个低调、高贵的挪威服饰大师。

老人头
性能卓越的低调贵族

NORRØNA

老人头之名得益于老人头品牌的标志，标志上除了品牌名，还有一个低调的侧面人头标志。需要注意的是，当前市面上还曾出现过正面的“老人头”标志，与该品牌无关。

1929 年，挪威著名户外活动家约根·约根森在奥斯陆创立了老人头品牌，他早期的目的是为了得到耐用、可靠的户外装备。出于这个目的，他从最简单的装备上挖掘能量，如皮带、帆布背包、棉质服饰等。由于对品质和技术有着严格的要求，老人头经过四代人的经营，已经发展成为欧洲最著名的户外服饰品牌。作为欧洲户外服饰的革新者，老人头在 1972 年设计出独具特色的山地帐篷，1977 年率先使用先进的 GORE-TEX 面料，并在 1979 年设计出轻巧的背负系统，伴随着技术革新的是产品线的扩展，老人头如今已经在服饰、背包、滑雪装备、配件等多个领域保持着强大的竞争力。

寻求技术进步，用以制造出终极性能的产品，是老人头品牌的追求。老人头户外服饰的特色在于其更强调全面的性能，这种性能是通过多个方面展现的，包括顶级的面料、卓越的工艺、出色的设计以及对细节的严谨态度。这种全能表现需

要科技、面料和工艺创新为保证，才能打造出具有全天候、超强适应性的产品，所以其服饰产品往往可以胜任多个户外运动项目。

品牌名品

巨魔墙 GTX 冲锋衣

巨魔墙是位于挪威半岛南部的一处巨大的岩壁，也是欧洲最高的垂直岩壁，其垂直落差达到1100 米，是世界上著名的攀登及山地跳伞胜地。1965 年登山家们首次攀登成功，1977 年老人头制造了欧洲最早采用 GORE-TEX 面料的专业攀登冲锋衣，并用巨魔墙这个颇具气势的名字，命名了这个顶尖系列的产品，其所有的设计及制作都使用当时最顶尖的面料技术与加工工艺，是挪威国家高山救援队的专供服装装备产品。从 1977 年到现在，巨魔墙已经进化到第八代产品了，这在户外装备中是极为少见的。发展至今的这款巨魔墙GTX 冲锋衣曾获得著名的红点设计大奖。该服饰采用了 GORE-TEX Pro Shell 顶尖面料，整体具备大气的设计感，头盔、肩部、肘部、腰部的面料都进行了加厚处理，面料强度与厚度与始祖鸟 SV系列处于同一级别，立体裁剪工艺保证了衣服的收身效果。YKK 的顶级密封防水拉链的运用，既保证了极高的防水性能又保证了在高强度的户外攀登中的坚固耐用度。在细节处，衣身下摆、袖口都采用前短后长的设计，在户外运动时具备很高的实用性。下摆、帽子、腰部的抽紧带都具有

巨魔墙 GTX 冲锋衣

适宜项目　登山　攀岩

参考价格　￥6 900

侦察系列 GTX 冲锋衣

适宜项目　极限户外运动
参考价格　¥6 800

很高的操作便利性。值得一提的是，其衣袋高于腰部的设计是为了保证在高山攀登时系上安全带后仍然能够方便取物。

侦察系列 GTX 冲锋衣

和巨魔墙系列一样，侦察系列也是拥有多年开发历史的顶级冲锋衣产品，它是专门为挪威、瑞典和丹麦的特种部队设计开发的，面向世界生产的高端品牌，因此对产品的性能要求会更高。这款侦察系列 GTX 冲锋衣采用了三层 GORE-TEX 面料，带来了出色的防风和耐磨性能，同时重量仅为 740 克，是一款堪称可以 100%防风的产品，经过 ISO 专业测试，其防水等级高达 28000 毫米。作为一款专门为极端天气准备的服饰，在设计上更倾向于实用性和耐磨性。YKK 防水拉链和不对称的袖口拉绳带来了更高的防水表现，腋下通风口和内部编织材料的运用则是出于透气性的考虑，为了增加装载，该服饰在多个部位增加了严密防水的口袋，肘部也进行了加厚防磨处理。值得一提的是，该款冲锋衣是侦察系列的第三代产品。

全天候软壳冲锋衣

这款全天候软壳冲锋衣曾荣获德国著名户外杂志《Outdoor》评选的“编辑推荐大奖”，是一款“真正意义上的全天候服饰”。该冲锋衣在追求登山轻量化的同时，满足多功能全天候的户外运动要求，同时其所具备的多功能性也不会削弱产品在其定位的特定户外运动中的优异表现，毕竟谁都不会拒绝一件能够同时应对所有运动和环境的服装或是其他的户外装备。假设户外运动爱好者在攀登时遇上大暴雨，一件普通的防水衣或许就足以保护他的装备，而在他面对深雪无法自拔的时候，一件拥有雪裙和抗雪袖口设计的专业雪服会让他更尽情畅快，这就是它的全能性。该冲锋衣为身体提供了足够的活动自由度，不论是徒步、越野，还是登山、滑雪，它无所不能。值得一提的是，该冲锋衣重量仅为 552 克。

全天候软壳冲锋衣

适宜项目　全天候多项户外运动
参考价格　¥3 800

用充满激情的身体闯进冰雪和山岭的陌生世界，
以艺术感的气质享受大自然的冷艳与光鲜，动感和大自然在它面前合二为一，
它就是乐飞叶。别人眼中的山峰野岭，正是乐飞叶的舞台。

乐飞叶

时尚与专业并存的户外专家

“Lafuma”官方译名为“乐飞叶”，这片“飘落状的叶子”与品牌名成为乐飞叶产品最鲜明的符号，呈现出法国人崇尚山岭的浪漫气息。

乐飞叶（Lafuma）是欧洲著名的专业户外品牌，始于1930年法国阿内龙地区。它的出现源自维克多、埃尔弗雷德、加百利对山与自然执着的信念，乐飞叶正是三兄弟的姓氏。公司最初以制作和销售实用背包为主，后来才进入专业户外领域，并得到了军方的支持，在第二次世界大战中为法国军队提供装备而让乐飞叶名声大振。直到今天，乐飞叶依旧是欧洲最大的户外运动服饰品牌之一。作为一家有着80多年历史的老牌公司，乐飞叶以其“专业”和“时尚”的特点赢得了人们的尊重，现已进入全世界40多个国家，是公认的产品线范围广、科技含量高的顶级户外品牌。

乐飞叶的品牌精髓就是山与自然。它同善于挑战极限的探险家们一起改写了欧洲探险家的户外史，同时超出了欧洲，感动了世界，其价值也远远超出了“户外品牌”本身，成为自由、时尚、浪漫、激情、环保与冒险的集合，是对自然心怀敬畏与虔诚，但又不惧任何危险而勇于挑战的象征。

专业和时尚是乐飞叶最大的特色，作为拥有80多年历史的专业户外品牌，乐飞叶的专业性毋庸置疑，在户外运动产品的设计、研发和生产方面都有着丰富的经验和技术积累。同时它也是世界上最具时尚性的专业户外品牌之一，它打破户外服装一定要宽松、肥大的行业陈规，丢掉沉闷粗糙的色彩，开始注重服装板型，使用明亮、丰

富的色彩，进行独特的款式设计以及符合人体工学的剪裁，在创造出优良的户外产品功能的同时，也为乐飞叶户外服装增添了其特有的法式时尚。

品牌名品

高性能外壳冲锋衣

GORE-TEX 面料的优越性已经得到了世人的公认，这款采用新型 GORE-TEX 3 层面料的冲锋衣在乐飞叶的专业设计大师的手中，成为一个集时尚与性能于一体的冲锋衣代表作。首先来看这种面料，它是将柔软的高性能表层面料、薄膜和特殊的内衬材料黏合在一起，成为单层的面料结构，这种面料具有非常优秀的汗气调节功能，高度透气，让运动者时时刻刻都感觉到非常舒适。另外，它能提供给运动者高度的舒适感以及持久的防水防风的保护，穿着时更轻便，更持久耐用，并且服装外表具有高科技感。因此非常适合那些经常在相对恶劣的环境下进行技术要求较高的户外运动，时刻需要背着大背包，对服装的耐用性有较高要求的徒步、穿越、登山等户外爱好者。在设计上采用了立体剪裁（尤其在袖子和腰身的处理上），符合人体工学，后片略长，女款还有符合女性身材的收腰设计，使上身效果不显臃肿，同时活动自如。在衣服前后片及袖子部分更是增加了防刮防磨的格子布，增强了整体的耐磨性。

高性能外壳冲锋衣

适宜项目　登山　穿越　徒步
参考价格　￥4 200

男款防风透气冲锋衣

作为一款采用GORE公司Paclite面料的轻薄外套，本款产品的定位是休闲户外和城市旅游，贴合亚洲人身形的剪裁和亮骚于自然的配色都符合一件优秀户外装备的总体要求。所采用的PA-CLITE面料突出了轻量化的特点，热塑压胶条搭配YKK防水主拉链，有效地保证了产品的防水性和防风性，质地轻薄毫无赘感，与类似的三层GORE-TEX面料服装相比，它更为轻巧，重量轻15%左右。该冲锋衣的表层经过防泼水处理，添加了一种排水聚合物质，渗入面料纤维内部，能够减小衣服表面张力，当水珠落在上面之后就会滑落，形成荷叶效应，能最大限度地保证内部干燥清爽。另外，其透气性更高，即便是大运动量产生的水汽都能很顺畅地排出体外。

男款防风透气冲锋衣

适宜项目 城市旅游 休闲户外 登山

参考价格 ¥3 000

冒险者75背包

乐飞叶以背包制作起家，其背包制作虽不及鱼鹰背包那么时尚，也不如格里高利背包那般典雅，但是其实用、浪漫的特色让人印象深刻，这款名为“Venturer（冒险者）”的大型背包就是其代表作品之一。在灰色外层下面，所有的内层面料，都采用火红色的设计，代表着乐飞叶对户外探险的火热激情。一款好的背包一定是有好的做工,这点在“冒险者”背包身上也能得到良好的体现。其次是高品质的面料，该背包采用了代表着世界顶级的尼龙面料水准的卡杜拉面料，它是轻盈、耐磨、抗撕裂的代名词。在相同重量的情况下，该面料的耐用性分别为标准尼龙面料的2倍、涤纶面料的3倍和棉制帆布的10倍，而重量更轻，仅为2500克。出色的背负系统带来了轻松的背负体验，在坚持舒适性原则下，该背负系统的排汗、可调性都极为出色，并给人牢靠的印象。在细节设计上更是充分考虑了使用者的需求，增加了多达十余种的悬挂，能够轻松应付不同的户外运动需求。

冒险者75背包

适宜项目 登山 越野 穿越 徒步

参考价格 ¥3 500

北面的产品既不落俗，亦非高不可攀，

它用一个户外爱好者狂热的激情和熟练的技巧去打造高品质的产品。

尽管它的外形和颜色都不算惊艳，

但是它仍然以舒适、安全、可靠的性能和材质赢得了世界性的声誉。

北面

实用至上的户外明星

北面标志由品牌名和山形标志组合而成，这一名称的来由是，在北半球，山峰的北坡是最冷、冰雪覆盖最深、最难以攀爬的一侧，暗指“无所畏惧，迎难而上”。

北面又被翻译为“乐斯菲斯”、“北脸”，由两位狂热的户外爱好者于1966年创立于美国旧金山，它最初只是一家小型登山用品零售店，由于品质出众，它很快就发展壮大了起来。公司从最初的零售转投向生产，到20世纪80年代末，北面成为全美国唯一一家生产范围涵盖外套、滑雪服、背包、帐篷等一系列户外用品的生产商。20世纪90年代是北面大放异彩的时光，经过半个世纪的发展，它已经成了全球范围内家喻户晓的户外用品品牌，并一直与自然环境恶劣苛刻的户外探险活动紧密联合在一起，通过不断的科技创新，设计生产出舒适度和安全性能越来越高的户外装备，满足各种层次的需求。

该品牌始终以教育家戴维·斯塔尔·乔丹的名言“一个人如果知道去哪里，全世界都会给他让路”为宗旨，以一个创新者、挑战者的角色去面对大自然的挑战，表现出一个真正的户外用品品牌不惧艰难的品牌精神。

北面最大的技术来源于专业运动员的实际经验，这些运动员会参与到产品的研究、设计和开发的整个过程中，北面的设计师们根据运动员的要求进行设计，再寻找世界上顶级的材料进行生产，即便是在生产的过程中，这些运动员也会根据具体情况提出自己的意见，在他们使用这些产品之后，再依据体验做出修改，直到推出实用的产品。

品牌名品

喜马拉雅防寒服套装

对于探险高手而言，当他们登临高海拔山脊或即将面临暴风雪时，他们必须完全依靠身穿的外套。正因为如此，北面将高级面料和保暖材料、高科技结构技术完美融合，设计出可以应对最恶劣的气候条件的专为攀登8000米以上山峰设计的顶级外套，这就是喜马拉雅套装。该套装主体采用GORE公司的轻型防撕透气羽绒面料，增强保暖性能；800蓬松度鹅绒填充，整体重量仅为1999克，极为轻便结实，堪称是世界上最保暖的全身连体式防寒服。弧形下落式臀部设计、防风条和扣钩的拉链，可放置无线电设备的拉链口袋等多重细节设计让户外运动爱好者得到更多保护。该套装经运动员多次测试，可全方位调节的透气风帽，可在恶劣天气下提供最好的防护，多项专业细节设计全面助力高山攀登，轻松应对暴风雪的袭击。

喜马拉雅防寒服套装

适宜项目　8000米以上登山　极寒徒步

参考价格　¥9 000

预言者技术背包

适宜项目	高山攀登　短途徒步　长途徒步
参考价格	￥2 500

预言者技术背包

由于背负环境和背负项目的不同，人们对背包的要求也各不相同，于是一款能够同时满足短途、长途、全天候的背包出现了，这便是预言者技术背包。该背包采用了北面专有的、结实耐用的汽车安全气囊面料，增强背包整体的坚固性和耐磨性，防止背包被攀冰等工具撕裂，而且兼具有防水性能，保证使用者可以从容应对各种户外活动中遇到的极端环境。该背包采用了新型的 V 型管状轻量化铝合金背负支架，由管状铝制背负支架配合模制 E-VAP 泡沫背板和肩带，这些科技组合在一起足以满足攀登者对背负系统“功能性、稳固、轻便、舒适”的全面要求。简洁的 E-VAP 注模成型背垫，在背部和腰带部位有更多的通风区域。和传统的纱网海绵背负系统相比，E-VAP 背垫更容易排除汗液和多余的水分。

四季探险双人帐篷

简单、快捷、稳定、安全，这几乎是每个高山探险者的理想帐篷，这款新型二人探险标准帐篷帮助探险者实现了这个愿望。该帐篷采用了外帐独立搭建、帐杆直径可变技术以及装备挂架等高科技设计元素，简化过程的同时也减轻了帐篷自身重量，仅为 3880 克。结构精巧的调整，在占地面积（2.8 平方米）不变的情况下，增加更多的帐内空间。通过巧妙的外帐张力技术，确保内帐在各种天气条件下都能极其牢固。该帐篷增加了耐磨聚氨酯窗口，通过了 -15 摄氏度的冷裂测试，整体性能良好，在使用过程中保持稳定，并可以随时按需求调节。

四季探险双人帐篷

适宜项目	四季露营　探险　徒步休憩
参考价格	￥5 000

太阳耀斑睡袋

适宜项目　徒步　露营　高山探险

参考价格　￥5 500

太阳耀斑睡袋

这款明星级的睡袋属于800蓬松度鹅绒填充的探险睡袋，可以轻松应对极限温度的考验。创新的北面拱形足仓设计符合人体工程学原理，为足部弯曲和自由活动提供足够的空间。同时有助于促进下肢血液循环，彻底消除气流停滞区，让户外运动者在偏僻的地方度过温暖舒适的夜晚。这款羽绒睡袋的高保温率的秘诀在于，在与冰冷地面直接接触的压力较大部位（头部、背部和足部），均采用合成长纤维保暖填充材料，同时按照人体工程学设计的多孔抗压缩底垫，将其作为人和地面之间的隔热缓冲器，比羽绒更抗压，从而满足了长久舒适的保温需求。另外，睡袋采用特殊的梯形立衬系统，相邻的梯形立体封筒相互平行。这种结构确保立衬体积不变，防止羽绒移动造成寒气入侵。

男式双面墨丘利冲锋衣

适宜项目　高山攀登　极寒徒步　长途迁徙

参考价格　￥3 500

男式双面墨丘利冲锋衣

这款双面可穿着的冲锋衣能够直面各种高海拔山峰极限挑战，拥有简易轻巧的弹力束紧式风帽及激光切割的通风领口，在艰难地形条件下进行运动时，也能抵御各种恶劣天气。采用GORE公司的新型面料提升了该冲锋衣的整体性能，即便是进行高强度有氧运动时，也能兼顾到保暖和透气的双重要求。独特的弹力设计、弹力束紧式防风裙及拇指孔设计，可以在进行垂直登山运动时起到防风、防雨、防雪、防冰的作用，同时还可确保袖口紧密贴合。值得一提的是，袖口采用接片设计，在高强度运动中为手部和腕部提供更多防护和运动灵活性，让登山者无惧风雪侵袭。

购买推荐

VE 25 高山四季三人帐篷

750D 尼龙面料，重 4900 克，搭建面积 4.5 平方米，拉链通风口，前厅面积前 1 平方米、后 0.5 平方米。

适宜项目：野外宿营

参考价格：￥5 500

Inferno 羽绒睡袋

加长型设计，适合 1.8 米 ~2 米身高；鹅绒填充，最佳适宜温度为 −20 摄氏度 ~−10 摄氏度，超强保暖，重 2000 克。

适宜项目：严寒冬天野外休息

参考价格：￥5 000

Super Diez 女款羽绒服

超强的 900 蓬松度羽绒填充，尼龙防撕面料，里衬结构，足以抵御严寒天气，并提供轻便的保暖效果，重 300 克。

适宜项目：严寒天气下的多项户外运动

参考价格：￥3 500

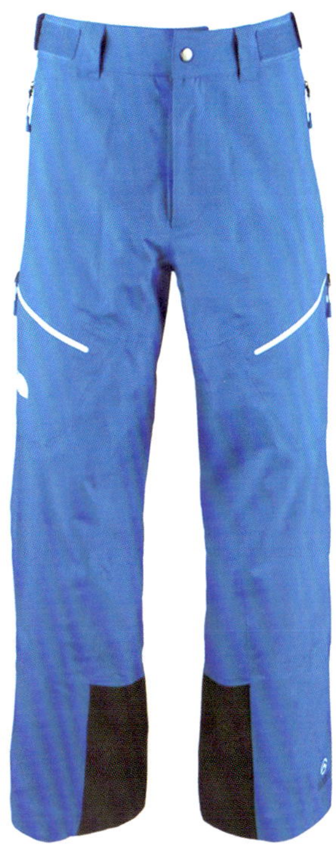

Actionsports 男款滑雪服

防水，防风，透气，全压胶设计，雪崩求救反光标识，可调式风帽，内置音频记录口袋，重 450 克。

适宜项目：多项雪上运动

参考价格：￥2 800

Enzo 男款雪地裤

采用 GORE-TEX 3 层面料，具备防水、透气功能，立体剪裁，保证大腿、膝盖的灵活性，重 500 克。

适宜项目：雪上运动

参考价格：￥3 500

Doubletrack 80 升旅行拉杆箱

既可使用轮子，也可作为双肩包使用，时尚个性，420D 尼龙面料，配以超强防撕裂材料，容积 80 升，高 71 厘米，宽 41 厘米，厚 20 厘米，重 4710 克。

适宜项目：旅行

参考价格：￥3 000

Verbera Backpacker 男款中帮越野徒步鞋

意大利设计风格，将顶级的防滑、耐磨鞋底与高级的防水、透气面料与 GORE-TEX 相结合，可为高强度越野、远足提供强大的支撑，单只重 1176 克。

适宜项目：越野　远足

参考价格：￥2 300

Condor Triclimate 女款三合一冲锋衣

Hyvent 软壳面料，全压胶工艺处理，具备防水、防风、透气保暖等功能，内含抓绒内胆。

适宜项目：郊游　登山等

参考价格：￥2 600

Slot 男款冬季保暖靴

人造牛皮外层，配以 400 克保暖纤维填充，采用防水透气薄膜，保暖防水效果显著。防臭鞋垫与三角片结合式鞋舌，带来舒适的穿着感。

适宜项目：冬季户外休闲运动

参考价格：￥1 300

Bedrock 4 BX 户外帐篷

双开门设计，70D 尼龙面料，配以铝合金帐杆，侧面设计有通风口，搭建面积 5.1 平方米，重 4750 克。

适宜项目：徒步　家庭郊游　自驾游等

参考价格：￥3 000

Destiny Nvlty 女款羽绒服

时尚外形设计，具备强大性能，采用 30D 尼龙面料，配以 550 蓬松度羽绒，具备防风、保暖、透气的效果，连帽设计。

适宜项目：滑雪板　滑雪　休闲等

参考价格：￥2 500

Big Fat Frog 24 Bx 三季帐篷

75D 尼龙面料，PU 防水涂层，内帐为 40D 尼龙面料，帐底为 70D 尼龙面料，搭建面积 2.9 平方米，前厅 1.3 平方米，单门设计，超轻材质，重 2580 克。

适宜项目：野外宿营

参考价格：￥2 300

Badwater Mullet 防紫外线帽

采用透气网布材质，实用的外形设计，带来了出色的防护表现，其抗紫外线指数达到了 UPF50，重 40 克。

适宜项目：登山等

参考价格：￥300

Prophet 男款登山包

该包经由严酷高山环境测试，可在恶劣的环境下使用。专利技术的 Bombastic 面料，往往用于汽车的安全气囊，防撕耐用，铝合金支架，轻便牢靠，双层包底设计，增加了耐磨性，容积 65 升，重 1840 克。

适宜项目：登山等

参考价格：￥2 300

Super Natural 男款羽绒服

15D 尼龙防撕裂面料，950 蓬松度鹅绒填充，防泼水处理，易于收纳，超轻，重 370 克。

适宜项目：城市户外休闲运动

参考价格：￥5 300

Meru 男款 GTX 登山手套

外层为双向拉伸尼龙防水面料，关键部位羊毛加固，里衬为快干面料，手掌为耐水性皮革。

适宜项目：登山　徒步

参考价格：￥1 250

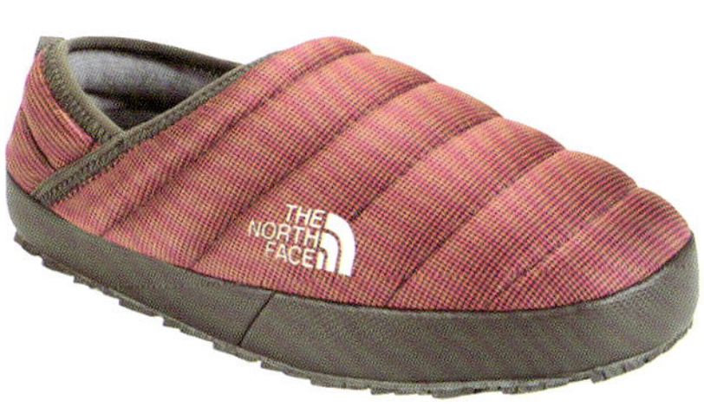

NSE Traction Mule 女款休闲鞋

柔软织物面料，保暖性好，穿着舒适，外形时尚，重 500 克。

适宜项目：户外休闲

参考价格：￥500

Minibus 2 三季帐篷

40D 尼龙面料，外层加防水涂层，内帐 40D 材质，网格为 20D，侧面垂直设计，带多处通风窗口，面积为 3 平方米，高 83 厘米，重 2380 克。

适宜项目：露营

参考价格：￥3 300

Makalu Insulated 男款冲锋衣

100%尼龙纤维面料，100%锦纶里衬，塑胶袖口搭袢，活动灵活性出色，袖口及插手带防水 PU 拉链，反面压胶处理，提升防水性能，前中下摆处有隐形抽绳，重 600 克。

适宜项目：越野　徒步

参考价格：￥2 900

Hedgefrog II 男款沙滩凉鞋

快干的弹力网布加防水皮革鞋面，压模 EVA 中底，鞋面扁平，橡胶外底，既可以在艰苦的野外穿着，也可以涉水时穿着。

适宜项目：溯溪　徒步　越野

参考价格：￥800

马瑟斯 72 登山包

100%尼龙纤维面料，专有的 Opti-Fit X 技术，确保无与伦比的贴合与透气性，X Radial 框架背负系统，轻便结实，容积 72 升，重 2580 克。

适宜项目：登山

参考价格：￥3 200

Mendenhal Triclimate 男款冲锋衣

防水透气的 Hyvent 面料，三合一设计，保暖内衬可单独穿着，重 1513 克。

适宜项目：徒步　城市户外休闲

参考价格：￥3 100

Base Camp Duffel 旅行驼包

超级耐用的经典探险驼包，登山包式剪裁风格的肩带，带盖 D 型拉链开口，拉链可上锁，耐磨损结构额外加固的双层缝合，容积 42 升。

适宜项目：短途旅行

参考价格：¥900

Work 女款登山手套

采用坚固的全皮革结构，最大程度减少了接缝，模制关节仓设计，压花袖口拉头。可抵御恶劣气候的全天呵护，采用无缝结构设计，确保手部温暖舒适。

适宜项目：登山　徒步

参考价格：¥500

Havoc 男款低帮徒步鞋

全粒面皮革鞋头及挡泥片，透气的热熔拼接中足，保护型橡胶鞋头，EVA 鞋垫，TPU 足弓支撑系统，VIBRAM 橡胶超轻鞋底，可为野外快速轻便地行进提供灵活性支持。

适宜项目：徒步　越野

参考价格：¥1 100

Vindicator II 女款徒步鞋

磨砂皮与翻毛皮混合鞋面，结实的网布鞋舌，外部模制后跟贴片，EVA 鞋垫，缓震衬垫，EVA 中底，VIBRAM 橡胶外底，重 870 克。

适宜项目：徒步

参考价格：¥1 400

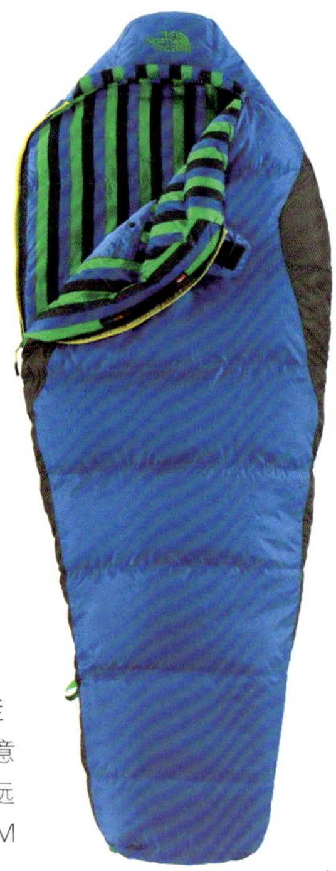

Aleutian 3S 羽绒睡袋

外层为防撕裂面料，采用 600 蓬松度匈牙利鹅绒填充，适宜 -15 摄氏度 ~0 摄氏度户外环境，重 1250 克。

适宜项目：越野　露营

参考价格：¥2 000

Verbera Hiker 女款高帮 GTX 徒步鞋

轻便、全功能的日用徒步鞋，采用意大利手工打造，适合轻量负重的野外远足。鞋面为 GORE-TEX 面料，VIBRAM 大底，压模 EVA 中底，重 1200 克。

适宜项目：越野　远足　徒步等

参考价格：¥1 700

男款 GTX 中帮徒步鞋

全粒面皮革鞋头及挡泥片，透气的热熔拼接中足，保护型橡胶鞋头，高品质的 EVA 鞋垫，带后跟垫和前足缓震衬垫，以及 TPU Cradle 支撑系统，VIBRAM 橡胶鞋底，重 1300 克。

适宜项目：徒步　越野

参考价格：¥1 800

150 多年的品牌史足以说明猛犸象在户外王国里的重要地位，
和 4000 多年前灭亡的那个物种一样，它坚韧、有魄力，懂得保护身体，
并且意志坚强，唯一不同的是，那个物种因为不懂得适应而消失了，
而它这个老贵族还在变换着新模样。

猛犸象

面料出色的老牌新贵

猛犸象品牌的标志是一头有着长牙的猛犸象图案，猛犸象又名长毛象，生活在距今 400 多万年到 400 年前的高寒地带，身披长毛，善于御寒。

1862年，卡斯帕·坦纳在瑞士阿尔高州的丁蒂孔小镇上创办了一家传统的制绳工厂，这家小型的家庭手工作坊便是猛犸象（MAMMUT）品牌的前身。这家小工厂凭借卓越的绳子品质很快成长壮大，在长达150多年的发展过程中，猛犸象以先进的科技、积极的创新精神和多元化发展的理念，成为世界上首屈一指的大型国际公司。通过自我开发、合作与兼并，猛犸象的产品线涵盖了服饰、绳索、睡袋、滑雪及配件等众多领域，成为世界上最成功的滑雪、登山、配件用品供应商，其子公司分布在德国、挪威、日本、英国和美国等地。由于其产品有严格的检验程序和物流程序，使得猛犸象成为最高品质标准的代表品牌，赢得了世界各地户外爱好者的尊敬和喜爱。

猛犸象品牌坚持以严谨的“瑞士制造”精神，打造让人信赖的产品。其特色之处在于其创新的面料材质，这些面料往往具有耐磨、防撕裂及超透气等功能。其创新性主要体现在两个方面：一个是面料的来源上，猛犸象在选择顶级面料的同时，自己也在不断地开发新面料；二是在面料的裁剪和运用上，根据不同的服饰要求，不同部位的特点进行安排布置，从而产生更强大的整体性能。

品牌名品

阿拉格桑冲锋衣

阿拉格桑冲锋衣是猛犸象先进科技的结晶，以全能型的表现著称，其全天候的适应能力，完全能够胜任长途旅行、户外休闲、登山、滑雪等不同类型的户外活动。性能卓绝的GORE-TEX面料带来了出色的防水防风性能，再加上改进型的新面料的使用，让穿着更加舒适，弥补了GORE-TEX面料弹性不足的弊端。该冲锋衣采用了先进的立体剪裁工艺，为肘部赢得了更多的活动自由度。在细节上，多处防水拉链设计增强了整体的防水性能，合理的帽檐设计，方便调整，在保证防风需求的前提下，又不会影响到视野。为了增加透气性，在腋下专门设计有通风拉链，可伸缩的挡雪下摆可以阻止雪水进入衣服内部，增加了防水防风的强度。

阿拉格桑冲锋衣

适宜项目　旅行　登山　滑雪

参考价格　￥7 000

鲍尔迪冲锋衣

鲍尔迪冲锋衣是猛犸象服饰中的高端产品，以强大的防水防风性能著称，是专门为登山和高山活动运动者设计的。简洁的外形和时尚的设计证明了猛犸象在服饰剪裁上的出色工艺，该冲锋

鲍尔迪冲锋衣

适宜项目　登山　高山活动

参考价格　￥5 500

衣的重量为1200克，最大的特色在于先进的速干科技面料的运用。该面料是由具有亲水性的尼龙材质制作，带来出色的防风、防水和透气性能。在透气性的设计理念上也颇为特殊，该面料不经由气孔排湿，却是借由亲水层以化学作用排出。水蒸气会被带离身体是因其渗入闭薄膜，还有内部比外部暖和的温差因素所造成。此外，该面料还具有卓越的重量与效能比，因此它相当轻巧。在一些关节活动部位，增加了尼龙材质，使得耐磨性能增强。

宁静系列 8.9 登山绳

猛犸象是以绳索起家的，如今在瑞士的总部也还是继续着先进的绳索生产。猛犸象绳索在户外领域拥有极高的声誉，这些绳索全部由机器编织完成，一天的连续作业也不过几百米的产品。更为重要的是，这些强度极大、重量超轻的绳索每隔15分钟就会被机器进行自动抽样检测，以保证每一米的绳索都能达到设计的强度。这款超轻的宁静系列登山绳便是其中的代表作品之一，该绳索号称是最轻的登山绳，每米的重量仅为52克，耐冲击次数被严格地定义为5次（实际远高于此，只是出于安全的考虑而特意设定），除了重量轻之外，出色的防水性能也让它成了登山者的最爱。

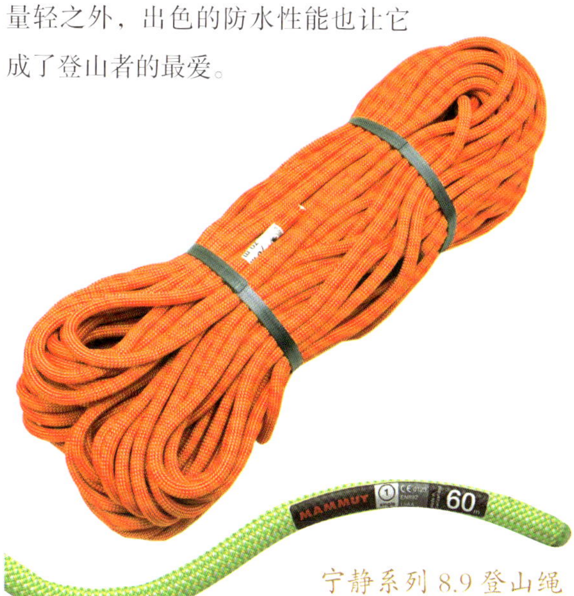

宁静系列 8.9 登山绳

适宜项目　登山　攀冰

参考价格　¥2 000/60 米

二十年前的美国人和现在一样，对户外保持十足的热情，
以至于有人希望能在珠穆朗玛峰峰顶度过一晚，
他对装备的要求很苛刻，要求能够应对极寒天气，足够轻便，使用舒适，
并且易于操作，最后他选择了山浩。

山浩

舒适至上的登山之选

山浩在中国有多种称谓，包括“螺丝”、“螺丝帽”、“哈德威尔”等，简称“MHW”，山浩是使用较为广泛的名称，其标志为一个螺丝，象征其产品可靠的性能。

1993年，美国一家濒临倒闭的户外装备公司主席杰克·吉尔伯特在几名同事的帮助下，新建了山浩（Mountain Hardwear）品牌。山浩早期以帐篷、睡袋等产品赢得了良好的口碑，并且很快成长为美国户外运动装备的一大生产力军。经过20年的发展，山浩打造了一个全面协助“登山运动”的装备系列，包括登山服饰、鞋帽、背包等。期间，它的成员或赞助者遍布世界，它的产品也随之被险峻的登山环境所检验并不断完善。这个追求实用性的创新型品牌就此成为世界上顶级登山装备品牌，它的每一件产品、每一个设计都是先进科技的产物。

山浩产品以顶级材质，创新设计和科技含量著称，但其最大的特色是舒适。其产品皆选择最优质材质，包括GORE-TEX在内的多种顶级面料，保证了其功能的实现，同时其产品对舒适度的要求也很高，例如对透气、防水的要求往往比其他同级别服饰更高，更为重要的是，即便是达到此种效果，它又会在剪裁、手感、穿着等多个方面寻求最大舒适度。保持热情、欢乐、敢为与感激的激情，不断开发出更多优质的装备，更广阔的生产线，更先进的生产技术，令山浩在未来的世界里继续探索和革新。

品牌名品

斯宾诺莎男款冲锋衣

这款于2012年问世的冲锋衣是山浩多项科技的结晶，它是专门为春季登山而设计的超轻外套，重量仅为460克。该服饰的三层速干面料最受关注，由山浩和GORE-TEX公司联合研制而成，这种耐用的面料，将透气性和防水性兼顾起来，给人带来出色防风性能的同时，又保证了身体干燥、温暖的舒适体验。在设计上，防风帽和超长的通风拉链轻松调整着身体与大自然“亲密接触”的范围，并且表现出出色的防水性能。齐胸高的手口袋设计是双手最温暖的去处，另外还有几处防潮性能更好的密封口袋，用于存放电子产品和私人证件。在细节上，袖口和下摆也都设计有拉线，用于快速调整体内的温湿度。

斯宾诺莎男款冲锋衣

适宜项目　登山　徒步

参考价格　￥6 000

Nilas Bib 高端羽绒背带裤

这款专为登山运动设计的高端羽绒背带裤是山浩的顶级产品之一，其优越的保暖防风性能归功于独特的“防风斥水面料”，这种名为特殊的面料表现出极强的透气性和防风性能。它让湿度、温度、透气度得到最舒适的均衡，无论是在冰天雪地里，还是在雨季，它都可以让身体保持干燥、舒适。与这种面料搭配的是 850 蓬松度的高品质欧洲鹅绒，带来超乎寻常的保温特性，充绒量高达 400 克，满足了保暖的需求。在设计上，多处防水拉链让穿与脱都很容易。值得一提的是，在背带靠近胸口的部位，设计有一个小型收纳袋，方便放置一些小物件，例如手机之类，可以保证电池不会因气温过低而损耗电量。

Nilas Bib 高端羽绒背带裤

适宜项目　登山

参考价格　¥5 000

女子 2.5 层冲锋衣

这款经典的女子冲锋衣以出色的防水、防风性能和时尚的设计赢得了一大批女子户外爱好者的青睐。该冲锋衣最大的特点是其超轻的面料——户外软壳面料，这种面料具备完全防水性能，并且透气性极佳，即便是遇到倾盆大雨，也能保持身体的干燥。它是基于 GORE-TEX Pac Lite 面料结构优化而成，使得透气性和防水性能更高，同时还强调柔韧、耐磨及轻巧功能。在设计上，袋口、腋下及缝合位置均采用超细热压防水贴，以降低该冲锋衣的重量，同时还能保持优越的防水功能。卷藏式全视野防风帽配有单手索绳，索紧后可紧贴头部活动。衣领位置加上柔软的 Micro-Chamois 布料，增加穿着的舒适性。在袖口、衣领处、胸口袋都采用了防水拉链，令开合更简便的同时，也保证了严密的防水性能。

女子 2.5 层冲锋衣

适宜项目　登山　越野

参考价格　¥3 000

购买推荐

Quasar Pullover 男款冲锋衣

超轻防水外壳，并且透气性能极佳，防水拉链，能快速调整衣服内侧与身体的温度，拉绳下摆设计，重 261 克。

适宜项目：滑雪　登山　徒步　越野等

参考价格：￥5 000

Kelvinator 男款羽绒服

650 蓬松度鹅绒填充，配以耐磨性和防水性兼有的外层材料，时尚与实用并存，重 450 克。

适宜项目：户外休闲运动

参考价格：￥3 000

Nitrous 女款保暖羽绒服

轻量化设计，采用 800 蓬松度鹅绒填充，重量仅为 285 克，弹力袖扣与可调式下摆设计，提升保暖效果。

适宜项目：户外休闲运动

参考价格：￥2 800

Monkey 男款抓绒外套

100%聚酯纤维材料，具备出色的保暖防风效果，穿着舒适。

适宜项目：秋季户外休闲　徒步　郊游等

参考价格：￥1 800

Way 2 Cool 男款时尚短袖衫

特点之一是反光材料的使用，保证在光照度不佳时的安全，抗菌除臭面料，具备快干功能，重 109 克。

适宜项目：运动休闲

参考价格：￥660

Dome Perignon 男款保暖帽

100% 涤纶材质，具备防风、透气、保暖特性的同时，兼具有时尚元素。

适宜项目：户外

参考价格：￥320

Agama 中性双肩背包

外层为 100%棉纶材质，内衬为 100%聚酯纤维，具备较强的防水、防撕裂性能。

适宜项目：春秋季节徒步　郊游等

参考价格：￥1 300

Epic 女款冲锋衣

强化边缝设计，增加了整体的防水、防风表现，通风拉链和网状材质让透气性表现得更好。

适宜项目：户外休闲　徒步等

参考价格：￥1 400

G50 男款抓绒外套

防风透气的软壳材料，出色的透气和保暖性是其主要特点，设计有暖手口袋，快调下摆，重 595 克。

适宜项目：徒步　越野　登山等

参考价格：￥2 650

Thermostatic Hooded 女款外套

防风保暖材质，舒适轻便，透气性好，重 322 克。

适宜项目：春秋季节的户外休闲　登山　徒步　越野等。

参考价格：￥1 900

Drifter 2 流浪者双人帐篷

外帐 70D 尼龙材质，防水指数 3000 毫米，帐底 75D 防撕材质，防水指数 1500 毫米，面积 3 平方米，高 114 厘米，两个侧面设计，带有夜间反光材料，重 2380 克。

适宜项目：野营等

参考价格：￥2 350

Mesa 男款速干长裤

腰带无缝舒适内衬，织带腰带扣，便于快速调整，可拆卸为短裤，适合搭配鞋子的拉链下摆，防晒指数为 UPF 50，重 299 克。

适宜项目：溯溪　越野等

参考价格：￥600

Frequentor Stripe 男款 polo 短袖衫

速干面料，舒适度高，排汗性良好，且有助于减少异味，独特的图案设计，重 199 克。

适宜项目：涉水　城市户外休闲等

参考价格：￥600

Power Stretch 弹力保暖手套

Polartec 抓绒保暖手套，可单独佩戴或作为内衬，采用平缝设计，弹力好，保持运动时的灵巧度，重 40 克。

适宜项目：冬季户外休闲运动

参考价格：￥300

Carinae Running 夏季速干帽

轻量化设计，速干材质，侧边网眼设计，透气性好。

适宜项目：夏季户外休闲运动

参考价格：￥300

布来亚克是亚洲户外运动的积极倡导者，
几乎是以一己之力将韩国带进了户外发达国家的行列中，更是凭借卓越的品质，
填补了亚洲人在高山服饰及登山用品等众多领域的空白。
它既是亚洲少有的能够打入欧美市场的高端品牌，也是世界一流的户外服饰专家。

布来亚克
精益求精的服饰专家

BLACK YAK®

布来亚克是其品牌名的音译，意译为“黑牦牛”，所以该品牌的标志也是这种青藏高原的特有物种，暗指其产品耐寒、善于负重的特点。

1973年，酷爱登山运动的韩国人姜太善，联合多位登山队友在汉城（现为首尔）创立了东进山岳公司，并于1976年推出了PRO-GIANT品牌，该品牌即是布来亚克的前身。东进山岳公司自成立之日起就注重对登山服饰及装备的研究与制作，通过对韩国整体户外登山市场现状、发展和未来需求的研究，并经过数以万计的试穿体验和改进，逐渐赢得了专业户外登山人士对产品的认同。随着产品被韩国警察部队、特工队等部门的使用，其在户外运动中的影响力日益增强，产品系列也拓展至帐篷、登山鞋、背包、睡袋等方面。经过数十年的发展，布来亚克相继与GORE、DUPONT（杜邦）等顶级材料公司合作，推出了一系列世界顶级的登山产品，占领了韩国户外市场份额的一半以上，业务已经拓展到亚洲以及欧美等。如今的布来亚克作为韩国东进公司的高档品牌，成为韩国登山装备市场的代名词。

布来亚克的品牌精神可以通过其品牌名“BLACK YAK”来诠释，即B——Believe（信赖），L——Life（生命），A——Aplomb（自信），C——Challenge（挑战），K——Key（关键），Y——Youth（青春），A——Ardent（热情），K——Know（体验）。其产品特色则是精益求精的韩国制造特

色，在品质和功能上，它持之以恒地研究、开发和再投入，使得无论是其专业装备，还是户外休闲服装都能以应付极限环境为标准，达到职业登山家的信任、满意为最终的目标。在设计上，符合人体工学原理，为大众提供最佳舒适性、行动便利性、外观时尚性的系列产品。在面料上，其采用的面料以行业世界尖端面料为主。

品牌名品

羽绒内胆 GTX 三合一冲锋衣

带有羽绒内胆的 GTX 三合一冲锋衣是专门为高端户外运动而设计的，因而更注重保暖效果、透气效果以及防水性能。该冲锋衣采用了 GORE-TEX 专业级 Performance Shell 3L 面料，在保证卓越的防水透气性之外，更突出了轻量的特点，仅为 900 克。羽绒内胆加入了 90:10 鹅绒，满足保暖的需求。在设计上，前胸超大胸兜设计，方便背包状态下拿取物品。外观上采用了单色设计，满足不同人群的需求，给人专业的视觉感受。袖兜的设计，增加了收纳小型物品的便捷性。值得一提的是其裁剪，采用了先进的立体剪裁工艺，在保证合体设计之外最大限度提高关键部位活动量，适应极端环境下的穿着需要。

羽绒内胆 GTX 三合一冲锋衣

适宜项目　登山　徒步

参考价格　￥4 000

2IN1 女款防水透气冲锋衣

适宜项目　登山　徒步

参考价格　￥3 200

2IN1女款防水透气冲锋衣

2IN1 冲锋衣是专门为冬末春初，乍暖还寒的季节设计的户外冲锋衣，其出色的防风性能和超强的透气性让人们可以轻松享受户外的乐趣。该冲锋衣采用 GORE-TEX 专业级的 Performance 3L 面料，在保证卓越的防水透气性之外更突出了轻量的特点，满足高端户外运动的需要，配备超轻羽绒内胆，更强调专业级保暖效果；肩部及下摆以及袖口下侧耐磨面料拼接处理，满足户外环境对面料强度的额外要求，并增强了防风保暖效果；腋下透气防水拉链关注穿着者舒适感，让透气的可调性更轻；在外形设计上，色彩独特鲜明，极具时尚感，超大侧兜及扩展褶裥设计方便背包状态下取用物品，整体采用贴身剪裁，其中女款更突出了女性曲线，在保证合体设计之外最大限度提高关键部位活动量，适应极限环境的各种穿着需要。

智慧羊毛是户外运动的积极倡导者，
它不仅引领着户外功能袜的科技创新、材料创新以及工艺创新，
还是户外袜行业的标杆和表率，
它因此常常被誉为是"世界上穿着最舒适的户外袜"。

智慧羊毛
提供最舒适的袜子

品牌名用如同羊毛线一样的轮廓呈现，与之相连的是一个卡通人物脚上的袜子，智慧羊毛以诙谐的标志鲜明地表明了它的产品类别。

智慧羊毛（SmartWool）品牌诞生于1994年，由著名滑雪教练彼得·杜克和帕蒂·杜克创办于美国科罗拉多州的斯廷博特斯普林斯地区。公司早期主要是生产美利奴羊毛袜为主，凭借着舒适的特性，很快便风靡北美，到1999年，智慧羊毛将产品系列扩展至男女内衣、衬衫、长裤等方面，同时在材质、样式上展现出更多元化的特点，很快就成为户外衣袜的领导品牌。到如今，美国一半以上的户外爱好者都选择了智慧羊毛的户外袜子，使它成为世界上最重要的户外袜类产品供应商，成为户外爱好者的袜类标准装备。

智慧羊毛以天然的羊毛织物、独特的工艺为人们提供世界上最舒适的袜子，其品牌特色主要体现在原材料和制作工艺上。它的原料来自于新西兰高原上的美利奴羊毛，这种羊毛有着别处羊毛无法比拟的韧性和柔软度，尼龙材质和天然纤维的加入既保证了它的透气和保暖性，又增加了其韧性和实用性，具有很强的保护作用。工艺上采用了独特的Smart技术加工，使得天然卷曲的原材料形成无数的小气室，像脚面皮肤一样隔绝外部温度影响，无论何种气候、何种运动，都能保证脚部的恒温、恒湿。

品牌名品

混合装户外深度衬垫中高筒袜

这是智慧羊毛含毛比例最高的一款袜子，是

混合装户外深度衬垫中高筒袜

适宜项目　越野　登山　徒步
参考价格　¥300

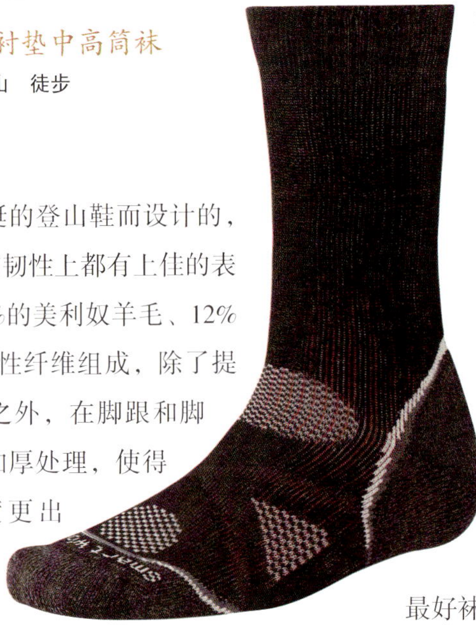

专门为高筒、硬挺的登山鞋而设计的，在厚度、舒适度和韧性上都有上佳的表现。该袜子由86%的美利奴羊毛、12%的尼龙和2%的弹性纤维组成，除了提供更高的柔软度之外，在脚跟和脚趾部位还进行了加厚处理，使得耐磨性和舒适度更出色，轻松应对鞋帮、鞋带对脚部造成的压力。多种纹路和材质的组合带来了出色的透气性，即便是在高帮鞋里也能表现卓越。袜子的脚踝部分具有弹性设计，可使脚踝被固定在正确的位置上。因此只提供了很小的空间让脚踝可以向前或是在鞋子里活动，达到了保护脚踝的功用。袜筒边缘之设计为绝对的平滑，可以避免因登山鞋过硬所产生之磨脚现象。

中筒羊毛徒步袜

如果你是在找寻一双适合徒步的袜子，或者是在高低不平的路面上行走的好伙伴，这款中筒羊毛袜无疑是最好的选择。该袜子是从早期作品中进化而成，采用76%的美利奴羊毛、23%的尼龙以及1%的弹性纤维制作而成，兼具有绝佳的保护作用和耐磨特性。在设计上，充分考虑了鞋子的形状，对鞋袜底部和边缘进行了适度弯曲，同时对袜子底部的防震层加厚，脚尖部分加强耐磨、脚背部分以平滑舒适的布料设计，具有额外绝佳的透气性。具弹性的拱形状的加强部分，可以使袜子和脚结合得更加紧密，让行走更加舒适简单。

中筒羊毛徒步袜

适宜　徒步　长距离旅行
价位　¥200

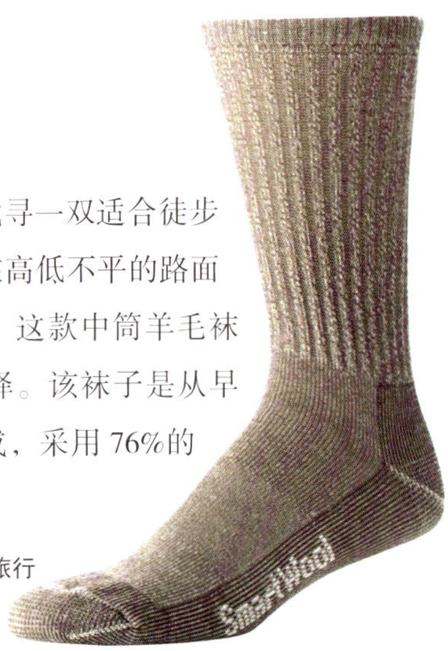

HiKing 系列徒步羊毛袜

HiKing 系列徒步羊毛袜是智慧羊毛户外袜子中评价最高的，被誉为“所有徒步袜中最杰出的代表”。该羊毛袜的厚度适中，和各种徒步鞋搭配都能展现出绝佳的效果。如果你需要的是一双底部吸震效果好的袜子，但又不希望它太厚，那你将会同意《背包客》杂志的编辑所说的话：“徒步羊毛袜是你能在市面上找到的最好袜子。”该袜子适合于背负不大、地形中等崎岖的环境使用，适中的底部护垫，可避免脚部产生水泡，另外具弹性的拱形状加强部分，可以使袜子和脚更为服帖，并且可使你的脚感到更为舒适。该袜子曾荣获《背包客》杂志评选的“编辑推荐大奖”，其面料组成比例为71%的美利奴羊毛、28%的尼龙和1%的弹性纤维，尼龙面料所占比例大也恰好证明了其对脚部的包裹保护能力强。

HiKing 系列徒步羊毛袜

适宜项目　徒步
参考价格　¥200

地球为人类的勇士们提供了冒险的机会，有峡谷，有高峰，

而人类却是带着征服的心来挑战的。

来自美国的专业登山品牌——格里高利背包给予了勇士们舒适和勇气，

可以说，格里高利背包就是户外爱好者的福音。

格里高利

舒适至上的背囊大师

GREGORY®

一条曲折的黑色宽线，既像一条大道，又有山岚的模样，好像是在说，拥有格里高利背包，征服高山如同在宽敞大道中行走那般舒适、自在。

1977年，美国户外传奇人物韦恩·格里高利在加利福尼亚州圣迭戈创建了格里高利这个品牌，当时在其房子后面生产，前面销售。如今，格里高利背包在越南、中国等地都建立了工厂。韦恩·格里高利的传奇是从小开始的，他很小就懂得利用父母的缝纫机制作背囊，并用于自己酷爱的越野活动中。在他看来，背囊舒适的要诀只有一个，就是合身。所以格里高利背包没有用任何花巧的高科技设计，而是选择了优质的材料和有针对性的、灵活的调节。正因格里高利背包在身材适应方面表现优良，致使它在面世的30多年间，先后获奖无数，更被美国不少的雪山远征队、野外学校，甚至美国军部的特种部队所选用，在世界背包族心中享有极佳的口碑，也使创始人韦恩·格里高利在业界中赢取了“背囊大师”的美誉。

格里高利背包的座右铭是“舒适胜于一切”。它象征了卓越而独立的探索未知世界的信念，给所有户外背包品牌树立了标杆，并努力做到完美、专注和精益求精。

格里高利的特色之处主要体现在其著名的自动贴合背负系统——AFS，该系统采用单根7075-T6铝支架，热成型EVA负重转移背板，为使用者提供舒适的背负感受。独立旋转腰带可以自动调整角度贴合髋骨，并始终将重心保持在使用者希望的方向，有效地减少了体能的消耗。腰垫上采用EGT防滑橡胶技术，可将负重适当转移至臀部。超柔软的预成型3D肩带和腰带为使用者提供最舒适的背负感受，在接触身体部位采用了无皱热压技术，取消了缝线避免磨损皮肤。同时，全新的LifeSpan E-VA泡沫用于3D成型肩带和腰带，使其具有良好的恢复性。

品牌名品

超大容量技术背包

这款探险背包应用了先进的技术，无论舒适程度、背负能力还是便利性、耐用性都无可超越，其中最为出色的无疑是它的容量和设计。该背包最大容量可达115升。它兼具了格里高利背包几乎所有的设计精华，组成一个能够应付任何环境的超级背包，因此获得了美国《背包客》杂志评选的“世纪金奖”。Auto-Cant肩带系统和Adjust腰带系统能调校至最合适你的身形，压铸成形之背垫设有通风坑道，双V形滑轮式压缩带能快速将背包收紧，而FOAM-X弹性支架则提供了足够的缓冲力，保证了背负过程中的稳定性。面料是由坚韧的500D尼龙面料及防撕布组合而成，既轻又极度坚固。背带及腰带均由多层不同密度软垫组成，软硬恰到好处，承托舒适兼备。该背包自面世以来便广受追崇，成为大容量背包的杰出代表。

超大容量技术背包

适宜项目 大容量背负

参考价格 ￥4 000

基督超轻量背包

基督背包堪称是格里高利轻量级背包的代表作，是专为山野竞赛而设计的技术型专业背包。包顶、前袋及包底均设有开口，取放物品更为方便。该背包是目前世界顶级轻量山野竞赛背包，更被美国《户外探险》杂志评为最佳的“野外竞赛”背包，并赢得编辑之选大奖。该背包采用了易调式的 Wraptor 稳定背负调校系统，专为剧烈运动而设计的网布背带，重量更轻，更透气通爽。在面料上，由超轻的 G 30 Fabric 面料构成包身，这种独特面料是选用高张力的 30D 防撕尼龙绢，再将之浸进硅化溶液，让硅化剂渗透进布料，用以将纤维之间的空间填满，一方面将纱线锁定，增强其防撕强度，另一方面可将布料硬化以增强其强度。坚韧程度远超其他同级布料，在防水性能方面更胜一筹，亦更持久。值得一提的是，主包采用上下双层分格设计，以拉链做分隔，下层包底设有多个出水孔，利于收放湿装备或涉水时可快速干透。

巴尔托洛 75 徒步背包

适宜项目　徒步　越野
参考价格　¥1 500

巴尔托洛 75 徒步背包

巴尔托洛属于格里高利背包中经典的徒步型背包，这款 75 号背包在外形上并不显眼，但是其背负感绝对是最舒适的。2.65 千克的净重，最大背负重量为 32 千克，对于徒步而言已经足够。巴尔托洛 75 徒步背包采用了经典的 AFS 反应背负系统，在保证坚固性的同时，使背包能够实时贴合使用者的脊背，最大限度地保证背负者舒适、安全。3D 成型肩垫及腰带采用全新的 Life Span EVA 泡沫，提供了良好的缓冲和皮肤触感。承托架则由一条 7001-T6 铝杆组成。包身设计上以实用为主，提供了充足的外挂点。顶部、前部和底部拉链均支持快速取物，大容量前包设计，顶包底部搭配隐藏口袋，可放置私人小物品。面料上采用了 210D 超强柔韧性尼龙针织面料作为包身，总体上营造出一种结实、可靠、耐磨、舒适的印象。

基督超轻量背包

适宜项目　轻量全能型背负　徒步　越野
参考价格　¥1 500

购买推荐

Alpinisto 50 登山包

美国登山向导协会推荐产品，专为专业级登山者而设计，配备可拆卸的腰带填充物、背垫、支撑板、支架，可以在背负较多装备时保持背包的舒适，又可以在冲顶时减去不必要的重量。210D面料，7075-T6 铝合金支架，配以专利可调式背负系统。

适宜项目：登山

参考价格：￥2 100

Deva 60 女款背包

210D 尼龙面料，7075-T6 铝合金支架，自动贴合背负系统，专门根据女性体型进行改进，3D 成型包带让背负更舒适，功能区域丰富多样，容积 60 升，最佳背负重量 23 千克，净重 2440 克。

适宜项目：登山　旅游等

参考价格：￥2 580

Triconi 60 男款登山包

顶部、底部、两侧都设计有拉链，方便快速存取物件，210D 材质面料，最佳背负重量 23 千克，容积 60 升。

适宜项目：登山

参考价格：￥2 500

Tempo 8 男款越野型水袋背包

内置隔板，能够有效减少背包内水袋的晃动，方便便捷地存取，210D 尼龙面料，配有反光标识。

适宜项目：时长超过 4 小时的跑步　登山等竞赛、训练运动

参考价格：￥1 280

Jade 60 女款登山包

专为大容量需求的户外女子而设计，突出实用和时尚两大特点，采用负重转移背负系统，210D HT 高张力、防撕裂尼龙面料。

适宜项目：恶劣环境登山

参考价格：￥2 180

Kletter Day 背包

采用 210D 尼龙面料，配以实用区域设计和强大的防水拉链，在外形设计上更加大胆、前卫，专为时尚户外人群而设计。

适宜项目：休闲

参考价格：￥1 280

Diablo 6 背包

超轻量级背包，采用透气网眼肩带，内部压缩系统，容积最大为 6 升，净重 450 克。

适宜项目：骑行　长跑等

参考价格：￥780

Cache 28 拉杆箱

1680D 加 840D 防撕材质构成，4 条外部压力带可以相互分担重力和压力，容积 77 升，高 71 厘米，宽 36 厘米，厚 30 厘米。

适宜项目：旅行等

参考价格：¥2 980

Whitney 95 背包

210D 尼龙包身，Auto-Cant 背带系统，可调节腰带，7001-T6 铝杆承托架，容积 95 升（大码 103 升），重 3000 克。

适宜项目：远足　登山　徒步　野营等

参考价格：¥3 300

Palisade 80 背包

经典款，210D 高张力、防撕裂尼龙面料，Response CFS 定制，贴身背负系统，防水拉链和包底，双密度透气型背垫，容积 80 升，重 2800 克。

适宜项目：远足　徒步　登山等

参考价格：¥3 100

Savant 38 男款背包

3D 背负系统，防水，卷口式顶包，透气、模塑成型的泡沫背板，肩带和腰带，连包体防雨罩，容积 38 升，重 1420 克。

适宜项目：轻量背负　徒步等

参考价格：¥1 500

Duffle 背包

防撕裂面料，防水性能高，可调节且可移除的双肩带，主提手可作双肩背，带衬边的 U 形开口，YKK 防水拉链，重 570 克。

适宜项目：城市户外休闲　旅行等

参考价格：¥1 000

Z55 徒步背包

210D 防撕裂尼龙面料，Jet Stream LTS 背负系统，排汗肩垫及腰带，为追求轻量化人士提供一个重量既轻而又通爽舒适的中大背囊。

适宜项目：徒步等

参考价格：¥1 800

Pacific Beach 徒步背包

外形时尚大方，底部采用防撕裂尼龙，防滑把手，两侧各配皮质配件，容积 20 升，重 410 克。

适宜项目：城市户外休闲　露营

参考价格：¥1 200

户外运动是一件兼具乐趣和危险的事情，

因此对于每一个户外爱好者而言，对待户外用品的态度应该是严肃认真的。

作为无氧登顶珠穆朗玛峰第一人的彼得·艾伯就曾认真地说道：

“攀登珠穆朗玛峰可以没有氧气，但是不能没有凯瑞摩。”

凯瑞摩

老牌登山包制作大师

karrimor

以品牌名首字母“K”为设计元素，与英国国旗图案相结合，让人印象深刻。

1946年，查尔斯和玛丽·帕森斯、格蕾丝·戴维在英国开始了制包业务，他们早期主要是在家里的自行车阁楼上制作自行车包。六年之后，凯瑞摩公司正式成立了，它一边与著名的登山运动员保持合作，汲取登山经验，一边又投入精力到产品的研发中，使得它的许多设计和技术成为行业效仿的标准，并一直延续至今。在随后的发展过程中，凯瑞摩登山包伴随世界探险家们完成了无数次的高山探险、极地跨越、丛林穿越以及深入沙漠无人区，包括第一个完成14座8000米以上山峰登顶的梅森纳尔，第一个完成七大洲最高峰登顶的亚当斯，第一位登顶珠穆朗玛峰的女性田部井淳子……作为一家老牌的登山包制作者，其出色的售后服务和世界级的品质成就了它的大师美誉。

重视历史品位和声誉，以卓越的工艺和设计为人们提供值得信赖的产品和售后，让他们尽情地享受户外运动的乐趣，在此过程中，展现出一种绅士精神，这是凯瑞摩给人们的承诺。凯瑞摩的品牌标志极易辨认，它从英国国旗中汲取灵感，一方面表现了品牌的国家属性，另一方面也是表现它的绅士情结，这也是一种品质的保证，诚如凯瑞摩在全球广告上推出的一句质朴而有分量的话："正因为我们的产品是值得骄傲的，所以我们才将凯瑞摩的名字和标志印在产品上。"

凯瑞摩登山包最出色的技术是其著名的SA背负系统，这种背负系统的最大特征是在运动中可以调节，随时调整其在背上的位置，使人时刻处在最舒适的状态。这个系统能够让背包者轻松地面对"因背负重量改变引起的重心改变、因季节改变引起的服饰厚度改变、因身体姿势改变引起的背包位置改变、因长时间背负引起的肌肉疲劳和受力点改变"等背负问题。SA背负系统的技术核心是"在运动中，在肩背上，随时、精确地调节"，并且让这种调节方法更便捷、更精确。

品牌名品

X-Lite系列登山包

X-Lite系列已有数年之久，凭借出色的表现赢得了户外登山者的一致好评。此系列背包在2006年德国户外展会中曾获得"背包最佳设计奖"。此系列最大的特点就是超轻而且耐用。要知道背包的自重和耐用度是成正比例的，自重很重说明所选用的材料就厚，那么其耐用度就会很高，而如果自重很轻说明所选用的材料相对就比较薄，那么其耐用度就相对低，因此背包的自重和耐用度之间是相互矛盾的。而凯瑞摩的X-Lite系列背包所选用的材料是用耐磨损性能非常好的迪尼玛材料制造的（迪尼玛材料主要用于防弹衣的制作，是世界上最强韧的面料），所以此系列背包就能够同时拥有超轻的重量和超高的耐用度，而且在其他细节方面从卡扣到绳带再到布料的选择，其每一个组成部分都经过了仔细筛选，也只有这样的制作才能够将背包的耐用性和重量之间的最佳配比表现出来，从而使背包趋向于完美。以X-LITE 45+10为

X-LTE40+5

适宜项目　户外登山　远足徒步
参考价格　￥1 800

例，其使用的是 F-format 背负系统。这是一个由高密度 EVA 背板和 3 段调节组成的背负。EVA 背板很好地平衡了舒适负载与重量的问题，并且在贴背部分留有导热槽，可以在大运动量时协助身体更快地挥发热量，并且能够很好地适应 170~185 厘米的身高。

独立重型徒步包

“耐磨性高、性能全面”是对独立重型徒步包最准确的评价。这款性能全面的大型背包可适应高原、冰川、碎石、浅滩等长距离、大负荷、高难度徒步路线的需要。独立重型徒步包属于技术型徒步款大背包，最早于 2005 年进入市场，代表了凯瑞摩登山包的技术精华与经典风格。该款背包采用全新的 SA 二代超级干爽背负系统，与经典的 SA 一代背负系统相比，SA 二代背负系统可以更为精确地调节背负重心与方式，有效缓解背部与肩部的肌肉疲劳，同时拥有更方便快捷的调节系统。SA 二代超级干爽背负系统采用全新的轻量型框架结构，在提供最佳舒适性的同时也有效地降低了背包的整体重量。独立重型徒步包采用经典的六向增升设计，其最大扩容量可达 20 升，平衡前后左右上下重量配比，保持背负稳定和舒适。加强型防撕面料和加固的海佰伦面料成为它最可靠的品质保证，这也成就了它能够面对多种复杂环境的特性。

独立重型徒步包

适宜项目　户外登山　远足徒步
参考价格　￥3 800

美洲虎重装登山包

适宜项目　重装背负徒步　登山　远足
参考价格　￥3 000

美洲虎重装登山包

单从名称上看，就可以看到这款包的霸气了。对于一个可以扩容至 95 升的大型背包来说，2700 克的重量可谓是同级别背包中最轻的款式，该背包的面料是由凯瑞摩公司研制，由杜邦公司专门为其生产，使得其耐磨性和防撕性超过了杜邦公司著名面料——CORDURA，这种名为 N420D 的面料除了提供极轻、耐磨的品质外，在防水方面也是一流的，内部涂了厚厚的 PU 材料。该背包采用了最新的 SA 三代背负系统，强悍的铝架支撑、厚实的肩带和腰带，使得承重分布均衡，在大负重下表现得非常好。在细节处理上可以看到凯瑞摩工艺的严谨和出色，一些特殊部位加厚了一种名为“Hypalon”的超强防刮材料，一些枢纽部位加强了缝线，纽扣和拉链均为凯瑞摩专属工艺制成，集性能和美观于一身。

作为德国著名的户外运动品牌，

沃德以德国产品固有的实用性、严谨和高品质的特点赢得了世人的青睐。

尽管它从来都没有登上过最贵的排行榜的榜单，

但户外爱好者从未将沃德产品遗忘在家中。

沃德

实用至上的户外专家

VAUDE

沃德的标志是由一片位于山峰之间的椭圆形叶片组成，表明了沃德积极、纯粹的登山激情，以及在登山运动中，以高品质、实用的产品轻松应对户外环境的恶劣、严酷的特色。

沃德（VAUDE）公司创建于1974年，地点位于户外运动的胜地、黑森林南部的Untereisenbach市，创始人阿尔布雷克特·冯·戴维斯将他对登山运动的热爱变成了一个惠及全世界背包客的品牌。在成立之初，沃德公司专门为登山爱好者设计和生产背包，到1997年，已发展成为产品包括登山包、睡袋、帐篷及各种运动所需的功能性服装、绳索等在内的欧洲最大型户外品牌之一。凭借着出色的创意、先进的工程学设计以及实用的实验室测试，沃德为人们提供了最高性能与高品质的产品。它在登山背包的防雨功能、恒温服装面料等方面表现出色，是唯一有能力在北美户外市场占据一席之地的欧洲品牌。值得一提的是，沃德还是环保型户外运动的积极倡导者，它还将全球收入的1%捐献给环境保护组织。

激情、表现、享受生活是沃德的内在推动力，这一推动力量的根源在于登山运动，因此尤为强调登山者与大自然的和谐互动，正如沃德所说："没有群山，就没有沃德。"沃德品牌的最大特色是实用性，这种实用性是通过不断更新的技术体现出来的，以其背负系统为例，随着1989年成功开发出Tergoflex背负系统，沃德背包快速发展，但很快又生产出带有塑料框架背负系统的背包，它可以调节框架的长度，使其达到适合于使用者背部轮廓的最佳背负状态。不久之后，沃德又相继推出了可调式肩部背带系统F.L.A.S.H以及超轻背负系统Tergolight，这样做的目的，就是在保证背包负重非常大的状态下，系统依然可以保证身体活动的高度灵活性。

品牌名品

超轻工艺徒步背包

这款享受盛誉的大型背包是沃德的旗舰背包，以出色强悍的背负系统著称。该背负系统的特点是独特的腰垫处关节设计，腰垫可以钟摆式摇摆，底部的三角区域设计，吸收了走动时候从背包上传递来的压力，以腰垫为中心支点的关节设计能

超轻工艺徒步背包

适宜项目　户外登山　远足徒步

参考价格　￥1 800

更有效地将负重分配出去，使舒适性得到提升。配合着可以单独调节的负载受力点，能够保证理想的负载分配。更为重要的是，即使在行走的时候也能持续调节背负。由超轻坚固聚碳酸酯材料制成的人体工学背板，完全根据人体结构学设计而成。该结构设计体现了自然的脊椎上部到骨盆的受力流动，可以最科学地从上而下地分担负载，和传统的腰垫相比，侧面所受压力也大大降低，即便是背负 60 千克的重物也能活动自如。

在材质上选用了 420D 的防撕尼龙和 600D 的防水涤纶，保证了背包的耐磨性和耐用性。出色的防水性能也颇受关注，号称“防水背包”，其重量仅为 2400 克。

徒步系列 65 背包

这款经典的全天候徒步背包将沃德的“德国制造”血统展现得淋漓尽致，它能满足包括户外旅行、徒步、登山在内的多项运动，不论任何季节，它都能轻松应对。在设计上，先进的腰垫旋钮调节系统让背包可以灵活调整位置和捆绑力度，最大可达 75 升的超大容量加上可拆卸顶盖和实用多口袋设计，让出行变得随意自在。值得一提的是，通过该背包最外面的一道防水型拉链可以直接进入主仓，让存放变得更加快捷。在材质上，多比聚酰胺面料带来了出色的防水、防磨表现，更为重要的是，它让背包的重量得到了控制，仅为 2600 克。

超轻双人帐篷

这款于 2011 年上市的超轻帐篷以独特的“混合式结构”著称，混合结构设计在抗风性、防紫外线等方面表现突出。这款容纳 2

徒步系列 65 背包

适宜项目 徒步 登山 休闲旅行

参考价格 ¥2 200

超轻双人帐篷

适宜项目　徒步　登山　休闲旅行
参考价格　¥4 300

人的小型帐篷重量仅为1700克，专为徒步和登山旅行而设计，4个固定绳环和8枚地钉在牢固性和便捷性中取得完美平衡，并提供了长2.3米、宽1.2米和高1.1米的空间。该帐篷结合了单层帐篷和双层帐篷的优点，上半部分单层结构使用了防水透气薄膜，下半部分双层结构则提供了理想的透气和帐篷内小气候。双层部分外帐也可以从超轻内帐传递到帐篷外，入口和透气窗口则可以保证新鲜空气的吸入，确保良好的透气循环。超轻版本是双层结构内部用网纱材料替代了普通材料，该设计提供了完全的透气性能，特别是外层上卷之后透气性能更佳。

哨兵系列轻型登山滑雪包

适宜项目　登山 滑雪
参考价格　¥1 300

哨兵系列轻型登山滑雪包

这款轻型小款登山包是专为酷爱滑雪运动的人设计的，仅为1440克的超轻重量提供了最大38升的容量。“哨兵”之名来自于它人性化的设计，其强大的外挂系统几乎可以满足滑雪装备的所有需求，大到滑雪板，小到急救示意图及口哨，都可以轻易地背在滑雪者肩上。而且背负者也不用担心背包与背长是否合适，便捷的背负调节模式甚至可以在行进中把背包调节到最佳状态。该背包的顶盖可根据个人需求调整高度，因此更为适合追求舒适、快速、轻便的滑雪旅行。在材质上，300D外层配合210D内层的锦纶面料在重量、防磨、防水性上找到了平衡。值得一提的是，多色的时尚元素加上中性特征让这款背包在户外市场上大受欢迎。

购买推荐

Space K2 四季帐篷

采用 210T 防撕尼龙面料，双层设计，具备更强大的防水性能，2 个入口设计，搭配 2 个透气窗口。

适宜项目：野营　长距离徒步　登山

参考价格：￥4 200

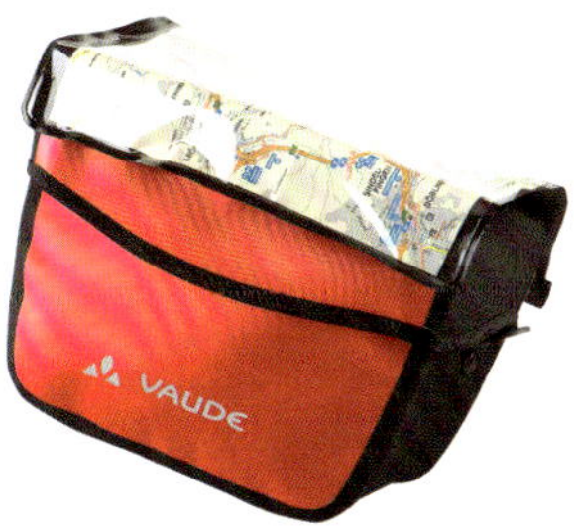

Aqua 自行车车把包

300D 尼龙面料加 PU 防水涂层，可拆卸肩带，可拆卸地图口袋，容积 4 升，反光设计。

适宜项目：长距离骑行

参考价格：￥570

中型徒步背包

210D 面料加 PU 防水涂层，外观时尚，重 1200 克。

适宜项目：徒步　越野等

参考价格：￥1 200

Jolly Comfort I 婴儿背架

沃德最受欢迎的婴儿背架之一，可安全携带最高 105 厘米、最重 20 千克的儿童。除座椅外，玩具、水瓶等均设计合理，存取安全便捷。

适宜项目：城市户外休闲

参考价格：￥1 800

Hogan Ultralight Argon 双人帐篷

采用 240T 材质，双层设计，外帐双面涂抹防水材质和 UV 防老化材料，防水性能超强，超大拱门设计保证了通风效果和便捷地出入，重量 1490 克。

适宜项目：野营

参考价格：￥3 000

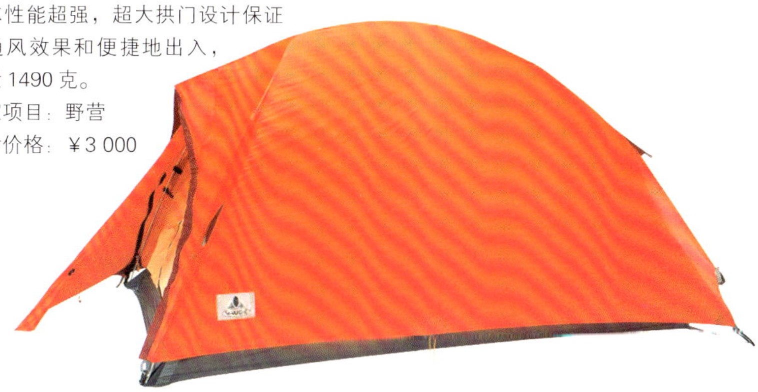

Aletsch 男款冲锋衣

3 层面料材质，配以防水拉链，带来了出色的保暖、防水、防风性能，连帽设计，可与头盔兼容使用，多部位加固设计，应付恶劣的环境，透气拉链和可调式拉绳让身体的透气性更具可调性。

适宜项目：滑雪　登山　攀冰等

参考价格：￥4 000

Karakorum 自行车驮包

专为自行车爱好者设计，能与自行车完美搭配，适合长距离骑行。210D 材质，配以 PU 防水涂层，重 2300 克。

适宜项目：骑行

参考价格：￥1 300

Power Lizard Ultralight 双人帐篷

外帐为 20D 防撕裂锦纶面料，双面防水涂层处理，内帐为 20D 涤纶面料，底帐为 40D 面料，尺寸为 250×150×105 厘米，重 1000 克。

适宜项目：登山　露营　徒步等

参考价格：￥2 700

Cimone 55+8 女款登山包

210D 防撕裂面料加 600D 涤纶面料加 500D 尼龙材料，专为女性而设计，肩垫和腰垫都使用了适合女性的柔软材料，容积 55~63 升可调，重 2150 克。

适宜项目：登山　徒步　野营等

参考价格：￥1 600

Astra Light 50 徒步旅行背包

210D 防撕裂锦纶加 420D 锦纶，顶盖有带分隔拉链口袋，独立底仓，主仓快速进入拉链，容积 50 升，重 1700 克。

适宜项目：徒步　野营等

参考价格：￥1 200

Teffy 婴儿背架

420D 防撕尼龙加 600D 涤纶材料，7001 硬铝金材料支架，三维透气，前拉链口袋，侧网纱口袋，可拆卸成型腰垫，座位可调，背部可调，带反光条。

适宜项目：徒步　城市日常户外活动

参考价格：￥900

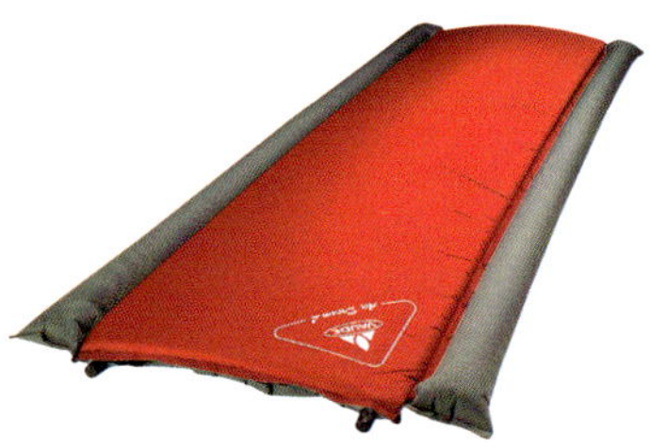

Airdreaml 户外气垫床

两侧的空气盒防止你从气垫上滚落，底部采用了防滑材料，盒状的空气囊提供了更好的保温性能和舒适性能，长条状的空气囊对空气的利用更为高效，尺寸 185×68×6.5 厘米，重 1350 克。

适宜项目：露营　城市户外休闲等

参考价格：￥800

Cannonball 6 球形洗漱包

环保彩色涤纶面料，带分隔主仓，顶部拉链口袋，容积 6 升，重 240 克。

适宜项目：徒步　越野　旅行等

参考价格：￥350

Snippy 单肩斜挎旅行包

600D 牛津涤纶面料，防水涂层，轻量化设计，多用途，亦适合 2~3 天旅游，容积 13 升，重 400 克。

适宜项目：旅行　城市户外休闲等

参考价格：￥300

Hard Rock 背包

500D 尼龙面料，专为技术型攀登运动员而设计，顶部为大容量口袋，背包可以和攀登安全带连接，胸带有口哨，另有冰具附着点，重 1580 克。

适宜项目：攀登

参考价格：￥1 200

鱼鹰会被人赞誉，不在于身型美观，不在于其爪尖嘴利，而是它本领超凡，
能飞行、能潜游，并且样样精通。在美国加利福尼亚州，
一只极具魅力的鱼鹰再次腾空，一跃成为户外爱好者心目中品质的象征符号，
它就是鱼鹰背包，高品质美式背包的代言人。

鱼鹰

可以定制的美式背包

Celebrating 40 Years Since 1974
OSPREY

一只展翅的鱼鹰表现了鱼鹰公司积极进取的品牌精神，以及超凡的性能和品质，鱼鹰标志和“OSPREY”字符早已成为户外爱好者心目中的经典图案。

鱼鹰（Osprey）是世界上著名的户外背包品牌之一，由麦克·冯特霍尔和劳里·怀特于1974年创立于美国加利福尼亚州，两位创始人既是户外爱好者，也是出色的设计师，仅用两年时间，鱼鹰公司创造性地将透气网眼背板运用到了背包上，使得其背包产品很快打开了市场，随着知名度的提升，鱼鹰也逐渐成为世界上背包市场占有量最大的品牌之一。鱼鹰的发展建立在三个方向上，一是提升品牌形象，将定制业务与名人结合起来，第一个登上珠穆朗玛峰的盲人登山家就是使用鱼鹰登山包完成壮举的；二是在创新的同时，将时尚、女性等元素加入进来，拓展了品牌的客户群；三是拓展了生产和销售的范围。最为难得的是，鱼鹰背包在户外爱好者群体中拥有极好的口碑。

鱼鹰以“创造生活的乐趣”为使命，它所提供的每一款户外背包都在努力表达一种积极向上的生活方式，并以背包为载体，向人们传达环保、和平、户外激情等理念。鱼鹰背包最大的特色就

是它的定制感觉，因为每一款背包都提供不同的背负系统、挂件设备、材质工艺等，再加上总结了无数户外参与者的实际要求，使得每一个客户都可以享受到最舒适的背负体验，使得每一款背包都有如同定制一样的独特感受。

氩气系列徒步背包

适宜项目　长距离徒步
参考价格　￥3 600

品牌名品

氩气系列徒步背包

作为鱼鹰公司顶级的定制背包，氩气带给登山者的是功用性、舒适性和个人品位的统一。氩气系列不仅提供了5个躯干长度尺码和6个分男女款的肩带和腰带组合，还提供了70升、85升和110升三种容量的背包，更为重要的是，它还可以提供包括背负热力塑形在内的量身定制服务。氩气系列从外观上看显得尤为时尚，除了色泽之外，

面料和设计也都遵照“从简从牢”的原则进行了改进。侧兜已经由网袋改为尼龙面料，为了降低自重，一些细节部位在加厚的同时，还采用了激光切割技术，外层的袋鼠袋也都采用了弹性材料。氩气系列的特色之处在于采用了顶级的反曲背负系统，它是鱼鹰公司最高科技的代表。20毫米宽铝管HDPE背板和反曲铝管提供了坚固、稳定、舒适的背负感受，同时出色的弹性可以吸收背负过程中产生的弹力。新款的加厚型铝合金支管解

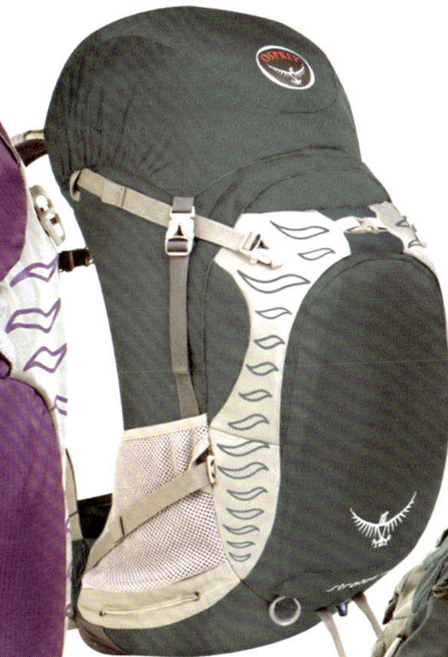

天狼星系列徒步背包

适宜项目　女性日常徒步

参考价格　￥1 400

决了老款背包易磨损的缺点，同时带沟槽覆网的背负系统的透气量也大大增加了，可以很好地缓解背部闷热问题。

天狼星系列徒步背包

天狼星系列是一款为女性量身定做的日用型徒步背包，极具女性化的肩带和腰带设计配合3个可调节尺码，展现极好的舒适度和贴合性，漂亮的颜色和图案也为人称道。以轻量化为终极目标的空速背负系统（Air Speed）也是该系列背包的特色之一，该系统由铝合金框架和3D弹性网眼背板组成，所有与身体接触的部位都添加了透气的网眼，并添加了柔软的泡沫，使得背负时既舒适又不会太热。该系列背包容积都不大，有24升、26升和36升三款，最重不过1340克。每一款背包的主仓大开口设计方便了存取物品，同时背板稍短适合女性脊椎长度，胸前的带子根据女性特点设计，腰带根据女性生理结构略微倾斜。

小鹰系列 2012 款

适宜项目　长途徒步　日常徒步
参考价格　￥1 800

Atmos 系列徒步背包

该款系列对于背包的重量、透气性以及背负舒适度进行了重新的定义。所采用的升级版空速背负系统有了更舒适的背负体验，可调节腰带采用双层密度泡沫以提升其支撑性，而垫片网格的高透气性造就了独一无二的调节系统，使之拥有量身定制般的贴合度，有全方位的躯干可调节设计，可更换的肩带以及可调节的腰带集于一身，帮助运动者在行径途中有更好的贴合感和卓越的舒适度，210D 高韧性防撕尼龙材质提供了极强的耐磨性。

Atmos 系列徒步背包

适宜项目　徒步
参考价格　￥1 800

小鹰系列 2012 款

小鹰背包被设计者定义为“徒步背包短线系列”，但实际上它既适合于短途徒步，又适合于长期探险，是一款“能去任何地方，做任何事”的终极背包。如果你是超轻狂热爱好者，这款包很好选择。两个躯干尺码和躯干可调节肩带提供了最佳的背负贴合性。独特的空景背负系统采用了双外围铝管，能够稳定地将负重力量传递到靠近身体的地方。紧绷的网眼覆盖和脊状泡沫背板提供了卓越的透气性和超舒适的背包接触体验。值得一提的是它的头窝轮廓设计，能够为头部提供最大的活动空间。在外观上以绿色、白色、灰色为主替代了老款的青苔色，因而更显时尚。小鹰系列背包的尺码囊括了 26 升到 68 升六种型号，为客户提供了最多、更适合的背包选择。在面料上采用了防水耐磨的 420D 尼龙布，正面袋鼠仓和两侧水壶仓使用的是尼龙弹性纱网。这款背包的压缩带还可以按照客户的需要成为外挂点，最多可达 11 个。这样全面的能力和可塑性成就了小鹰在户外背包中的“全能”的美名。

购买推荐

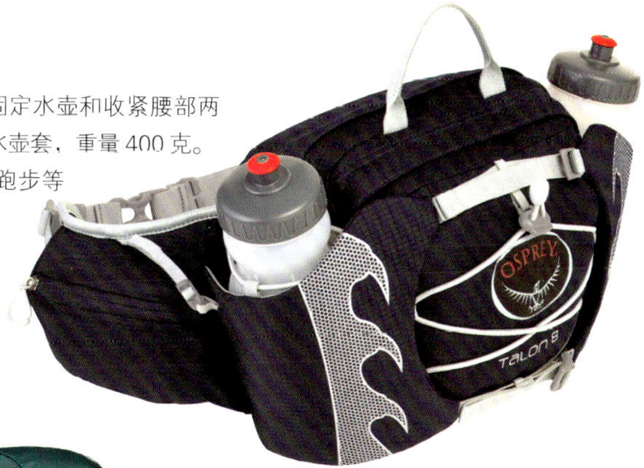

Talon 8 腰包

这款腰包兼具固定水壶和收紧腰部两种功能，提供两个水壶套，重量 400 克。

适宜项目：骑行　跑步等

参考价格：￥600

Kode 22 多功能背包

可携带多种雪具装备，功能分区鲜明，重 1120 克。

适宜项目：野外骑行　雪地行走　登山徒步等

参考价格：￥1 380

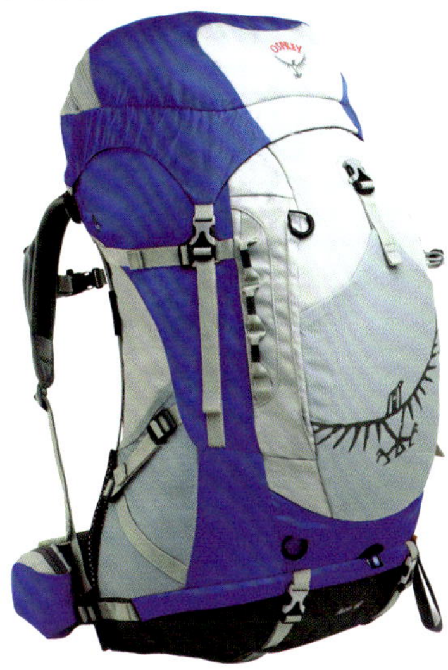

Ace 48 男款背包

最大容积 48 升，冰镐环、水袋、装备环等布置极为合理，便于存取，重 1760 克。

适宜项目：登山　徒步等

参考价格：￥1 480

Kyte 36 女款背包

热销多功能女款背包，自重轻，重 1400 克。

适宜项目：登山　徒步　攀爬等

参考价格：￥1 400

Mutant 38 男款登山包

多功能包款，超轻设计，仅重 950 克，420D 尼龙面料，可兼容水袋，宽腰带设计，让背负更轻松。

适宜项目：登山等

参考价格：￥1 400

Quasar 30 城市背包

带内网分隔仓，多个口袋设计，适合时尚的城市青年一族，纤维面料，耐用，重 860 克。

适宜项目：城市日用　郊游等

参考价格：￥780

Aura 65 女款背包

这款背负舒适、功能全面的背包是最受欢迎的包款之一，带有干湿装备分离舱、保温水袋、雪具携带悬挂等。

适宜项目：越野　滑雪　徒步等

参考价格：￥1 900

在认识它之前，没有人会因为它的广告宣传而动心，
也鲜有广告，使用过它的人，便很快被它的品质和性能所折服，
它便是“少说多做”的花岗岩。它的手套和帽子被登山家们仰赖已久，
它的背包更是被奉为极品。

花岗岩

务实的背负设计师

GRANITE GEAR

花岗岩的标志为齿轮与岩石的结合，花岗岩的名字来源于明尼苏达州随处可见的花岗岩峭壁，寓意其产品特性和花岗岩一样，坚韧、朴实、持久。

花岗岩（Granite Gear）成立于1986年，创始人杰夫·奈特和丹·柯雷萨恩克是美国明尼苏达州为数众多的户外运动爱好者中的一员，他们创立花岗岩的原因很简单，就是要让所有的户外运动爱好者能用上真正由户外专家设计制造的装备，他们更清楚消费者最需要什么，因为他们自己就是户外运动的积极参与者。经过数十年的发展，花岗岩已经发展成为众人皆知的高端户外品牌，它在手套、帽子、背包等领域取得了一系列惊人的成就，将美国人对户外运动的热情与钟爱淋漓尽致地展现在花岗岩产品中。在对材料和制造业技术革新的同时，花岗岩还使冒险变成一种享受。如今的花岗岩依旧以其性能卓越的背包和务实的态度，在世界范围内拥有一大批忠实的登山家和探险家拥趸。

将颠覆性的创新作为提升装备性能的手段，使装备更可靠、更舒适、更好用、更耐用，这是花岗石品牌的一贯追求。花岗岩以在背包设计中的突破性改革闻名，尤其是其独有的3D Tepex解剖学支架系统。该系统能均匀地分散背部压力，使压力不会集中在某个特定区域，这样就使背部肌肉能获得充足的血液和氧气，因此大大降低肌肉出现疲劳和酸痛的机会。由于该系统配有全面的尺寸和型号，可适应不同体形和性别的背负者。同时它还易于调整且重量轻，所有背带的调整都可由背负者在行进中自行解决，再加上去除了铝合金骨架，因此它是目前世界上最轻的背负系统之一，却又能承载巨大的重量。

品牌名品

层云5500背包

层云5500背包

适宜项目 登山 滑雪 越野

参考价格 ￥3 500

层云5500背包是花岗岩的专业级背包之一，也是其最高端的产品。这款背包在负载30千克时仍然舒适而不失轻便，同时提供可随时拿取包内任何位置物品的方便。它采用耐磨防撕的CORDURA面料，背负系统则是花岗岩独有的3D Tepex解剖学支架系统，辅以根据解剖学原理设计的背带系统和双密度背板以及优化外骨，在带来轻松背负体验的同时，也让背负的过程更加舒适。除此之外更加入了动态巡航控制系统，使背负者背负重载的时候背包依然保持稳定。在细节上，此款背包配有内部水合系统，包括水袋仓和水袋口，以及工具挂环，在增加悬挂点的同时，也让背负更具条理性。值得一提的是，该背负系统提供了多达4种尺寸、16种款式的肩带供客户选择，以期提供最佳的背负感受。

灵气追踪背包

这款新型的灵气追踪背包更倾向于为轻量化的背负者服务，该背包重量仅为1800克，是在花岗岩的另一明星产品Ozone系列背包的基础上改进而成的。全新追踪背包系列采用了经典的3D背负系统和内置的Topoflex TM背负系统，两者的结合带来了出色的背负体验，并在排汗透气方面表现出色。该背包采用CORDURA面料，重量轻且强度大，抗撕裂，耐磨损，在自重更轻的基础上强调背得更多。特有的锁扣压缩系列，能更好地固定包里的物品，使打出来的背包更紧、更小、更美观。在装载物品时，可根据背板的长度来确定主包的高度，减少了冗余的部分，可以在不同的季节，不同时间长短的线路进行背包的容量调整。该背包真正实现了“一包走天下”，容量可大可小，从夏季的38升到冬季的56升，从短线到多天长线均能满足背包客的需要。

灵气追踪背包

适宜项目　登山　越野　露营

参考价格　￥2 600

暴风女神3900背包

该背包被众多背包客称作“暴风女神”，它取名自美索布达米亚神话中海的女儿，以此来体现此款背包将外观与功能完美结合的设计理念。暴风女神3900背包是专门为女性户外运动者设计的，由女性设计者设计，经由专业女性登山运动员测试，使此款背包的舒适性无与伦比。该背包配备有专门为女性体形和生理特点设计的背负系统，带来了极佳的背负体验，是力量、坚韧、精力、平衡和舒适的完美体现。该背包外侧配有2个必备的松紧侧兜，用于收纳物品或水具，在设计上，可从顶部或底部打开而不需要考虑包内装备的位置，更加方便存放物品。同时配有内部松紧隔断系统，使包内物品保持稳定和安全。在外观上，整个包体采用流线型设计，时尚而且实用，整体重量仅为1760克，最大容积却达到了63.9升，足以满足各项户外运动的需要。

暴风女神3900背包

适宜项目　登山　徒步　露营　旅行

参考价格　￥2 500

Escape Ac 60 Ki 背包

采用 Air Current 背负系统，轻松背负的同时，可调节支架，以适应不同的脊柱长度和重量，两侧设计有水杯固定系统，多个工具挂环，重 1420 克。

适合项目：登山　徒步等

参考价格：￥2 300

Blaze Ac 60 背包

该背包以简洁实用著称，Air Current 背负系统，有效排除背部多余热量和汗气，可调节背负系统，可拆卸头包，多个工具挂环，Cordura 材质，容量 60 升，重 1300 克。

适宜项目：野营　探险　徒步　登山等

参考价格：￥2200

Vapor Day Ki 背包

耐磨防撕的 Cordura 面料，Vapor 背负系统，加厚肩带，外部网兜设计，贯通式拉链，便于存取，重 1000 克。

适宜项目：城市郊游　徒步等

参考价格：￥1 000

White Pine 腰包

外层为 210D 尼龙面料，内衬为 70D 防撕 Cordura 材料，防盗锁链，防水夹层设计，容积 11.5 升，重 524 克，

适宜项目：骑行　长跑等

参考价格：￥660

Air Compressors 压缩式收纳袋

此款压缩袋是为那些不想携带大型并且沉重箱包的人设计的。30D 防撕面料，并加强处理，大幅度降低磨损概率，Hypalon 锁环技术，使携带更安全，重 85 克，尺寸多样可选。

适宜项目：越野　徒步　旅行等

参考价格：￥250

Vapor Flash Ki 52 徒步背包

210D 尼龙面料，耐磨，防撕裂。容积 52 升，Vapor 背负系统，可调节肩带系统，多个工具挂环，重 1470 克。

适宜项目：徒步　滑雪　野营等

参考价格：￥1 700

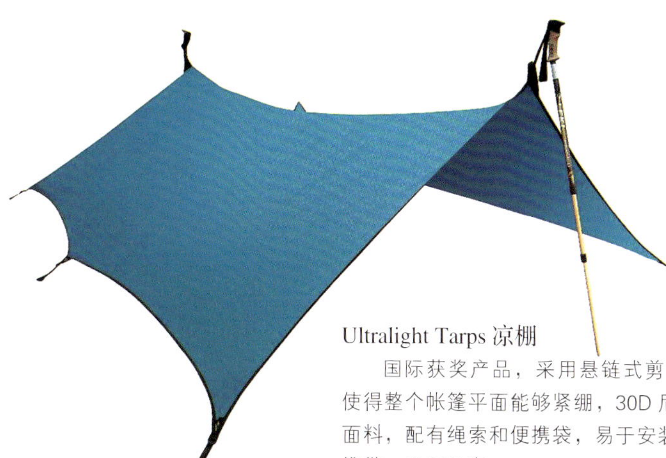

Ultralight Tarps 凉棚

国际获奖产品，采用悬链式剪裁，使得整个帐篷平面能够紧绷，30D 尼龙面料，配有绳索和便携袋，易于安装和携带，重 600 克。

适宜项目：户外休闲

参考价格：￥2 000

Nimbus Trace 62 背包

全开拉链设计，让存取更快捷，独立登山杖固定系统，加大水袋仓，加长头包连接带，让容积得到最大程度的补充。

适宜项目：登山　徒步　越野等

参考价格：￥2 600

Nimbus Meridian Ki 背包

超轻抗撕防划的 Cordura 面料（70D 包身、210D 加强部分），Topo Flex 背负系统，兼容的水合系统，肩带、腰带可随意拆卸更换，两侧束紧带，多个工具挂环，容积 62 升，重 1590 克。

适宜项目：登山　徒步　越野等

参考价格：￥2 250

Habanero 日常背包

超轻透气背板，一体化整体背负，舒适肩带，两侧束紧带，太阳镜专用暗兜，容积 28 升，重 1120 克。

适宜项目：徒步　骑行等

参考价格：￥900

Aji V.C. 50 多功能背包

100D 尼龙加 210D 防撕裂材质面料，Vapor Current 背负系统，容积 50 升，最佳背负重量为 16 千克，可调腰带，净重 1150 克。

适宜项目：徒步　野营等

参考价格：￥1 700

Traditional #4 搬运包

210D 防撕裂尼龙面料，容积 121 升，可背负，可双人抬。

适宜项目：露营　越野　登山等

参考价格：￥1 300

Leopard V.C. 46 Ki 背包

时尚大方，专为女性而设计。100D 防撕裂面料加 210D 尼龙面料，可调式背负系统，容积 46 升，最佳背负重量 17 千克。

适宜项目：登山　徒步　越野等

参考价格：￥1 500

Virga 女款背包

70D 尼龙面料加 210D 尼龙面料，弹力编织网袋，超轻设计，容积 52 升，最佳负重 9 千克。

适宜项目：徒步　越野等

参考价格：￥900

罗威山峰是内架包标准的创立者，
又以一个革新者的角色成为不断被模仿和被膜拜的对象。
对于摄影爱好者和登山家而言，罗威山峰背包始终都是创新的先锋，
品质的保证，顶级产品的代名词。

罗威山峰

内架包的始祖

Lowe alpine

罗威是三位创始人的姓氏，该标志以山峰轮廓和品牌名组成，表明了“罗威山峰”的主要产品类别。

1967 年，美国科罗拉多州的罗威三兄弟创立了罗威山峰公司。三位创始人——格雷格、迈克、杰夫都是顶级的登山家兼户外用品设计师，出于对登山运动的实践和对登山产品的独特见解，三兄弟很快就推出了世界上第一款内架背包，随后，在背负系统的改进、胸带、塑料纽扣、背包侧面收缩带，以及顶级面料等方面进行了革新，将背包的轻量化、耐磨性和舒适性完美结合起来。在其发展至今的 40 多年时间里，罗威山峰背包始终引领着内架包技术和登山面料的创新浪潮，成为登山服饰、户外背包的顶级品牌，其摄影包也备受推崇。

罗威山峰的品牌精髓是“兼顾舒适性和耐久性，同时方便适用于各种体型的调整，并在攀登实践中去革新发明”。其特色在于内架背负结构以及创新的面料。独特的内架设计，让架子可以贴着背包者的身体，并根据背负者的体形而调整，既减轻了背包的重量，更提高了背负的稳定性和舒适性。除了背负，其创新的“三点覆膜面料”也表现卓越，通过长纤维材质与短纤维材质的结合，带来了防磨、防水、抗污，且具有弹性和出色染料黏着力的强韧面料。

品牌名品

西罗多德 TFX 10 登山包

这款专门为户外登山和徒步者设计的顶级背包是罗威山峰先进科技的结晶，其最大的特色在于最新的顶级背负系统 TFX 10 的运用。TFX 10 系统独特之处在于精确计算腰带的角度与铝合金支架的联结，当人体摆动时，腰带可以紧贴在脊椎上，使背包在负重的状态下，仍然可以提供很好的支撑，无须花费额外的力气去平衡背包的摆动。该系统还强化了背部透气通道的背负支撑效果，能有效分散背负压力，在较大的背负重量之下背包仍可紧贴背部、稳固背包重心，兼顾背部透气性，长时间行走更舒适、省力、不容易疲倦。独特的腰带圈住臀部且支撑着承载的重量，并配有收紧功能的移动腰带垫片，该垫片专为长程重装行走而设计，超弹性特质能使垫片迅速恢复原状，可持续长时间使用，并可随着臀型不同做调整，提供最佳的个人化包覆效果，背包的贴身与背负舒适性都获得很大的提升。在面料上采用了耐磨防水的材质织物，增强了应对不同天气的适宜能力。多个挂件系统可以增加背负能力，大开口设计便于存取物品。整个背包极易

西罗多德 TFX 10 登山包

适宜项目　登山　徒步　越野

参考价格　￥3 000

操作，在出发前，只需根据背包提供的背长量尺测量出背长，再将背包的肩带调整至正确位置，即可获得最佳的背负舒适度。

安纳布尔纳峰女款登山包

这款专门为女性设计的顶级背包采用了先进的 TFX 8 背负系统，该系统拥有轻量化且坚固的铝合金支架和腰带组成，灵活精准的可调性让背负者可根据不同的地形、不同的重量调整背包的位置，带来更加舒适和稳定的背负体验。精致的背部透气沟槽，让背负过程中的背部保持足够的清爽干燥，并且能够强化背部的支撑力，在可收紧腰带的辅助下，让背包稳定、舒适地与背部相结合。该背包在设计上也充分考虑到女性的身体结构，在腰带的长度设计以及背包的高度设计上都做了精心的调整，正面大型开合袋口，让存取更加便捷。作为一款大型的登山包，其最佳背负重量为 25~30 千克之间，容积最大可达 80 升。为了增加调整的精准度，背包背板设置有白色、绿色、黄色、橘色和红色标志，背负者可根据自身背部长度进行调整，以达到最舒适的背负效果。

安纳布尔纳峰女款登山包

适宜项目　登山　徒步

参考价格　￥2 200

作为一款重量不到 2000 克的背包，却提供了最大可达 70 升的超大容量，足以满足登山及各种徒步运动的需要。出色的背负舒适度来源于先进的 APS 背负系统，该系统虽不及 TFX 系统那么精准，但是其灵活的可调性加上泡棉材质的运用，带来了舒适的背负体验，背包两侧设计放射状调整织带，视背包内容物多少，使背包重心可随时调整在最佳位置。值得一提的是其腰带，挖洞式设计，既减轻了背包的重量，又增加了透气效果。出于舒适和实用的考虑，该背包最适合背负重量在 19 千克到 25 千克之间的物品。

瑟拉柯 60+10 女式背包

这款专门针对女性户外运动者设计的优质背包以轻量化的设计而著称，其设计重点在于“去除不必要的重量，以符合人体工学的设计，重点加强泡棉材质的使用，增强背负的舒适度”。

瑟拉柯 60+10 女式背包

适宜项目　登山　徒步

参考价格　￥2 000

它用很短的时间就赢得了数位冠军级越野运动员的青睐，
并且一直作为“战靴”驰骋越野赛赛场；它用轻便的特点赢得了户外越野者的喜爱，
并且一直在“轻便至上”的路上努力创新——它就是 INOV-8 越野鞋，
轻薄得如同裹在脚上的皮肤，卓越得媲美冠军的品质。

INOV-8

轻薄如脚上包裹的皮肤

第一次见到这个品牌名称的人都会对品牌名最后的“8”字比较奇怪，看到这个标志就很明白了，“8”字原来就是人脚步的代表，这也表明了 INOV-8 的产品类型以及在制鞋理念上孜孜不倦的努力。

越野跑鞋系列

适宜项目　越野　竞技越野赛　长途徒步
参考价格　￥1 100

INOV-8是一家成立于英国奔宁山脉北部的专业越野跑鞋公司，在这片被誉为“英国最后一片净土”的美丽环境中，INOV-8在很短的时间内成为世界越野鞋领域的佼佼者，在欧洲，它已成为越野鞋的科技先锋。世界越野赛冠军中有一半以上是专用INOV-8提供的产品，INOV-8的产品屡屡赢得国际专业媒体评选大奖，普通户外爱好者也津津乐道它带来的卓越性能和舒适感。INOV-8的团队是由登山、航海、户外、工业设计和鞋类领域中的专家组成，并结合了精英专业越野运动员的测试队伍，为INOV-8提供了新一代产品的创造文化。这个团队在设计时相信：人类的足部是机械及结构设计方面的杰作，所以当INOV-8团队开始设计时总是以人类足部作为指导方向，并且寻找灵感。

INOV-8的品牌理念是“从不模仿，永远创新!”其设计目标是“穿上INOV-8如裸足一样自然，并充分发挥脚的自然功能!”INOV-8所有的产品都充分体现了超轻量、超透气、超耐用的总体技术要求，其中央足部设计依据人体解剖学中跟骨轴的作用原理，使足部达到最自然的运动状态。中底再一次保证了中间跗骨的自然解剖学功能。独特的Meta-flex设计保证了跖骨的独立工作，同时使它们的动作一致地达到自然运动状态。面对来自地面的各种感觉，INOV-8越野户外鞋的系列产品使足部反应活动就像赤脚一样自然。

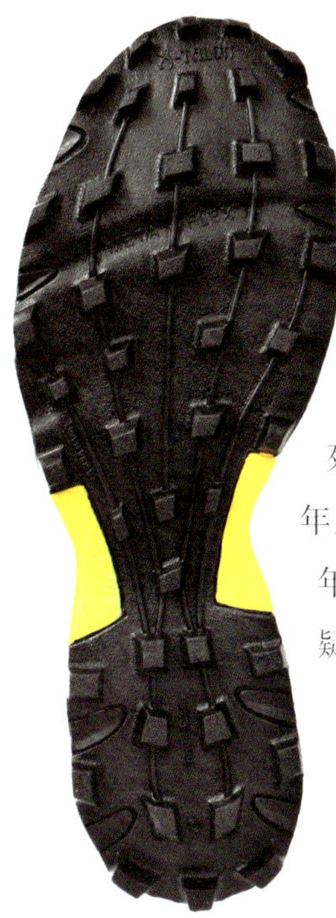

品牌名品

越野跑鞋系列

越野跑鞋系列是INOV-8越野鞋中等级最高的一款，也是专门为竞技比赛而制作的，因此性能上尤为可靠。该系列最让人难忘的当属2008年上市的X-Talon 212和2010年上市的X-Talon 190。毫无疑问，X-Talon 212比其他越野跑鞋赢得更多世界冠军的青睐。以最轻的重量达到最大的抓地力是这款鞋最大的特色，此外，还使用了超轻量化耐磨网布，并添加了防泼水处理。包裹系统采用了符合人体工学的TPU强化鞋带支撑，同时搭配橡胶包头及轻量化喷砂保护脚趾。后问世的X-Talon 190被称为世界上最轻的山地越野竞技鞋。X-Talon 190与X-Talon 212完全不同，这款鞋重新定义了优秀跑步者应享受的优越感及在此过程中对足部自然状态的感觉。仅仅只有3毫米厚的鞋底是它最大的特色，独特的设计和材质确保双脚在最稳定的状态下与地面亲密接触。

男款徒步鞋

适宜项目　徒步　出游

参考价格　￥1 000

男款徒步鞋

徒步系列的 Trailite 560 徒步鞋，适合轻装徒步及穿越时穿着。轻量化的设计，单只重量仅为 560 克，搭配性能绝佳的 GORE-TEX 全天候防水透气面料，能够轻易地适应各种地形。柔软贴脚的鞋舌，鞋舌的面料全面升级为皮面设计。全鞋采用 1.8 毫米厚的优质牛巴哥皮，高强度一体成形橡胶有效保护脚趾，EVA 中底有效减轻重量，并提供良好的减震效果，弧形拼接，进一步增强穿着时的舒适性。绝对是全年出游、徒步不可或缺的装备。

山径越野系列女款跑鞋

INOV-8 在鞋款设计上同时专注男性和女性，这也成就了它更为全面的产品系列，其中山径越野系列的女款跑鞋便是代表作品，尤其是 2010 年的 Roclite 275 GTX 和 2011 年问世的 Terrafly 287 GTX。前者采用了针对女性开发的鞋楦，适度调整了脚背及脚跟的空间，配合 GTX 的内衬，让女性运动者可以毫不犹豫地在积水飞溅的水坑地形中奔跑，但仍然维持良好的透气性。其配备的最高等级的 4 级减震系统，让这款鞋在防水、透气、舒适度上取得了最佳的组合。而 Terrafly 287 GTX 则适用于柏油公路、跑道等路况，同样是女性特点的设计能够满足各种路况的严峻考验。鞋底使用了特殊的黏性橡胶，在湿滑的环境下增加了更好的抓地力，配合 GTX 的技术能够让足部长久地保持干爽舒适，而 3 级的中底保护能够满足大部分女性使用者的需要。

越野长跑鞋系列弗洛里 310

适宜项目　低强度越野活动　短途徒步

参考价格　￥800

越野长跑鞋系列弗洛里 310

这款鞋曾获得过《TRAIL》杂志颁发的最佳跑鞋奖，它属于拥有多种属性混合功能、综合性能极高的一款鞋，适合低强度、起伏不大的越野和短途轻型徒步等活动。该鞋款的特色之处在于鞋子侧面及中间增加了防扭曲的设计，使得这款鞋增强了额外的支撑，结合高度的透气性及舒适度，以及鞋底极强的抓地力。鞋底采用了高强度的耐磨橡胶，因而能够更轻易地应对不同的路况，这款鞋是轻型徒步及慢跑的经典鞋款。

山径越野系列女款跑鞋

适宜项目　越野长跑　徒步

参考价格　￥900

欧洲人对于阿尔卑斯山的态度是矛盾的，它因险峻高耸而成为困难的代名词，
又因冷艳多姿而被誉为“大自然的宫殿”，
直到世人遇上阿索罗登山鞋，险峻便成为风景。

阿索罗

极限高山登山鞋大师

弯曲如同山峦的字符既将“Asolo”形象展现出来，同时也象征着户外登山运动的曲折与艰险，而黄色的曲线则呈现了阿索罗产品对于户外运动者面面俱到的照顾和完整的保护。

作为一个引领潮流的顶级户外登山鞋品牌，阿索罗公司（Asolo）的“年纪”并不算太老，于1975年诞生于意大利北部山区。阿索罗一直大力推动登山运动和登山鞋轻便化的革新。1975年，著名登山运动员阿索罗开始了一项由一个专业的登山鞋运动员向登山鞋技术大师转变的工程，近四十年来致力于不断革新产品，在鞋面、鞋底、鞋带等各个方面都做了创新设计，尤其通过在高山靴、徒步登山鞋、冒险旅游和山地运动鞋等系列产品上的不断创新，进而形成了行业标准。从1975年首次推出SCOUT这款将尼龙面料与皮质相结合制成的徒步鞋，到1998年将OUTLAST控温材料利用到户外登山鞋中，阿索罗的技术在户外登山鞋的制作领域一直保持领先。

创新精神和坚定的探索精神是阿索罗品牌的精髓，它在登山鞋领域的革新为它在户外登山领域的成就奠定了基础。出色的技术让阿索罗人拥有追求更高、更远、更险之地的野心，而探寻旷野的野心又督促着阿索罗不断进行技术革新。航空材料的运用、鞋扣系统的创新、承重系统的设计等，都为阿索罗标上了创新的标签。新技术建立在阿索罗完美的做工之上，其卓越的技术含量奠定了阿索罗在众多登山靴品牌中首屈一指的地位。

阿索罗登山鞋的特色在于多个部位的优化处理。首先是多重框架式靴底，整个鞋底由3件组件组成。基层的外底为多重弧形设计，以便更能吻合步伐的动作，并加有前掌侧防滑设计。前掌及后掌均装有PU吸震胶，最后加上2个一软一硬之双层外置后跟托，用以加强后跟稳定性。整体设计使步伐的稳定性、吸震、防扭、承托等各方面表现均大有改善，与冰爪的配合更是天衣无缝。第二是喷铸成形式中底结构。它是一块喷铸成形的尼龙板，各部分厚薄软硬均是依据脚掌的屈折动作及承托需求而做出的最佳调校，因此在鞋掌屈折控制、承托及稳定性各方面效果比钢片设计

得好，使每步动作更自然舒适。因喷铸成形式中底结构系统需为每个独立的尺码制模铸制，故制作成本比钢片鞋轴高出很多。喷铸成形式中底结构系统设有多种不同硬度，供不同级别鞋所需。第三是滑轮及快速鞋带系统，可以不花气力快速将鞋带拉紧且不损鞋带。而轻量级靴所使用的快速环是采用侧向式 O 环设计，大弧度而畅滑之内坑使鞋带在拉动时畅滑无阻。

SUMMIT 系列皮面登山靴

适宜项目　极限登山　攀冰运动

参考价格　￥4 000

品牌名品

AFS 8000 高山靴

作为阿索罗顶级技术的集大成者，AFS 8000 高山靴以其“防水隔热”的特性赢得了众多专业登山爱好者的肯定，它不但使用了 THINSULATE 等新型保温材料，而且延续了阿索罗完美的做工，其卓越的技术含量奠定了阿索罗在众多登山靴品牌中首屈一指的地位。该系列高山靴的鞋面选用了高档的 PEBAX 材料，内部则由 7 层材料合成，防水、隔热并配有 3M 公司的 THINSULATE 舒适的保温里衬，这种材料能永久保持舒适温度，使靴内的温度保持在一个合适的范围内，足以适应 8000 米高度极其恶劣的环境。自专为高山靴设计的一次塑铸成型的“Asoframe”鞋底面世，使用该专利技术的高山靴 AFS 8000 便荣获了各种高山靴大奖，至今仍是“8000 米级登山最出色的高山靴”之一。这款高档的高山靴的又一特色之处是采用了 AFS 系统，该系列登山鞋由用碳纤维和凯夫拉（美国杜邦公司研制的一种芳纶纤维材料产品，密度低、强度高、韧性好、耐高温、易于加工和成型）结合而成，由喷射塑模法一次成型，将鞋的中底、后跟和鞋尖结合为一个整体，集坚固、轻巧、舒适于一身。加上调整鞋底原料的配比，可以使其弯曲强度和可扭转性有所不同，从而应用于不同型号的高山靴中，成为攀登阿尔卑斯山脉的最佳登山鞋，其中关键的 AFS 系统 101 技术于 1987 年获得欧洲工业设计协会的“金指南针”奖。

AFS 8000 高山靴

适宜项目　高山登山　极限高山登山

参考价格　￥3 500

SUMMIT 系列皮面登山靴

该款登山靴的鞋面使用较柔软的防水皮质和高科技聚酰胺纤维组成，使脚踝的运动灵活自如，脚感更舒适、更灵敏。外部边缘采用 PU 涂层完全覆盖，增加了耐磨性。内衬中加 150 克 THINSULATE 保温层，足以应付登山过程中最严酷的环境。阿索罗的成熟老到还体现在它对细节处的重视。鞋底的中底采用专利技术 AFS 系统，由碳纤

维和凯夫拉一次塑模成型，既保持鞋底的硬度防止变形，又能在脚趾处提供轻微的弯曲，更适于行走。登山靴的鞋带无疑是最重要的环节，SUMMIT的鞋带既容易调整，系紧后又牢固不会散开。SUMMIT的重量比其他任何一款登山靴都轻，却丝毫没有降低其卓越的性能。SUMMIT可以广泛使用于阿尔卑斯山脉登山和攀冰运动中。

ESCAPE 系列徒步鞋

适宜项目　户外徒步
参考价格　￥2 000

ESCAPE 系列徒步鞋

这款广受欢迎的徒步鞋给人的整体印象是色彩时尚、轻便、舒适、鞋底弹性好，随心所欲，运动自如。鞋底采用阿索罗和VIBRAM共同开发的新型外底，选择柔软的橡胶，使鞋底的弹性和防滑性能明显提高，运动中与脚掌贴合度也更好。鞋底纹路清晰，不规则的凸起不易被泥土填塞，鞋底表面经过特殊处理，形成细小的粗糙表面，增大了耐磨系数，适合在各种斜坡地形行走，即使沾水后也不易打滑。这个系列分为中帮鞋和低帮鞋，在设计上融入了阿索罗设计团队经过无数的数据积累和试验开发的心血，并一改过去传统户外鞋中，男女鞋仅仅分号码而不分鞋楦的制作方式。由于女性的足部在脚掌宽度、脚背高度、脚踝形状和减震强度上与男性有很大的差别，而这种差别一直被很多设计者所忽视。基于这种差别，阿索罗精心设计了EVA减震中底，并与VIBRAM公司联合设计了外底，在男女款上选用不同的材料，来达到不同的支撑强度。男款鞋和女款鞋采用完全不同的鞋楦，最大限度的满足男性和女性的不同需求。

布鲁克斯跑鞋堪称是跑鞋界的兰博基尼，兼具美观、高科技、耐穿性于一身，
同时又能根据各种足型来划分系列，以全面适应顾客的不同需要。
同时它的定位是高端跑鞋，它的脚步遍布全球，是全球专业跑鞋领域的领导者。

布鲁克斯

以品质制胜的慢跑专家

品牌标志的意义为“一条无尽延伸的路，象征跑者迈向胜利的道路”，鼓励人们积极参与跑步，跑得更长、更远、更快，因为每一“步”都有具有不同的意义。

布鲁克斯公司（Brooks）于1914年成立于美国宾夕法尼亚州，目前总公司位于西雅图，致力于专业运动鞋的研发，是运动品牌中率先使用运动鞋必备之EVA中底材质的专业品牌。发展前期主要是为其他的体育用品公司如斯伯丁等进行代工业务，1972年才正式推出自己品牌的产品。如今布鲁克斯慢跑鞋的销量稳居全球前四，多次帮助世界长跑运动员赢得冠军荣誉。公司主要设计、生产高性能的跑鞋、运动服饰和相关配件。产品覆盖全球80余个国家，定位是高端跑鞋顾客。布鲁克斯跑鞋与新百伦（NEW BALANCE）、索康尼（SAUCONY）和亚瑟士（ASICS）并称“世界四大跑鞋”，但是布鲁克斯跑鞋的特点更为鲜明，较之其他三家公司的产品，布鲁克斯鞋底科技含量更高，耐穿性更好。

布鲁克斯品牌的设计理念是“保持技术创新，同时定位高端跑鞋客户，将科技的开发与客户的舒适性紧密结合，力图打造出更高性能、更舒适、更耐穿的跑鞋设备，让人们享受到跑步的乐趣”。布鲁克斯跑鞋最著名的科技之一当属DNA减震系统，它是第一个能够依照跑者的体重、速度、步伐压力不同而调整避震与回弹程度的智能型避震系统。当使用者走路时或是脚部承受压力较小时，

就会感觉到它所提供的柔软度；当使用者跑步时或是脚部承受压力较大时，就会感觉到它所提供的支撑度、弹性以及力量回馈。脚部承受的压力越大，DNA 减震系统能提供的避震效果越强。它能记忆与调整使用者的步伐，赋予其最佳的状态，进而让使用者最大限度地、以最舒适的姿态享受跑步的乐趣。最值得一提的是，DNA 减震系统还解决了一个女性参与户外运动时普遍存在的问题。传统跑步鞋的减震系统都是针对男性顾客群体设计的，因此对于女性来说，鞋可能都有点硬，因为穿同样鞋码的女性的体重一般情况下要比男性轻 10%~15%，而 DNA 减震系统正好解决了这个问题。

Trance10 慢跑鞋

适宜项目　户外长跑　长距离徒步
参考价格　￥2 000

品牌名品

Trance10 慢跑鞋

Trance10 是布鲁克斯最经典的慢跑鞋之一，其出色的减震功能是这款鞋最大的特色，采用了新开发的全脚掌式 DNA 减震系统，减震性能较以往提升了 30%之多，能量回馈性能提升了 2 倍以上，堪称是长跑爱好者的最佳选择。独特的能量管理系统为长跑者提供持久的舒适感，尤其是存在于大底和中低之间的"钢弹大底防护层"，可以减低因踩到石头带给脚部的伤害，降低了前脚掌因崎岖山路所造成的不适感。鞋面更是采用了温度控制系统，使得鞋款具有保温、均温、快速排汗和排热的功能，带给跑步者最大程度的舒适感。

GTS 家族

GTS 家族系列跑鞋是布鲁克斯公司代表作品之一，它不仅是布鲁克斯公司的顶级跑鞋的代言人，也是其顶级科技的代表。其中尤以 GTS10、GTS11 和 GTS12 这三款最为出色。最早推出的 GTS10 配备了布鲁克斯公司独创的液态缓冲动力系统和内侧足弓稳定支持设计，前一技术为该鞋带来了优良的缓冲效果，而后者用来控制走路时产生的过度内翻，帮助客户更好地推进行程。这一鞋款荣获"跑步者的世界"颁发的最佳升级奖。GTS10 属于布鲁克斯的稳定系跑鞋，脚感比较硬朗，特别是后掌部分，属于刚性跑鞋。

随后推出的 GTS11 则首先使用了全新的 DNA 减震技术，使得它的减震效果较之 GTS10 更为出色，同时在鞋面设计上更为时尚。鞋带穿过左右两侧弹性尼龙带，大幅增加包裹感，在鞋面用料上使用了轻质的柔软金属 PU 材料，增加了鞋舌的舒适性，后掌内侧足弓稳定支持和 GTS10 基本相同，足弓内侧部分改善了夹脚问题，后跟增

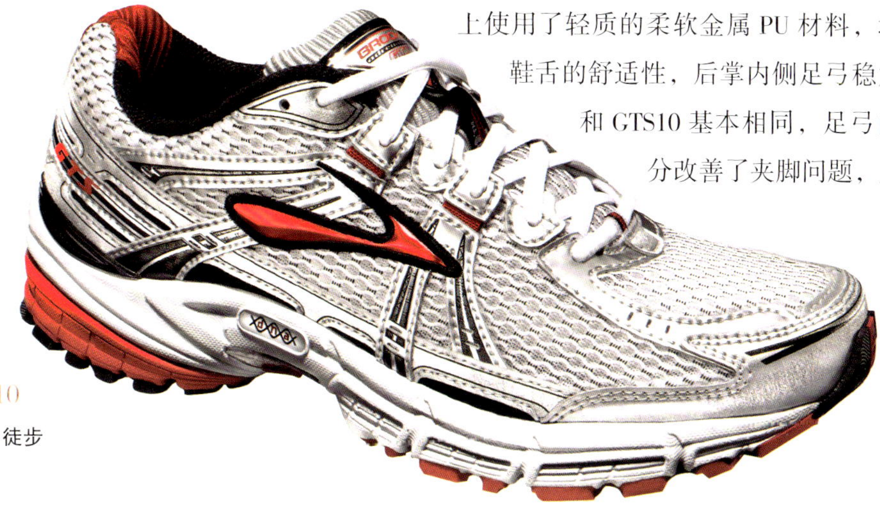

GTS 家族之 GTS10

适宜项目　户外长跑　徒步
参考价格　￥1 600

GTS12

适宜项目　户外长跑　徒步
参考价格　¥1 600

加了两块固定片。值得一提的是，在舒适性和减震效果上，GTS11优于GTS10，但是耐磨性不如后者。

稍后推出的GTS12则是前两款跑鞋优点的集大成者，与GTS11相比，鞋面设计漂亮了许多，线条也更为流畅，蓝色与灰色的配色，感觉有点中性化。鞋面采用了同GTS11一样的金属PU材料，厚度稍有所增加。鞋底设计基本相同，前、后掌分别使用了布鲁克斯DNA减震科技，其减震能力极为出色。中掌支撑片与GTS11不同，还是使用了同GTS10一样的硬质ABS材料，与GTS11鞋带部分设计基本相同，外侧两根弹性尼龙相邻在一起，进一步提升包裹感。GTS12在后掌部分加硬了很多，内侧双密度材料比GTS10、GTS11更为结实，因此时尚性和耐磨性都很出色。

Ghost GTX越野鞋

诚如公司总裁兼首席执行官吉姆·韦伯在评价DNA减震技术时所说的那样："在跑步鞋领域，布鲁克斯DNA减震系统这项技术具有划时代的意义。"如今，这款Ghost GTX越野鞋也被认为具有划时代的意义，它不仅加入了DNA减震系统，同时还加入了户外防水专家——GORE-TEX面料。GORE-TEX的防水性是毋庸置疑的好，跑步时碰到水洼水坑，只要深度不超过鞋口，使用者都可以放心地踩下去，鞋内是不会湿的。强大的防水功能和减震技术使得Ghost GTX具备了出色的越野性能。再加上布鲁克斯对材质的精选，使得这款鞋子保持了极轻的重量，在保护越野运动顺利进行的同时，也不会带给徒步者多余的负担。另外，DRB足弓稳定技术对足部提供了厚实的保护，而HPR防滑耐磨大底则提供了出色的防滑性能。

Ghost GTX越野鞋

适宜项目　越野　徒步
参考价格　¥2 000

湍急的科罗拉多河始终在咏唱着英雄的传说，
只有真正的勇士才能听清这条“世界上最险峻的河流”的旋律，
嘶吼也好，怒鸣也罢，穿着查科运动凉鞋的人，
总是能惬意地享受着这里的一切，包括自由和危险。

查科

科罗拉多河畔的勇士

FIT FOR ADVENTURE

查科的标志由一个品牌名称和一句短语组成，将查科凉鞋随性、简洁的特点一并道出，同时“适合冒险”也表明了查科对自身凉鞋品质的自信。

查科（Chaco）运动凉鞋是为那些挑战恶劣地形环境的户外人群而诞生的，这个于1989年问世的品牌首先出现在美国大峡谷的科罗拉多河畔，很快就引发了一场凉鞋旋风，席卷全球。查科运动凉鞋不仅是世界上第一双非魔鬼毡设计的贯穿式绑带凉鞋，同时也是世上唯一一双得到美国足部医学协会认证的顶级运动凉鞋。它集结了法国顶级织带，意大利黄金鞋底，全PU柔韧人体工学鞋床等工艺，全是为了提供在长途的旅游、激烈的户外活动中，最佳的保护及绝对的舒适，使鞋身与双脚成为最完美的结合。为了维持最高质量，查科运动凉鞋不断地测试鞋底及织带的稳固程度，20多年来备受户外活动及旅游界人士赞赏，成为户外运动凉鞋的最佳代表。

查科的品牌精神就是自由，打造出值得信赖的产品，为热爱大自然的人们提供冒险的绝佳工具，以期这些勇士能够享受到自由的味道。

Z系列运动凉鞋

适宜项目　徒步　迁徙　登山　涉水　沙漠行走　攀岩
参考价格　¥1 500

查科运动凉鞋最出色的科技是其 ADDSTRIDE 鞋床，这种设计能够轻松处理高负荷运动时对脚步的冲击力、鞋底外翻以及长时间行走的不舒适感， 同时也大大降低了身体各部位容易受到的伤害。一般凉鞋鞋床所采用的是吸震力并不太强的 EVA 发泡胶，重量虽轻但并不能在崎岖不平的山路中保护使用者的双脚，但 ADDSTRIDE 鞋床是由具有高度避震及弹性的 PU 胶制成，可减低崎岖路面对人体所造成的震荡。鞋底的足跟两侧突起，避免足掌翻转，增加了足跟的稳定性。全新的 PU 材质延续了耐用、舒适、排水、抗菌、防震、曲折性佳，具人体工学曲线设计的特性，但重量只有传统鞋床的 80%，与市面上同等重量的 EVA 鞋床相较之下，更加突显新鞋床耐磨轻便的特性。

品牌名品

Z 系列运动凉鞋

Z 系列运动凉鞋是查科的经典鞋款，它是专门为不喜欢受到约束的户外人群设计，采用的是服帖式 PU 鞋床，提供了长时间行走的舒适性以及更强的防震性。强度特高的粘贴剂保证了该系列凉鞋的耐用性能，而鞋底则是用世界驰名之 VIBRAM 材料，其表现超卓，防滑耐磨性能之佳早已驰名于世。鞋带则是快干耐用、吸水性低的 POLYESTER 织带，保证了穿着的干爽，织带增加了可调式绑带，可随个人脚型的不同进行调整，而扣环式纽扣则替代了一般凉鞋常用的粘贴型，进一步加固了鞋子与脚步的紧密联系。

该系列凉鞋又以 Z/1 和 Z/2 两个款式最受欢迎，Z/1 的无间趾设计，无论穿袜与否均同样方便，流线型设计的鞋床特别适合中等阔度脚身以及高足穹的人，穿上 Z/1 时的舒适感受，犹如是人的脚部的一部分。Z/1 也分有多种款式和型号，其中又以泰瑞那最为出色。泰瑞那是为在陆上活动为主的人群设计的，鞋底厚度达到了 8 毫米。Z/2 则结合了 Z/1 压铸成形的立体鞋床设计和夹趾式设计，精巧的夹趾式设计在使用最少织带的环境下更能紧锁脚掌，提供最佳的稳定度。Z/2 更倾向于为酷爱攀爬的人群服务，鞋底用上 5.10 攀岩鞋厂所生产的合成橡胶，独特之圆粒式底纹设计有最佳的抓地性能，不论是在湿滑地面或嶙峋之岩峰上均有超出专业级之表现。不论是在峡谷攀爬、风帆、攀岩或是在沙漠赛跑，Z 系列凉鞋会使双足得到解放，步履更为轻松。

Ponsul 女款户外两栖鞋

查科对户外运动的号召力已经超出了性别的约束，因此几乎每一个款式的凉鞋都会推出相应的女款。因为它了解到只有舒适的凉鞋才能让女性户外爱好者更好地享受大自然，这款高贵的两栖鞋无疑是女子进行户外运动的最佳选择。该款鞋采用了 LUVSEAT 人工力学鞋床，兼有轻量、耐用特性的 VIBRAM 黄金大底，以及兼有保温、防水特质的合成橡胶材质袜套，可保护脚背远离砂石、尖锐碎片或者紫外线的伤害。Z 型齿痕设计鞋底是该鞋款的又一特色，它可以减少沙石泥土对鞋底纹路排水渠道的阻塞和沾黏，在强化排水性能的同时，增强了抓地力，减少了行走过程的阻力。在鞋内侧，灵活的包覆式绑带加强了脚跟与鞋底的紧密程度，并可依个人脚型、穿着时长以及穿着环境进行调整，从而实现最佳的舒适与稳定度。

Ponsul 女款户外两栖鞋

适宜项目 水陆徒步 越野
参考价格 ¥1 500

忠诚于传统，又青睐现代科技，这是意大利顶级户外登山鞋戈尼尔最突出的特点。
它用八十多年的时间致力于打造最高品质的登山鞋，
用尊重传统的态度，力求在品质、现代科技、时尚造型等方面取得突破，
成为户外登山鞋领域的佼佼者。

戈尼尔

传统的意大利户外运动鞋王

GRONELL® technical mountain boots

戈尼尔的品牌名其实是由创始人尼洛·格罗索（Nello Grossule）的名字拼凑而成的。

1937年，戈尼尔（Gronell）的创始人尼洛·格罗索在意大利一个名叫莱西尼的小镇上开设了一家制鞋小作坊。抱着打造手工“制鞋帝国”的梦想，格罗索在20世纪50年代初期，投资购买了制鞋的设备，并且雇用了几名熟练的工人，开始了他的制鞋之路。之后的几年里，随着制鞋经验的不断积累，格罗索研发出了许多新的制鞋技术和改良工艺，并同时致力于提高制鞋材料的性能，尤其是他至今仍旧喜爱的皮革类面料。随着时间的发展，他的登山鞋以其坚固、耐用且穿着舒适的特点，迅速闻名整个意大利。随后，他又扩大了生产规模，并且创造了这个世界著名的品牌——戈尼尔。到20世纪90年代，随着一些著名登山家的使用和推荐，戈尼尔进一步赢得了世人的认可，成为质量的代名词。不论是在意大利还是在国际范围的高科技含量登山鞋市场上，戈尼尔都占据了一个十分重要的位置。

戈尼尔对产品抱着无限的热情、对工艺采取细致谨慎的态度，并坚信品质才是通向成功的唯一道路。在坚守传统制鞋工艺的同时，戈尼尔还积极采用先进科技来追求完美、舒适的感受，这也是其成功的秘诀。戈尼尔的特色在于“S+ABILITY（一项增加鞋子稳定性的保护性技术）”技术的运用，该项技术由戈尼尔独家研制并运用在了所有的登山鞋中。“S+ABILITY”技术包含了两个部分：一是材料中含有生态矿物元素，能够不断提供远红外照射的能量，帮助舒缓脚部疲劳，增强个人对脚部的控制力；二是DRY-AST超细纤维内

衬，可以以最大限度、最舒适的方式包裹脚部，让脚部更舒服、更随意地受力和出力。

X FAILES 皮面登高鞋

适宜项目 雪山、高山攀登

参考价格 ￥2 500

品牌名品

X FAILES 皮面登高鞋

这款登山鞋采用由戈尼尔与意大利 VIBRAM 公司联合开发的最新型 VIBRAM 大底，其最大的特点是比普通鞋底轻了很多。其中低部分采用了软木结构与 VIBRAM 的结合，软木结构的重量较轻，同时更加透气和保暖，在舒适程度上较好。这种结构革命性地将整双高山靴的重量大幅降低，尤其符合目前轻量化装备的潮流，更满足了轻量化快速攀登的理念。

鞋面则采用了 PRIMALOFT 恒温保暖材料，在缝制上，整双登山鞋表面采用整张无接缝牛皮制成。在这样的材质之内，又添加了超强的防水、透气性能。戈尼尔采用了意大利最新的 OUTDRY 防水、透气技术，这种技术与 GORE 公司的技术比较起来更先进、更卓越！主要区别是 GORE 的袜套式结构会使袜套与皮料中间形成空间，鞋的皮料吸水后，水分会渗入到袜套与皮料中间的空间里，会形成“游泳池”！显而易见，鞋的重量会大幅增加，同时由于中间积水会导致薄膜的透气性大打折扣，脚所产生的湿气很难迅速地排除出去，导致鞋内潮湿。而 OUTDRY 技术是防水透气薄膜与皮料进行复合迭片的，也就是说防水透气薄膜与皮料中间是没有任何缝隙的，因此即使皮料会虹吸，但鞋的重量不会有很大的变化，同时鞋子的透气性不会受到太大的影响。

Crosslite 户外运动鞋

作为戈尼尔最受欢迎的鞋款之一，Crosslite 户外运动鞋以其稳定性和舒适性赢得了户外人群的认可。内藏式 PU 保护片和 V 底垂直保护层两项设计，为在野外环境下行走时的脚趾提供了可靠的保护。具有出色缓震功能的 PHYLON 中底既轻便，又有良好的弹性，Event 全袜套式防水设计保证了良好的防水性能，VIBRAM 大底材质加上各式纹路，带来了足够的摩擦力和抓地力。

作为一款低帮户外鞋，其对脚部的包裹性也同样出色，最直观的感觉来源于脚面适当“紧束”，而非前掌两侧的紧束感，后者很容易就会变成常说的“夹脚”、“穿小鞋”感觉。绵密的鞋带设计，直接将前掌及脚背“压”在鞋底上，这点与隆高类型中高帮鞋的包裹性设计是大相径庭的。除了这些功能性设计之外，该鞋的外观也颇为时尚，外层新西兰翻毛皮柔韧性十足，没有徒步鞋光面皮革的偏硬朗的感觉，鞋舌从脚趾后端延伸至足弓与胫骨连接处，鞋舌填充中等密度海绵材质，回弹性良好。鞋边口及鞋舌末端都采用复合类麂皮、带孔材质柔性面料，以增加透气性及经常弯曲的足弓和脚踝与鞋边口及鞋舌末端高频次摩擦接触时的舒适性。

Crosslite 户外运动鞋

适宜项目 城市徒步 泥地 草地 雪山等

参考价格 ￥2 000

美利坚民族创造了不计其数的传奇，这其中就包括基恩户外鞋，
它在短短十年的时间内，凭借一个经典的鞋底设计就跻身世界三大顶级户外鞋之列，
更为传奇的是，至今尚无基恩户外鞋穿坏了的报告。

基恩

后来居上的领导者

KEEN®

基恩的品牌名是由品牌创始人之一马丁·基恩的名字命名的，该标志由“KEEN”四个字母设计而成，如同基恩凉鞋的防滑鞋底一样让人印象深刻。

2003年，马丁·基恩和罗伊·福尔斯特在美国俄勒冈州的波特兰市创立了基恩品牌（Keen）。出于对户外凉鞋舒适性、时尚性和实用性的要求，创始人在革新鞋底的同时，又在普通凉鞋的基础上增加了护趾设计。当第一款被命名为“纽波特”的溯溪鞋问世时，它便在一年之内以73万双、总计3亿美元的销售额席卷全美。这一年《时代周刊》将基恩盛赞为“神像上的荣誉”。在随后的十年时间里，基恩以独家研发的专业技术，开创出各式各样兼具舒适与美感的鞋款，不论是专业户外鞋，还是城市休闲鞋，或是雪地靴，基恩都能迅速在全球范围内掀起抢购热潮。重视客户建议、注重款式时尚、坚守“高性能、低污染”的承诺，并且善于运用先进科技的基恩在短短十年的时间内成为世界上户外鞋制造行业的领导者。这个后来居上的制鞋大师，还在继续演绎着属于它的商业传奇。

基恩户外鞋受到如此欢迎的原因在于专业舒适的设计、高科技的材质以及时尚夺目的外观的完美结合。高抓地力耐磨纤维合成的橡胶大底，专利的脚趾保护楦头设计，格外柔韧轻巧的配皮鞋面或者尼龙网面，透气性绝佳的专利防水排汗面料，富有都市韵律的时尚外形，加上立体环绕式鞋身和易穿脱的设计，不仅让穿着者感受到来自基恩公司的专业和舒适，还有基恩品牌的人性关怀。

品牌名品

纽波特H2户外凉鞋

2003年，基恩正是凭借纽波特溯溪鞋独特、创新和人性化的设计，在美国举行的WSA秀上一炮而红，10年后，全新的纽波特H2作为升级版溯溪鞋再度引起了户外爱好者的强烈关注。升级版纽

纽波特H2户外凉鞋

适宜项目　溯溪　越野　徒步

参考价格　￥600

威尼斯护趾凉鞋

适宜项目　溯溪　帆船　徒步　越野
参考价格　￥750

波特凉鞋在涉水功能上堪称完美，作为基恩特色标志的宽大鞋头，柔软而坚韧，实现对脚趾的安全防护，避免石头、树根等硬物的伤害，有效抵挡外部冲击。防泼水小牛皮鞋面、速干织物内衬和高密度避震 EVA 中底，保证了舒适的脚感。在多方向凸缘无痕橡胶大底的基础上，基恩独家呈现刀刻纹技术，整体和细节处双管齐下增加抓地力。

基恩的人性关怀同时体现在高稳定性自主调节鞋带系统和先进抑菌除臭技术在鞋床和内衬上的运用。先进的抑菌除臭鞋床能有效地控制细菌、霉菌的滋生及异味的产生，同时这又是一项对环境不产生任何负担的友好技术。升级版纽波特户外凉鞋保持了原有的经典设计，在此基础上又增添橄榄绿、石灰蓝和荧光绿等多款新色，满足了户外人士对时尚元素的需求。

威尼斯护趾凉鞋

并不是所有被水域覆盖的地区都可以叫威尼斯，也并不是所有与纽波特凉鞋相似的鞋款都无创意，这款名为威尼斯的护趾凉鞋就是一个集经典元素和时尚元素于一身的鞋款。在外形上，威尼斯凉鞋保留了经典的护趾设计，在性能上，它却与纽波特鞋款有较大的不同。该款凉鞋采用了专业流线型的多方向凸缘刀刻纹大底，提供无可挑剔的防滑抓地力。高稳定性自主调节鞋带系统保持脚部舒适透气的同时结合快干特性，让涉水活动变得轻松惬意。经过抑菌除臭技术处理的 EVA 鞋床不仅脚感舒适，更提供有力的足弓支撑，强大的避震效果让每一步都轻松自在。更为人性化的是，该款凉鞋支持机洗，秉承了基恩一贯的实用主义。该款凉鞋分男女两种，重量有所不同，男款每双重量为 330 克，女款每双重量为 290 克，并提供多种时尚色彩。

LA SPORTIVA

意大利高山上的伐木工人是它的第一批顾客，
冰山雪原上的狩猎者是它的忠实客户，它便是拉斯帕蒂瓦。
在 80 多年的发展过程中，拉斯帕蒂瓦以低调的姿态成就了意大利制造的传奇。

拉斯帕蒂瓦

冰雪登山鞋的佼佼者

拉斯帕蒂瓦的标志是一个白色的雪山，上方以黄色填满，象征着拉斯帕蒂瓦征服冰峰雪原的卓越品质。

拉斯帕蒂瓦（Lasportiva）的历史可以追溯到 1928 年，创始人纳西索·德拉迪奥以精湛的手艺制作皮制靴子提供给意大利高山地区的伐木工人及猎人，并且赢得了他们的认同，也因此获得了军方的订单。到了 20 世纪 50 年代，创始人的儿子弗朗西斯科·德拉迪奥成为公司的新领袖，他首先以“拉斯帕蒂瓦”为品牌名，将产品推向了国际市场，在不断取得成功的同时，他又积极扩展产品种类和产地，并且积极扩大对新科技、新材料的投资，半个世纪的发展，使得拉斯帕蒂瓦成为世界顶级的户外运动鞋类品牌，其生产的登山鞋、攀冰鞋、攀岩鞋的质量一流。

用品质去征服群山，让客户得到满意、可靠、有针对性的产品，使其更好地享受征服的乐趣，是拉斯帕蒂瓦一直追求的。

拉斯帕蒂瓦的特色之一是其高海拔攀登鞋底的运用。为了达到最佳的吸震效果，拉斯帕蒂瓦公司与 VIBRAM 公司合作开发出最适合高海拔攀登的鞋底组成，使其具有最大冲击的吸收能力、最佳舒适性、极端轻量化和更高的性能，还提供抗扭刚度和灵敏度。该鞋底是结合当代最新制鞋技术所生产出的产品，新一代的 TPU 材料，减少了 15%的重量，全新的鞋底设计，使客户穿戴冰爪时表现得更稳定、可靠。

品牌名品

巴图拉升级版冰雪高山鞋

作为旧版巴图拉高山鞋的进化升级版本，这款冰雪高山鞋采用了双层 GTX 防水面料，时刻保证鞋内干燥，适合高海拔攀登、冰岩混合地形攀登、攀冰，有良好的防水、保暖性能，结合最新科技，单只重量仅为 900 克。雪套处设计有集弹性及透气性于一体的耐磨性能的黄色面料和瑞士顶级防水防污透气材料的黑色面料，呈现出时尚的特点。内靴由五层结构组成，这五层分别为高密度尼龙、填充抗起毛球的毛毡、GORE-TEX 防水透气面料、填充保暖 PE 层及内面复合热反射铝

巴图拉升级版冰雪高山鞋

适宜项目　高寒地区攀登　雪地徒步　雪山攀登
参考价格　￥7 000

箔材料。这五种材料的运用充分考虑到减轻重量、保暖、防水、穿着舒适的需求。鞋床则是 9 毫米厚的保暖中底板，再配以 IBS 减震系统的鞋底，让攀登和徒步都变得容易且温暖。

斯帕蒂克高山鞋

斯帕蒂克高山鞋是专为高海拔攀登者设计的，因此，在御寒、防滑方面表现优异，是攀登高海拔雪山人士的必备鞋履。该鞋款采用了双层 PU 合成面料，增加了鞋面防水性能。内靴部分采用了独特的可拆设计，分为三层，第一层是抗撕裂尼龙外层，增加了鞋面的安全性和抗磨损性，能够轻松应对冰块和石块的磨刮；第二层是封闭式发泡 PE 填充材料，配合通风气孔，增加鞋内的透气性；第三层为内面复合热反射铝箔材料，最大限度地保证鞋内的温度。中底则是采用 5 毫米厚全碳素中底板，保证了强度的同时也减轻了重量。鞋底处为了达到最佳的吸震效果，在增加更多的舒适性及确保最轻量化的前提下，采用了与 VIBRAM 公司合作开发的高海拔攀登鞋底，并增加了全卡式冰爪卡槽，适用于极低温下的岩壁攀登及冰岩混合地形。

斯帕蒂克高山鞋

适宜项目　高海拔攀登
参考价格　￥6 000

C12 冰爪

这款销量极好的冰爪是拉斯帕蒂瓦的经典作品之一，也是一款全卡式半硬质 12 齿技术型冰爪。该冰爪适合阿尔卑斯式攀登和冰雪陡坡行走，是高海拔地区攀登者的最佳伴侣。该冰爪踏冰的稳定性和精确性十分出色，其快速高效的长度调节系统和利用螺钉固定的内置式阻雪板，使其调整起来尤为便捷。独特的 12 齿设计提供了强韧的抓地力，同时牢靠的困带还能让冰爪与登山鞋结合得更紧密，重量仅为 966 克。脚掌和后跟间的连接钢片具有很好的弹性，行走时非常贴合脚部，并能和各种登山靴配合使用。该冰爪经过了 CE（欧洲合格认证）和 UIAA（国际登山联会）两项认证，出色的性能让穿着者可以在光滑的雪地里、冰峰上阔步行走。

C12 冰爪

适宜项目　冰雪行走　雪山攀登
参考价格　￥2 300

购买推荐

Nepal EVO GTX 高帮登山鞋

3.2 毫米厚 Idro-Perw 真皮面料，超强防水，透气性好，GORE-TEX 防水透气内衬，9 毫米厚保温材料中底，VIBRAM 改进型 IBS 抗震鞋底，踝部弹性雪套，3D 立体设计，重 2025 克。

适宜项目：登山　雪地徒步等

参考价格：￥4 400

Trango Extreme 男款登山鞋

过胶尼龙材料鞋面，经防水处理，GORE-TEX 防水内衬，9 毫米厚保温层，VIBRAM 橡胶大底，重 1600 克。

适宜项目：登山　徒步等

参考价格：￥3 500

Mula2 GTX 男款登山鞋

2.4 毫米防水全皮面料，GORE-TEX 保暖内衬，VIBRAM 改进版 IBS 减震系统与 PU 中底，重 1200 克。

适宜项目：登山　越野等

参考价格：￥2 500

FC ECO 2.0 GTX 低帮徒步鞋

牛皮加耐磨损强化橡胶层加 S3 复合高强度尼龙鞋面，GORE-TEX XCR 防水保暖内衬，EVA1 强化中底，VIBRAM 环保再生大底加 IBS 减震系统，重 800 克。

适宜项目：远足　旅行等

参考价格：￥1 350

FC ECO 3.0 GTX 徒步鞋

牛皮加耐磨损强化橡胶层加 S3 复合高强度尼龙面料，GORE-TEX 防水透气内衬，2 毫米强化中底，VIBRAM 环保再生大底加 IBS 减震系统，外观设计专利，快速系带系统，重 900 克。

适宜项目：徒步　越野等

参考价格：￥1 550

Sandstone Pro GTX 男款徒步鞋

防水反毛皮加耐磨损强化橡胶加高强度织物加尼龙面料，GORE-TEX XCR 防水高透气内衬，VIBRAM 大底加 IBS 减震系统，重 850 克。

适宜项目：徒步　越野等

参考价格：￥1 300

Omega 男款登山鞋

防水皮革鞋面，弹力鞋舌，GORE-TEX 里衬，鞋底嵌入楔形防扭伤系统，VIBRAM 抗震鞋底，重 1260 克。

适宜项目：登山　越野等

参考价格：￥3 000

人类对于山峰的征服，得益于两个关键的因素，

一是人类自身的意志力和勇气，二是装备。

来自法国的顶级登山品牌觅乐，

就是助力人类首次登上海拔 8000 米以上山峰之巅的户外先驱。

觅乐

法国登山装备的先驱者

觅乐的标志是一个“M”形状的图案，这是品牌名的首字母变形而来的，中间的“对钩”元素表明了觅乐征服群山的信念和勇气。

觅乐公司（Millet）由供职于桌布公司的员工马克·觅乐和他的妻子于1921年在法国的阿尔卑斯莎木尼创立，公司早期以生产购物袋和帆布背包为主。在近一个世纪的岁月里，凭借卓越的产品设计和超强的产品功能，由最初的小作坊，跻身全球户外品牌的领军者行列。觅乐最辉煌的记忆在1950年，当时它为第一支远征喜马拉雅山的法国探险队提供装备，这支队伍凭借自己顽强的毅力和优良的觅乐装备，成功登顶了海拔8091米的安纳布尔纳峰，这也是人类首次登上海拔8000米以上高山的顶峰。如今，觅乐的产品线已经包括服装、鞋类、背包、睡袋、便帽、手套、绳索及其他户外顶尖装备等，围绕登山运动而展开，成为登山家的首选品牌之一。

觅乐坚信登山源自于经验，作为法国登山运动的先驱者，觅乐自身拥有经验上的优势，并且将这种优势转换成实用可靠的登山产品。

觅乐产品的特色在于它的设计更强调实用性，在汲取法国人固有的浪漫元素的同时，格外重视选材和设计，以实用、可靠的产品服务于登山爱好者。在材料上，GORE-TEX、Pertex等顶级面料是它的首选；在设计上，自身的登山优势和经验，再加入登山者的经验和建议，设计出更适合登山需要的产品。

品牌名品

珠穆朗玛峰高山靴

20世纪50年代，觅乐赞助的法国登山队就已经实现了8000米等级的攀登，这款名为珠穆朗玛峰的高山靴就是专为这种高海拔登山运动准备的。该款高山靴采用芳纶纤维的GORE-TEX半刚性外壳作为靴身，展现出让人信赖的防水性和防磨性能，同时又不至于太过僵硬，保证了足够的柔软度。内靴采用了可拆卸设计，靴子可配备自动机械鞋钉，非压缩紧扣系统，再配合靴身运用的双拉链设计，使得穿脱更加方便。鞋头和鞋身采用橡胶防护，增加了它的耐磨性和牢固程度。耐磨防滑的VIBRAM鞋底，搭配玻璃纤维和碳纤维鞋垫，以及柔软有弹性的鞋帮，让穿着更加舒适，保暖和防水性也在这些细节处得以完美实现。该鞋重量仅为1500克，让登山勇士更加轻松自由地征服山峰。

珠穆朗玛峰高山靴

适宜项目　高海拔登山

参考价格　¥8 500

AXON GTX 双层防水冲锋衣

这款专门为户外登山设计的双层冲锋衣，强调舒适透气和防水防风，且是觅乐登山用冲锋衣的代表作品，分男女款，另有多种颜色可选。顶级面料为该系列冲锋衣打下了坚实的基础，外层面料为 100% 防水的 GORE-TEX Performance shell orion 2L 布料，强化耐磨度与透气度。内层表布采用 Pertex Microlight 轻量尼龙布料，它的特点是更轻、更透气、更舒适。二层面料之间采用觅乐的专利保暖填充物，实现长效保暖、干爽不闷热。此外，它还具有高度抗水特性与快干效果，弹性软质内层布料，透气好穿且质轻柔软。在设计上，它采用强韧布料结构，双层设计，内外层均可单独组合或分开使用。同时还配有可拆式防水兜帽，衣物两侧有双插手保暖拉链口袋（附防水盖片），可收纳随身物品。衣物中央使用双重盖片与强化拉链，手袖部位采用可调式松紧度设计，能强化抗风效果，避免冷风灌入，保护手腕动脉区温度。可调式衣物下摆与隐藏收束绳，提升活动舒适性与抗风效果，3D 立领设计搭配全开式拉链，让穿着者身形更利落。

戈瑞潘登山靴

适宜项目　登山　攀冰

参考价格　￥4 000

AXON GTX 双层防水冲锋衣

适宜项目　登山　越野

参考价格　￥3 500

戈瑞潘登山靴

这款专门为夏季登山设计的专业级登山靴，成为许多登山爱好者的首选。该款登山靴采用了法国的理念，意大利的工艺，不论是设计，还是测验都在欧洲之巅——勃朗峰上进行了多次、多样化的测试，保证了它是一款舒适、耐用、可靠的登山靴，尤其适合大岩壁路线和攀冰运动。在设计上采用了特殊的混合结构，坚固的合成皮革与耐磨防水的 GORE-TEX 面料相结合，保证了鞋款整体构造的稳定性、耐穿性和防水性，更为重要的是，兼顾了透气性与保暖性。半刚性基层，辅以 VIBRAM 鞋底使该款登山靴拥有出色的防滑表现，鞋底还专门针对冰爪进行了改造。值得一提的是，该款登山鞋重量仅为 1440 克。

它是时尚的引领者，轻快的风格和多彩的元素让人难以忘怀；

它是先进材质的革新者，面料和鞋底都是行业的引领者——

它便是萨洛蒙。对于户外爱好者而言，

它在安全设计和卓越性能上的专业表现更为出彩。

萨洛蒙

安全与专业的代名词

salomon

萨洛蒙又被译为“所罗门”，其著名的“S”形标志是其专业品质的象征符号。

1947 年，萨洛蒙（Salomon）创立于法国阿尔卑斯山脉的中心地带，这片崇尚户外运动的神秘地带，造就了萨洛蒙专业、实用和安全的特点。在其发展至今的 60 多年时间里，萨洛蒙从一个名不见经传的小品牌发展成为一个牢牢掌控高端户外鞋领域的顶级品牌。其产品涵盖了不同级别的户外鞋、服装、背包以及滑雪器材。其在越野鞋和滑雪装备上的成功最受人关注，至今成就了近 300 位世界级冠军选手的荣耀，在制造户外越野及登山鞋方面有着丰富的经验，它还创造了多项专利，引领人们在户外运动中走进时尚、安全、轻便的新时代。

萨洛蒙坚持着独具创新的革命性新理念，发掘产品潜在性能的极限。轻量化和实用性是萨洛蒙的特色之处，诚如《背包客》杂志在评论萨洛蒙户外鞋时做的评论：“它耐用、轻便、外观时尚……”

轻质 4D 防水鞋

适宜项目 越野 徒步

参考价格 ￥2 600

这种轻量化和实用性是通过耐用的材质和先进的设计实现的，包括 GORE-TEX 面料在内的众多顶级面料都是萨洛蒙的选择，在设计上，与冠军选择的合作，成就了其冠军的品质。

品牌名品

轻质 4D 防水鞋

这款顶级的轻质 4D 防水鞋是专门为专业的户外穿越和越野比赛而设计的，拥有极佳的稳定性和舒适性，运用了萨洛蒙最先进的越野跑步技术。该款鞋能够胜任多天、长途的任务，在面料上选用了防水牛皮和透气性极好的轻质织物，实现了防水透气与轻量化的多重要求。内衬则选用了舒适的 GORE-TEX 材料，结合包裹足部的越野跑步技术，给足部带来超强的稳定性。出于安全防护的考虑，鞋头橡胶防护设计、鞋舌翼设计和鞋跟橡胶保护，带来了舒适、安全的整体性能。独特的 4D 底盘设计，辅以压膜 EVA 鞋底，带来了出色的减震缓冲效果，在特殊底纹的外底辅助下，提供无与伦比的抓地力和耐用性的智能组合。该鞋款提供有 20 种不同的鞋底几何形状和密度，将时尚和实用完美结合。

S-lab 感官越野鞋

S-lab感官越野鞋是萨洛蒙最顶尖的越野鞋产品，是专门为越野运动员设计的竞赛型鞋款，多位冠军选手曾参与过该鞋款的设计，它帮助基利安·霍尔内特赢得了 2010 年的世界极限越野赛冠

S-lab 感官越野鞋

适宜项目 越野 徒步

参考价格 ￥1 500

军。该鞋款使用了无缝接合的鞋面处理工艺，主要用于覆盖鞋面大部分的开放式透气系统，先进的智能鞋楦，鞋带收纳袋，一体化的鞋舌，由橡胶制成的鞋跟，带来了舒适、轻量、耐用的感官体验，它甚至给人一种“光脚跑”的超爽感觉。大底仍为传统的EVA无痕型鞋底，中底材料为9~13毫米厚的轻量材质，鞋垫则经过专门的抗菌和人体工学鞋床设计，提供了额外的中脚掌保护和更持久的耐磨性，使该鞋款更适合长距离、高要求的竞赛。

快速轻质越野鞋

适宜项目　徒步　越野

参考价格　￥1 200

快速轻质越野鞋

这款中高端越野鞋以卓越的性能、舒适的穿着感受和超高的性价比成为萨洛蒙的明星级产品。该款越野鞋最大的特色就是“轻”，鞋身后侧的LT标志尤为明显，意在说明这款鞋的设计目标之一是轻量化。从外观来看，鞋底的无痕设计和箭头状的突出颗粒，说明这是一款抓地牢固的越野跑鞋，橡胶弯曲科技的鞋底是由20多种材料组合而成的，兼具防滑与耐磨，并且让穿着更加轻松、舒适。鞋身的M状或者说是W状条纹，也是萨洛蒙的标志性科技之一，用以加强脚与鞋的贴合。在材质上，防撕面料和皮革的组合运用，带来了强大的防磨、防水和透气效果，鞋带为强韧的芳族聚酰胺纤维，其强韧度是普通纤维的4倍。值得一提的是其封闭式鞋舌和除臭鞋垫，前者能够有效地阻止污水和泥沙的进入，而后者在除臭和透气性上表现卓越。

它的起点并不夺目，只是小学徒和马棚；它的材质亦非稀缺，只是常见的小牛皮，但它却造就了世界上顶尖的户外鞋品牌——它便是斯卡帕。它的成功秘诀是：贵族气息加上传统的意大利手工工艺。

斯卡帕

手工制鞋的杰作

斯卡帕公司名称其实是一个地名的缩写，其全称为 Società Calzaturieri Asolani Riuniti Pedemontana Anonima。标志是一个圆形中间附加一片叶状符号。

斯卡帕公司(Scarpa）位于意大利蒙特贝卢纳山区，这里是意大利著名的制鞋之乡。11 岁的路易吉是这片山区的一个小学徒，他深爱制鞋工作，十年孜孜不倦的学徒生涯，是其日后成功的根基，他在具备丰富经验的制鞋匠的指点下，掌握了真正的制鞋工艺精髓，随后进入了一个由英国贵族于 1938 年创办的名叫斯卡帕的制鞋公司，并成为该公司的主人，就此开始了斯卡帕辉煌的手工传奇。70 多年来，斯卡帕的产品不断推陈出新，市场不断扩展，但是无论现代社会或者市场格局如何变化，斯卡帕始终坚持自己的信念：斯卡帕生产的手工鞋必须成为世界上最高质量的典范，每一双斯卡帕鞋的每一个细节都要做到尽善尽美，以满足最挑剔的客户的要求。

“勇于创新，勤于钻研”是斯卡帕的品牌精髓，在这一精髓的指导下，凭借卓绝的意大利手工工艺打造出顶级的户外产品，满足最极端客户的要求。每一双斯卡帕鞋的鞋舌内侧都烙印着“MADE IN ITALY（意大利制造）”的字样，这种精

幻影系列高海拔登山鞋

适宜项目　高海拔登山　攀冰　极地探险
参考价格　¥9 500

致的手工工艺也成为斯卡帕最值得骄傲的特色。每一双斯卡帕鞋都是在意大利选材和生产的，其代表意大利的质量典范，是意大利制鞋工匠精湛技艺的明证。不论是从性能、外观上，还是从舒适度、细节处，都能看到斯卡帕鞋无与伦比的手工艺术。

品牌名品

幻影系列高海拔登山鞋

幻影系列是斯卡帕顶级的鞋款，也是专为高海拔而设计的登山攀冰鞋，目前最常见的当属“幻影 6000”和“幻影 8000”。幻影 6000 登山鞋属于轻量级技术型高海拔登山靴，特别适合阿尔卑斯山类似的登山或攀冰运动。其整体结构采用非对称性的鞋楦，应用广泛，即使在最具挑战性的地面也可以应对自如。鞋前部和后部的衬垫可以防撕裂并且能保护脚踝。内衬是 PRIMALOFT 面料，雪套贴合防水面料并采用 T-ZIP 拉链，在任何雨雪天气，都可以保持穿着者的双脚干燥舒适。轻便的设计使穿着者运动时没有任何阻碍，鞋带可以藏到靴子内，行走时不会松开。独特的 Dual PU GSb 大底可以提供足够的支撑力和缓冲。

幻影 8000 则是专门为攀登珠穆朗玛峰而设计的极地登山鞋，从美国的麦金利山到南北极探险，幻影 8000 能应付所有恶劣环境的挑战，是高海拔探险者的最佳选择。在不影响其卓越功能的前提下，设计者将其重量降到最轻，紧凑的设计、非对称的结构以及先进的面料贴合技术，能使脚部在极限温度下安然无恙。同时，三大特点使幻影 8000 从同类高山靴中脱颖而出：一体化的雪套、CORDURA 的外壳、可拆卸的保暖内靴。雪套采用尼龙 Dynatec 面料贴合防水薄膜，T-ZIP 防水拉链能阻隔寒气。靴子内侧超耐磨加厚层可以防止冰爪磨损。Vibram Jorasses GSb 鞋底重量更轻，卡冰爪更加方便。可以说，幻影 8000 整合了斯卡帕最先进的技术，使其在极限环境中值得信赖。

拉达克 GTX 重装徒步鞋

适宜项目 重装徒步 高负荷远足
参考价格 ¥3 000

拉达克 GTX 重装徒步鞋

拉达克登山鞋是斯卡帕公司在全球最畅销的鞋款之一，堪称“30 年都穿不坏的鞋”，是专为高负荷、高强度的复杂地形户外徒步设计的。鞋面采用磨砂皮整皮切割，防水透气和耐用性非常优秀，并且有很好的外观。鞋舌采用柔软小牛皮，可以有效地防止水和脏物进入鞋内。全包围的橡胶层可以保护鞋面并且增强牢固性。快速调节鞋带系统方便实用，可以有效地缓解压力，并能更好地包裹脚部。内衬由 GORE-TEX 防水透气面料制成，长时间行走能保持脚部舒适。中底采用了更加耐用的 PU 材质，再配以 Megane 鞋底，能够有效防滑，提供最佳的稳定性和缓冲效果。在设计中尤为注重后跟和前掌部分的缓冲与力量回馈，所以中底特别加厚。

冈仁波齐登山徒步鞋

冈仁波齐登山徒步鞋作为 2008 年《背包客》唯一的鞋类产品大奖获得者，以“轻便、柔软舒适、透气耐磨、防水、适合在雨季或潮湿的环境中使用”等卓越性能成为斯卡帕的又一手工杰作。从外部看，鞋楦较瘦长，这是斯卡帕鞋款一贯的特点。加入防水涂层的鞋面再辅以全袜套式设计的 GTX 材质内衬，使该鞋的防水性能卓越，即便是蹚水过河也不会影响鞋内的干燥，而透气性卓越，即使是汗脚也不会有异味或潮湿感。经典的 V 底镶嵌有深路纹理，增大了攀登时的摩擦力，它还具备良好的缓冲性能，让行走更舒适，同时防滑抓地性能更优越，在遇到岩石、泥地等恶劣环境时也能轻松应对。该款登山徒步鞋的鞋帮较高，有利于保护脚踝，同时可以防止雪水和脏物进入。此款单只鞋重量仅为 620 克。

冈仁波齐登山徒步鞋

适宜项目 攀登 越野徒步
参考价格 ¥3 000

购买推荐

Cyclone GTX 中帮登山鞋

翻毛皮尼龙织物鞋面，GORE-TEX防水透气里衬，VIBRAM设计的蜘蛛大底，脚后跟用低密度的EVA减震，中底用高密度的EVA防磨。

适宜项目：低海拔攀登　越野　城市户外休闲等

参考价格：￥1 850

Crisrallo 技术型登山鞋

尼龙与皮料的拼接鞋面，GORE-TEX防水透气里衬，Moraine鞋底，重1440克，该款适合中低海拔登山或者长距离徒步时使用。

适宜项目：登山　徒步等

参考价格：￥3 000

Mowgli GTX 少儿款登山鞋

尼龙织物绒面皮质鞋面，并有防剐蹭的橡胶包头设计，GORE-TEX防水透气里衬，Integra防滑鞋底，重790克。

适宜项目：登山　徒步　越野等

参考价格：￥1 200

Mustang 野马徒步鞋

绒面皮质鞋面，GORE-TEX里衬，VIBRAM大底，Hi-trail鞋底系统，重1330克，外形时尚大方。

适宜项目：徒步　越野　低海拔登山等

参考价格：￥2 450

ZG10 男款徒步鞋

牛皮鞋面，GORE-TEX防水透气里衬，VIBRAM大底，重1620克。

适宜项目：徒步　越野　中低海拔登山

参考价格：￥2 800

Cyrus GTX 中性徒步鞋

经典款徒步鞋，头层牛皮鞋面，GORE-TEX防水透气里衬，PU中底，VIBRAM大底，重1250克。

适宜项目：登山　徒步户外休闲等

参考价格：￥1 850

Nangpa-La 徒步鞋

杜邦织物加绒面皮质鞋面，GORE-TEX防水透气里衬，VIBRAM大底，超轻鞋底系统，重1180克。

适合项目：徒步　越野　中低海拔登山

参考价格：￥2 100

科罗拉多河里的水中还没来得及露出顽石，
那些迫不及待的户外爱好者们就已经踏上了征程。
他们足够的自信来自于特瓦凉鞋的品质，
这个以时尚造型、出色的防滑性和柔和的弹性著称的凉鞋品牌，
总是能够给予人们更多户外的勇气和激情。

特瓦

性能出众的凉鞋制造者

特瓦的手掌印为友谊及帮助的象征，手掌中的螺旋代表急流与危险。当二者合一时则意味着特瓦凉鞋如一道桥梁，帮助人们征服急流。

1984年，资深户外运动领航员马克·戴尔根据多年在科罗拉多河的领航经验，以及对新型防滑凉鞋的需求，在美国创立了特瓦凉鞋品牌（Teva）。创始人以亲身经验，不断钻研及测试，创造了无数运动凉鞋的新设计、新标准，其产品既有运动鞋的稳定弹性，又拥有凉鞋的透气舒适。自成立30年来，特瓦在发展中不断创新，相继开发出舒适性、安全性、操控性及抓地性能优异的溯溪、徒步鞋等款式，自1986年起特瓦获得20多次“全美顶级运动凉鞋”的最高荣誉。虽有无数知名品牌不断仿效，但特瓦至今仍是世界户外运动专业人士的最佳选择，且始终为运动凉鞋中的领导者。

特瓦的品牌精神是“以出色的性能，帮助人们冲破危险，并安然享受水陆运动所带来的乐趣，令生活忙碌的城市人再次融入大自然的空间，建立起和谐的友谊”。其特色之处在于以时尚的外形设计，打造出耐用、舒适、防滑，同时能够满足多种户外活动场合需求的产品。

品牌名品

Zilch 系列凉鞋

Zilch系列凉鞋是专门为溯溪、戏水、泛舟等运动而设计，同时兼顾陆上行走和涉水等功用的运动型凉鞋，以出色的抓地力和耐磨性能成为特瓦的经典代表。该凉鞋采用复合式橡胶鞋底，在透气性和排水性上表现优异。这种鞋底经由特瓦特殊设计后，形成了具有专利保护的蜘蛛鞋底，能够提供动态平衡与防滑性能，产生超强的抓地

Zilch 系列凉鞋

适宜项目 多种涉水运动

参考价格 ￥700

力。鞋身采用超强韧的材质，即便是经过强力扭曲、压缩收纳都不会变形。多组环底织带强化支撑性，快拆扣具方便调整松紧。前后 2 组可调式织带节点，魔鬼毡设计强化支撑性，再加上符合人体工学的 3D 结构设计，包覆度绝佳。快速适应脚型的高密度弹性 EVA 中底，长时间穿着柔软舒适。足跟采用了增强型的“吸震垫”设计，有效降低跳跃冲击，增加操控性和行走时的舒适度。专利“鞋垫舒爽”技术，长时间使用避免异味产生。

Churn 避震运动鞋

适宜项目　多种涉水运动

参考价格　￥700

Churn 避震运动鞋

这款防滑避震效果出色的运动凉鞋是特瓦的又一明星级产品，该鞋同样采用了抓地性能出色的蜘蛛鞋底，在带来强大防滑性能的同时，也表现出超强的耐磨性和避震效果。该凉鞋鞋底采用了“排水框架”专利技术，鞋垫有排水圆孔，两侧出水孔可迅速将积水排出。鞋身以大面积透气网布覆盖，透气度与包覆度高，快速蒸散水汽。快速适应脚型的高密度弹性 EVA 中底，长时间穿着柔软舒适。后跟区域可折叠下压，迅速变成可踏踩的便利拖鞋。后跟处同样采用了“吸震垫”设计，有效降低跳跃冲击，使避震效果更加明显，就连防止异味产生而专门设计的舒爽鞋垫也同样具有避震的效用。如此避震效果的设计，再搭配一条“快速调整束带”，按压圆钮即可调整鞋带松紧，束绳稳固不断裂，让舒适性和实用性得以兼顾。值得一提的是，该款凉鞋的脚踝与内侧均用潜水衣布料包覆，能够有效避免磨脚起水泡。

Ewaso 护趾凉鞋

这款外形时尚的运动型凉鞋因为在鞋头设计中加入了护趾功能而颇受关注，和 Churn 避震运动鞋相类似，该款凉鞋同样采用了“蜘蛛鞋底”、“多向止滑鞋痕”、“足跟避震垫”、“舒爽鞋垫”等专利技术，提供了超强的抓地力、耐磨性、透气性、避震效果等，在此基础上，多组环底织带强化支撑性，也增加了穿着的舒适度，快拆扣具方便调整松紧。该款凉鞋最大的特色在于足尖处的设计，足尖以厚实防护片包覆，能有效避免水域活动时的撞击伤害。鞋身以透气网布覆盖，搭配特瓦专利织带提升透气，急速快干。快速适应脚型的高密度弹性 EVA 中底，长时间穿着柔软舒适。后跟区域备有可调整魔鬼毡，方便人们在穿着过程中调整松紧，避免对脚的磨损伤害。

Ewaso 护趾凉鞋

适宜项目　涉水类户外运动

参考价格　￥700

一切都是从西伯利亚开始的。
桃红色的花岗岩轻易地成为攀岩者和探险者征服的对象，
久而久之，形成了一种独特的攀岩文化，Rock Pillars 就在此诞生，
不同的是，后者总是出现在 200 米高的岩柱上。

Rock Pillars

纹理的力量

ROCK PILLARS
ENGINEERED FOR CLIMBING

由字母“R”、“P”组成的标志简洁明了，直白地陈述了品牌的特质，那就是“为攀登者而设计”。

Rock Pillars 攀岩鞋的历史很短暂，这个诞生于 1998 年的公司是在捷克成长起来的。创始人帕维尔·亨德里赫原本是一个酷爱攀岩运动的汽车工程师，出于个人爱好，他用自身的攀岩经验，再与橡胶技术员和捷克最熟练的鞋匠进行合作，生产出了性能出色的攀岩鞋。幸运的创始人刚刚完成第一双鞋，就遇到了后来在攀岩运动领域极负盛名的尤金尼·奥特尼克。在这位冠军级攀岩者的参与和推广下，Rock Pillars 攀岩鞋日趋成熟，逐渐成长为一个世界级的攀岩鞋品牌。越来越多的冠军级职业攀岩者选择 Rock Pillars，并且参与它的设计，使这样的互动活动成为它最大的特色。

自1998年诞生至今，Rock Pillars坚守在攀岩鞋领域，由一群酷爱攀岩运动的冠军级运动员、顶级鞋匠组成的制鞋队伍将个人爱好、攀岩乐趣、挑战精神和舒适感完美地融合在一起，为攀登者提供了专业、值得信赖的冠军级产品。其品牌精髓是“由专业攀岩者为专业攀岩者制造的，值得信赖的攀岩鞋”。

Rock Pillars攀岩鞋的特色之处在于它的特殊纹理结构，精确的结构，加上优质的材质，以及职业攀登者的参与制作，在捷克熟练鞋匠的操作下完成了这批专为“攀登者”而设计的顶级攀岩鞋。

品牌名品

Top Gun攀岩鞋

这款竞技级的攀岩鞋适用于世界上最难的攀登线路及抱石线路，是在与世界冠军Tomas Mrazek和Salavat Rakhmetov合作下开发出的一款攀岩鞋，它由高等级的材料制成，即采用了4毫米VIBRAM XS Grip大底橡胶鞋底材料，其绝佳的柔软度在保护脚部的同时，也给脚掌提供更多的自由空间。脚趾及脚跟位置的橡胶非常适合小点及挂脚的高难度攀登动作。鞋面为1.8毫米的超细纤维革，外加舒适内衬材料，是攀岩鞋世界里的明星产品。

Top Gun攀岩鞋

适宜项目　攀岩
参考价格　¥1 600

2010款竞技攀岩鞋

十几年的制鞋历史让Rock Pillars在世界范围内有了众多的信徒，2010年，两款竞技攀岩鞋的问世更是引起了攀岩者的惊呼：“这是最完美的攀岩鞋。”这两款攀岩鞋便是Ozone QC和Diamond。前者为黏带攀岩鞋，采用了不对称设计，而后者为系带攀岩鞋，采用的是非对称舌尖下沉设计。两款鞋尤其适合竞技攀登、运动攀登和抱石。二者都采用手工打磨的VIBRAM XS Grip橡胶底，为攀登者提供了更加敏锐的足部感觉以及超强的摩擦力。二者的区别除了鞋带设计之外，Ozone QC采用三向承力的专利提拉系统，提供最好的包裹性能。而Diamond则采用了双向的提拉系统，提供最好的穿脱性能。

2010款Ozone QC竞技攀岩鞋

适宜项目　攀岩
参考价格　¥1 400

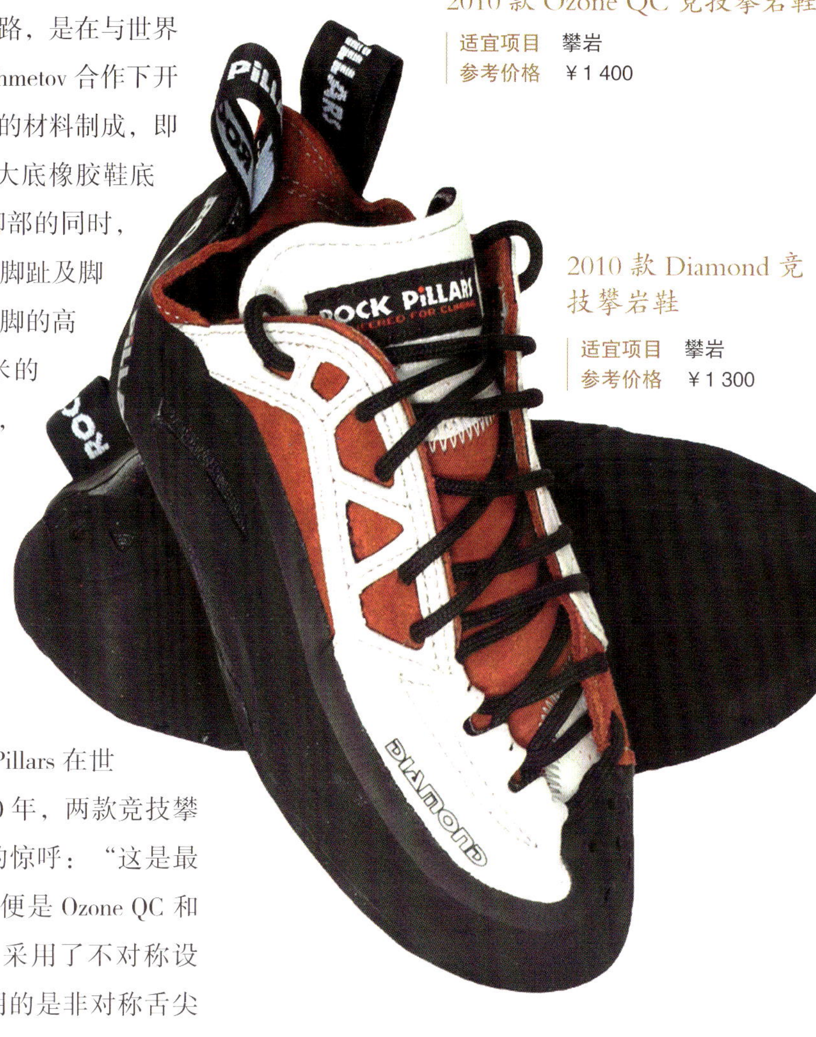

2010款Diamond竞技攀岩鞋

适宜项目　攀岩
参考价格　¥1 300

在不断挑战自行车性能极限的过程中，追求创新的 BMC 显得活力十足，
这种活力来自两个方面：一是发烧友级的设计者对自行车运动的火热激情，
二是这个瑞士品牌对创新科技的热衷，
这也造就了 BMC 自行车极具爆发力的狂野性能。

BMC
极具爆发性的科技公司

BMC 的全称为“Bicycle Manufacturing Company（自行车制造公司）”，严谨的“瑞士制造”品牌在该标识上也被呈现出来。

1986 年，美国商人鲍勃·毕格罗创立了 BMC 公司，早期主要是作为自行车的批发分销商存在，鲍勃·毕格罗在失去其销售执照之后，便以 BMC 为名创立了一个小众化的自行车品牌。2001 年是 BMC 的重要转折点，它开始更多地投入到自行车的研制和推广中。在近十几年的发展过程中，这个立足于科技创新的品牌发展成为世界上最具吸引力的品牌之一。它的设计让人眼前一亮，从物料选用、力学科技到制作工艺均能达至完美的平衡。BMC 的创意、简洁的车架设计、精确的造工及夺目的车花，都一一触动了骑手的心灵。发烧友级别的设计者和

IMPEC 公路车
适宜项目　公路
参考价格　￥90 000

SLR 01 公路车

适宜项目　公路

参考价格　¥70 000

冠军选手的意见反馈，再加上在山地车、公路车上的成功推广，使得 BMC 成为多项世界车赛冠军的有力争夺者，同时也成为受人尊敬和喜爱的世界顶级品牌。

严谨的瑞士制造精神，先进的科技创新精神，零误差的完美追求是 BMC 的品牌精髓。BMC 的车架堪称是零误差的科技精品，其轻盈的结构是采用最新的计算机模拟技术的成果。另一方面，从素描草稿阶段转化的 CAD 三维绘图，到利用先进的有限元程序，再到车架的负载极限模拟，每一个阶段都能将可能的弱点部位和多余的材料发现并纠正。由此分析产生的车架便是最优化的几何形状，这些车架能够将坚固程度和高效率统一起来，轻质的碳纤维材质能够在保证车坚固度的前提下，最大效率地将骑手的力量转化为前行的动力。

品牌名品

IMPEC 公路车

这款荣获过“欧洲自行车展金奖”的公路车是 BMC 公司无可挑剔的杰作。IMPEC 是第一个用完全自动化的系统制造完成碳纤维车架的公路车，机器以无缝的方法按不同位置的载荷交织编成完美的碳纤维管材，这也预示着一个跨新时代的车架生产方法的诞生。这种车架能够完美地将车速、车身强度以及骑手的力量统一起来，实现骑行效率的最大化。新的碳纤管材制造方法并不是唯一的创新项目。在设计上，管材以新开发的接合壳连接，组成了高度稳定的车架。这些接合壳用超轻型高强度复合材料制作，物料包括高含量的碳纤维，极轻的重量能承受极高的负荷重量，支持多种变速电子套件的 IMPEC 也意味着它拥有更为时尚的外观质感和更为简洁的线路，对于户外骑行而言，更为夺人眼球。

SLR 01 公路车

SLR 01 公路车颇受美国传奇车手乔治·辛卡皮的喜欢，这位曾经参加过 17 届环法自行车赛的勇士因为战绩彪炳，被 BMC 公司视为英雄，BMC 特别为他定制了金版涂装的 SLR 01 战车，且车上印有“17”和圆环等图案。普通版的 SLR 01 公路车与金版涂装定制战车只是在涂装上有所不同，其他方面均相同。SLR 01 公路车款整车重量仅为 6.1 千克，采用经典的三角镂空设计，可以看出这款车没有采用 BMC 传统的套接制作方法，这样可以

完美兼容最新款的电子变速系统，在“继往开来”方面，SLR 01 无疑表现完美。高品质的铝合金车架，是使用非常复杂和耗时的液压成型过程完成的，轻质的碳纤车叉提供了舒适的驾驭体验。无论是从技术上，还是从外观上，SLR 01 都能脱颖而出，这是由它惊艳的管材形状和典型的 BMC 设计所造成的，这种设计也证明了以运动为主的公路车型号也可以有卓越的骑乘体验。

高速 29 英寸山地车

在公路车研制上风生水起的 BMC 在 2012 年首次进军山地车领域，这款名为 29 英寸的高速山地车便是其代表作。被称作是 BMC“家族标志”的“一体式车架概念”在该车上继续得以表现，三次抽管流体成型合金车架加上超强轻便坚韧的碳纤维，带来了出色的韧性和可靠性。增强处理的上管和碳素座管连接，保证了整车的稳定性。硕大的下管和 100 毫米锥形头管，配以大尺寸的强韧轮毂，让骑手的力量更高效地转化为前行的动力。后安装座将碟刹牢牢固定到位，再加上高效的避震系统和优异的工艺细节，令该款山地车卓尔不群，满足寻求高品质和独特感觉的骑手所需。值得一提的是，铝制的摇摆连杆上面增加有非常便利的预压指示器，令该款山地车安装和设定起来省心省力。

高速 29 英寸山地车

适宜项目　山地　越野

参考价格　¥40 000

对于户外爱好者而言，更轻的重量意味着更多的乐趣，
以轻量化著称于世的佳能戴尔自行车堪称是自行车中的顶级品牌。
它对操控性和轻量化的双重要求，成就了佳能戴尔“铝架之王”的美誉。
凭借着在性能和设计上的出色表现，它被称作是世界上最具特色的自行车品牌。

佳能戴尔

以轻量化著称的铝架之王

cannondale

佳能戴尔的标志是一个优美的车架，这既是它的优势产品，又是其“铝架之王”美誉的重要原因，该标志往往放在不显眼的地方。

1971年，约翰·蒙戈莫利在美国康涅狄格州的贝塞尔创立了佳能戴尔公司，公司早期是以生产自行车拖车为主。12年之后，当第一款佳能戴尔自行车问世后，全美迅速掀起了一股山地车潮流。随后，佳能戴尔公司在避震、前叉、车架等部件方面相继取得突破，并赢得了包括世界锦标赛、环意大利冠军赛等多项赛事的世界冠军，一举成为20世纪八九十年代最具冲击力的自行车品牌。进入新世纪以来，佳能戴尔又在轻量化材质上不断创新，其产品一度因为低于比赛标准重量而被要求增加附件。如今的佳能戴尔已经是美国自行车品牌中的顶级品牌之一，其手工制车架和轻量自行车依旧无人可以匹敌。

佳能戴尔的宗旨是“打造世界上最独一无二的自行车，满足人们对自行车的轻量化、操控性、美观的需求”。其最大的特色是轻量化和LEFTY减震技术，前者是通过碳纤维材质和铝合金材料实现的，而后者则是建立在轻量化的基础上。LEFTY减震技术采用单腿设计，使它比大多数竞争对手的最轻的越野竞赛叉更轻、更实用。LEFTY的双重顶端固定和特大型反转构造使它能够在破坏性山路中保持极高的强度，同时，其支柱设计和较低的滑动滚针轴承能使其刚性优于世界任何前叉，拥有精确的转向精度。具有专利保护的混合针状轴承技术使自行车在悬挂大负载重物的情况下仍能顺畅运动，即使在最严酷的制动、冲击和转向的情况下，车轮仍然能够很好地贴合地面保持稳定。尤为重要的是，它还具有寿命长、维护简便的特点。

品牌名品

哲基尔系列山地车

哲基尔系列山地车是一款全能型的山地车，其最大的特色是它的独特的避震系统——DYAD RT2，该避震系统能为同一种产品提供两种截然不同的避震选择，包括90毫米避震和150毫米避震。这两种避震选择具有两种截然不同的空气弹簧容量，两个完全独立的减震回路和车架几何学，每一种避震选择都为适宜的地形做了极致的匹配，通过安装在车把上的拨杆进行转换。两种模式轻松转换，宛如同时拥有两辆截然不同的车子。更加强大的ECS-TC系统，能够使用15毫米夹固桶轴以及后勾爪位置的双列轴承，这一特殊设计消

哲基尔系列山地车

适宜项目　山地　越野

参考价格　￥70 000

除了连杆和枢轴的变形和游移，增加了骑行过程中的操控性能和骑乘感受。在材质上选用了碳纤维和铝合金的组合，不仅重量超轻，强度超高，而且车架的攀爬效率和速降性能都得到了大幅度的提高，让骑手能够轻松应对各种山路地形。

CAADX 碟刹版公路车

适宜项目　公路　越野
参考价格　￥30 000

CAADX 碟刹版公路车

这款带有越野性能的公路车是佳能戴尔的明星产品，专门针对对越野颇感兴趣的公路车骑手。其扁扁而略带弯曲的 UltraX 碳纤维前叉，让骑手在弯道中间转动车把时能够轻松准确地拐过发卡弯。175 毫米的曲柄和硬朗的 BB30 中轴也能让微薄的力量发挥到最大限度。虽然不是最轻的轮组，不过 Formula 花鼓的碟刹侧拥有很大法兰盘，足以对抗制动力，从而加固了车轮。搭配较小的 140 毫米后碟片和更常见的 160 毫米前碟片，制动力绰绰有余，陡峭的下坡被漫不经心地抑制着，9.67 千克的重量丝毫不妨碍骑手扛起来跑。同时，先进的碟刹系统配合菱形胎纹的轮胎，带来了最佳的操控性和制动效果，是公路车中表现最出色的越野车之一。

超级六号系列公路车

适宜项目　公路
参考价格　￥60 000

超级六号系列公路车

这款数次荣获“欧洲自行车车展金奖”的公路车是佳能戴尔最受人关注的产品系列，它以“超轻的体重、卓越的性能、出色的外观”著称于世。该车的定位很高，是“爬坡时表现卓越的公路车”。其先进的车架仅 1000 克左右，可配备 Di2 电子变速装置，并采用了穿过头管、座管和后叉的内走线方式，让外观更统一美观，同时排除了异物对系统的破坏。出色的操控感是超级六号的又一特色，力量的传递淋漓尽致，随心所欲，转向灵敏，无处不给骑手以信心。优秀的 Durano S 轮胎的强大抓地力，配合更轻、更有力的轮组，再加上 FSA 坚实的 SL-K 压缩传动系统，使得超级六号可以征服任何坡路，成为最值得期待的公路车。

Trigger 碳纤维山地车

车架 佳能戴尔 Trigger, 120 毫米 /70 毫米, Ballistec Hi–Mod Carbon
前叉 New Lefty PBR 130 , Hybrid Needle Bearing Technology
变速套件 Sram X9、X7
轮组 Mavic Crosstrail,Tubeless Ready
把立 佳能戴尔 OPI Adjustable, +6 Degree, 31.8
适宜项目 山地 越野
参考价格 ￥35 000

RZ120 2 山地车

车架 佳能戴尔 RZ One Twenty, 120 毫米 Smartformed Alloy
前叉 X–Fusion Enix RL, 120 毫米
后变速器 X–Fusion E1 RL 120 毫米
变速套件 Shimano Deore/SLX
轮组 Maddux X320, Double Wall w/Eyelet
刹车 Avid Elixir 1, 180/160 毫米
把立 佳能戴尔 C4, 1.5", 31.8
适宜项目 山地 越野
参考价格 ￥15 000

CAAD10 3 公路车

车架 CAAD10, Smartformed 6069 Alloy, SPEED SAVE, BB30
前叉 CAAD10, SPEED SAVE full carbon, 1–1/8" to 1–1/4" tapered steerer
变速套件 Shimano Ultegra 6700
轮组 Mavic Aksium WTS，700x23c
适宜项目 公路
参考价格 ￥21 000

SuperSix Evo 5 公路车

车架 佳能戴尔 SuperSix, full carbon
变速套件 Shimano 105 5700
轮组 Mavic Ksyrium Equipe S WTS
把立 佳能戴尔 C3 Compact
适宜项目 公路
参考价格 ￥16 000

每一款自行车的背后，都是崔克对细节的苛求；
每一个细节的精致呈现，都是崔克对自行车的独到见解。
作为自行车王国里销量最好的品牌，崔克检验于赛场，成就于品质，
它总是有足够多的理由去成就“巨人”的声誉。

崔克

自行车世界的巨人

TREK

崔克的标志是一个盾牌，象征着其出色的品质保证，盾牌上的线条则象征着漫长的车道，整个标志象征着崔克产品陪伴骑手远征的决心和勇气。

1976 年，面对日益高昂的汽油价格和日益严重的经济危机，美国人迪克·伯克和五个伙伴在美国威斯康星州沃特卢市的一个农场里创立了崔克（TREK）自行车品牌，早期的产品主要是钢制车架。由于是手工打造，并且符合当时当地的市场需求，崔克公司很快成长起来，从 20 世纪 80 年代开始，一批制造飞机、火箭和太空船的工程师成为崔克的主要研制者，他们将铝制材料、碳纤维材料等先进工艺带进了自行车的研制中，成为崔克不断壮大的强大动力。自 1999 年开始，崔克自行车相继在环法自行车赛、环青海湖国际公路自行车赛等顶级世界赛事中出现，表现出所向披靡的战斗力，勇夺 9 次环法自行车赛的冠军。赛场的检验让崔克自行车逐步走向世界，如今已经成为世界上最大的自行车销售商和顶级自行车品牌的代表。

不懈的追求和拼搏，打造出令人难以抗拒的自行车产品，像一件艺术品一样，满足人们对比赛或生活的幸福感需求，这是崔克的一贯追求。崔克自行车的特色在于其独创的 OCLV 技术。这一技术是在研制车架的过程中改进完成的，工程师们先是采用铝质材料，后来诞生了一种新材料——碳纤维，该材料的重量只有钢的一半，简单的碳化纤维，经过编织、黏合、模塑，达到惊人的强韧特性，他们将其称为 OCLV。通过使用这项专利技术，崔克的车架制造工艺超过了航空质量技术标准。其 5500 和 5200 是当时世界上最轻的车架之一。

品牌名品

玛德罗 7 系公路车

玛德罗系列是崔克最经典的公路车系列，也是产品最丰富的系列，这款于 2013 年面世的 7 系公路车，是崔克最高工艺、最高科技的集合。7 系公路车采用了 KVF 管材形状，不仅保持了玛德罗系列公路车既有的刚度和舒适度，同时还将空气

玛德罗 7 系公路车

适宜项目　公路
参考价格　¥90 000

动力学特性提高 10%~15%，并将重量降低相同比例。全新的 KVF 前叉可将风阻降至最低。其经过骑行调试的摆幅提高了贴合度，带来更大的舒适性，同时独特成型的碳纤维后叉端设计减轻了重量，优化了轴距。得益于 OCLV 在单位面积上的重量、刚度及兼容性方面的最优平衡，其各级别产品均拥有绝对完美卓越的性能表现，还能将极具空气动力学特性的刹车整合至车架，以实现最小风阻和最高效率。同时，全新的设计减少了多余的部件，减轻了重量。此外，新型前叉提高了侧向刚度，实现超级精准的操控性。在设计上更为优化的空气动力学改进，带来了额外的动力，在长时间的竞赛中，为车手带来巨大的竞争优势。这就是长期研发的力量，这就是输与赢的区别。值得一提的是，为了满足不同体型、不同柔韧度、不同身高的人参与不同活动的需求，7 系车提供了 H1、H2、H3 三种体态款式车型，供骑手根据自己需要选择。

激情燃料越野山地车

适宜项目 山地 越野

参考价格 ￥70 000

激情燃料越野山地车

崔克对自行车的激情最容易从山地车中攫取，这款名为“激情燃料”的高档山地车就是最佳代表。全新设计的车身使其拥有最全面的越野性能，足以面对各种崎岖复杂的路面，将竞赛科技应用到全天探险中，为山地车多功能性树立了标杆。该车仍然是全面避震山道自行车，出色的避震效果和操控性是其最大的特色。独特的CTD避震装置为骑手提供三种避震调节选项：爬坡、山道或下坡。它是在精选Fox减震器和前叉上提供的简单、直观、高性能的系统，尤为适合追求功能全面的骑手。拥有专利技术的主动刹车枢轴——ABP避免刹车时避震僵化，使制动性能更为稳定可靠。值得一提的是其Fox前叉和减震器均采用了崔克的双层控制气阀避震技术——DRCV，可在各种地形上实现顺畅、可预见的双倍操控性能。

雷克沙女子公路车

雷克沙是一款轻便、快捷的女式公路车，骑上它，开始一段鼓舞人心的骑行之旅，远比在健身房内锻炼有趣得多。该款自行车最大的特色是稳定性好，骑行顺畅，并且具有很高的性价比，无论是休闲骑行、参加公路竞赛还是铁人三项，该车都可以胜任。在设计上，针对女性体型进行改进的几何车架结构，采用了先进的铝合金材质，经液压成型，除了优雅的流线外观，在性能上还可实现出色的轻巧特性、出色的强度和经骑行调试的便捷性。该车采用了专为女性设计的WSD平台，自行车从头至尾，都针对女性的力量、体型特点进行设计，是崔克车型中最适合女性骑手的车款。

雷克沙女子公路车

适宜项目 公路 休闲

参考价格 ￥15 000

Superfly FS 9.9 全避震山地车

车架　崔克 Superfly FS 9.9，OCLV Mountain Carbon，BB95
前叉　RockShox SID World Cup XX
后避震器　RockShox Monarch XX
变速套件　Sram XX1
轮组　Bontrager Race X Lite Tubeless Ready，XR0 Team Issue
刹车　Avid XX World Cup
适宜项目　山地　越野
参考价格　￥80 000

Superfly 9.9 山地车

车架　Superfly 9.9，OCLV Mountain Carbon，BB95
前叉　RockShox Sid World Cup XX
变速套件　Sram XX
轮组　Bontrager Race X Lite CL，XR0 Team Issue
适宜项目　山地　越野
参考价格　￥70 000

Madone 6.5 公路车

车架 崔克 Madone 6.5,600 OCLV Carbon, E2, BB90
前叉 Madone KVF full carbon, E2, carbon dropouts
尺寸 47, 50, 52, 54, 56, 58, 60, 62, 64（厘米）
变速套件 Shimano Ultegra Di2
轮组 Bontrager Race X Lite, 700x23c
坐垫 Bontrager Affinity Race Lite, Titanium Rails
适宜项目 山地 越野
参考价格 ￥40 000

Madone 5.2 公路车

车架 崔克 Madone 5.2，500 OCLV Carbon，KVF，BB90
前叉 Madone KVF Carbon
尺寸 50, 52, 54, 56, 58, 60, 62, 64（厘米）
变速套件 Shimano Ultegra
轮组 Bontrager Race，700x23c
车座 Bontrager Affinity 3
把立 Bontrager Race X Lite，31.8 毫米，7°
适宜项目 公路 休闲
参考价格 ￥27 000

宝岛台湾对世界的影响力，有一部分是通过捷安特实现的。
捷安特以科技为旗帜，以创新为骑手，率领亚洲的骑行文化与欧美国家“针锋相对”，
成为一个车架设计、零部件生产、材料研究等多领域的自行车巨头。

捷安特

技术全面的碳纤之王

捷安特是“GIANT”的音译，其意译为“巨大的”，标志最左侧的图案是基于品牌名的首字母“G”而设计的。

1981年，中国台湾的刘金标在台中创立了捷安特品牌。经过三十多年的发展，捷安特以“全球品牌，当地生根”的行销哲学与充满人性的先进科技，使品牌成为国际时尚与尖端科技的代名词。捷安特始终创造和生产最佳综合价值的产品及服务，来满足全球消费者的需求。捷安特自行车也从传统的代步工具变成了现代的休闲运动器材，其在钢铁材质、航钛复合材料等材质方面取得了一系列出色的成就，有东方“碳纤之王”之美誉。如今，每一件捷安特产品都是创新科技的结晶，无论在车架设计、零组件还是各项配备方面，捷安特都以满足消费者多元化需求为目标。

将传统产品科技化，于是有了“科技、时尚、人本、自由”的捷安特。捷安特的最大特色就是其出色的碳纤技术——GTC，该技术最早出现于1984年，由其打造的复合碳纤维产品采用航钛等

高级2号公路车

适宜项目　公路赛

参考价格　￥22 000

级的T-700纤维，此纤维兼具令人难以置信的轻量化及更高的强度，是自行车的绝佳材料，并且可以出现在自行车的不同部件上。捷安特碳纤维产品使用单向叠层技术，让最轻的重量能获得最大的强度及硬度，纤维在树脂氧化物中以相同的方向排列形成单向叠层，这些压层再依车架的各部位造出不同的厚度，进而取得坚固度和重量的均衡。

品牌名品

高级2号公路车

作为一款基于竞赛车标准设计的公路车，高级2号公路车拥有无可挑剔的骑乘感受和绝佳的平衡性能，不论是爬坡还是加速冲刺，都表现得十分出色。作为一款高水平的铝合金公路车，它在重量刚性比上达到了最佳，是一款堪称完美的公路车。全新研发的加大车首管技术，加大的头碗和锥型头管提供了前所未有的高性能操控感，而且还没有增加任何额外的重量。全新升级的OverDrive 2系统较之上一代系统提高了30%车架侧身刚性。无论是要激烈摇车向终点冲刺还是挑战自我极限的过弯快感，新系统都将提供更多的动力与信心。

TCR 6700公路车

如何在轻量化和预算之间寻找平衡是许多骑手的一个难题，这款TCR 6700公路车就是最令人满意的答案。采用轻量铝合金车架的TCR 6700整车仅8.7千克，在设计上采用加大头管的强化设计，不对称的转向系统，在减轻重量的同时，对于骑行过程提供更好的操控性能，过弯时获得更好的动力传输与转向的精准度，因此，不管是在操控上，还是在加速表现上，都能给人带来极好的骑行体验。它还承袭了TCR车基于公路赛场的

TCR 6700 公路车

适宜项目 公路 休闲

参考价格 ￥12 000

优异性能，采用了捷安特首创的压缩竞技型车架设计，加之铝合金管材的先锋技术，以及捷安特自行研发的 ALUXX 铝合金技术，使其达到了轻量化、高刚性的极致表现。作为铝合金公路车，捷安特 TCR 6700 力争做到最轻，车架在保证强度的前提下，将多余的部分尽量减去。车架管材虽然很薄，但下管采用了异型管，竖管为锥形管以及粗壮的后下叉设计，使五通拥有足够的刚性，强度对于日常的健身骑行及业余赛事都能够满足。

XTC 750 山地车

适宜项目 山地 越野

参考价格 ￥5 000

XTC 750 山地车

新款 XTC 750 山地车是专门为征服崎岖路面而设计的，时尚的外观、强大的制动和变速系统是该车的特色。该车还拥有很好的声誉和极高的性价比。从外观上看，车架经有限元素分析、热塑成型、液压成型以及机械手臂焊接工艺制造而成，使得外形更加流畅和时尚。XTC 750 延续了加大车首管强化设计，增加上下管搭接面积，提升了整车的强度、操控性以及转向精准度。在工艺上采用了全新的 ALUXX 技术，装配禧玛诺机械碟刹系统，有效提升制动效果，同时配备有 27 速变速系统，在提升骑行效率的同时，也提升了骑行的乐趣。性能出色的铝合金机械锁死避震前叉，拥有坚固耐用与良好的避震性能，满足骑手在不同环境中的骑行要求。

Superfly FS 9.9 全避震山地车

车架　捷安特 TCR SL3,Aluxx SLR 级极轻量化铝合金
前叉　Advanced Carbon，OD2
变速套件　Shimano XX1
刹车　Tektro TK-R540
适宜项目　山地　越野
参考价格　￥30 000

TCR C3 公路车

车架　捷安特 TCR C3,Global Composite Carbon
前叉　捷安特 Full Carbon Racing
变速套件　Shimano Tiagra
轮组　Xero Shawla 550，捷安特 P-R3 700CX23C 60TPI
适宜项目　公路　休闲
参考价格　￥17 000

Avail ADV SL 1 ISP 女款公路车

车架　捷安特 Avail ADV SL 1 ISP,女性设计 Advanced SL 级碳纤维
前叉　Advanced SL 级碳纤维,OD2
变速套件　Shimano Ultegra
轮组　Giant & Dt swiss P-SL0
适宜项目　公路　休闲
参考价格　￥35 000

Trance X ADV SL0 山地车

车架　捷安特 Trance X ADV SL0,Maestro 5.0",Advanced SL 级超轻量碳纤维
前叉　RockShox SID RLT,120 毫米, OD2
变速套件　Sram XX
轮组　DT Swiss Tricon XM1550 Giant LTD Edition
适宜项目　竞技　越野　山地
参考价格　￥30 000

不断创新的勇气，赢得冠军的努力，让洛克在自行车王国里占据了重要的地位。
脚蹬研制的先见之明，环法自行车公路赛的五连冠伟绩，
成就了洛克自行车登山王的美誉。
不论是公路车，还是山地车，洛克用完美的表现散发着光荣的法国之光。

洛克

公路脚蹬的领先品牌

洛克的标志简洁明了，五块区域分成红、黄、灰、蓝、白五种颜色，表明了洛克浪漫的法兰西气质和胜利者的品质。

洛克（LOOK）公司的历史可以追溯到1951年，它最初是以组装滑雪板为主要经营项目的。经过三十年的发展，其在设计和理念上的成熟，让它们在涉足自行车领域之初，就获得了巨大的成功。当1984年问世的自动锁脚蹬功能赢得1985年的环法自行车公路赛冠军时，洛克也完成角色的转变，自此开始在自行车领域占据重要位置。在不到三十年的自行车研发生产时间里，洛克是世界上第一个将滑雪板卡榫应用在自行车踏板上的品牌，也是第一个在碳纤维车架、车衣、赛车鞋等方面从头到脚都具有纯正法兰西血统的欧洲品牌。如今，这个生在自行车王国里的自行车品牌，正在以冠军的品质服务全世界的骑手。

纯粹、浪漫、荣耀的法兰西精神，成就至高无上的冠军品质，这是洛克自行车的品牌精髓。其最大的特色在于先进的脚蹬和碳纤维车架，其脚蹬采用了滑板卡榫的技术，让蹬踏的效率大大提高。洛克的碳纤维车架也享有盛名，与别的车架相比最大的差异是车架上管与后管的角度为72.5度，而一般车架则多在73~74度之间，这种设计最大的优点就在于让车架中轴的位置向前，使得骑乘者在爬坡时可以轻松省力。

品牌名品

675高端一体公路车

675是洛克最新型的车款，具有出色的越野性能和高效的驱动系统，且这两点是该款公路车的最大特色。675采用了标准的中轴接口，轴承安装在宽大严密的五通内，可以更好地保护系统，并防止异物的进入，让轴承运行得更稳定，增加了轴套的耐用性，同时让车架底部的硬度增强，保证了更高效的传输效率。在洛克山地车中得到运用的A-STEM驱动系统在该车上得到使用，增加了车辆的驱动效率和操控性。碳纤维公路一体车架，增加了车身的稳定性和硬度，一体化的前叉减小了震动，保证了舒适度和驱动效率。值得一提的是，675集成了多种套件走线方案，包括禧玛诺DI2在内的多种配件套装都可以无缝安装在车架内。

675高端一体公路车
适宜项目　公路　山地
参考价格　￥45 000

586 公路车

适宜项目 公路

参考价格 ￥30 000

586 公路车

除了顶级的专业比赛用公路车 675 之外，洛克最好的公路车当属 586，这款高端公路车以舒适的一体座管系统——E-POST 和先进的碳纤维车架成就了洛克的科技之美。这种一体座管系统除了具有扭转硬度好、外形美观的优点外，还能增加骑行的舒适度。由于座杆与车架的连接处由橡胶垫隔开（所以该系统 E 代表弹性），它能减少震动，并能快速调整高度，以适应不同体型身高的骑手。碳纤维车架除了带来轻便的车身重量外，在牢固程度、耐用程度，以及外观上都表现出色，同时保证了整体车架的稳定性。

920 山地车

洛克将在公路车上的成功带进了山地车的研发中，920 就是其成功的杰作。920 的创新体现在“在山地车上加入直驱理念”，这种创新的目的在于将车身硬度、可靠性和安全性最大化，先进的 A-STEM 系统的使用，增加了操控过程中的实效性和精确度。E-POST 座管增加了避震的效果，而车架保护系统则是专门针对山地地形做出的改进，斜管用一层硬质外壳加以保护，并在底座安装了线体导向器，起到“铠甲”的作用，如同摩托车的铝制外壳一样，当链条在高位运行时，可以防止碳纤维车架受到损伤。值得一提的是它的碳纤维摇佰，重量不超过 50 克，性能却极为出色。

920 山地车

适宜项目 山地

参考价格 ￥36 000

只有跑得最快，才会着重考虑如何让自己停下来，
常胜军梅花自行车以一个领袖的角色走在了自行车研发的前列。
它一边为人们提供高速耐用的车款，一边又在努力让它安全地停下来，
在此基础上，引领着一种时尚、健康的户外生活方式。

梅花

安全刹车的倡导者

COLNAGO

品牌以创始人的名字“可纳哥（Colnago）”为名，配以胜利梅花标志，故被统称为“梅花自行车”。

1952年，意大利著名自行车车手埃内斯托·可纳哥在米兰的一个小村庄里开办了一家工厂，这间面积仅25平方米的工作间成了梅花自行车的缘起。父亲砍倒了象征家族荣誉的桑葚树，将其作为工作台送给了埃内斯托·可纳哥，这个对骑行充满热情，对机械制造颇具天赋的年轻人很快就推出了第一款自行车，并且在比赛中轻松夺冠。随后，他又在设计上引入了轻量化元素，在材质上追随法拉利的碳纤维哲学，在科技上更加注重制动系统的研究……经过半个多世纪的发展，梅花已经成长为世界一流的自行车生产商，以出色的性能和时尚的设计成为世界自行车赛的冠军之选。

梅花品牌的生产理念是将创新、设计、美观三者结合起来。然而，支撑这一理念的是公司竭诚致力于制造安全耐用的自行车。梅花自行车工艺流程的主要特色就是对使用新技术极其严格，尤其表现在碟刹技术上。梅花将“安全”视为自行车装备的重中之重，因此它的碟刹装置在任何情况下都能实现安全制动的效果，再加上轻量化的材质和先进的设计，使得这种制动装备既耐用，又表现出色，同时不会给整车重量带来负担。

公司名原本是创始人的名字，人们惯用“梅花”称谓它，是源自这个梅花标志。早在1970年之前，公司的标志为一只雄鹰，当公司赞助的一位车手赢得1970年车赛冠军的时候，创始人突发灵感，把标识换成了一个“梅花”标志。这个标志不仅用来纪念那个春天在比赛所在地开放的花朵，还象征着创始人要成为“自行车坛一流制造商”的雄心。

品牌名品

C59碟刹版公路车

C59碟刹版的出现，意味着自行车进入到了一个高效制动的时代。新型的C59碟刹版公路车是专门为追求高效公路运动的骑手准备的，其呈现出强大的刹车性能和轻松的维护特点。该款自行车的前后轮上全液压式的圆碟式刹车不仅提高了自行车的性能，而且提高了它的安全系数。由于安装了两个直径140毫米碟片的缘故，设计者对车架和前叉上安装刹车的关键部位都进行了重新设计。全新的前叉、后上叉和后下叉完全可以应

C59碟刹版公路车

适宜项目　公路

参考价格　￥35 000

M10 公路车

适宜项目 公路
参考价格 ¥35 000

对碟刹安装而产生的新的应力。除此之外，此款C59碟式刹车还与电子和机械套件兼容。随着主要车架发生变化，更先进的轮组系统——Artemis Disc出现了，这个新轮组含有完全兼容碟片的花鼓和采用碳复合材料的轮辋。现在，不论何种天气，C59碟刹版公路车都可以“安全而轻松地从高速状态下快速而有力地停下来”。

M10 公路车

适宜项目 山地 越野
参考价格 ¥35 000

M10 公路车

M10采用单体车架，拥有C59 Italia赛车共同的轻便灵活的优点。M10制作过程中采用的新层压技术和复合材料让其变得更轻，同时侧面刚性也变高了，中轴大小也随之增高。该车框架的另一特点是垂直减震增加了，让骑手感觉更加舒适，同时提供更优越的操控性能。M10装有C-HS1锥形头管及与之配套的一个新前叉，经专门设计，在下坡时操控精准，通过拐角时则更加顺畅。外观上继承了梅花自行车的传统特色，因线条简洁的内走线设计而更具魅力。车架有两个版本：一个是Di2电子套件，另一个是传统机械套件。相同的车架兼容Di2/EPS电子套件和传统的机械套件，也使得骑手可以根据自己的需求去装配最完美的车架组合，而无任何可靠性和性能缺失。

C29 碳纤维山地车

C29碳纤维山地车是一款专为酷爱颠簸山路的人设计的顶级山地车，采用一流的碳纤维管材，车身仅重1150克。该山地车使用了成形的Master Type II上下管，管材全长都得到了加固，以获得最大程度的硬度，立叉部位也同样进行了加固。设计者在C29山地车上使用了八种不同类型的碳纤维，管材内部采用1k的碳纤维，支托采用纳米技术，管材外部采用3k的碳纤维，不同部位采用不同的材质是出于强度和轻量化的考虑。该款自行车有一个锥形的头管可更佳地控制自行车，后刹为柱式安装的140毫米碟刹，也可使用160毫米的碟刹。这款最新型的山地车是梅花公司数十年研发的结果，采用注册了商标的带有碳纤维支托的车架技术，为骑手带来了独一无二的骑行感受。

洛克的车架与脚蹬和马维克的轮组构成了法国自行车产业的支柱，
前者更专注于驾驭的技巧，而后者更钟情于与地面的“周旋”，
这个在轮组研制领域的殿堂级品牌，成为当今世界上轮组研制的风向标。

马维克

轮组的风向标

MAVIC®

MAVIC（马维克）是“查尔斯·伊豆克斯与吕西安·香奈儿的自行车工厂”的首字母缩写，标志两侧的弧形线条构成了轮胎高速运转时的图像。

1889年，以镀镍生意为主的AVA公司由雷蒙和劳伦特·威廉在法国创立，随着查尔斯·伊豆克斯和吕西安·香奈儿的加入，公司改名为马维克，并开始了自行车的生产和销售，公司早期主要以儿童脚踏车为主，到20世纪70年代，马维克开始在轮组的研究和生产上投入更多的精力，随着研制水准的不断提高，以及在各项赛事中成功的运用，马维克在轮组研制上的地位不断得到巩固，成为当今世界上最著名的轮组公司。马维克的产品重新定义了轮组的标准，在包括山地车、越野车、公路车在内的各个自行车领域创造了一系列高品质、有影响力的轮组产品。马维克这个极具创新能力的品牌，成为轮圈、轮组领域产品的风向标。

不断地超越自我，是马维克成功的原动力。马维克轮组的特色在于产品的坚固性和耐用性，新材料如陶瓷、铝合金等让轮组的坚硬程度较之其他产品强硬30倍以上，并且更加耐磨损。加上多年的技术和工艺研究，马维克轮组同时又表现出轻量化的特点，其轮组往往是世界上最轻便耐磨的轮组。

全地形高端山地车轮组

适宜项目　山地　越野
参考价格　￥12 000

品牌名品

R-SYS SLR 顶级公路轮组

R-Sys 系列的轮组是马维克新科技的结晶，由于采用了 TRACOMP 的碳纤维车条，使整个轮组的重量也控制得很轻。当然原则是在不牺牲硬度的情况下。R-Sys SLR 是 R-Sys 系列中的升级版本，重量和硬度都有更出色的表现。轻巧且抗压的碳纤维车条呈现出科技之美，超轻的车圈设计则利用了车圈内壁特殊处理技术——ISM，增加了惯性，减少了车轮的阻力，将耐磨、坚固、高效率和轻量化统一了起来。碳纤的辐条也降低了重量，强度上则提升了很多，加上铝合金的中轴和刹车边框，进一步提升了耐磨性。该轮组在包含轮胎的情况下，每对仅1960克（前900克、后1060克）。

R-SYS SLR 顶级公路轮组

适宜项目　公路
参考价格　￥22 000

全地形高端山地车轮组

这款高端全地形轮组聚集了马维克所有的技术精华：轻盈、反应灵敏。它的最大特点是隐藏在塔基内的千金升级到4个，这样设计有利于减少摩擦产生的阻力，让每一次的踩踏都变成轮组前进的动力，是专为征服崎岖山地而设计的超强轮组。该轮组重量仅为1755克，前后各24根辐条，兼顾了重量和牢固性能。该轮组添加了耐磨涂层，使车圈的刹车部位有微细的颗粒，降低了闸皮的磨损速度，提高其寿命。作为马维克山地车轮组的旗舰产品，该轮组在铝制材料的选择，与真空轮胎的配合使用，轮组焊接等方面都极尽了马维克之能事，将稳定性、坚固性和耐用性完整地呈现出来。

Ksyrium SL 公路车轮组

使用S6000铝材制作的Ksyrium SL轮组是马维克的中端产品，这组轮组最大的特点就是它的偏心框，在此效应下，轮圈壁会产生较高的扭转力，因而搭配相当粗壮且框高的轮框，高轮框也让此轮框定为成全功能的轮组。后轮较特别的是，传动侧采交叉编法，非传动侧为直拉编法。由于是偏心框，因此适时地平衡了左右的张力。SL的前轮轮辐左右间距约为75毫米，相较于传统手编轮所用的花鼓约为70毫米~72.5毫米来比，它的宽度较宽，这会造成两个结果：一是单点侧向或全面侧向刚性的提升，二是垂直震动的吸收力更佳。因此，在稳定性和耐用程度上表现出色。

Ksyrium SL 公路车轮组

适宜项目　公路

参考价格　￥5 000

DEEMAX 旗舰版

适宜项目　公路

参考价格　￥5 000

无论你喜欢平缓顺直的公路，还是险境丛生的山地，
也无论你钟情于征服绵延的狭窄山道，还是置之死地而后生的疯狂陡坡，
闪电自行车总是能够为你喜欢的地形匹配最完美的坐骑，
并且保证你以最好的状态去征服所选地形。

闪电

匹配你喜欢的地形

在英语中，“specialized”有“专业、专门”的意思，闪电自行车称谓的来源，是这个红色的闪电标志，象征着闪电自行车风驰电掣的性能特征。

闪电（Specialized）自行车由自行车狂热爱好者迈克·辛亚德于1974年创立于美国加利福尼亚州。那时，刚从大学毕业的迈克·辛亚德遇到了自行车行业的大腕西诺·西列里，后者给予了创始人经验上、理念上，更重要的是精神上的支持，这才有了闪电品牌的诞生。经过40年的发展，闪电一直将车手的需要放在第一位，并以此为原则，将包括“风洞、超级计算机、大学教授、世界上最大的化学公司、科学领域的测试”等元素综合起来，一切都只为最适合骑手的自行车的出现。如今的闪电已经成为世界上顶级自行车品牌之一，在世界各项顶级赛事上都能看到它的靓影。

关注车手的需要，并对先进功能和技术保持不懈的追求，这是闪电成功的关键。闪电自行车最大的特色便是它的功能先进的复合技术——FACT。FACT不仅仅是用来制造装备和车架的材料，还包括严格的设计、碳纤维切割制造技术、高端的选材、反复的制作模型和多项骑行测试。使用FACT技术的闪电自行车因此具备超高的强度，让车手制胜的性能，极好的操控性，当然还有轻量。此外，在减震、刹车和人体工程学等领域也都颇具建树，将性能和舒适的骑乘体验完美结合。

品牌名品

EPIC 29英寸山地车系列

EPIC山地车是专门为追求轻量化、快速度的骑手准备的。敏感的短行程智能避震，可以帮助他们轻松地驰骋于崎岖地形的车道上，全新的后避震内部结构大幅度地提高了EPIC的优越性能，

EPIC 29英寸山地车系列

适宜项目　山地　越野

参考价格　￥60 000

树桩跳系列山地越野车

适宜项目　山地　越野
参考价格　￥38 000

并带有外部调节系统，可对后避震功能进行不同程度的调节，配合闪电独有的自动气压调节系统，可以更加方便地正确设置后避震。全新的智能避震系统提供了最佳的骑行效率，可以轻松地、自动地应对各种不同的地形。当骑行路况突然发生变化，智能避震系统内部的气压阀会自动打开，导流避震油流动到不同的油舱，从而自动地使避震系统由坚固（锁死）变为柔软（完全打开）。设置在智能避震系统外部的调节系统，可以允许骑手更快、更方便地对后避震进行调节。

树桩跳系列山地越野车

这款名为“树桩跳”的山地越野车是专门针对崎岖、有多个上坡、下坡环境的车道准备的，堪称是山地越野车中的巅峰作品，以至于有人用“无所不能”来形容它。该系列自行车自1981年问世以来，一直处于改良的过程中，如今的“树桩跳”变得更强、更轻，在设计上，先进的碳纤维结构拼接技术起到了关键，它将主车架分割成3个独立的结构，既减少了重量，又增加了稳定性。避震系统与EPIC系列一样，但由于轮胎的宽度更大，表现出更强的避震效果。值得一提的还有高性能的FSR避震系统，它能够提供精确的控制杆和高效能的蹬踏效率，以及足够的抓地力，这些特色的实现源自于“精心计算的避震点位置的选择”，从而保证了避震系统和刹车系统互不干涉，并有效地应对崎岖的颠簸路面。

CRUX越野公路车

CRUX是一款集合了“速度、力量、瞬间操控性”特色的“猛兽”型自行车，是专为公路长距离骑行而设计的。CRUX通过对车架结构的巧妙改进，可以更有效地提高其性能和坚固度，有效地降低了更多不必要的重量。缩短后下叉可以提高车辆的敏捷度，平坦的上管设计更有利于骑手将车辆扛起，内走线结构不仅可以增加车辆维护的便利性和美观度，还有利于变速系统在极其恶劣的泥泞道路中依然保持迅速精准的变速功能。在

S-Works 公路鞋

适宜项目 公路

参考价格 ¥24 000

材质上采用了全新工艺的碳纤维车架，可以更有效地减轻重量，增加强度。一体成型的碳纤维技术则使骑手的蹬踏更有效率，车速更有保障，同时控制的精准度更高。

CRUX 越野公路车

适宜项目 公路 越野

参考价格 ¥25 000

专为女性优化的管型和车架，几何设计，不同高度尺寸的车架，具有不同直径和厚度的管壁，从而更有效地减轻了不同尺寸车辆的重量，并保证最佳的操控性和稳定性。避震效果也考虑到了女性的需求，为女性特意打造的具有良好功能性的逼真前叉，根据不同高度的车架尺寸提供不同弹簧比例的前叉，并且避震前叉的行程采用了50~63毫米的范围，在部分型号中还采用了可锁死功能，以便提供更好的骑行体验。

ARIEL 女性多功能休闲自行车

有这么一群女人，她们就想周末出去转转，越野的不多、公路的也不少，闪电 ARIEL 系列多功能自行车就是基于这个需求设计的，它可以轻松面对各种路面，并且设计上也处处为女性着想。它为女性提供最小的尺寸和最低的跨高设计，可以使女性骑手以最便捷、最安全的方式使用车辆。

ARIEL 女性多功能休闲自行车

适宜项目 休闲 公路 小坡度山地

参考价格 ¥8 000

Fate Expert 碳纤维版 29 英寸山地车

车架　闪电 Fate Expert，Fate FACT 8 米 carbon

前叉　RockShox Sid 29 Brain，80 毫米

变速套件　Sram X7/X9

刹车　Custom Avid X0 World Cup

适宜项目　竞技　山地　越野

参考价格　￥27 000

S-Works Venge 顶级公路车

车架　S-Works FACT 11r carbon, FACT IS Construction

前叉　S-Works FACT Carbon,Full Monocoque

变速套件　Campagnolo Super Record EPS

轮组　Zipp 404 Firecrest Carbon Tubular

适宜项目　山地　越野

参考价格　￥100 000

Safire Expert 山地车

车架　闪电 Safire M5 Alloy Frame
前叉　FOX TALAS CTD Evolution 26, air spring, 140/120 毫米
变速套件　Sram X7/Sram X0/Sram X9
后避震器　FOX/Specialized Remote Brain with Autosag, 165x37 毫米
刹车　Custom Formula The One S, Metallic Pad, 160 毫米 Rotor
适宜项目　山地　越野
参考价格　￥31 000

Shiv Expert 公路车

车架　闪电 Shiv Pro 10r carbon
前叉　闪电 FACT Aero Carbon Monocoque Fork
变速套件　Shimano Dura-Ace 7900
轮组　DT Axis 2.0
刹车　闪电 Shiv Aero
适宜项目　公路竞技　场地赛
参考价格　￥30 000

山地车总是以粗犷的姿态示人，而禧玛诺却将它精致到了极点。
它将人类对于精确的要求淋漓尽致地展现，每一刻的体验和每一次的出行，
都能够给你最优质的享受。
于是有人惊呼："禧玛诺让自行车进化了。"

禧玛诺

变速系统的领航者

SHIMANO

禧玛诺是创始人岛野庄三郎姓氏的音译，创始人对钢铁铸造的严谨态度、对科技的不懈追求成为禧玛诺产品的内在品质。

1921年，岛野庄三郎在日本大阪创立了禧玛诺公司，公司早期主要以飞轮的研制和生产为主。成立至今的90多年时间里，禧玛诺相继进入渔具、自行车配件、高尔夫球以及滑雪等领域，成为少有的跨行业的大型跨国公司。禧玛诺作为自行车零件的驰名品牌在全球早已闻名遐迩，尤其是其变速系统，早已成为世界上顶级变速系统的代名词。禧玛诺自1970年开始渔具生产，凭借着在钢铁研制过程中拥有的先进工艺和严谨的制造理念，很快就取得了成功，在渔竿和卷线器两个方面表现尤为出色。

禧玛诺成功的秘诀是"以严谨的态度、科学的精神，打造有用、实效且超出需求水准的产品"。禧玛诺自行车配件的特色在于对零部件的独特思维，它打破了以往静态的、以单独零件为核心进行设计的思想，大胆采用了以功能零件为目的、以自行车系统的综合机能为纲的动态式设计方式。在渔具方面，禧玛诺表现出耐用的特点，

XTR 越野版套件

适宜项目 山地 越野
参考价格 ￥25 000

这也与其在钢铁生产和铸件工艺上的品牌优势密切相关，因此不论是渔竿，还是卷线器，禧玛诺都表现出卓越的韧性和低调的特点。

品牌名品

XTR 越野版套件

XTR 越野版套件是专门为征服崎岖山路的骑手准备的，因此主要专注于当今车手对越野的需求。XTR 越野版套件的核心为越野调节的三片式曲柄组和 32 齿主驱动齿片，从而实现全天候高效率运行，而且在持续下坡的山路上，具有强大动力的 XTR 刹车功能也可提供可用的、充满自信的性能。平台式 SPD 脚踏提供与自行车的稳定连接，宽轮廓钪合金车轮能够在崎岖道路上稳步穿行。总之，XTR 越野让骑手在不平地形快速骑行，更易操控。刹车中增加的 Servo Wave 刹车助力技术，产生一些轻量化刹车控制力。最重要的当属为越野调节的三片式曲柄组和碳纤维 / 钛合金复合 32 齿主驱动齿片，让骑手从泥坑里爬出的效率更高。仅为 1700 克的轮组，性能却足够坚韧，足以面对任何路况的挑战。

Dura-Ace 9000 公路套件

Dura-Ace 系列是禧玛诺顶级的公路套件产品。这款新型的 9000 公路套件更是基于“更有型，更流畅，更强刹力，更易安装，并且更符合人体工程学”而设计的，尽管减重并不是设计者的主要目标，但 9000 公路套件依然比先前的 7900 套件轻了 90 克，全套重量为 1965 克。更精确的变速手感是它最大的特色，在刹力、线性和手感上调整制动系统的性能，特别是对握在把胶上的时候的性能进行了优化。刹把有着全新的扇形曲线和一个突出的头部，这种设计使得握下把比以往更有操控的感觉，使骑手可以更轻松地控制和刹车。

Dura-Ace 9000 公路套件

适宜项目　公路
参考价格　￥24 000

SLX 山地套件

SLX 山地套件是禧玛诺产品中最具性价比的一个系列，轻便、灵活，能够适应各类型骑手的需求。作为禧玛诺的中档旗舰产品，SLX 套件拥有出众的外观和耐用性，宽广的齿比，结实耐用，并且还比较轻。36/22 的齿比跨度够宽，聚碳酸酯的护盘也很强悍。简单的双钉曲柄固定方式和与 XT 一样的外置中轴都经久耐用，对激进的车手来说绝对是个好消息。更为重要的是，SLX 套件具有超强的兼容性，几乎可以兼容市面上所有类型的车架。该套件的刹车也表现出色，呈现出柔顺和可靠的特点。在刹杆里加了一个凸轮，使得骑手能够调整刹车的杠杆，让刹车片在不工作的时候间距更大，而工作时咬得更紧，这提升了刹车的制动力和线性。

为了提升变速的速率，设计者减小了主副拨杆的行程，长拨杆变速较 7900 套件快了 47%，同时依靠简化变把内走线方式，又成功地减小了 20% 的摩擦力。新的前拨有着一个超大的杠杆率，借此获得轻巧快速的变速动作。

SLX 山地套件

适宜项目　山地　越野
参考价格　￥7 000

超级游戏溪流竿

超级游戏溪流竿是禧玛诺的巅峰之作，经过禧玛诺最先进技术淬炼而成，是专门为日本钓鱼界名人量身设计的溪流竿。该渔竿拥有比前代更卓越的抗风压效能，并且从竿尾至各接节全采用多种特质材料来强化竿身，更彻底排除长竿容易产生的晃动与缠线问题。在抗强风的特性之下，即使在开放式河道也能相当精准地将鱼钩投到目标钓点，并且在抛物线型竿身无间隙高圆滑性能的加持之下，能完美呈现满弓时搏鱼的绝佳调性及超强刚性。因此，无论面对任何体型鱼种，垂钓者都能尽情享受溪流钓游的乐趣。竿尾采用宛如钓钩前端一般的超高感度。在细节处，防滑、防污握把设计和高质感处理给人以高贵的印象。

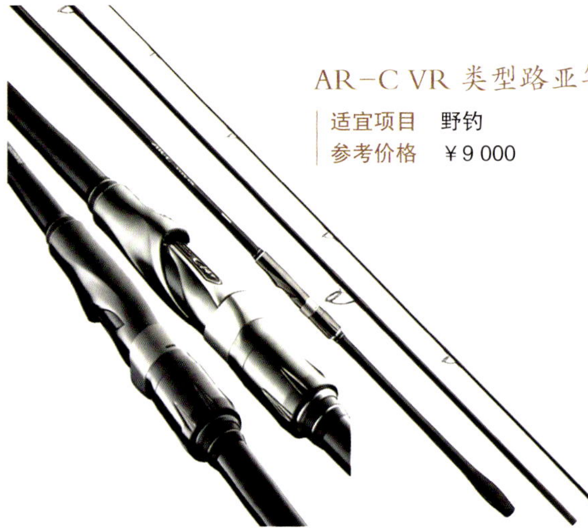

AR–C VR 类型路亚竿

适宜项目　野钓

参考价格　￥9 000

新斯特拉 SW 卷线器

这款集合了禧玛诺顶尖工艺的卷线器，是禧玛诺最高端的卷线器产品的代表，以无与伦比的耐久力与轻快的卷线速度著称。该卷线器是基于前一代斯特拉 SW 的基础上改进而成的，采用了防锈能力超强的 A–RB 材料，并且增加了锁紧盖垫片的组数，再辅以追求最大拉力、耐久力、平滑感的锁紧盖碟形煞车垫片系统，带来了强悍的性能。超轻量铝制机体带来轻量化的卷线器，再加上防止缠线的不锈钢导线环、大口径的主齿轮以及铜铝合金制小齿轮，都经过防锈黑氧化铝加工处理，提升了耐用性。为了提升使用过程中的舒适度，该卷线器加入了自动反回转手把，以减轻卷动时的摇晃。以防尘性与防水性为优先并且能避免回转问题的无正逆转开关设计，则提升了卷线器使用过程中的稳定性。如此超强的机器，只为了更加耐用、更加可靠的完美表现。此外，该系列卷线器还提供了多种不同级别材质的产品以供选择，满足垂钓者不同方面的需求。

新斯特拉 SW 卷线器

适宜项目　钓鱼

参考价格　￥10 000

AR–C VR 类型路亚竿

AR–C VR 类型路亚竿以其高性能的远投能力，成为禧玛诺路亚竿的代表作。该渔竿采用了方便携带的 3 PIECE 设计，并搭载禧玛诺最引以为傲的螺旋竿身结构，再经过特殊竿身强化加工，在这几种先进技术的加持之下，拥有了细身、强悍、超轻量、高感度的出色表现。在超轻量化、细身的结构下，AR–C VR 类型路亚竿可以将抛投时的力道完全发挥并且拥有相当高的反发力，不仅能大幅扩大抛投角度，还能让每次抛投都达到最高效能。在外观上，AR–C VR 类型路亚竿采用最新研制的 CI4 材质远投专用握把及超轻量钛合金框架导环，使得渔竿在抛投时遇到侧风袭击，也可以迅速地修正出线角度。AR–C VR 类型路亚竿无论远近、左右方向的抛投，都能精确地投到预设的落水点。因此，在拥有相当卓越的力道传达效率之下，AR-C VR 类型路亚竿将抛投效能发挥到了极致水平。这样如此完美的表现，即使是新手也能拥有相当不错的远投能力。故 AR-C VR 类型路亚竿是一款无论任何环境、任何场合都能保持相当高水平的万用远投路亚竿。

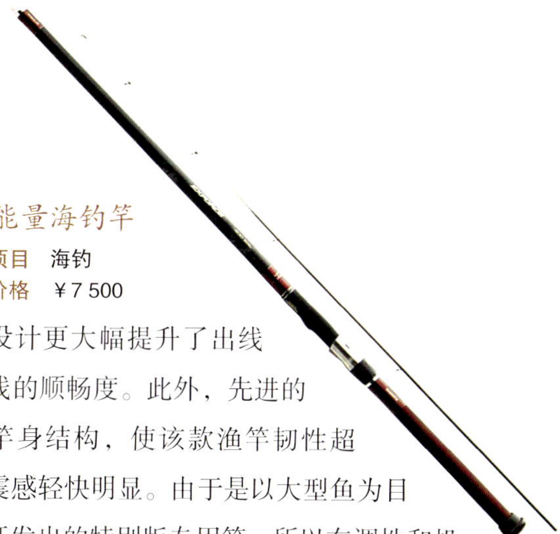

强劲能量海钓竿

适宜项目　海钓
参考价格　¥7 500

强劲能量海钓竿

这款名为强劲能量的海钓竿是专门为海钓爱好者准备的，出色的抗风性和强悍的性能是其最大的特点。该鱼竿采用禧玛诺最先进技术的海上钓堀专用竿，特别搭载硬度和脱水性都非常出色的龙凤尾穗苋，拥有相当卓越的高感度及操作性，即使是一丝咬讯也不会放过。同时第一节和第二节玉口端还采用轻量钛合金 IM 导环，不易缠线的角度设计更大幅提升了出线及收线的顺畅度。此外，先进的螺旋竿身结构，使该款渔竿韧性超强、震感轻快明显。由于是以大型鱼为目标所开发出的特别版专用竿，所以在调性和机能方面必定能满足各类垂钓者的需求。另外，350 规格渔竿适合攻略距离较近的钓堀边际，400、450 规格则几乎可以包办任何钓场，若垂钓者想要探索未知的区域，可以选择 500 规格与之相伴。

购买推荐

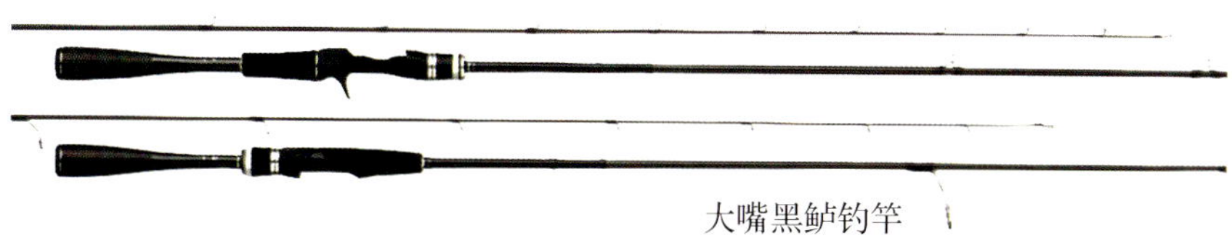

大嘴黑鲈钓竿

具备极强的环境适应能力，让垂钓者能够快速习惯这款大嘴黑鲈路亚竿。钛合金框架与碳纤维材质的结合，让渔竿的操控性更好，并且韧性极佳。

适宜项目：海钓
参考价格：¥2 600

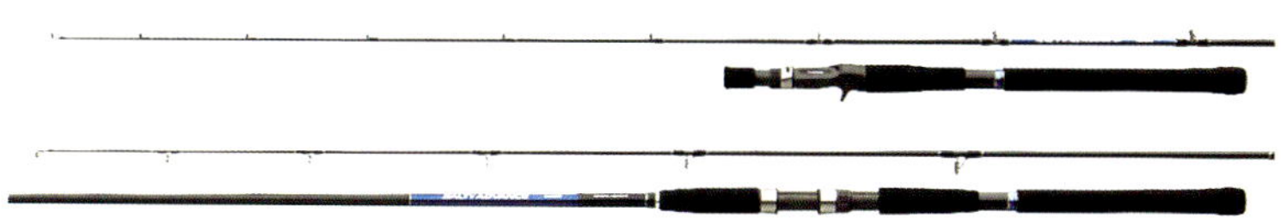

Salty 海钓渔竿

正统的海水路亚竿，能够应对多种不同的垂钓场所和鱼类。顶部采用 SIC 导环、碳纤维材质打造，轻巧有韧性，手把采用碳纤十字编织技术，防滑耐用。

适宜项目：海钓
参考价格：¥1 500

BB-X 纺车式卷线器

首次搭载先进的 X-SHIP 技术，带来更快速的收线能力。超高速齿与低速齿轮的组合，使大中型鱼类平稳地被收线，最大齿轮比为 6.6。

适宜项目：海钓
参考价格：¥3 100

Plays 3000 卷线器

内置先进的电动线轮，可高效、快速地收线，齿轮比为 3.5，重 655 克。

适宜项目：海钓
参考价格：¥3 300

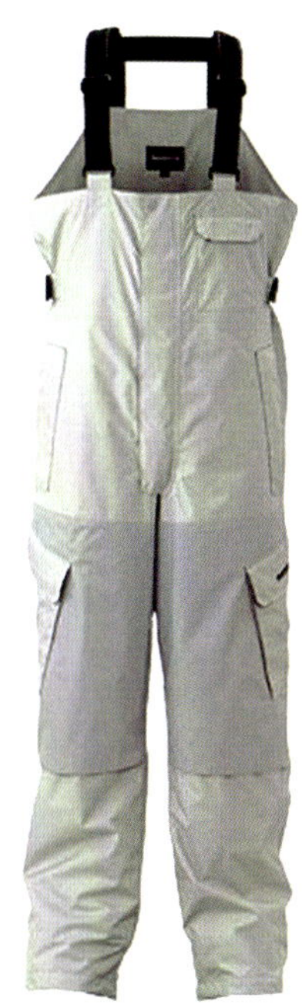

海钓吊带裤

100% 尼龙材质外层，配以聚乙烯网状内衬，高效防水，持久耐用。设计有多处收纳袋，膝盖部位加固处理，吊带式设计，便于穿脱。

适宜项目：海钓
参考价格：¥1 400

Deore XT 系列曲柄组件

技术　Hollowtech II Technology
长度　165、170、175、180（毫米）
中轴　SM-BB70 SM-BB71-41A
参考价格　￥2 300

Ultegra 系列 BR-6700 刹车器

材质　Aluminum
刹车器类型　Super SLR Dual Pivot
重量　317 克
参考价格　￥1 500

Ultegra 系列 10 速飞轮

材质　Sprocket Finish Ni-plated
范围　11-23T, 12-23T, 12-25T, 11-25T, 11-28T
重量　209 克
参考价格　￥900

105 系列 WH-5600 公路车轮组

材质　Steel
兼容飞轮　8、9、10（-Speed）
轮圈尺寸　622x15C (700C)
轮圈高度　24 毫米
辐条数量　16 根（前）/20 根（后）
重量　753 克（前）/1024 克（后）
参考价格　￥2 000

借用优雅、精致、舒适、奢华来形容阿兹慕游艇总会觉得委屈了它，

含蓄的清新外形，精致得咄咄逼人。

只要瞥见过它的人，都会为之心头一颤，

而后是记忆和赞美的无限扩张，最终盘踞整颗心房。

阿兹慕

因创新而成功的奢华游侠

AZIMUT

YACHTS

FINO ALL'ULTIMO DETTAGLIO

几个具有强烈金属质感的字母组成了阿兹慕游艇的品牌标志，将阿兹慕游艇高贵、奢华的品牌形象呈现了出来。

阿兹慕 55

适宜项目　海上休闲

参考价格　￥36 000 000

集团前身阿兹慕（Azimut）公司于 1969 年由保罗·维他利创立，当时主要经营游艇租赁、进口、销售等项目。自 20 世纪 70 年代开始制造游艇，并在市场上大获成功，到 20 世纪 80 年代，阿兹慕公司成为当时世界上少数能制造 100 英尺（1 英尺 =0.3048 米）以上游艇的制造厂。出色的性能和设计使得阿兹慕公司迅速成长，它于 1985 年并购了另一家顶级游艇制造厂贝内蒂，组成意大利阿兹慕 - 贝内蒂集团，集团总部位于意大利的都灵。该集团在意大利拥有多个厂房，其中位于维亚雷焦的厂房是组装中心，在法诺的厂房是专门制造纤维增强复合材料——FRP 的船壳基地。如今的阿兹慕已经成为世界上顶尖的休闲游艇品牌，其摩登先锋的创新、锐意进取的研发和意大利卓越的工艺，一同构筑了品牌今天的辉煌成就。无论是经典的飞桥游艇还是时尚的运动艇，其设计和生产都代表着全球的潮流，是欧美和亚洲地区最畅销的意大利游艇品牌之一。

创新精神是阿兹慕游艇最为突出的品牌精神，这种精神被运用到游艇自设计到建造的每一个环节上，包括外形、材料、空间布局等，阿兹慕游艇因此取得了辉煌的成绩，并且努力将这些创新变成客户的惊喜。阿兹慕“无框窗”设计是其明显特征，该“无框窗”采用一种可以延长 8 倍的特种弹性黏糊材料，可以将侧面的窗直接粘在玻璃钢船壳上而无须任何钢框架，呈现出椭圆流线的时尚特点。阿兹慕游艇还有与瑞典 DIAB 集团联合开发的“核心灌输技术”，该技术能够使船体更轻盈、更坚固，同时减少了分散在空气中 90% 的溶剂和微型颗粒。内饰设计师将航海文化以外的多种时尚元素大胆地运用在阿兹慕游艇内部空间的装饰上，构成了阿兹慕的另一标志性特征。

品牌名品

阿兹慕 55

阿兹慕 55 是一款高级快速马达运动型游艇，最高速度可达 29 节。游艇上配有宽大的甲板及沙龙空间，足够应付各种突发的海面情况。这款同样是在亚洲最受欢迎的中型游艇，并且是同类型中唯一可以携带喷气艇及补给船的型号。该游艇有阿兹慕典型的飞桥设计，飞桥上有两块宽敞的日光浴垫，家具、冰箱和烧烤台融为一体，配备可伸展的餐桌，还可选装 BIMINI 顶棚。透过窗户的充足光线使沙龙的圆形风格更加突出，并且体现了暖色的亚光木材与可见的方格纹理之间的完美平衡。主人舱位于船的正中，床的摆放呈 45 度角，从而充分利用游艇的型宽。两个宽大的窗户为室内提供充足的采光，更重要的是，透过它们每天都可以欣赏无尽的美景。

阿兹慕 120SL

阿兹慕 120SL 力求为船主带来零束缚的空间，并为其提供顶级的服务，这也是它具有运动型外

形的全新 36 米超级游艇诞生的原因。修长、大气是它的特色，最高速度足有 31 节，排水量更是接近 150 吨。在空间上，超过 50 平方米的运动型飞桥，是享用茶点和正餐的理想场所。内部设计和装饰也是时尚与奢华并存，船主与客人可以与大海和天空完全接触，享受绝对的自由。只需将玻璃折叠门收起，即可得到一个面积约 100 平方米的整体空间。主人舱面积足有 40 平方米，通过两侧各有的 7 扇方形窗户，海上风光一览无遗，船主可根据自己的个性风格对房间进行装饰。贵宾舱位于船首，无论是面积还是舒适度都不逊色于主人舱。

阿兹慕 120SL

适宜项目　海上休闲
参考价格　￥36 000 000

98 里昂那多

适宜项目　海上聚餐　海上休闲
参考价格　￥45 000 000

98 里昂那多

作为阿兹慕游艇集团最奢华的游艇之一，98 里昂那多拥有“海上马车”的美誉，该游艇全长超过 30 米，艇宽约 6.8 米，是其旗下非常成功的大型游艇之一。尽管它被归于商务游艇的范畴，但是它的运动性能绝不逊色，最高航速可达 32 节。整个游艇的摩登时尚设计是其一大飞跃，由意大利著名设计师斯蒂法诺·瑞吉尼和卡罗·盖氏共同打造。两台 2216HP MTU 型发动机带来了强劲的动力表现，游艇还配备有高科技无线电设施。该游艇还为顾客提供量身定做的个性化设计，让它不仅代表阿兹慕品牌的奢华魅力，更能体现每位顾客独一无二的风格。游艇内巨大的娱乐空间为大家族聚会或商业活动提供了充足的场所。主甲板上可180度打开的巨门是此款游艇的特别设计，提供了无与伦比的露天聚餐体验。船体共有4个豪华卧室，共8个铺位，地面均为大理石，奢华感四溢。

阿兹慕 43S

阿兹慕43S是阿兹慕43型游艇的开放型，是斯蒂法诺·瑞吉尼设计的又一经典运动型游艇。该游艇的特点是活动区与休息区截然分开，门窗搭配十分协调，将舒适、高雅与开放的运动活力完美结合。43S型游艇有近5英尺的方形船头，不仅扩大了整个甲板的面积，也使靠岸停泊更为便利。两侧甲板走道宽敞易行，外侧有钢护栏。右舷舷梯可以通往驾驶员舱，舱内有一个六座U形带垫沙发，沙发本体是一储藏柜，中间是一张可升降桌，当桌子降下去时，原来的小会议室就成了一个舒服的日光浴区。舱内通往小餐厅的门上有四个透明玻璃滑板，将滑板完全拉开时，驾驶员舱就同小餐厅连为一体了。大窗户带来高采光度，门板、墙壁和柜板所用的高技术材料和织物，进一步提高光亮度，同时又与红木地板和家具形成鲜明对比。所有的家具内部都由芳香雪松来加固。窗帘、沙发和床单所用织物可以根据客户自己的喜好，而决定是用明快型还是用柔和型。主卧的洗手间和客舱的洗手间都为柚木地板，圆形淋浴头，滑动树脂玻璃门，木质淋浴方格底座，外带一个由木框支起的透明玻璃洗脸池和两面带镜子的化妆品柜。

阿兹慕 43S

适宜项目　海上休闲

参考价格　¥15 000 000

拜泰姆钓鱼艇创造了在狂风暴雨的恶劣天气下依然能够顺畅行驶的传奇，
当你体验了它特有的深V型船艇，感受到了它轻松穿过波涛汹涌的海浪的神奇力量时，
你一定会被它优雅、自信的气场所俘获，然后赞美它、追随它。

拜泰姆

海钓贵族的生活方式

BERTRAM

一个V型符号上面有一只优雅的、挥舞着双翼的精灵，寓意着拜泰姆钓鱼艇稳健、安全的特点，以及带给人们尊贵、舒适的生活体验，V型船体亦是拜泰姆船型的经典外形。

拜泰姆（Bertram）的历史可以追溯到20世纪60年代初，公司总部位于美国迈阿密。作为世界著名的运动型海钓用游艇品牌，拜泰姆凭借其高度的可靠性，以及对抗糟糕天气的卓越性能，赢得了世人的信赖。新颖细致的设计风格和高超的底部构造，使得拜泰姆钓鱼艇在保证奢华、舒适的同时，也提供了航海的安全保障。拜泰姆已经拥有近半个世纪建造最高质量游艇的骄傲传统，所有拜泰姆游艇的功能区域设计、材料和建筑技术都超乎顾客的满意程度。尤为重要的是，它在巡航速度、海钓娱乐和舒适环境三个因素间找到了平衡。所有完美都体现在布局、引擎、仪表、安全控制等每一个细节上，为人们提供了安全、舒适、高性能的高端钓鱼艇。

拜泰姆在运动型游艇的创新设计上具有无可比拟的基因优势，这种优势来源于其对“完美游艇”的追求，以及对客户的奉献精神。一直以来，它都坚定地认为：“第二名绝非是我们的选择。”

拜泰姆游艇的特色体现在每一个细节上，玻璃钢的强度和完整性、主龙骨的稳定性和坚固性，这些先进的复合材料技术是实现其完美性能的基础。这些复合材料不仅能提供理想的低重心，也能让每一艘拜泰姆船艇更加耐用。外观采用了耐磨的高性能阿莫胶衣，能够很好地保护船体。在工序

上，采用使船体与甲板完全黏合的方法取代传统的用螺旋操作的方法，使船体更加严密。

拜泰姆 80

适宜项目　海钓　多人海上出游

参考价格　¥9 000 000

品牌名品

拜泰姆 80

80 钓鱼艇是拜泰姆公司的海钓旗舰作品，很难想象一艘长达 25 米、奢华舒适的游艇是专为钓鱼而设计打造的，设计者取消了钓鱼艇常见的瞭望台，飞桥也选用了封闭式设计，并在三侧的受风面采用了明显可见的坡度，这样既争取了最大的高度空间，也降低了风阻对速度和稳定性的干扰。船壳上由多层钢化玻璃打造的侧舷窗更成为钓鱼艇中的先例。值得一提的是，80 钓鱼艇享有法拉帝公司独家的 ARG（Anti-Rolling Gyro 防摇摆陀螺）技术，能够有效抑制和减少 50%的不规则晃动，为乘坐和海钓提供了舒适保障。该艇内部大量运用了白橡树木和桃花心木，加上绝妙的大尺寸，作为一艘豪华游艇已经面面俱到了。左舷处旋转楼梯下的较大钓竿存储柜，不仅巧用了空间，而且十分实用。游艇上包括飞桥在内的 4 层甲板区域，便于社交的小客厅，敞开厨房、餐区一应俱全。此外，在下甲板处还划分出了 4 间卧室，可供 8 人共享大海之夜。

拜泰姆 630

630 运动型钓鱼艇设计了一个螺旋式楼梯，在波涛汹涌的大海上航行时，增强航行的安全性，同时更便于清洁驾驶舱。驾驶舱内有密封的渔竿存储室，同时厨房也有一个额外的开放的渔竿存储室。走廊上的座位可以同时供 5~8 个人座谈。630 钓鱼艇主要是给钓鱼爱好者提供一个美妙的平台，不仅增加了钓鱼的机动性和灵活性，同时在后续的清洁方面也会方便简单。该钓鱼艇配备的是世界上最先进的 MTU 12V 系列 2000–1825HP 引擎，同时提供 CAT C32A–1825HP 或强大的 MTU 16V 系列 2000–2000HP 可选引擎，主要安置在轮机舱内，这样可以控制水分和盐分，保护发动机。先进的"T"形通风系统，让船内通风更流畅。630 甲板下面主要是由抛光的樱桃木构成，可以增大船主的私人空间面积，同时提供更多的存储空间。

拜泰姆 630

适宜项目　海钓　多人海上出游

参考价格　¥7 000 000

拜泰姆 700

700 游艇体现了拜泰姆公司在游艇业的辉煌成绩。无论是停泊在蒙特卡罗，还是以 35 海里（1 海里 =1852 米）的时速航行到遥远的加勒比岛国，不管谁看见拜泰姆 700 都会赞叹不已。它所隐藏的优雅线条超过了华丽的装饰和设施，该游艇采用了法拉帝独家的 ARG 技术，降低了摇壁的幅度，经典的深度 V 型船体设计，40 多年来一直都是无法超越的，加上创新的船底板的改造，减少了船头在乘风破浪时对船体的影响，使得驾驶和乘坐体验更加平稳和舒服。舱内超大的宽度带来了宽敞的空间，客厅足以达到 25 平方米，驾驶舱甚至大于许多大型游艇。大型的驾驶舱里面有像包房一样的座位和大型的冷藏储存柜。甲板表面涂上了先进的高亮光材料，使得整个甲板看起来光亮优雅，有着雕刻图案的阶梯和螺旋楼梯，让行动变得更简单、安全。

拜泰姆 700

适宜项目　海上出游

参考价格　¥9 000 000

拜泰姆 570

570 钓鱼艇是集竞争力与完美性能于一体的钓鱼艇精品。深 V 型的船体让它能够乘风破浪，光滑顺畅的线形吸引了无数人的眼光。凭借超过 5 米的宽度，540 钓鱼艇的驾驶舱拥有近 16 平方米的空间，为钓鱼竞争者提供了完美的平台。全套钓鱼竞赛用具的配备将为竞赛带来无穷的乐趣。与其动感的外表相反，它的内饰豪华而舒缓，这艘游艇提供了两种布局方案。沙龙娱乐区配有 LCD HDTV 家庭影院环绕声系统以及五人围坐的餐桌座椅。超大的开放式厨房采用顶级的配备，包括全船高的直立冰箱、四灶台的电磁炉以及双水槽等。此外 570 钓鱼艇还拥有一个豪华的主人舱，一个船首贵宾房以及一个客舱，客人可以在里面舒服地休息。

拜泰姆 570

适宜项目　海钓　海上出游

参考价格　¥7 000 000

在海天之间，很少人敢再有征服的妄想，可是博纳多帆船除外，
管他海平线以外还有什么，只要拥有了它，就拥有了坚强的远征者的羽翼。

博纳多

屹立于浪尖的勇士

BENETEAU

博纳多的标志是一个在翻卷的海浪上优雅前行的马头，意指“优雅的船体，安全卓绝的性能”。表明了它要让人们在享受航海乐趣的同时，也享受舒适、时尚、安心与尊贵的生活方式。

1884 年，造船师本杰明·博纳多在法国圣吉莱斯－克鲁瓦德维耶创建了博纳多（Benetean）船厂，目的是为当地的渔民生产拖捞渔船。创始人是一位对航海生活热情激昂的人，他希望为同样对航海充满热情的人服务。从拥有第一条渔船开始起步，博纳多完成了从传统到现代化的转变，在 130 年的发展过程中，它早已成为世界上首屈一指的帆船游艇制造商，留下了数不清的传奇故事和难以泯灭的航海精神。博纳多还是第一个与世界顶级设计师合作的帆船和游艇品牌，也是欧洲最大的船艇生产商（包括动力游艇和帆船），在世界游艇制造领域占有极为重要的位置，被公认为性价比最高的帆船和游艇产品。

博纳多的品牌精神是从 130 年的发展史中体现出来的：海面上的旅程同样能够浪漫，可以张扬着奢华，也可以流转着悠然，但这些都不是博纳多的选项，挑战、征服才是它的主旋律。在海上，他们永远只做屹立于浪尖的勇士。博纳多帆船将欧洲以“优雅、尊贵”为主题的船艇风格表现得淋漓尽致，在船体外型设计、空间和功能设计上都将“舒适、优雅、高贵的生活”放在了至关重要的位置上。然后再以最好的设计师、顶级的材料去实现之前的主题，并且往往能够达到出乎意料的完美程度。

蓝高 440 帆船

适宜项目　海上休闲
参考价格　￥5 500 000

品牌名品

蓝高 440 帆船

蓝高 440 帆船曾被评为“2005 年最佳设计双体船”，其宽阔的活动甲板和优美的造型深受客户的喜爱。作为一款家庭休闲帆船，蓝高 440 长 14 米，宽 8 米。

登上游艇形式的横梁，客户便可以步入休息客舱，船尾甲板和驾驶舱区域的特点是半 U 形台座位舒适且视野良好，船两侧甲板宽阔，给客户提供了很大的观海休闲空间。而艇首的蹦床和座位区则给客人提供了日光浴和格外放松的空间。飞桥式的驾驶台能见度极佳，宽大的座椅可并排坐 4 人，让更多的人可以享受航海的乐趣。此外，甲板下装配了 3 间卧室，每间卧室都带有独立的卫生间和淋浴室，大型垂直的窗户使得室内光线充足，明亮舒畅。休息客舱多功能化，配备了功能齐全的厨房，有独立烤箱、煤气灶及冰箱，为航海提供了舒适的条件。

遨享仕 40 帆船

遨享仕 40 帆船就像一个美丽的少女，给人一种优雅精致的印象。帆船上会有很多的绳索工具，但设计师人性化的甲板设置，使船型的外观线条流畅，而甲板上更加简约，成功地结合了轻便、流畅、线条清晰、便于船上行走等诸多优点。两个巨大的真皮包裹不锈钢方向舵安放在甲板上靠后的位置，让驾驶员能对甲板上的一切一目了然，使操作更加方便而有更多配合的乐趣。

该帆船设计相当注重配件、帆索、迎风逆风的性能、适应海洋的能力与船舵的平衡性能。经过特殊工艺处理的不锈钢金属配件足以耐 20 年以上的海水腐蚀。在这个不算太大的空间里，拥有 1 间主卧和 1 间次卧，卧室虽然不大，但已足够航海者的日常休息了。宽大的客厅，精致的木地板，配置了真皮沙发和木制方桌，一侧是小厨房，空调、微波炉、冰箱等电器一应俱全，内舱甚至还配备了玻璃拉门淋浴室……在设计师的安排下，遨享仕 40 帆船成为多功能性、顶级材质、出色采光、自由生活空间与设施的完美结合。

遨享仕 40 帆船

适宜项目　海上休闲
参考价格　￥5 000 000

感官 46 帆船

博纳多自 2010 年推出感官系列帆船之后，凭借着便捷化操作及绝佳的航海性能，该系列已被冠以单体休闲帆船的典范，其中又以感官 46 帆船最为先进。

感官 46 帆船传承了感官系列的创新元素，船体的建造工艺使航海和艇上休闲生活完美结合。整体布局安置延续了绅士系列的成功设计理念，从船首至船尾可分为三大生活空间，超大的驾驶舱提供了宽敞的空间，游泳平台的设计使该船具备了很好的亲海性能；内部生活空间包括宽阔的沙龙区、起居室和厨房，可尽情享受海上美好时光；两间奢华的船舱均配备独立的淋浴室，做到了开放性与私密性的完美融合。

感官 46 帆船

适宜项目　海上休闲
参考价格　￥5 000 000

它的历史和它的声誉一样让人钦羡，
它的奢靡和它的荣耀一样掀起了最华丽的旋风。
来自意大利的丽娃游艇犹如一股奢华的户外风暴，豪迈尽显，轰鸣来袭。

丽娃
水上的劳斯莱斯

Riva

丽娃的标志简单得不能再简单，没有多余的其他内容，只有单单的一个名字，因为它足够独特、足够高贵，不需要过多的炫耀和证明。

1842年，在意大利的伊索湖畔，木匠彼得洛·丽娃帮助当地渔民修补了被风暴损毁的渔船，随后又创办了自己的造船厂，凭借娴熟的技术，他的船厂很快就被当地人所接受。再经过其儿子埃内斯托的精心经营，丽娃（Riva）从一个木船厂变成了大型钢铁船厂，由一个地方性品牌变成了一个顶级奢侈品牌。尽管公司在三十多年前曾因债务问题而被出售，但当它于20世纪90年代再次回归意大利时，它的荣耀也得到了升华。2000年，丽娃成为法拉帝集团的旗下品牌。其财力，再加上自身170多年的光荣传统和设计理念，造就了丽娃游艇“水上劳斯莱斯”的美誉。

丽娃以打造让人感到骄傲的游艇为目标，它以170多年的品牌史为荣，又立足于“完美的设计、高贵的秉性、极致的性能”，去造就世界上最尊贵的游艇，最矜贵的生活。经过170多年的历史沉淀，独特的设计、手工品质都已成为代表丽娃游艇的特征。每一款游艇都在设计师手中谨慎地被赋予了鲜明的个性，无论是船身线条、木工工艺还是铝合金制作、漆料等，都造就了丽娃游艇无与伦比的品质和完美无瑕的品位。闻名遐迩的丽娃高质量船身结构来自全世界最好的树脂，加之合理的船体结构与无人能及的渐变色彩，令丽娃游艇在林立的世界游艇品牌中卓尔不群。

品牌名品

维纳斯75游艇

维纳斯是古罗马神话中的美丽女神，这款游艇自然是美不胜收。作为一款飞桥型游艇，维纳斯75时刻都在展示着它低矮而圆滑流畅的侧面线条。几乎和前甲板连成一个平面的前挡风玻璃使它的侧面轮廓极其修长，在飞桥入口，除了常规的尾阱楼梯外，还有一个专为船员提供的专用通道，以免船员上下甲板时打扰客厅里的主客。主甲板往两侧推开玻璃移门，正中央是一张大玻璃茶几，左右舷的4

维纳斯 75 游艇

适宜项目 海上休闲
参考价格 ¥30 000 000

人长沙发和玻璃台面电视柜可以自由调换位置，两三张深色转椅散落在其余的空旷区域。乳白色的地毯、沙发和天花板，浅原木色的橡木细木家具，再加上两侧的大面积玻璃窗透进的蔚蓝海面，营造了一派宁静温馨的气氛。主甲板下共有 4 间卧室：1 间主卧、1 间 VIP 客卧、2 间普通客卧。所有卧室中都有带淋浴隔间的独立卫浴和电冰箱（主卧内有两个）。此外在游艇尾部还有两间船员舱，里面各带一张单人床和一个小衣橱，可见游艇在设计上的人性化。这艘长 23 米的游艇最高速可达 29 节，可谓美观与性能兼而有之。

63' 天赋游艇

63′天赋游艇是设计过丽娃目前所有系列游艇的意大利设计工作室和法拉帝集团 AYT 先进游艇技术中心通力合作研发而成的作品。作为一艘高端开放式游艇，它采用了更大的空间设计，赋予了游艇完美的居住性和舒适性。63′天赋游艇的内部配置同样在空间、舒适度两个方面表现出色，游艇内设有一个大沙龙，足够放下一张 6 人木质餐桌，而丝毫没有牺牲旁边厨房的空间。在色彩的运用和材料的选择上都充满了对比反差，如明亮的橡木和深色的皮革，亚光漆和亮光漆之间的交替，都为这艘新船赋予了现代感，而又不失丽娃游艇传统、典雅的特质。游艇的主卧舱位于靠近船艉的左侧，略低

63' 天赋游艇

适宜项目 海上休闲
参考价格 ¥25 000 000

于其他两间卧舱。舱内放置了一张由带针脚边的皮革包裹的床。高度略低的设置使得主卧舱能最大限度地利用空间。客舱位于舯部的左侧，设有L型布置的双层床，从舱内可以看到宽敞的海面。此外，主卧舱和船艏的贵宾舱，都设有独立卫浴套间，而白天使用的卫生间则正对着中间的客卧舱。这艘长不到20米的游艇最高速度可达35节，是丽娃游艇中速度最快的型号之一。

68' 自我游艇

于2006年诞生的68′自我游艇是丽娃的又一代表作品，它融合独特设计、舒适感以及卓越性能于一身，由公司位于拉斯佩济亚的船厂负责承建（60英尺以上的游艇大多在该厂生产），配备一对1550马力的12V MAN发动机，最高航速38节，巡航航速为34节。丽娃68′自我游艇采用双保险系统，可以将自然光线反射到下层舱室。顶盖为双重硬质支撑系统，甲板舱的窗户设计可以使自然光线进入下层休息舱，船头阳光平台上配有遮阳篷，艉区有可以斜靠的沙发。船体总长20.75米，船身

68' 自我游艇

适宜项目　海上休闲
参考价格　30 000 000

宽度近5米，游艇上所配设备极其先进（如自动舵、海水淡化机、防摇摆系统、卫星定位导航等），内部装修也是极尽豪华。功能房中，吊顶与拐角经过格外的细节处理增强了空间感，真皮沙发与上乘手工做工的家具各就其位。无论是夫妻、家庭或是小型派对，都可将其装饰一新，依个人爱好来布置。当然，买家也可以选择胡桃根或胡桃木贴面做家具装饰。所有这些独特设计组合在一起，将品位、激情和品质和谐地统一在一起，使得68′自我游艇成为游艇中的传奇。

形似袖子的英吉利海峡是大不列颠岛与欧洲大陆的天然边界，
而位于海峡北岸的多塞特郡就像这袖子上的一颗精致纽扣。
当第一艘圣汐游艇从多塞特郡驶进英吉利海面时，就改变了“豪华游艇”的定义。

圣汐
英吉利海峡上的优雅贵族

圣汐的标志由四条麦穗组成，这是英国人最爱使用的象征符号之一，它代表着幸福、富足的生活。

圣汐游艇品牌由罗伯特·布雷斯韦特和约翰·布雷斯韦特于20世纪70年代初创立于英国南部港口城市普尔，如今已经是英国最大的游艇制造商，也是欧洲最奢华的游艇品牌之一。布雷斯韦特兄弟以对“海上生活的热情”和“创新性工作的青睐”来制造游艇，很快使圣汐成了国际富豪争先购买的游艇品牌。直到今天，圣汐仍然沿袭着自己的风格，而恰恰是这种风格使其区别于其他所有的同类产品，每一艘船都严格遵循了英国造船业的传统，非常强调手工工艺。他们建造的游艇也始终比其他同类产品更大、更好，而速度也更快。在豪华游艇领域，圣汐是当之无愧的市场领导者。

圣汐游艇追求品质与创新的激情，在游艇身上实现了奢华、强劲动力、独特风格和卓越性能的完美统一，给每一个乘坐过它的人带来了无法形容的幸福体验。圣汐游艇被誉为“海上的贵族”，其最大的特色不是奢华，而是个性化。圣汐始终以客户为中心，提供各种人性化的服务和个性化设计方案。公司的人性化战略并不简单局限于船体的颜色和设计，客户还可以对房间的布局和其他一些奢华的船上生活所需要的元素，提出自己个性化的要求。它不仅能够满足客户提出的各种订制要求，还能积极地配合客户的喜好进行设计，然后充分利用设计、技术，以及懂得拿捏客户的心理，打造出人们第一眼就能分辨出是圣汐制造的游艇。

品牌名品

圣汐28M游艇

作为圣汐最奢华的运动型游艇之一，圣汐28M在设计上显得更加时尚，特别是游艇上的大面积玻璃窗装饰，不仅在主甲板的窗口得到了运用，连整个沙龙区、船舱直至游艇尾部的滑动玻璃门都运用自如，为乘客提供前所未有的全景视野。游艇内部大气恢宏，宽敞的船尾和侧门以及可选的阳台，让原本已经十分明亮的内部空间更显堂皇。在游艇外

捕食者 115

适宜项目　海上休闲　海钓　海上聚会

参考价格　¥85 000 000

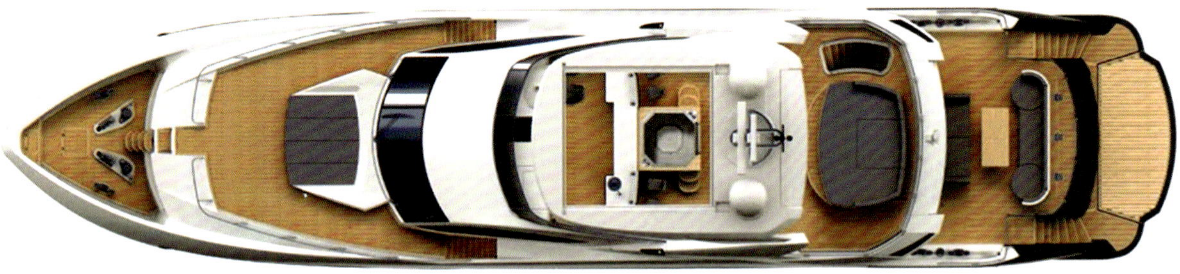

部的甲板上设计了硬板的巨型飞桥，还可增设按摩浴缸和带座椅吧台；船首则采用了令人兴奋的全新布局，增设了太阳垫和分组座席区。游艇采用了符合先进流体力学的完美外形，只需 12 缸发动机即可实现 29 节的最大航速。值得一提的是，设计者还可按照游艇主人的要求，设计出诸如四套房、双楼梯为基础的布局，并且在船中央的主套房中采用隔音设计。

捕食者 115

于 2011 年面世的捕食者 115 型游艇以近 35 米的长度成为圣汐品牌的又一奢华代表，它不仅仅是一艘简单的低悬挂式运动游艇，而且是一艘真正的动力艇，全面继承并发扬了这种类型游艇的各项优点，恰如“捕食者”一样性能卓绝。该游艇最大巡航距离达到了 1250 海里，一个 1.4 万升的超大燃料箱是长距离航行的保证。

在设计上，游艇的主人舱仍在主甲板上，它的前方是一个奢华的私人休闲区，后方则是一个先进的厨房，穿过厨房就可以到达可容纳 5 名船员的下甲板船员舱，经过餐具室和备膳间向船尾行进，大型的敞开式客厅便呈现在眼前，客厅可以容纳 10 位客人，而不会显得拥挤。在餐厅和客厅之间设计有局部性的屏风，既保护了隐私性又不失雅致。在订制方面，提供了包括船舱设计、影音设备等多套方案，满足客户的个性化要求。

圣汐 28M 游艇

适宜项目　海上休闲

参考价格　¥50 000 000

曼哈顿 73 游艇

曼哈顿 73 游艇是一款性价比更高的大型游艇，它是在曼哈顿 70 游艇的基础上改进而成的，可同时容纳 8 位客人和 2 位船员住宿，最高航速可以达到 34 节，尽显强劲动力。设计者巧妙地将奢华元素融入设计中，三层结构的船体曲线优美又极富动感。最顶层的飞桥上配备了各种适合露天休闲娱乐的设施，吧台、制冰机、烧烤架等一应俱全，另有餐桌可以让大家享受美食。主层设计大大提升了空间感，主客厅拥有沙发区、用餐区和厨房，错层的地方还设置了一个小型沙发区，最大程度上合理利用了空间。船尾的库房还可以存放一辆摩托艇，并带有自动升降的下水平台。位于底层的休息区有四间卧室，每间卧室都分别配有平板电视和独立的卫生间，注重私密性。曼哈顿 73 游艇同样提供了丰富的可选配置来满足购买者的个性化需求。

曼哈顿 73 游艇

适宜项目　海上休闲

参考价格　￥10 000 000

250 千米长的海岸线，一半以上的海滨都属于细沙海滩，
这便是法国旅游胜地——旺代省。除了“细沙海滩”、“美味牡蛎”之外，
这里的代名词还包括全球最具挑战的旺代帆船赛——单人无间断航行 90 天，
以及世界上最大的船舶制造商之一——亚诺。

亚诺

重视操控性的法式浪漫

JEANNEAU

亚诺的品牌标志是一颗闪耀的星钻，表现出亚诺对航海运动的热情，也暗示着亚诺在包括船体设计、材料科技等多个领域的出色表现。

亚诺（Jeanneau）的历史最早可以追溯到1957年。这个如今享誉全球的知名船艇品牌由赛艇冠军亨利·亚诺在法国旺代省莱塞比耶创立，直到今天，那里依然是亚诺总部的所在地。这位有着丰富赛艇经验的赛艇冠军将科技与经验相结合，自20世纪60年代起，亚诺在玻璃钢船体、大型帆船、豪华游艇领域取得了巨大的成功，将人们带进了奢华、高雅的新航海时代。与公司声誉和业绩共同提升的是亚诺在世界范围的大胆迈进，以及对各项重大船艇赛事的赞助与支持。如今全球50多个国家都设有亚诺的分销点，分销点的数量超过300个，这样的销售网络在全球范围内堪称首屈一指。

始终秉持着保证卓越的品质是亚诺的品牌信念，无论是旗下的动力艇产品还是帆船产品，都从设计与技术层面诠释出亚诺高超的船艇制造工艺，对这些信念的不懈追求促成了亚诺的成功。亚诺船艇最大的特色就是“高科技贯彻操控体验”。创新的360度靠泊操控系统提供完美的用户体验，其奥秘在于船尾底部的螺旋推进器，该推进器能够凭借360度自转带动整个船身自由平移，甚至还能实现原地掉头，而所有操作仅仅依靠驾舱内的一根摇杆便轻松实现。对于那些时常担心无法将帆船稳妥停靠到位的客户来说，该系统就如同福音一般，即便航行在繁忙的航道，置身拥挤的游艇会，也不会手足无措。

品牌名品

威望60游艇

这款由著名游艇专家迈克尔·彼得斯和游艇室内设计大师维托利奥·噶诺尼精心打造的奢华游艇，凭借着精湛的法国工艺与激情的意大利风格的完美融合，曾荣获“欧洲最佳动力艇奖”。凭借深V船首造型，在提升航海安全性能的同时，亦令船体的平稳性达到了最优化。室内布局则将关键词锁定为“明快”与“舒适”，这个长不到20米的奢华游艇拥有4个卧舱，共8个床位。巨幅舷窗将主沙龙缔造成360度全方位观景平台，简洁随性的灯光布置，精致的细节装饰，烘托出木饰装潢风格的柔和自然，在不加刻意粉饰间透射出沁人心脾的安逸与恬静。沃尔沃IPS 850推进装置与轴驱动系统的默契搭配，在缓解噪音与震动的基础上，提升了整艘游艇的操控性能，并在节省耗油的情况下提高30%的引擎功率。

威望60游艇

适宜项目　海上休闲

参考价格　￥150 000 000

NC11游艇

NC11游艇由顶级工作室噶诺尼设计公司操刀，NC是“New Concept”（新概念）的缩写。该游艇沙龙以及横向安装的厨房与宽敞的艇尾座相连，全部设计组成了一整幕的巨幅风景，同时实现了最大的光照度和能见度。电动收放式的全景玻璃硬顶，由4块独立玻璃块组成的推拉门和一个玻璃推拉侧门。作为一个小型运动型游艇，NC11拥有长约12米、宽约4米的完美“身型”。对于内部装潢，亚诺也有自己的独到之处。其高品质的精美家具衬托着全海景的背景，重新演绎着人们对海上生活的看法。NC11还有无与伦比的储物空间，许多储物柜都根据其用途安装得恰如其分，包括艇尾座底下的后舱储物柜以及地下储存空间和横向储物柜，将陆地上的家真正地搬到了游艇上。

NC11游艇

适宜项目　海上休闲

参考价格　￥6 000 000

SO 50DS 帆船

亚诺 SO 50DS 帆船是 SO 系列中最大型的私人运动型帆船。外形由菲利普·布赖德设计而成，而内部风格则由噶诺尼公司所设计，这样的天作之合成就了这艘经典的运动型帆船。SO 50DS 在设计当初就秉承着满足客户的每一个期望的理念，并且它做到了。具有良好操控性的 Yanmar 75HP 型动力系统让海上的航行变得更加轻松，流畅的线条将 15 米长的船身和约 4.5 米宽的船尾完美统一起来，先进的技术融合了无线电话、GPS 定位导航等，简约舒适的室内设计风格让海上的旅程变得更加自在和浪漫，因此它注定要成为新一代帆船的象征。当然，宽敞的空间使得可容纳的人数也会相应增加，不论沙龙还是卧舱的面积都较之前的 SO 型帆船有着不小的扩展。

SO 50DS 帆船

适宜项目 海上休闲 帆船运动

参考价格 ¥3 500 000

奢华船艇代表着一种高贵、自由的生活态度，它带你冲风破浪，
遨游在茫茫无边的海洋之中，享受奢侈，体验惬意生活。
沃利船艇不但在设计上极致奢华，
而且在空间设计上也兼具了科学性和舒适性，
总能带给人们视觉感受上的震撼和时尚生活方式的革命。

沃利
动感十足的海上行宫

WALLY

尽管自信的沃利竭力弱化品牌标志在自身价值中的地位，但“WALLY”五个字母早已深入人心。

意大利富商卢卡·巴萨尼自1991年开始投资游艇制造，直到1994年在意大利创立了沃利（Wally）品牌。初期的沃利主要从事帆船设计，后来逐渐发展成为除了豪华游艇，还开发生产帆船和机动游艇，并且可以根据尺寸和滑板定制生产。它革命性地改造了豪华游艇，在贵族富豪之间发展出一群拥趸。它所拥有的最先进的技术、最豪华的配置使其成为海上行宫，船上的游客拥有国王般的权力，每一分钟都享受着王室般的尊崇。自第一艘游艇“盖特（Gate）”下水成功，到后来出现的“艾森思（Esense）”、“沙加（Shaka）”、“探戈（Tango）”，沃利已经成功推出了很多系列的奢华游艇。如今的沃利已经成为顶级游艇设计和制作的代名词，是豪华游艇的典型代表。

沃利的品牌精神就是以顶级的产品让人们享受到最惬意自由的海洋生活，并以此来为他们建立“高贵、自由的生活态度”。沃利产品不仅融合了大型巡航游艇的舒适和奢华的特点，并且还具有最高档赛艇的非凡运动性能，同时也结合了最先进的航海技术以及船只的操控性能。每一款沃利产品的设计均采用实际应用的开发方法所得，旨在使设计与创新技术浑然天成，生产出性能优越、安全可靠、易于操控且外观迷人的产品。

品牌名品

118 超级游艇

118 超级游艇继续延续着沃利"科幻、简约与奢华"的军工设计风格，几条笔直的线条清晰明了地勾勒出船体神秘的现代感造型，像隐形轰炸机般方头方脑的进气口悬在船身的肩部，再加上复古且近乎垂直于水面的船头，使 118 超级游艇看起来就像一艘科幻电影中的游艇，炫酷而又神秘。"超级游艇"绝非浪得虚名，接近 36 米的船体却能拥有 60 节的巡航速度。甲板和内饰采用了简洁的设计风格，尽量减少分割。驾驶舱内有条窄长的控制台，周边有数把活动的座椅，可以用餐，甚至办公。20 平方米的客厅极尽奢华之能事，从室外看上去呈现出黑色的玻璃幕墙，在室内望去却通透无比，至于主卧则可与公寓相媲美，面积达 25 平方米，宽度几乎就是游艇的宽度，房间的装饰以白色为主色

118 超级游艇

适宜项目　海上休闲

参考价格　￥200 000 000

调，同样秉承简洁的风格，浴室内的淋浴和盆浴分别有各自的喷淋和地漏，也不失为一大特色。两个15平方米的客房也各自有淋浴房，私密、安全、享受，在这里都可以得到。船舱下部的下层甲板前部是一个大型船库，安有升降门，可安置小型游艇等，当然也可以把它设计成一个开放型的健身房。而折叠式船舱既可以用来增宽大厅的视野，又可以被用作潜水平台，其乐无穷。

64 游艇

适宜项目　海上休闲

参考价格　¥28 000 000

64 游艇

沃利游艇主要是以它时尚概念的设计著称。和118超级游艇相类似，64游艇的设计同样是笔直的线条，直线和不寻常的角度设计让人看起来它们像是一对双胞胎船。蓝色的船体艇和巨大的柚木甲板，很具有观赏性。除了科幻的外观和简约的内饰，64游艇的设计还体现在内部巨大的空间、良好的海上行动能力的船体和最高50节的巡航速度。独特的设计和具有创造性的宽大甲板，使64游艇不仅在设计上超越了同级别的游艇，在性能上的卓越也独树一帜。该游艇提供了三种室内布局方案，其中包括两个和三个舱的版本，每套房都有单独的浴室。客户也可以选择定制64游艇的具体船体颜色、皮革装饰和全部手工完成的厨房和木地板，以体现沃利为客户提供最极致的个性化定制服务。

148 帆船

148帆船是迄今为止沃利打造完成的最大型号的帆艇之一，无论是从性能还是从外观着眼，都比沃利之前推出的143型更胜一筹。艇身采用瘦长的船型设计，空载排水量为150吨，艇底装备的抬高龙骨可将艇身高度从4.2米调整到6.2米。艇内安插的辅助装置充分结合了当前的高科技产物，力求呈现出最现代化的帆艇。

除了注重帆艇本身的使用性能外，设计师还充分考虑到了客户对内室布局的需求，除主舱和两间双人客舱外，位于船腹的客厅地基采用抬升设计，宽阔的视野配合客厅四周360度观景玻璃窗，充分整合了豪华游艇与帆船的全部特性。为了强化水上娱乐功能的功用，沃利公司还在148帆船的前后方各配备了一艘接应艇，以便船东与乘客近距离体验亲水乐趣。

148 帆船

适宜项目　海上帆船　海上休闲

参考价格　¥15 000 000

购买推荐

芭西拉 80 型运动帆船

更加现代感的设计，让这款私人运动帆船更具吸引力。除了舒适的现代化设备外，性能也尤为出色，其长度不到 24 米，宽度不到 6 米，巡航速度约为 20 千米 / 小时。同时，合理的室内布局，让该船更受年轻一族的青睐。

适宜项目：海上休闲

参考价格：￥13 000 000

沃利 47 型运动游艇

沃利 47 型运动游艇是最完美的双座游艇，在最高时速达到 38 海里时依旧能保持平稳，其最大航程可达 500 海里，专利减噪技术（减少发动机和海水打击船体的声音）让出行更舒适。

适宜项目：海上休闲

参考价格：￥7 900 000

它被誉为“巨星追捧的巨星”，

凭借着“坚固”的本性和奢华的生活方式赢得了崇高的声誉，这便是哈特雷斯游艇。

因为卓越的性能，它让蓝海无疆，

又因为买主地位颇高，

被人评价道：“哈特雷斯的艇主围坐一圈，就足以掀起一次世界大战。”

哈特雷斯

坚固的海上霸王

标志由品牌名称字母变形而成，同时白色字体的组成如同哈特雷斯角的风暴，而红色的船体则是品牌的精髓，无论遇到多大的风暴，都能安稳驶过。

哈特雷斯（Hatteras）的诞生要从美国北卡罗来纳州的“大西洋墓地”谈起，这片名为“哈特雷斯角”的海域因为地处寒暖流的交汇处而异常凶险。1959年，品牌创始人威尔斯·斯朗豪言要在这里建造长度超过12米的玻璃钢游艇，被牌友耻笑。但他很快就联合船舶设计师杰克·哈格瑞夫建造了第一艘以“哈特雷斯”命名的游艇，两人合作了近25年，将原先的一个不入流的私人游艇公司发展成为世界上顶尖的游艇集团。在其半个世纪的发展过程中，哈特雷斯游艇不断地推进材料、技术、设计的改革，这些因素造就了哈特雷斯的非凡品质。它已经不单单是游艇了，更堪称是“大西洋墓地”上纵横驰骋的战舰，成为“坚固船体”的代名词。

“打造坚固可靠的游艇，足以抵挡得住哈特雷斯角的风暴；打造足够奢华的游艇，足以让人得到最舒适的出海体验，最后再以一个一流造艇者的角色，去宣扬一种一流的生活”，这是哈特雷斯品牌的梦想。在外观上，哈特雷斯延续了美国实用主义的风格，同时又汲取了欧洲游艇时尚优雅的特色；在材料上，设计师杰克·哈格瑞夫是玻璃钢材质的倡导者，采用一次压铸成型的船体结构，拒绝用板块拼装，这样打造的船体更加坚固，抗击风浪的能力更强，同时意味着更高、更精准的工艺技术。

品牌名品

GT63 钓鱼艇

GT63是哈特雷斯高性能GT系列钓鱼艇中最大的一艘，经典的设计风格流露着美式钓鱼艇的原汁原味。为满足客户的需要，设计师们也提供着近乎无限制的定制服务，甚至包括开放式飞桥或封闭式飞桥的选择。16平方米面积的艇尾垂钓区下，隐藏着大尺寸的甲板鱼箱，而侧甲板设置有6个嵌入式的钓竿托架。千万不要怀疑这艘“坚固堡垒”的性能，它可以被称为一艘地地道道的竞赛艇。超过40节的航速，可以轻松追赶并超越鱼群，而低速时的平稳安静更不会惊动即将咬钩的鱼儿。哈特雷斯绝不是做“表面功夫”的游艇品牌。作为一艘长达20米的游艇，吃水却控制在了1.25米，这样的浅吃水让其无畏于他船所不能及的海域。GT63在宽度上也值得骄傲，相比同类游艇宽了近半米，增加了不少空间，但又不影响速度。值得一提的是，GT63拥有三种可选的室内布局方案，包括4舱室布局、带办公室的3舱室布局和厨房位于下甲板的3舱室布局，最大限度地满足客户的定制需求。

GT63 钓鱼艇

适宜项目　海钓　海上出游
参考价格　¥22 000 000

60MY 钓鱼艇

准确地说，60MY是一款兼有海钓功能的休闲游艇。它采用了一次压铸成型的船体结构，带来了坚固的整体性能。哈特雷斯专利的管道螺旋桨系统，5枚厚达0.5厘米的螺旋桨叶片，2英寸（1英寸=2.54厘米）厚的盥洗台石面，全实木的地板和家具，则让它在离岸200海里以上的蓝海区域依然稳定沉着，操控性极佳。60MY除了延续哈特雷斯家族一贯坚固的船体设计与稳定卓越的远航表现外，它的生活与休闲设施也臻一流境界。在同样长度的游艇中，哈特雷斯60MY是最宽的，这决定了它更大的使用面积与更广阔的空间。开阔的飞桥上除了两只舒适的驾驶座椅外，另有供10人休闲的沙龙区，这个区域也可以被改装成一个超大型的日光床垫。在底层甲板上，又特设了3间豪华套房，其中面积最大的主人房足有12平方米。难怪有人说“在60MY之上，常常会让我忘了这是一艘60英尺（1英尺=0.3048米）的游艇，而恍若置身80英尺的船上”。

60MY 钓鱼艇

适宜项目　海上休闲　海钓
参考价格　¥15 500 000

半个世纪以来，PING高尔夫球杆以它旺盛的创造力以及对高尔夫球运动的无限热情，创造了一系列经典的球杆款式和一个个被广泛使用的球杆工艺，成为高尔夫球用具王国里的科技先驱者。

PING
科技成就的推杆之王

1959年，当创始人将他设计的第一款推杆在他妻子面前展示时，“Ping……”杆面触球的一瞬间，一阵极其清脆的声音让他大呼过瘾。创始人说：“好，这支球杆就叫PING吧!”

1959年，一位名叫卡斯顿·索尔汉姆的航天工程师在自己的车库里打造出了第一支PING球杆。这位曾经开过鞋店、研究过战斗机和火箭的天才直到42岁才正式接触高尔夫球运动，也自那时起便深深地对高尔夫球运动痴迷，并一直努力打造最好的球杆。在50多年的球杆设计和生产过程中，索尔汉姆和他的PING公司推出了数以千计的技术创新，甚至设立了一些至今仍在使用的生产技术和行业标准。包括封闭铸造技术、边缘加重技术、产品序列号等，都是该公司的成果。如今，PING公司以推杆、定制球杆等服务在高尔夫球具行业内享有极高的声誉。

PING的品牌精神是“坚持用适当的方法提供好的产品给适当的球友”，让他们在使用这些球杆的时候，享受到高尔夫球运动的乐趣。PING球杆最大的特色是击打球时的舒适和稳定，而这一特色是建立在PING公司对球手的研究的基础上。PING甄选顶级巡回赛职业球手的不同身体特征来调节球具，通过对每支铁杆的杆面角和底角的调节，使他们的球具配置达到最佳，并据此建立了著名的PING色码系统。在这个系统中，通过对

i20 球杆

适宜项目　高尔夫球
参考价格　¥5 000

球手的身高和手腕离地距离的测量来确定球手所用球杆的规格，据此来选择球杆，而且还要使配置的球杆可以改善由于球手的击球习惯所造成的不理想状态。

品牌名品

i20 球杆

i20 球杆是一款极为重视操控性的一号木球杆，在杆头底部设置 19 克钨金属配重块与钛合金材质所结合的重杆头，重杆头影响击球的初始速度，以致动力传导得到进一步提高，强化弹道。梨形杆头击出的高穿透性弹道是高水平球手的一贯追求。杆头外形设计带来优良的操控性能力，在击球瞬间，球手可以轻易获得小左曲或小右曲。此外，利用先进的空气动力设备分析，观察在运动过程中空气阻力对杆头的影响，然后对杆头的外形设计做出调整，以求最大限度提高杆头速度。在外观上，黑色磨砂的精悍外表，配置“Project X Black”杆身，展现出低调的奢华。针对高水平球手所设计的杆头，产生低飞行轨迹和低旋转，每当球手击球时都能带来前所未有的手感。

宁静推杆

这款名为“宁静”的推杆是 PING 公司的代表作品之一，其稳定的击球让人印象深刻。在设计上新增了一个变化深度凹槽，这种创新的功能可以改善球速的一致性。最独特的当属其瞄球系统，简单、干净的瞄准线，让球手瞄球时更自信，瞄准变得更容易、更准确。在杆面上还嵌入深度凹槽插件，并沿着周边逐渐变

宁静推杆

适宜项目　高尔夫球
参考价格　¥2 500

浅。这一插件能使球手在推击时，即使击中杆面根部或趾部，也能稳定地控制距离。在杆头部位，更多重量分布到周边，创造高惯性力，提升容错性和保持推击方向。在材质上，插入的杆面是由轻量化航天材料 6061 铝金属制成，击球时能够产生一个类似于传统钢杆面的清脆击球声。

K15 铁木杆

铁木杆，顾名思义，是由铁杆和木杆组合设计而成的，这款 K15 铁木杆是 PING 公司最畅销的球杆之一，曾荣获“2010 年度美国高尔夫球杆铁木杆热销榜金奖”。在设计上，铁质与木质的组合可以提高飞行距离和飞行稳定性的一致性，高惯性力带来更理想的稳定性和低旋转，高弹道让球手使用铁木杆上果岭变得更容易。在材质上，采用了钛金属杆面以及 17–4 不锈钢主体混合材料，杆面省下 27 克重量重新分配在杆头底部。超大杆头款式设计增加了 7%的瞬间惯性力，重心设计更低，便于获得高弹道，宽底部则能帮助防止“挖地”，使击球更完美。K15 铁木杆拥有多达十几种不同长度、材质的款式，因此可以让球手挑选到最适合自身身体的一款。

K15 铁木杆

适宜项目　高尔夫球

参考价格　￥2 500

和所有的企业一样，卡拉威也追逐利益和回报，不同的是，
它将冠军经验、生活品质、售后服务，以及设计师的创意一起摆上了货架，
继而成为高尔夫球球具品牌的领跑者。

卡拉威

高容错度的冠军品质

卡拉威的标志是一个“V”形符号，既可以让人联想到杆头与球杆组成的夹角，又是指卡拉威专利技术 VFT 的首字母，突出了卡拉威品牌的技术优势。

1982 年，卡拉威（Callaway）高尔夫球公司诞生于美国加利福尼亚州，创始人艾利·瑞佛斯·卡拉威通过收购一家小型的高尔夫球公司创立了卡拉威高尔夫球公司。公司早期以生产挖起杆和推杆为主要经营项目，随着著名球杆设计师理查德·希尔蒙斯特的加入，卡拉威开始了辉煌的历程。1992 年，卡拉威高尔夫球公司成为第一个在纽约证券交易所上市的公司，经过二十年的发展，在设计和材质上不断创新，在生产范围上不断扩大，使得卡拉威高尔夫球公司成为世界上最大型的高尔夫球球具品牌。

用先进的科技和富有创意的设计打造卓越的球具，让人们享受到不一样的高尔夫球乐趣，是卡拉威的最高追求。其球具的特色则体现在舒适的手感、精致的外观以及出色的性能上，而这些是通过其先进的科技实现的。独有的 VFT 技术可以带来最大化的容错度，即便偏离了最佳击球点，也能获得期望的距离和精度，改进型的杆面技术能够获得更远的飞行距离，而先进的融合技术则可以获得理想的重量、手感、重心和力矩，打造出完美的球杆。

品牌名品

刀锋铁杆

刀锋铁杆是卡拉威顶级的铁杆之一，它使精度、距离和容错度都达到了新的高度，这主要得益于其采用了较低的重心，使球手能够打出高弹道球路，即使在击中杆面较低位置时，仍能获得上佳表现，从而使高尔夫球飞得更远。在材质上，刀锋铁杆搭配了周边配重设计的软铁，增加了击打时的柔软手感和特殊的声响，455 特钢杆面则能够增加球速，让距离更远，杆头还特别增加了减震装置，能让球手更精准地控制击球的力度。轻质坚韧的碳素杆身极具质感，同时采用高科技的物理气相沉积抛光面，给人一种前卫的时尚外观。

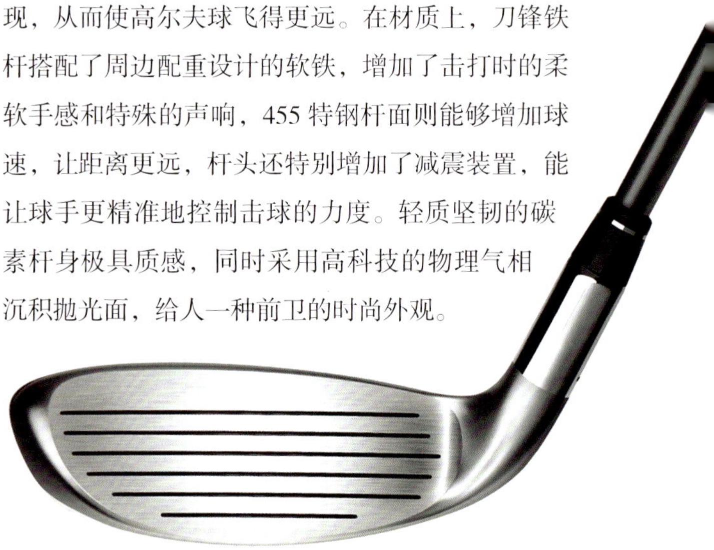

刀锋铁杆

适宜项目　高尔夫球
参考价格　¥15 000

X-22 Tour 铁杆

X-22 Tour铁杆是一款适合要求绝佳手感和稳定性的高尔夫球好手的高性能铁杆，卡拉威的设计师们根据顶级巡回赛选手的反馈，首次在球杆上采用了新型的刻痕配重，增加了惯性力矩，从而创造出更好的稳定性。精致的杆头形状配有薄薄的刃部顶线，并沿用360度凹背内切设计，可以更好地适宜草坪球场。简洁的杆颈设计提供了出色的弹道和更强烈的手感。值得一提的是，该球杆采用了卡拉威高尔夫球的核心技术——VFT，该技术实现了球速和杆头周围配重的最大化，创造出更远的击球距离和更高的容错度。

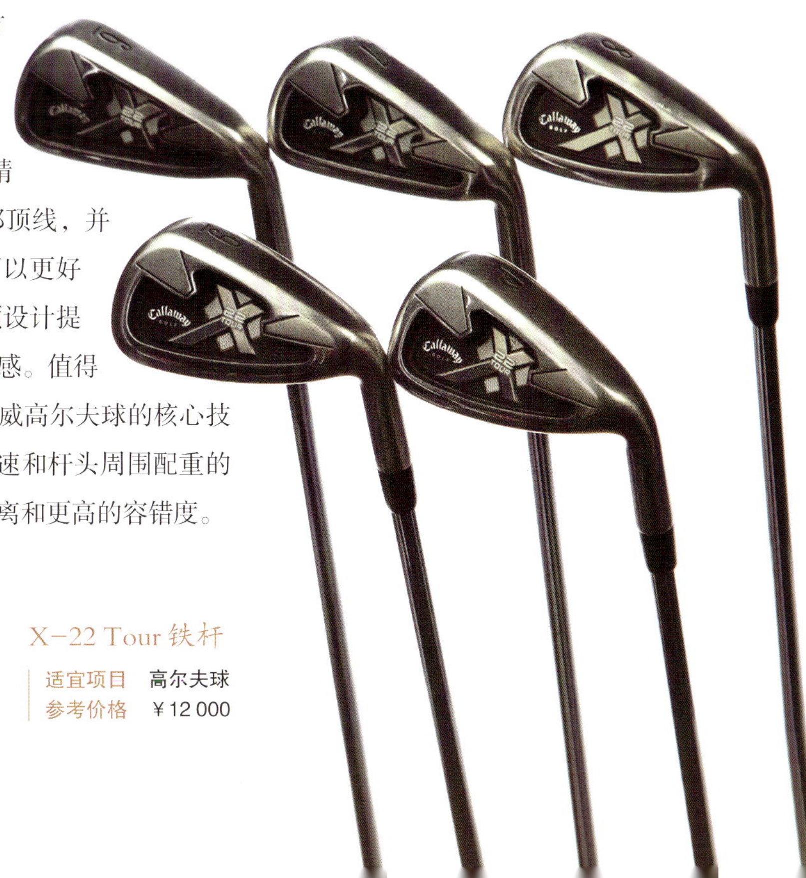

X-22 Tour 铁杆

适宜项目　高尔夫球
参考价格　¥12 000

Legacy Black 发球木杆

Legacy Black发球木杆是卡拉威专为亚洲人设计的LEGACY系列的最新作品之一，它是针

Legacy Black 发球木杆

适宜项目　中高级高尔夫球手
参考价格　￥5 500

对中高级球手设计的，因此带有很强的职业杆元素。从杆头到杆身，都凝聚着高尔夫球的前沿科技。杆头采用440CC的杆头容积和传统球头形状，并且采用优质的黑色PVD涂层。它还配合巡回赛式杆颈设计，可创造极高的控制性能，同时杆头在击球过程中更易于推转，从而促进更高的球速。低深的重心设计可产生理想的开球角度和优化的后旋，在击球时极易推转杆头。该球杆采用“全新的VTI减震块”，旨在通过降低钛的高金属声音，获得良好手感和扎实击球声响。杆身采用4轴铝材融合碳素纤维，再通过加强杆身前端和后节的硬度，优化杆身高速运动时的稳定性。发球木可以实现精准控制，开创性地将“适合巡回赛”与“易于发球”的理念融合，对于期待提高水平的中高级球手而言最为适用。

HEX Chrome Plus 高尔夫球

HEX Chrome Plus高尔夫球是卡拉威的顶级产品之一，它被誉为“兼具远距和倒旋的双料冠军”。柔软的内心与坚实的外核相结合，既可以满足发球时减少倒旋的要求，又可以提供充分的果岭倒旋，从而优化距离和控制平衡。更稳固的外表皮与更柔软的内表皮相结合，可减少开球旋转的力度，并提供更多的弹性，从而释放出更大的弹速，同时还能给球芯提供充分的保护。有着专利配方的外皮带来了出色的手感和耐用性，在全新HEX空气动力学设计下，能够减少风的阻力，产生极具穿透力的弹道。

HEX Chrome Plus 高尔夫球

适宜项目　高尔夫球
参考价格　￥680 / 打

和人类的历史相类似，一些品牌的出现也能产生和伟大人物一样的划时代意义，
泰勒梅无疑就是这样的一个高尔夫球具品牌，
它向来被认为具有将球杆由“木质”时代带入“金属”时代的历史地位。

泰勒梅

划时代意义的球杆巨头

TaylorMade

泰勒梅品牌的标志是将字母“T”与球杆的杆头相融合，T既是品牌名的首字母，同时也类似于挥杆时的形状，体现了泰勒梅让人们享受高尔夫球乐趣的追求目标。

泰勒梅的历史是从1979年开始的，加里·亚当斯在美国创立了泰勒梅公司，公司成立之初，只有三名员工，包括他自己在内。他最初的想法很简单：为自己打造出一套完整的高尔夫球装备，并可以超越其他高尔夫球品牌。在朋友的帮助下，创始人借由一种优质的不锈钢金属木杆打响了泰勒梅的名号，也直接创造了泰勒梅连续年增长200%~500%的销售传奇。经过三十多年的发展，泰勒梅与多位冠军级选手进行合作，已经成为世界上最大的高尔夫球用具供应商，并且是美国公开赛上发球杆、铁道杆和铁杆使用率最高的品牌。

泰勒梅的品牌精神与品质生活相关联，主要是为满足追求高品质生活的高尔夫球球手的需求去打造一流的球杆。泰勒梅球杆的特色之处在于金属木杆科技的运用，空心设计，拥有铁杆的外形和金属木杆的距离及易打性。每支铁杆的跟部和趾部都运用了钨钢配重，提供了更低的重心位置，带来更高的起飞弹道，且增加了惯性力矩MOI和容错度。在设计上，其独特的双腔设计构造，结合大尺寸的杆面、高弹力恢复系数（C.O.R.）设计和低深的重心，可带来优越的击球性能。

尊耀发球杆

适宜项目　高尔夫球

参考价格　￥7 500

品牌名品

尊耀发球杆

尊耀系列发球杆延续了泰勒梅卓越而顶级的发球杆生产技术。该发球杆运用了经巡回赛验证的超低重心设置，可带来高弹道和低倒旋，同时改良后的精准重心定位（稍偏于跟部）促进了高左弹道，成就在球道上更远的球距。在设计上得益于改进后的空气动力学科技，发球杆采用全新的流线型杆头设计，使风更流畅地滑过冠部。同时，圆滑的冠部可减少阻力，带来更高的杆头速度，从而产生更快的球速。而这正是每个高尔夫球球手梦寐以求的。全新的倒锥形杆背技术ICT2，包含了一个锻造的α-β钛金属杆面。也就是说，此款发球杆相比采用原先的倒锥形杆背技术的发球杆拥有更大的甜蜜点，从而可提升非中心点击球的球速。尊耀发球杆极轻，只有282克，而且其全部重量的70%都集中于杆头，从而更易提升速度，并将最大的能量转移到高尔夫球上。其弹道控制技术FCT采用了全新的1.5度套筒，可调节3度杆面倾角，含有8种不同规格的选择。

火箭锋铁杆

作为泰勒梅第一款在顶级巡回赛中亮相的铁杆，火箭锋铁杆这一小巧球杆就颠覆了铁杆的世界。在设计上，5号至7号铁杆加入了加速槽科技和超薄杆面设计，让铁杆拥有更稳定的性能和超快球速，让球飞行得更远。通过精确设计的加速槽、改进的倒锥形杆背设计，以及更高惯性力矩三者互相配合，让这款铁杆拥有稳定的距离差和精确度。为了产生更高的起飞角度、更高的飞行弹道、更陡的落地角度即快停球的性能表现，设计者将17.5克的重量精确分布在杆头的中心偏低处。在加速槽内又嵌入了由3M所研发的聚氨酯材料，能够减少震动，成就击球时的超柔软手感。沙杆具有新型凹背设计能增加手感，并使用了

ATV 全地形杆底设计，拥有最强的短杆适应性能，让击球更容易、更精准。

R1 发球杆

如果说 PING 是推杆之王，那么泰勒梅就是发球杆之王，这款先进的 R1 发球杆就是其代表作品之一。这是一支可以让业余球手和职业球手都能调节和使用的发球木杆。在设计上，全新的空气动力学设计可以减少阻力使挥杆速度更快，拥有泰勒梅专利的倾角调节套筒科技让球手可以调节 12 种设置，倾角能从 8 度调节到 12 度，包括 7 种标准杆头仰角和 5 种上翘的杆头仰角，从而实现最舒适、精确的控制。弹道调节装置可以提供一个自然、准确且有穿透力的弹道。独特的薄厚杆冠设计能使球杆的重心更低、更靠杆面，创造更高的起飞弹道，实现更快的球距和更低的倒旋。倒锥形杆背设计研磨在杆面背部能扩大杆面高弹性的面积，拥有超快的球速。在外观上，黑色杆面搭配白色哑光磨砂杆顶，以及全新顶部图形设计让瞄球更容易、更精准，也更时尚。

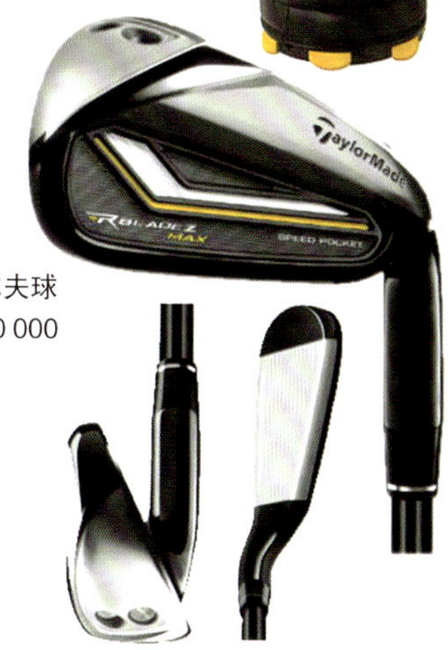

火箭锋铁杆

适宜项目 高尔夫球
参考价格 ¥10 000

R1 发球杆

适宜项目 高尔夫球
参考价格 ¥6 000

Lethal 高尔夫球

继首款五层高尔夫球在全球大获成功之后，更高科技代表的 Lethal高尔夫球再次颠覆了人们对顶级高尔夫球的概念。同上一代五层球类似，Lethal 高尔夫球具有相互独立的五层设计，可以针对球杆不同的性能，产生最佳的倒旋和弹道。减少“飘球”误差的同时，还能够在聚氨酯表皮的保护下产生卓越的耐磨性。在设计上，该球采用了“渐进速度设计”，最高反弹性都在外层，无论挥杆速度如何都能产生更高的球速和更远的球距，因此 Lethal 高尔夫球适合任何水平的巡回赛职业球手和业余球手。它采用了泰勒梅的低阻力科技 LDP 的“涡旋设计”，不但能够降低整体阻力，还能维持整个球体飞行过程中的速度，增加飞行距离，从而实现“更快速、更小误差、更耐用”的五层高尔夫球概念。

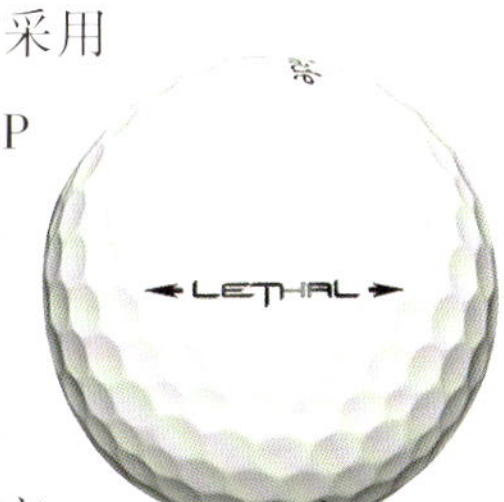

Lethal 高尔夫球

适宜项目 高尔夫球
参考价格 ¥660 / 打

积极的进取精神和卓越的科技表现成就了泰特利斯特高尔夫球球具今天的伟大，
它在设计和材质上的科技创新使它成为世界上最著名的高尔夫球公司之一，
在为球手提供全方位的优势球具的同时，也表现出了一个科技公司严谨的一面。

泰特利斯特

严谨的高尔夫球大师

Titleist®

在美国英语中，“Titleist”有“冠军保持者”的意思，这一称谓既是对泰特利斯特球具品质的概括，同时也表明泰特利斯特球具对高品质球具的不懈追求。

泰特利斯特（Titleist）是美国高仕利集团（Acushnet）最重要的子公司之一，作为世界上最大型的高尔夫球球具制造商之一，高仕利集团自 20 世纪 30 年代开始就进入了高尔夫球具制造领域，至今依旧保持着在高尔夫球和挖起杆方面的领先地位。泰特利斯特球具从 20 世纪 90 年代就已经成为优质高尔夫球的代名词，特别是 Pro V1（俗称 392）和 Pro V1X（俗称 332）在很长时间内都被认为是世界上最好的高尔夫球，价格昂贵却非常抢手。与高尔夫球齐名的当属泰特利斯特球杆，其主要针对的是职业选手。值得一提的是，其特有的“高球优选系统”让每一个球手都享受到专属、专业的服务。

泰特利斯特的使命是为严谨的职业球手和业余球友提供更有优势和价值的产品及服务。它的产品领先于同行业并且关注本地市场要求，采用“全球化运作，本土化经营”的理念。高性能和高品质的产品是其给球友一贯的承诺。泰特利斯特专有的“高球优选系统”久具盛名，它能够以最好的方式来选出最适合球手的高尔夫球，强调以得到更好的成绩的观念来决定球的种类。由于上果岭与果岭周围的击球通常是影响成绩的关键，所以上果岭的停球能力与铁杆控制是泰特利斯特最在意的其中一部分，另外，泰特利斯特也强调长杆的低后旋与短杆的适当后旋才是现代高尔夫球最全面的表现。透过先进的电脑程式，简单回答三个问题就可以帮球手找到最适合的高尔夫球具。

品牌名品

Pro V1 高尔夫球

这款得到多位巡回赛冠军青睐的高尔夫球是泰特利斯特的经典代表作品，享有“落即停”的美称。它不仅能够为球友们提供所需的极致距离、超柔软的击球手感以及绝佳的耐用性能，还有强化的后旋控制以及更稳定的飞行。先进的性能来自于创新的 ZG 核心科技，快速离子聚合物中层，高特性氨基甲酸酯软外皮以及 352 个圆形四面体涡旋设计。新款 Pro V1 产品的 352 个涡旋分为 5 种大小（上一代 Pro V1 是 392 个涡旋，故俗称 392），这样可以更好地覆盖整个球面，实现三轴对称。这些空气动力学方面的新设计可以使球在大风中更好地保持弹道，实现具有穿透力的飞行，真正实现“每杆都很好”的击球体验。

Pro V1 高尔夫球

适宜项目　高尔夫球

参考价格　￥660 / 打

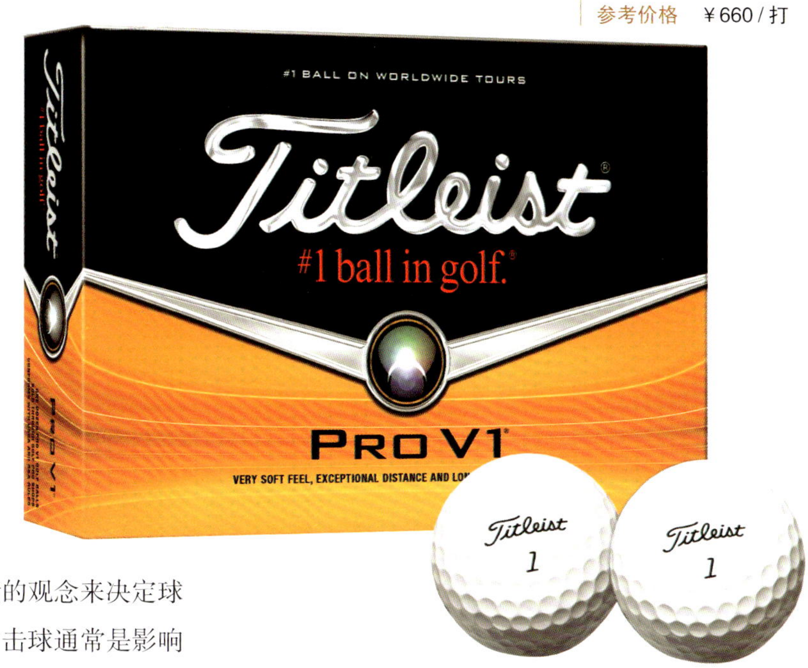

斯科蒂·卡梅伦精选推杆

这款精选款式的斯科蒂·卡梅伦推杆是泰特利斯特推杆研究室内最具代表性的产品，也是泰特利斯特最好的推杆产品。每支精选推杆都是精密研磨，打造出雅致的外形和出色的性能。精选款式采用了全新设计与全新的涂装，超过三十项表面与边缘的设计。推杆主体为 303 不锈钢 CNC 研磨设计，带来精准的击打，并伴随有球手所喜

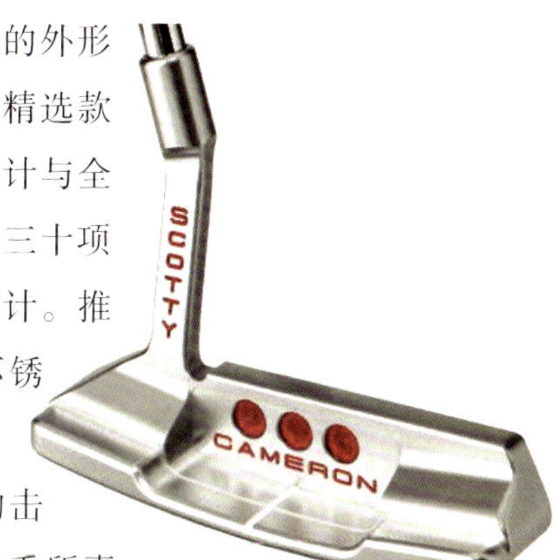

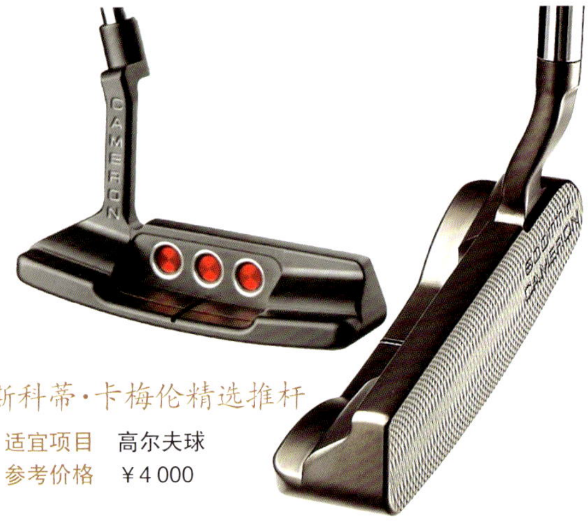

斯科蒂·卡梅伦精选推杆

适宜项目　高尔夫球
参考价格　￥4 000

爱的击球声响。它的配重系统与杆身长度达成完美比例，也可根据球手的需求搭配。完美方正设定与柔和的高趾部是该推杆的显著特色，其精准研磨的杆面，配合特殊角度的颈部设计，确保推杆时保持准确的杆形，并在地面摆动时与身体达到平衡。推杆趾部柔和的角度设计让瞄准时更精准，并且减少球手惯有的将趾部拉起的动作，让击球更优雅、更精准。

910D2 发球木杆

这款杆头体积为 460cc 的梨形发球木杆拥有超薄的冠部设计，同时采用后部配重、内嵌快速杆面的设计，提供低且深的重心位置，让击打的稳定性更高且更精准，超大容积的杆头还能使击球的后旋更大。910D2 木杆提供全面强化性能，快速杆面内嵌提供 15%更大的有效击球区域，令起飞角度和后旋更理想以达到更远的距离。拥有专利保护的“双角度调整科技”可以为球手实现最个性化的击球要求，以达到理想的弹道飞行线路，表现在球杆上则是可调配的螺丝设计。经典外形也是这款球杆的特色之一，传统梨形搭配饱满的 PVD 工艺处理，呈现出亮黑的珍珠色。加上多种配置、多种定制杆身的选择，让球手拥有舒适手感的同时，也更有信心，更具魅力。

910D2 发球木杆

适宜项目　高尔夫运动
参考价格　￥7 000

Stoff 高尔夫球包

适宜项目　高尔夫球运动
参考价格　￥4 800

Stoff 高尔夫球包

这款在多项世界顶级巡回赛中出现的高尔夫球包是泰特利斯特时尚设计的结晶，其高级的面料选择和卓越的功能性特点使其成为耀眼的旗舰球包。在材质上，耐用且舒适的弹道聚丙烯和聚氨酯材料完成了实用与时尚的统一。典型的多口袋设计，包括一个丝绒内衬口袋（便于存放贵重物品）和双配件口袋，以及多功能大容量的服装口袋。拉链式袋口方便收取，隐藏式水壶袋集成了伞套的功能。舒适的 3 个点可调节式泡沫软垫肩带，底下设有辅助把手，提供良好的平衡。最重要的球杆口袋则有 6 个收纳格网状的衬垫，其中 3 个格可放置标准长度的木杆，逐步减低高度的包沿设计方便拿取球杆。

它很少做广告，产品不多，价格算不上高昂，
却凭借着出众的品质成为户外爱好者心中的大师——它便是MSR，
一个有着40多年历史的顶级品牌。
它以典型的“美国制造”的热情，让每一个人享受着安居户外的乐趣。

MSR
享受安居户外的乐趣

MSR的标志简洁直白，由山峰和名称组成，表明公司的产品是为征服群山而设计的，红色的山体颜色也表明了MSR对登山的无限热情。

暴怒者超轻双人高山帐篷

适宜项目　登山　徒步　露营
参考价格　￥6 000

MSR（Mountain Safety Research）公司于20世纪70年代初期成立于美国西雅图市，三位创始人吉姆·李、尼尔·安德森和约翰·巴勒斯将工程师的严谨态度和登山者的热情统一起来(前两者原为波音公司的工程师，后者为经验丰富的登山者)，推出了众多具有户外行业开创革命性的产品，包括炉具、帐篷、炊具、净化器、毛巾等。这就是为什么MSR产品被带到世界各地户外探险中，经受反复考验，却能适应各种环境的重要原因。2001年MSR成为美国大型户外公司卡斯卡特设计集团的重要组成，创始之初的热情、雄厚的资金和更广的销售渠道让MSR变得更加卓越。今天，“开发、改良、再测试”的方针令MSR成为一个致力于开发安全可靠的户外产品的世界顶级户外品牌，受到世界户外人士的信赖。

MSR的力量源泉在于对登山的极大热情，以及对先进技术的追求，在此基础上，推出兼具安全性和可靠性的登山产品。MSR产品最大的特色就是对安全的重视，并将这一特色注入每一个设计者、生产者的思维中，所以尽管四十年来，MSR没有推出太多的产品，但每件产品的质量、安全性能都是同类产品中的佼佼者。尤其是安全标准，往往超出其他同行甚至国际标准。

品牌名品

暴怒者超轻双人高山帐篷

这款专为双人登山设计的高山帐篷以出色的御

寒防风性能成为 MSR 帐篷中的代表作品，因为强悍的性能而被命名为“暴怒者”。暴怒者却是一个身型纤细的超轻保护神，仅为 2840 克的重量是同级别登山帐篷中最轻便的，却又可以提供 2.4 米长、1.5 米宽、1.1 米高的双人休憩空间。强调轻便却又不忽视安全，创新性的三杆式设计比起许多四杆帐篷来更为牢固，再加上高强度耐挤压设计，提供了一个稳定可靠的避风所，帐篷内还设计有多个悬挂点提供方便悬挂。独特的帐杆设计如弹簧一般支撑外帐，再辅以宽阔拱顶，提供了最大的内部空间和最大的装备储存空间。在通风性上也表现卓越，高低通风口的设计，通过后部的纱窗和顶部的带支架的通风口形成了卓越的通风效果。值得一提的是，为了方便夜间的寻找，门框、气窗、固定绳、绳扣和拉链都采用了反光材料，一切都在为安全考虑。

三人三季超轻帐篷

这款有着极高评价的三人用帐篷是 MSR 的中端帐篷产品，快速地搭建和宽敞的空间是该帐篷最大的特色。作为三人用的三季帐篷，它拥有 3.7 平方米的宽敞空间，重量仅为 3140 克，轻便牢靠的铝合金杆易于搭建和收起。在设计上，以宜居为重点，帐篷内多个收纳口袋设计，方便收纳，双层帐篷设计则带来了出色的防水性和通风性。在材质上，外层为耐磨防撕裂的聚氨酯及硅涂层面料，能够有效防止对帐篷的划伤破坏，内帐和帐底都采用了高强度的防撕尼龙，提供了舒适的内部环境。作为一款性价比超高的三季帐篷，它的长度达到 2.1 米（还不算两头两个 0.8 米的外沿），宽度为 1.7 米，足以满足三人户外休憩的需要。

反应堆一体化气炉

这款经典的气炉是 MSR 在户外炉具制作上的集大成者，在户外炉具领域享有很高的声誉。该炉具重量仅为 595 克，精致的手工让这款气炉看起来和用起来都很出色。为了获得最大的热输出，该炉灶系统的炉头同时利用了对流和辐射热传导。集成的热交换器很好地与 1.7 升的罐子融合在一起，整个包围并锁在弧状炉头里提供完全的防风。为了在任何温度下获得一致的火焰输出，在炉子内部有一个调整器实时地补偿燃气压力。这意味着露营者烧开最后 1 升水的速度几乎和他使用全新气罐烧开第一升水的速度相同，时间在 3 分钟左右。另外，每 8 盎司（1 盎司 =28.3 克）气罐可以烧开 22 升的水，可以帮助 2 个人在 6 天的野外生活中享受丰盛的野餐。

反应堆一体化气炉

适宜项目　登山　露营
参考价格　¥2 000

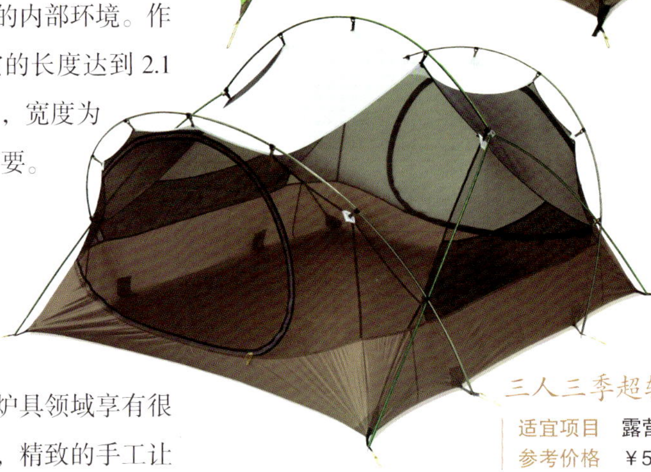

三人三季超轻帐篷

适宜项目　露营　低海拔登山
参考价格　¥5 000

购买推荐

碳反应双人帐篷

外层 20D 尼龙面料，有机硅胶涂层，防水，防撕裂，内帐 20D 防撕裂尼龙，搭建面积 2.7 平方米，前厅 1.3 平方米，三季帐篷，重 1490 克。

适宜项目：露营　远足等

参考价格：￥5 500

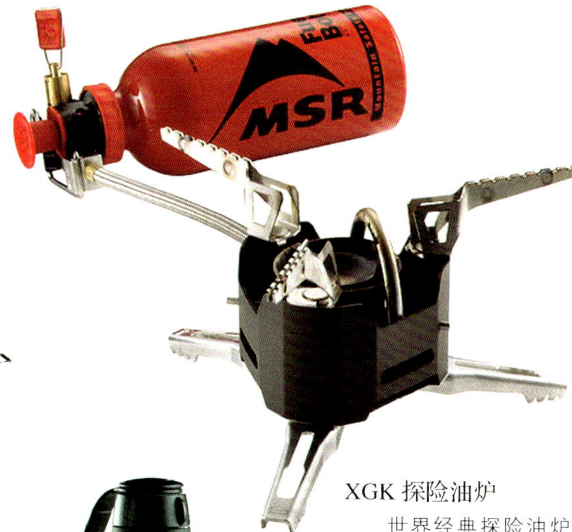

XGK 探险油炉

世界经典探险油炉之一，内置燃料罐，减轻重量，低重心设计，降低倾泻风险，组件式结构，易于维修，重 489 克。

适宜项目：露营　登山等

参考价格：￥2 000

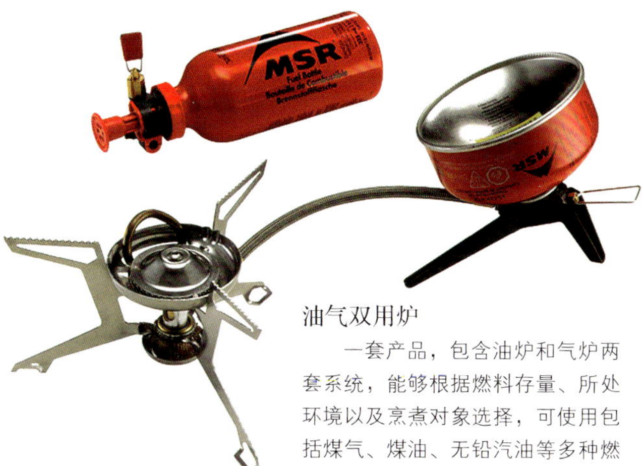

油气双用炉

一套产品，包含油炉和气炉两套系统，能够根据燃料存量、所处环境以及烹煮对象选择，可使用包括煤气、煤油、无铅汽油等多种燃料。超轻设计，总重量 388 克。

适宜项目：多种户外活动

参考价格：￥1 780

钢笔式户外净水器

超轻、小体积，无泵设计，只需加水、摇晃、按钮即可，无添加消毒物品。安全可靠，能够消除包括大肠杆菌、寄生生物等多种病菌，重 99 克。

适宜项目：户外活动

参考价格：￥1 900

超轻双人钛金锅

容积为 2 升，重量为不锈钢同容积产品的一半，净重为 309 克，可与多款炉具、炊具兼容使用。

适宜项目：双人出游

参考价格：￥1 680

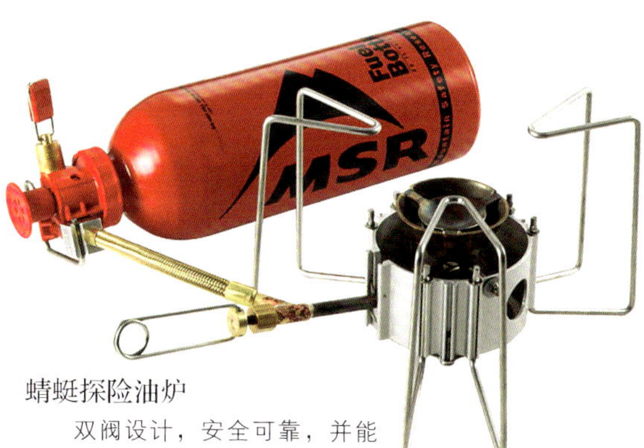

蜻蜓探险油炉

双阀设计，安全可靠，并能提供连续、高效的火力控制。自动清洁喷射器设计，通过振动清除燃烧出现的残骸。分离式结构，配以挡风玻璃，让燃烧更稳定，易于维护，重 510 克。

适宜项目：露营　登山等

参考价格：￥1 780

超轻户外炉具套件

包括有一只 1.3 升钛金锅，一个过滤器盖，一个不锈钢保温杯。超轻耐用，仅 304 克，镶嵌设计，节省空间。

适宜项目：露营　登山

参考价格：￥1 480

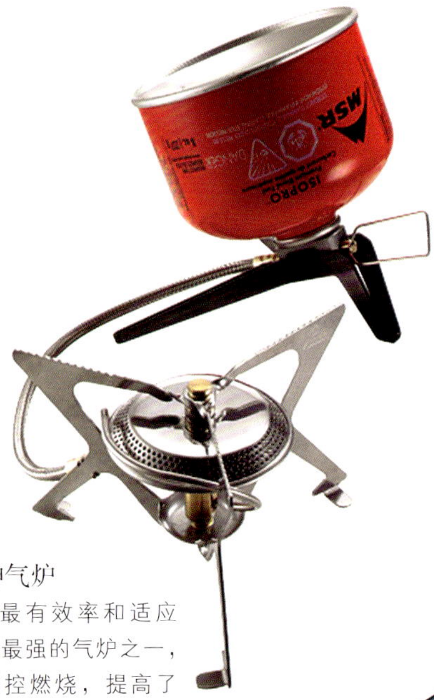

风神气炉

最有效率和适应能力最强的气炉之一，可遥控燃烧，提高了安全系数，重 700 克。

适宜项目：露营　登山等

参考价格：￥1 280

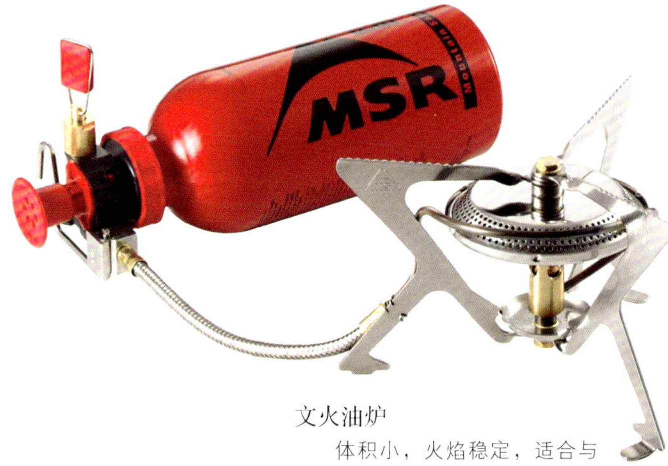

文火油炉

体积小，火焰稳定，适合与 1 升炊具搭配，单阀设计，包括有燃油泵、挡风玻璃以及小零件，易清理、易操作，重 240 克。

适宜项目：露营　登山　远足等

参考价格：￥1 180

微型水泵净水器

活性炭为核心，能有效消除异味和有毒病菌，除菌能力高达 99%。紧凑型设计，易于操作，重 320 克。

适宜项目：越野　探险等

参考价格：￥1 180

高性能帐篷地布

采用 68D 尼龙面料，具备 2000 毫米水柱防水能力，并可抵挡锋利岩石、碎片，重量仅 200 克，长 210 厘米，宽 126 厘米。

适宜项目：露营　登山　远足等

参考价格：￥500

全季节登山杖

三节式伸缩，滚珠固定系统，可快速调节。7000 航空铝材打造，牢固可靠，长 61 厘米，每对重 590 克。

适宜项目：所有季节户外使用

参考价格：￥1 080

反应堆系列一体式气炉

封闭式燃烧系统，反应快，省油易操作，并且拥有出色的防风能力。先进的压力调节器，提供最佳的热输出，搭配 1.7 升锅具，煮沸 1 升水仅需 3 分钟，重 595 克。

适宜项目：露营　登山　远足等

参考价格：￥1 080

小型水泵式净水器

MSR 最畅销的净水器之一，采用碳与陶瓷材质，保证过滤出干净、可靠、无味的水。蓄电池供电的水泵可每分钟处理 1 升水，高效可靠，重 456 克。

适宜项目：露营　登山　远足等

参考价格：￥1 080

它是大自然的宠儿，给人与荒原亲密的居所；

它是群山的子孙，每一款作品都印着山脉的姓氏——它便是比格尼斯，

一个生于荒原，又以荒原为豪的帐篷专家。

不论你是在珠穆朗玛峰，还是在自家的后院，

比格尼斯总能满足你对户外居所的舒适要求。

比格尼斯

荒原上的舒适居所

比格尼斯的标志是以品牌名的两个首字母设计而成的，包括红蓝两种颜色、品牌广告语和公司名等信息，展现了其“荒原中的舒适之所”的品质。

比格尼斯（Big Agnes）位于美国科罗拉多州落基山脉深处的荒原地带，诞生之日起就立足于帐篷生产，在其发展的数十年间，以设计生产高质量、高可靠性的超轻帐篷和睡袋而闻名世界，所有的比格尼斯产品均以荒原附近的地名命名，以此来记录当地的户外运动发展历史和传奇经历。通过这些带有传奇色彩名称的高质量产品征服了来自世界各地的探险者，而这里丰富多彩的户外历史和文化也为比格尼斯增添了更多的神秘色彩。在睡袋研制中，它创造性地将传统睡袋和防潮垫相结合，不但确保了使用者在野外露营的保暖性，而且避免了使用者因熟睡后的无意识移动使自己的身体离开防潮垫而着凉。如今，比格尼斯已经成为户外帐篷和睡袋中的巨人。

以专业的态度、户外的热情打造顶级的产品，让人们享受到安全、舒适的户外生活。比格尼斯产品的特色在于自重超轻、体积更小、容积更大，而且更重视实用性，使用者再也不用担心睡眠时身体翻转或一觉醒来后发现自己的防潮垫居然不在自己身下的尴尬。其产品还分别根据不同强度的户外运动而设计有不同的形状与尺寸，而且面料和保暖材质也会有所不同，这就为使用者提供了丰富的选择。

品牌名品

山脊双人帐篷

山脊双人帐篷是比格尼斯的先进工艺与高档材质的产物，是一款性能卓越的四季用帐篷。和多数比格尼斯帐篷一样，其牢固可靠的帐杆系列由超轻耐用的 TH72M 铝质材料制作而成，经由环保阳极氧化工艺，带来了更长久的使用寿命。独特的结点设计让帐篷的搭建变得更加简单和便捷，并增加了头部空间，让帐篷内的仰卧更加方便。在面料选择上，外层和地布采用了耐磨防撕的杜邦格子面料，防水级别为 1200 毫米，这种防撕材质可以轻松应对硬石、树枝的刮割，内帐为透气抗撕尼龙，并配

山脊双人帐篷

适宜项目　高山露营　雪地露营
参考价格　￥5 700

有可开闭的透气设计。为了增加在严寒地带的保暖效果，该帐篷采用了拉链式设计，让帐篷的密闭程度达到最佳。帐篷内部配有多个工具挂环，可用于安放滑雪器材和冰镐等装备。值得一提的是，为了提高安全性，帐篷各边角均设有反光带和反光绳，便于夜间识别。

翡翠双人帐篷

比格尼斯被誉为是“帐杆采用关节设计的鼻祖”，至今仍然在继续扩展这个“节肢动物”家族成员，而翡翠 SL2 则是比格尼斯多项最新技术的综合体现。防撕硅尼龙材质面料除了提供更高的强度和透气性外，其重量更轻。全新的结构设计使得翡翠 SL2 以不到 2000 克的重量提供了巨大的帐内空间和门厅空间，而且可以通过购买附件更换更大的门厅，最大甚至可以放下两辆自行车，其帐内面积高达 2.68 平方米，高度也有 1.06 米。双门设计使得出入和储物都很方便，两个人在帐篷内活动不会互相影响。专门设计的扭曲帐杆挂钩使得挂上帐杆更加容易，两侧的不对称设计为门厅处提供了更大的头部空间，翡翠 SL 系列的诸多细节更体现出比格尼斯在帐篷设计上的用心之处，达到完美绝伦的品质保证。

翡翠双人帐篷

适宜项目　山地露营
参考价格　￥4 500

飞溪系列双人帐篷

飞溪系列是比格尼斯帐篷的拳头产品之一，也是其帐篷家族当中最轻的系列，甫一面世，就以其硕大的空间、超轻的重量赢得了无数装备爱好者关注的目光，曾获得过“2010 年《背包客》户外装备编辑选择奖”。虽然现在市面上也有比它更轻的产品，但很多是通过减小帐篷内空大小来实现的。该款双人帐篷是该系列的代表作品之一。DAC 材质的帐杆系统，均采用帐篷制作领域最先进的超轻耐用 TH72M 铝质材料制作而成，带来了超轻坚韧的效果，同时采用环保阳极电镀技术，增加了帐杆的使用寿命，单杆点设计让安装更快捷。帐篷的外罩和底部均采用超轻耐用经硅胶处理的抗撕尼龙材质外加防水聚氨酯涂层，防水强度为 1200 毫米，帐篷内部则采用超轻透气的抗撕尼龙，配有聚酯纱网，让透气性进一步增强，帐篷的接缝处都经过压膜防水处理，帐篷内还设计有多处网兜，方便收纳使用。

飞溪系列双人帐篷

适宜项目　露营
参考价格　￥4 000

购买推荐

飞钻 4 人帐篷

双门设计，防撕裂、防水面料，超轻耐用，开设透气窗口，内设多个网袋，便于收纳，搭建便捷，搭建面积 6.4 平方米，高 142 厘米，前厅 1.6 平方米，后厅 0.9 平方米，适合 4 人使用，重 4050 克。

适宜项目：户外露营

参考价格：￥4 700

马刺超轻三人帐篷

超轻尼龙面料，经硅胶处理，耐用且防水，双门设计，防风暴拉链，边角设有反光带和反光绳，便于夜间识别，搭建面积 4.1 平方米，前厅 0.8 平方米，高 112 厘米，重 1900 克。

适宜项目：户外露营

参考价格：￥5 200

温室系列超轻双人帐篷

超轻聚酯纱网面料，接缝压膜防水处理，铝制帐杆，单门设计，内设工具挂环，边角反光涂层，帐底面积 2.6 平方米，重 1530 克。

适宜项目：夏季户外活动

参考价格：￥3 500

大房子系列 6 人帐篷

双层尼龙材质，外层防撕裂、防水，内层防虫、防沙，所有接缝均经过压膜防水处理，双门设计，可开闭天窗，搭建面积 8.4 平方米，高 191 厘米，边角反光涂层，重 6320 克。

适宜项目：6 人露营

参考价格：￥4 010

天幕防虫网

面积 8.7 平方米，尼龙纱网材质，能有效阻挡蚊虫侵扰，建议与天幕凉棚组合使用，重 1980 克。

适宜项目：夏季户外活动

参考价格：￥1 400

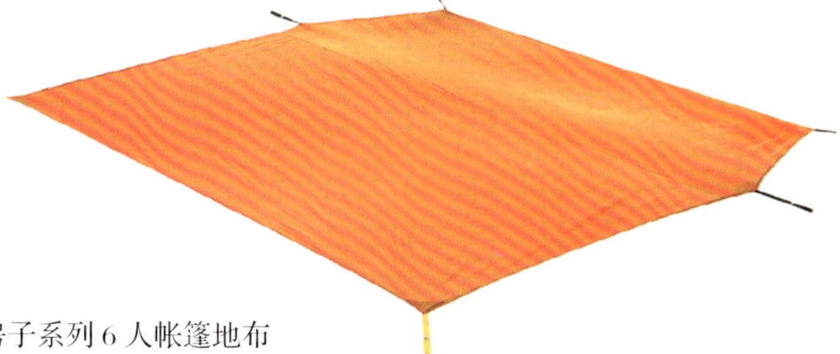

大房子系列 6 人帐篷地布

建议与大房子系列 6 人帐篷搭配使用，尼龙面料，防水耐磨，防撕裂效果显著，重 652 克。

适宜项目：露营

参考价格：￥650

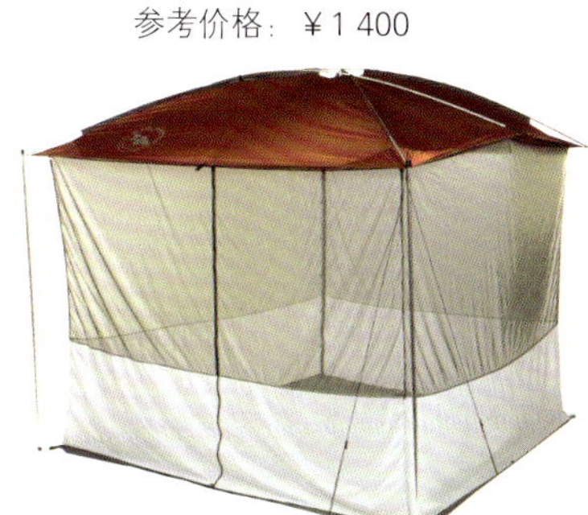

它不是销量最好的，也不是口碑最佳的，更不是售价最昂贵的，
但它却以一种传统的方式行走在时尚、科技的最前列，成为户外产品的创新者。
它就是凯尔蒂，一个值得信赖的老牌户外用品提供者，
用高品质的科技产品为户外爱好者保驾护航。

凯尔蒂

值得信赖的老牌户外用品提供者

凯尔蒂的标志是由一系列不同长度的斜线组成的，如同一座座被凯尔蒂征服的群山，也说明了其品质是值得信赖的。

凯尔蒂（Kelty），美国历史悠久的户外品牌之一，1952 年由迪克·凯尔蒂创立。迪克·凯尔蒂先生被誉为“框架背包之父”，他设计了第一个铝骨架背包、第一个腰带、第一个泡沫材料填充肩带和腰带、第一个采用尼龙制作背包、第一个在腰带上可快速松开的插扣、第一个拉链袋。其中腰带是他最重要的发明，腰带的发明让背包的重量从肩和脊椎转化到了骨盆。他的这些发明开创了现代背包设计的先河，使户外负重行走成为一种享受。现在凯尔蒂公司为美国服装业巨头凯尔伍德（KELLWOOD）公司的子公司。

象征着一种不断超越、不断进取的精神，现代背包很多制作标准就是凯尔蒂公司首先提出的，对于户外领域来说，他们代表的是一段追求卓越的永恒传奇。凯尔蒂在面料、背负系统和裁剪设计上都有出色的表现，但是最让人印象深刻的技术特点是它的人性化的设计和服务。体现在背负系统上是网状透气型腰带，体现在帐篷上是其实用性、耐磨、透气防水的面料和剪裁，以及对空间的利用等。此外，在售后服务上也为客户提供了充足的保障，让每一个人都安享户外的乐趣。

品牌名品

边境系列帐篷

作为凯尔蒂公司最大型、也是最昂贵的帐篷款式，边境系列帐篷的最大特点就是面积大，它最多能够提供 9.5 平方米的宽敞空间，如同一间温暖舒适的房间一样，为露营者遮风挡雨蔽日。更为重要的是，在这个高达 2.1 米的宽敞空间内，遇到雨季，帐篷内仍然能够保持干爽，若是晴热天气，帐篷内又能保持足够的透风，这得益于独特的 210D 涤纶材料与 DAC 混合材料的精心剪裁，除了三个窗口和一个大门之外，在帐篷底部使用了加厚防潮的帆布材质，在这个可以随意开闭的空间内，牢固的撑杆和地板面料让人安享独立的空间。唯一需要露营

边境系列帐篷

| 适宜项目 群体露营 越野车队
| 参考价格 ¥8 000

者们担心的是接近20千克的重量，而这也说明了材质的牢靠性。该系列主要有4人款和6人款两种，在材质、设计上无太大的区别，只是面积上有所不同。

Cloud 5250背包

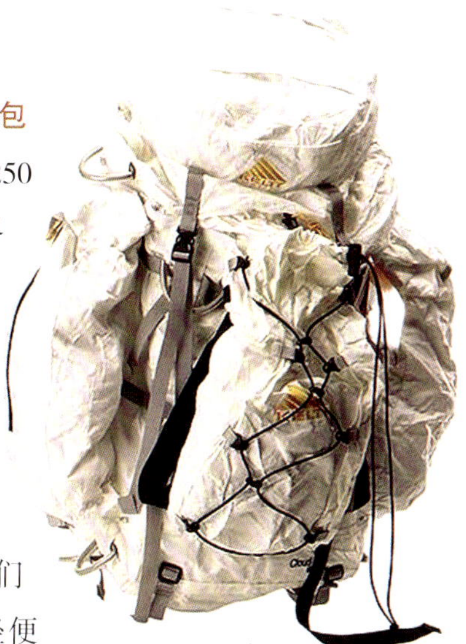

Cloud 5250背包

| 适宜项目 极端户外环境 探险竞赛
| 参考价格 ¥6 400

Cloud 5250背包作为世界上科技最领先的探险背包，成为冰岛和阿拉斯加救援队以及探险竞赛者们的选择。以轻便和卓绝的性能著称的5250背包也因此有了一个可爱的昵称——大白包。大白包是专门为适应极端环境而设计的，采用了超级强化的光谱纤维面料（这种纤维因为不能够染色而只能呈现出白色），这种面料比钢铁还要强韧10倍，同时还能保证很低的重量，适用于轻量化的目标。安全的顶盖双扣设计以及带来最佳贴身的悬浮腰带，让探险者便捷地存储物品。如果你寻求减轻重量又要求多用性，5250背包还能够提供带有许多口袋的附件系统，而且所有的辅包都可以拆卸，正面辅包可以当作双肩背冲顶包用。这款背包的容积可达86.1升，而重量仅2000克，超轻的铝条背负系统加上3层填充物，以及灵活易调整的腰带，使得这款背包集功能性、舒适性、耐磨性、灵活性、时尚性于一身，堪称极品。

萨利达双人帐篷

萨利达双人帐篷是一个全能型的徒步旅行用帐篷，能够轻松地应对春夏秋三季的户外气候，该款帐篷还获得了2011年背包客颁发的“编辑之选”奖项。这款帐篷最大的特点就是重量轻，仅为2000克，另外在通风和防潮上都表现出色。内部相对较为宽敞，面积为2.83平方米，高度为1.1米，在有限的重量前提下，如此大的空间已经很难得。帐篷采用了轻便坚韧的75D聚酯材料和68D尼龙材料，地板则是68D聚酯材料，防水级别都达到了1800毫米。帐杆的材料则是DAC压接铝，经久耐用，帐篷内部有储存口袋，值得一提的是无噪音拉链，隔绝了户外噪音的侵扰。

萨利达双人帐篷

| 适宜项目 户外徒步露营 家庭露营
| 参考价格 ¥1 400

当马背上的速度略微有了危险味道的时候，
脑袋上的 GPA 头盔让你变得安心了许多，是对品质的信赖，也是地位的象征。
一个佩戴高级头盔的人在马场里总是能够被人当作是皇室贵族的。
来自法国的头盔制造商 GPA 无疑是这个世界上头盔领域的王牌标志。

GPA
马术装备的行业领袖

以提供“安全、舒适和高科技保护”著称的 GPA 将“安全传奇”放进了商标，标志最外圈虚线既是 GPA 经典头盔的外形，也在说明 GPA 优雅、高贵的秉性。

GPA 诞生于 1960 年，由法国车手米歇尔·芬克创办，目前其研发中心在瑞士，生产基地在法国和意大利，拥有全球领先的设计和生产技术，满足了高风险运动和专业比赛对安全的苛求。由于创始人多次看到自己的车友们因为头部得不到充分保护而受伤甚至失去生命，他决心制造最好的头盔来避免这类事件的再次发生。在米歇尔·芬克的制作团队的努力下，GPA 头盔很快就在赛车界和马术界赢得了同行的赞誉，从 20 世纪七八十年代开始，GPA 马术装备开始在各类顶级马术赛事中出现，如今已经成为马术冠军的首选装备品牌，同时也是许多国家官方指定的军用品，例如法国军方和警察单位，英国、挪威和意大利骑警，爱尔兰和意大利军队等。此外，爱马仕和香奈儿也委托 GPA 开发生产他们的马术头盔，其品质和技术已然成为行业的领导者。

GPA 的诞生是基于“提供最佳保护”的目的，这个目的也成为 GPA 的品牌精髓，同时又以最坚韧的材质、顶级的设计和时尚优雅的造型，造就最安全、最轻、最舒适、最高贵的马术用品。GPA 马术头盔具有安全性能高、重量轻、通风优、兼顾时尚优雅等特点，是休闲骑乘、业余比赛，或者专业竞技的上好选择。首选是安全保障，GPA 马术头盔的外壳选用了航空材料，兼具了韧性、轻便的特点，具有柔韧性的帽檐可以减少面部的损伤；其次是舒适干爽，内衬选用美国杜邦公司COOL MAX功能性纤维，提高热量交换、透气、快速干燥。

品牌名品

第一夫人马术头盔

第一夫人马术头盔专为女性设计，有一个较宽的帽檐，用于抵挡太阳光等不利因素对脸部和眼部的影响。头盔外壳采用了聚碳酸酯合成材料，附含高性能纤维材质，内壳采用高科技、高密度聚苯乙烯HIPS材料，同时内、外壳无缝隙黏合，最大限度地保障安全。严格精选的材料，通过其延展性和韧度吸收撞击力，最大限度减少冲击对头部的损害。舒适干爽和高贵的外形是该头盔的又一特点，3D结构泡沫衬垫能够阻挡潮气吸收，帽体内部结构具有GPA公司原创专利设计，运用空气动力学原理而设计的独特的双向通风系统，引导气流通过前部气孔，迫使空气通过帽体内部气流导向风道，自然由后部气孔排出。该创新设计改变了传统马术帽的湿热现状，能够保持头部的干爽、舒适，内衬表面选用美国3M公司LORICA材料涂层，能够有效地杜绝细菌滋生，防止污染，并便于清洗。高雅的外形让那些骑行的女子更显魅力。

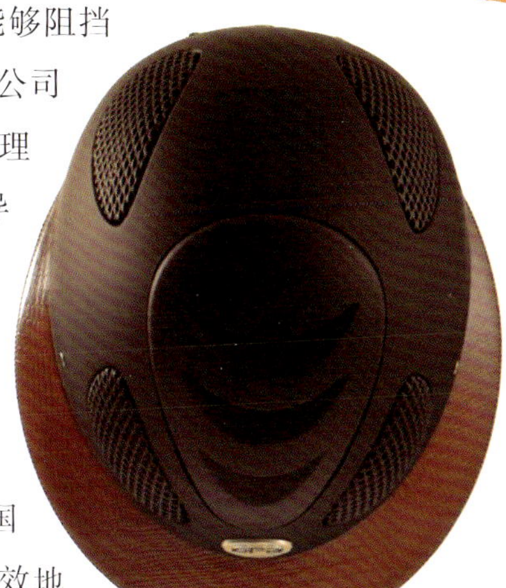

第一夫人马术头盔

适宜项目　女性马术运动
参考价格　¥6 000

高端急速气流马术头盔

作为一款纯手工制作的顶级头盔，高端急速气流马术头盔是众多马术冠军合作的产物，它使用高科技内壳吸震技术，高密度聚苯乙烯材质，并且配有加厚的黑色PVC发泡与布覆盖填充垫，将骑行的危险性降到了最低，新型的航天材质还能够保证脸型和头盔的完美吻合，从而达到最佳的防护，这种完美吻合还建立在定制的基础上，设计者会根据每一个客户的要求和具体条件进行特别设置。柔和的感受再配合高科技涂料及喷涂工艺，使得它看起来和触摸起来都有像棉布的感觉。头盔外壳主体为碳纤维，强度超乎想象，但十分轻巧，内部的衬垫可以手洗或者更换。牛皮面短帽檐，时尚感和贵族尽显。在颜色的选择上，

无缝马裤

适宜项目 马术运动

参考价格 ¥5 000

有黑色、灰色、蓝色三种，根据客户的要求进行喷涂。在大小上也需要客户的积极配合，有52厘米至63厘米头围可以选择，制造GPA的专家们介绍说，该款头盔不会有固定的型号，也不会有固定的样式，一切只为每一个客户达到最佳的佩戴感受，最高的安全标准以及最奢华的佩戴品位。外壳侧前方有2个非常大的进气口，后面2个通风口孔，确保创造一个最佳的头盔动态空气流通环境。头顶3个横向通风孔让更多的空气渗透，加速空气流动，有利于散热。遮阳板为分离设计，可降低伤害风险的影响。下巴有4条尼龙被铆钉加固，另外还有一个快速自锁扣（双锁）和解剖学设计垫，在保证牢固的前提下又不失调整的灵活性。

高端急速气流马术头盔

适宜项目 专业马术运动

参考价格 ¥16 000

无缝马裤

GPA全球独创的无缝线马裤，为马裤加入了更多的高科技含量，成为骑手真正的“第二层皮肤”。除了使用性能优异的弹力材料以外，无缝线马裤设计优美，应用激光剪裁，用特制的皮肤亲和胶水黏合各个部分，使骑手运动自如又不会感觉任何不适。GPA马裤必将成为马术赛场上如同GPA头盔一样的顶级选手标准装备。该马裤根据男女腿形分男女款，除了无缝线的特点之外，还能减少皮肤与服饰的摩擦，在保持体内凉爽的同时，促进血液的循环。

购买推荐

骑士女装

高科技弹性面料，保证骑手自由驾驭，具有防水透气功能，清洁简单。

适宜项目：马术

参考价格：￥5 800

Jockup One 速度赛头盔

碳纤维材质的加入，使保护性能提升了 10 倍以上，远比钢轻巧，采用手工制作而成，精致大气，内胆可拆卸，易于清洁，提供 12 种尺寸供选择。

适宜项目：马术

参考价格：￥9 000

EPO+ 马术头盔

经典款，外形时尚，采用 Coolmax 材料，能够有效地排汗，并具有抗菌功能，让佩戴更舒适、安全。加长锁扣，便于脱扣，设计上立体感更强，保护性和舒适性逐年提升。

适宜项目：马术

参考价格：￥5 500

Titium leather 头盔

高科技材质结合的产物，提供炭黑、银色、驼色三种颜色产品，具备出色的通风透气性能，能够对骑手的颈部起到很好地保护。

适宜项目：马术

参考价格：￥6 000

Easy 马术头盔

Easy 马术头盔是 GPA 头盔的简易版，在保证安全、舒适性的前提下，采用了更加简洁的内衬和锁扣，是休闲级别选手的首选。

适宜项目：马术

参考价格：￥3 200

Jimpi 儿童头盔

专为儿童设计，外形上颇具吸引力，并能提供有效的保护。值得一提的是，该头盔内衬可调整，以便与儿童快速成长相匹配，内衬可拆卸和更换。

适宜项目：马术

参考价格：￥1 700

高速马球头盔

世界上最先获得批准的专业马球头盔，超轻材质，坚固可靠，带遮阳帽，多个通风口设计，内衬可拆洗和更换。

适宜项目：马术

参考价格：￥6 300

在经典的欧洲马术运动中，服装是一个很重要的元素，
相对于优雅的高尔夫球运动，马术对于仪式感和服装的要求更高，
而且更显高贵，极具古典情调的皮克尔马术服装无疑最能理解这种时尚诉求。

皮克尔

古典的时尚

Pikeur®

在品牌名称的第二个字母“i”之上，黑底白色的骑马图案显得优雅动人，并形成一个放大的圆点与品牌名称连为一体。

皮克尔马术服装公司（Pikeur）原名为哈夫纳时尚马术公司，成立于1957年，是欧洲最富盛誉的马术服装品牌。从1964年起更名为“皮克尔”后使用至今，它是欧洲马术服饰的积极推广者，也是第一个能够提供从马术服装预订、设计、生产到配送全套服务的高端品牌，如今已经成为所有高端爱马人士必备的运动服装。除了完美的设计，不断推陈出新的功能面料，以及强大的推广能力，许多冠军级人物的使用和推荐，以及欧洲深厚的骑士文化，都成为皮克尔的文化积淀物，造就了皮克尔在全球马术服装领域无可匹敌的影响力。经过半个世纪的洗礼，皮克尔马术服装已经成为现代马术服饰时尚和高端的符号，也是品质和品位的象征。

半个世纪的经验和传统，对马术运动的热情，对质量和高性能的一贯追求，使皮克尔成为全世界马术服装最著名的品牌。在欧洲和美洲的马术界，皮克尔马术服装是唯一能够和骑士分享

盛名的物品，是几乎所有高端爱马人士必备的运动服装，也是心仪的收藏艺术品。除了完美的设计，它还不断推出新功能面料，更重要的是它已经为众多的马术大师带来了荣耀。

品牌名品

埃普瑟姆夹克

埃普瑟姆夹克是广受欢迎的女士马术服。该马术服以优雅的外形和出色的功能性成为女子马术服的经典代表，是一款能够轻松面对激烈马术比赛的作品。为了增

埃普瑟姆夹克

适宜项目　马术运动

参考价格　￥3 500

加参与运动过程中的灵活性，它设计为后背开叉，同时在前排纽扣上增加了牢固性，以防脱开。出色的弹性面料加上设计师的剪裁，使得穿着更为合身，展现出马术运动优雅的一面，由于该马术服只有36、38、40三个尺码（德国码），所以尤其适合身高158厘米到170厘米的女子。面料为55%的涤纶加上42%的羊毛，以及3%的弹性材料，具备充足的弹性和耐磨性。两个缝制出色的口袋作为完美的点缀，将女子马术运动优雅的一面展现得淋漓尽致。

青年才俊男款马术服

作为一款有着明显礼服特征的马术服装，青年才俊男子马术服将德国制造的优质和高雅完美呈现。中度厚度的羊毛面料，含适量的莱卡面料，以提供舒适的穿着感受，又不失灵活性。这件马术服还配以腰线，以提升骑马男子威武和绅士的一面。整体上表现出强大的功能性，细节处又增加了礼服的元素。四颗纽扣全部位于腰线以上，在衣领处和下摆处的外沿还能看到弧形礼服的影子，口袋处和衣袖处更是精致且完美。因为属于定制衣服，所以该服装的另一亮点是颜色可选、布料可选，剪裁和缝制完全依据个人身型进行处理，从预订到拿到衣服大约需要4~6周的时间。

青年才俊男款马术服

适宜项目　马术运动　马术活动

参考价格　￥2 800

拉丝卡拉女款全皮马裤

拉丝卡拉女子全皮马裤是广受欢迎的低腰造型马裤，也是皮克尔最著名的经典马裤之一。该马裤的一大特征是全臀位补皮设计，新增的Mc-Crown柔软皮革增加了臀部在骑马过程中的舒适感。在面料上，拉斯卡拉马裤采用了一种名为“Prestige-Micro 2000 Plus”的特殊面料，该面料由64%的棉、29%的尼龙，以及7%的弹力材料组成，呈现出低吸潮、高透气、高弹性、强韧性等特点。在设计上，马裤的臀位和大腿之间为直筒设计，增加了马裤与身体的贴合，从而减少了不需要的阻力和摩擦，同时穿着更能显现女子的优雅和性感。宽腰带设计部位略高于髋关节，增加了穿着的便捷和舒适感。值得一提的是，在脚踝处增加了魔术扣设计，使马裤与身体的紧密程度进一步提升。

拉丝卡拉女款全皮马裤

适宜项目　马术运动

参考价格　￥2 800

购买推荐

竞技型女款马术燕尾服

修身剪裁，展现女性运动魅力和娴熟的驾驭技巧，柔软舒适面料，65%棉纶加 25% 氨纶加 10% 聚氨酯，透气，有弹性，并具备防风、防水性能。

适宜项目：马术

参考价格：¥6 200

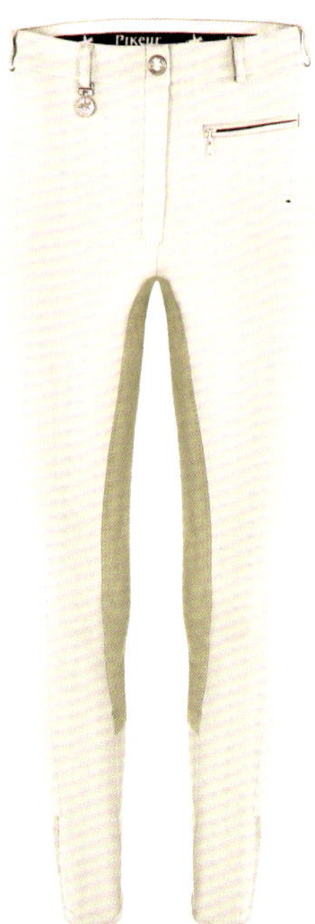

Lugana 女款马裤

高弹性，全年均可使用，采用 41%棉加 35%涤纶加 15%氨纶加 9%的弹力材料，具备超强的透气性和防水性，并且非常耐用，臀位补丁设计，让骑行更舒适。

适宜项目：马术

参考价格：¥1 800

Rodrigo 半皮马裤

纯德国制造，采用皮克尔特殊的微型软织物材料，轻巧、透气，高度耐磨。前斜插口袋，后翻盖口袋设计，裤腿下端带魔术扣，让穿着更紧凑。多种尺寸。

适宜项目：身高 165 厘米 ~180 厘米马术骑手的马术运动

参考价格：2 800

Ledergürtel 皮带

能与所有的马裤相兼容，100%真皮打造，宽 3.3 厘米，皮带上印有 "Pikeur" 字样，配以银色钢质纽扣。

适宜项目：马术

参考价格：¥350

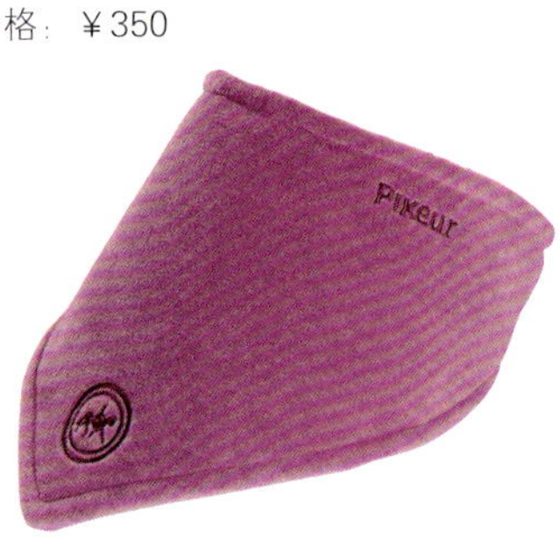

时尚羊毛披肩

时尚造型设计，柔软舒适，既能起到保护作用，也能起到装饰作用，带有魔术贴，材质为 65%涤纶加 35%短纤维。

适宜项目：马术

参考价格：¥200

Ricarda 女款马裤

高后腰，带 V 型缺口，穿着更便捷舒适。臀位补皮，骑行更舒服。64%棉加 29%尼龙加 7%弹力材料，高透气。大腿和臀位之间采用直线设计，贴近身体。适宜项目：身高 158 厘米 ~175 厘米女马术骑手的马术运动

参考价格：¥2 400

Meredith II 女款马裤

以冠军骑手 "Meredith" 命名，其品质得到了大赛检验，成为最经典、热销的款式之一。64%棉加 29%尼龙加 7%弹力材料，高透气。

适宜项目：身高 158 厘米 ~175 厘米女马术骑手的马术运动

参考价格：¥2 200

Turnierjacket Delgado 男款马术服

竞赛用马术服，修身剪裁，横向弹力设计，保持优雅穿着的同时，又不影响马上的操作。三纽扣设计，配以 2 个口袋，材质为 95%涤纶加 5%氨纶。

适宜项目：马术

参考价格：￥2 000

Reithose Rossini 男款马裤

材料由 65%棉加 27%尼龙加 8%氨纶组成，加上极具动感的设计和剪裁，带来了更灵活、更耐用的男款马裤。

适宜项目：马术

参考价格：￥2 300

Reithose Lucinda 女款马裤

边缘刺绣处理，增加了整体的耐用性和美感。高品质弹力棉带来了出色的自由度和透气性，贴身剪裁带来了舒适的穿着感受。

适宜项目：马术

参考价格：￥1 800

卡洛塔时尚女款外套

时尚设计，配以透气面料，涤纶材质，衣袖为 65%棉加 35%涤纶，增加了手臂的自由度。

适宜项目：户外休闲活动

参考价格：￥1 200

Fliegermütze 保暖帽

时尚大方，飞行帽风格设计，蓬松人造皮毛，羊毛里衬，外层为 100%尼龙材质，防水透气，里料 100%聚酯纤维，仅适合手洗。

适宜项目：户外休闲活动

参考价格：￥400

Turnierjacket Shannon 女款马术服

时尚设计风格是其最大亮点，修身剪裁，外层为 90%棉纶加 10%聚氨酯，里衬为 100%涤纶。时尚纽扣和拉链式口袋，通风侧口和网眼设计，舒适美观。

适宜项目：马术

参考价格：￥2 500

Casparo 羊毛外套

立领设计，柔软保暖，双向拉链，胸口刺绣处理。

适宜项目：户外休闲活动

参考价格：￥1 400

没有哪项户外运动能够像马术这样，如此长久地成为贵族的专享，
这在很大程度上归功于这是一项兼顾文化、财富、工具和技术的运动。
在这项运动中，马鞭是常常被轻视却极为重要的工具，
没有哪个品牌能像弗雷克马鞭这样专注于此。

弗雷克

贵族的马术指挥棒

弗雷克马鞭的标志是由向左向右的两个马头表示的，表明了弗雷克马鞭在驾驭马匹上的出色功能，除了“Fleck”的名称外，还直接表明了它严谨可靠的德国制造的身份。

弗雷克马鞭（Fleck）是一家有着140年历史的德国马鞭生产商，在第三代领导者麦斯艾克·鲁迪的运作下日趋国际化。技术熟练的工人、一丝不苟的工作态度以及对马鞭制作的严格要求，成就了弗雷克马鞭在马术用具品牌中的一流地位。弗雷克马鞭将创新和传统相结合，一方面是设计者不断与骑手沟通，以获取最新的驾驭感受、拿捏感受，另一方面是有着几十年制作经验的工人们，遵照最传统的马术精神，制作为贵族服务的精致马鞭。弗雷克马鞭找到了传统与现代之间的平衡，凭借出色的外观和优异性能赢得无数名流贵族、马术冠军的青睐，其马鞭已经成为世界顶级马鞭的代名词。

弗雷克马鞭的品牌精神是“让骑手享受到驾驭的乐趣”，这种乐趣既表现在对马匹的控制上，又表现在拿捏的舒适程度、美观，以及对冠军品质的坚守上。弗雷克马鞭的特色不仅仅在于奢华的材质，更在于专业化的品质和种类，以及珍贵的手工制作工艺。每一根弗雷克马鞭都是顶级材质的升华，在设计者和制作者的努力下，马鞭以最舒适的拿捏、恰到好处的控制力，并且为不同的马术运动准备了不同类型的马鞭，让骑手轻松地驾驭马匹。

品牌名品

狩猎马鞭

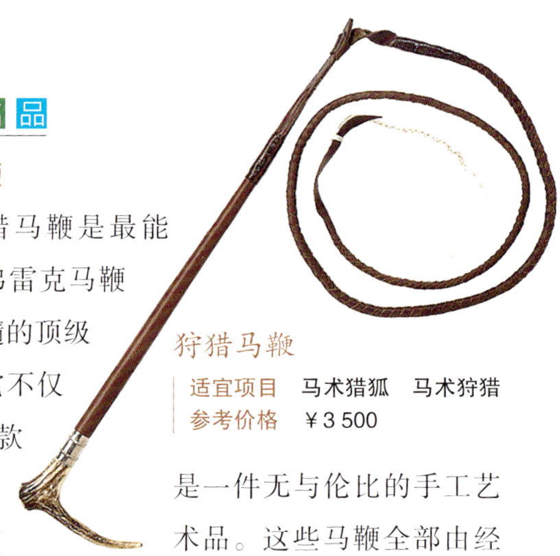

狩猎马鞭
适宜项目　马术猎狐　马术狩猎
参考价格　¥3 500

狩猎马鞭是最能够代表弗雷克马鞭品牌精髓的顶级马鞭，它不仅仅是一款马术的工具，更是一件无与伦比的手工艺术品。这些马鞭全部由经验丰富的工匠纯手工制作完成，因此在质量、功能和外观上绝对出色，将传统的德国工艺展现得

淋漓尽致。和跳跃型马鞭相类似，狩猎马鞭同样注重对操控性和耐用性的要求，但同时对马鞭的艺术性要求更高，因为马术狩猎在当今时代已经成为一种奢侈的运动。长约 50 厘米的握把采用了天然木柄，同时加入了珍贵的鹿角，在增加把握舒适度的同时，也让它的身价倍增，再与长达 120 厘米的牛皮编织鞭梢搭配，使得马鞭成为充满野趣的贵族用品。

高级盛装舞步系列马鞭

高级盛装舞步系列马鞭有十几种款式，强烈的艺术感是该系列马鞭最大的特色。它出色的处理能力和灵活性让人印象深刻，成为世界上一流盛装舞步骑手的首选马鞭。设计者根据不同马匹的特征设计了不同的长度，长度范围从 40 厘米到 68 厘米不等，最大限度地提供马鞭对马匹控制的精确度。在材质上，握把处采用了真皮包裹、编织皮套以及螺纹等元素，除了让持握的手感更好之外，还能增加握把的摩擦力，让骑手更好地控制皮鞭。值得一提的是，该系列马鞭的握把中甚至还有施华洛世奇水晶的“表演”，完美地表达了骑手的品位和身份。

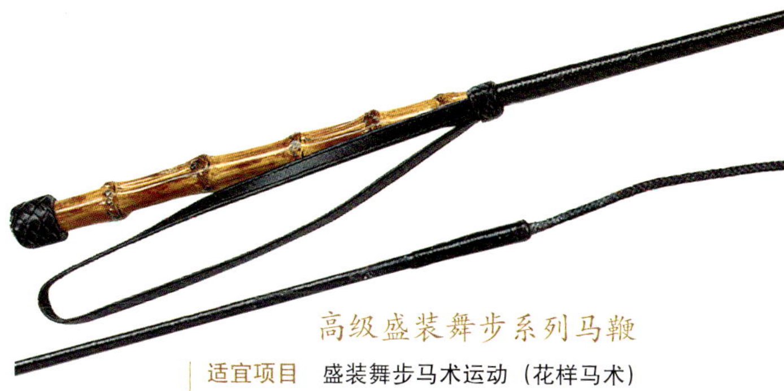

高级盛装舞步系列马鞭

适宜项目　盛装舞步马术运动（花样马术）

参考价格　￥2 200

跳跃冲刺马鞭

跳跃和冲刺马鞭是专门针对激烈类型的马术运动设计的，因此在材质的选择上更为严格，对控制力和耐用程度的要求更高。该系列马鞭的把柄设计尤为特殊，是一种类似于高尔夫球杆握把的设计，一些高级款式更具有伸缩功能，让把握更加紧密和舒适。在材质上采用了更加现代化的中空玻璃材料，替代了传统的木质材质，并且加入了碳纤维和防滑漆，从而在耐用性、时尚感和防滑性之间取得了完美平衡。这款马鞭还采纳了多位马术跳跃赛冠军的意见，因此更加适合马术跳跃类运动的使用。

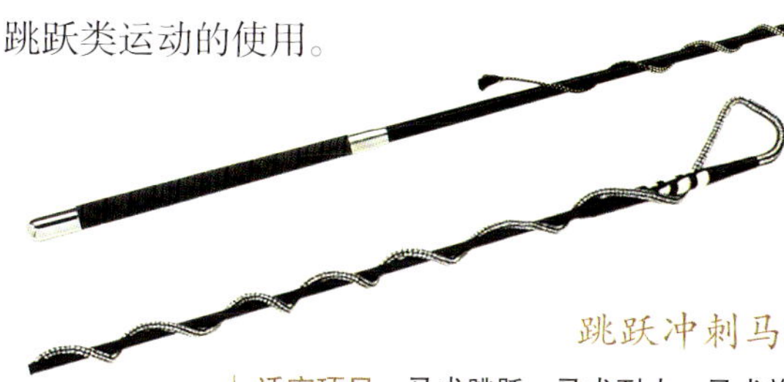

跳跃冲刺马鞭

适宜项目　马术跳跃　马术耐力　马术旅行

参考价格　￥1 300

购买推荐

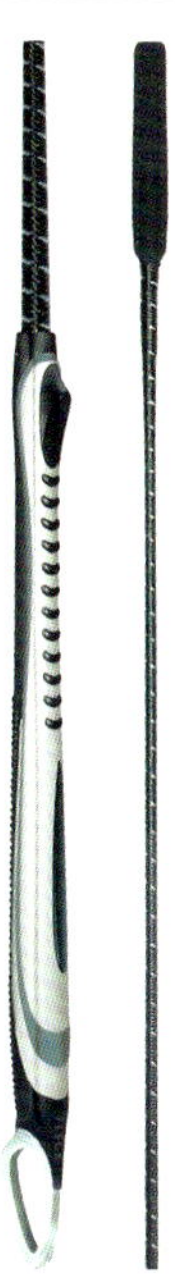

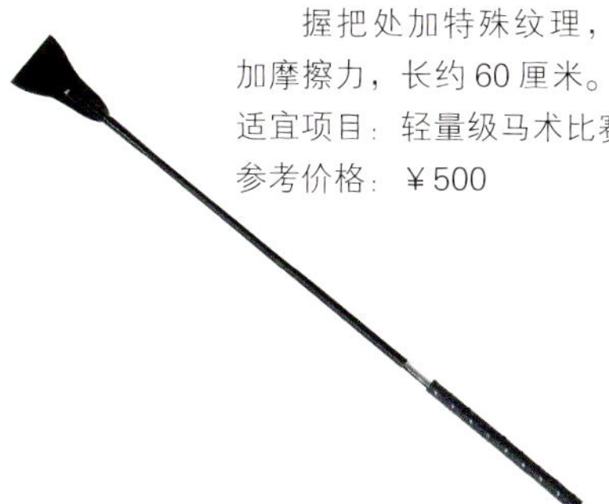

跳跃赛 Grip 马鞭

握把处加特殊纹理，增加摩擦力，长约 60 厘米。

适宜项目：轻量级马术比赛

参考价格：￥500

IMPULS 盛装舞步马鞭

创新的握把设计，具有出色的防滑抗污能力。每一个细节都与骑手的手掌相契合，带来卓越的平衡性和灵活度，从而实现高效地控制马匹，且配有磨砂皮革花边设计。

适宜项目：马术比赛

参考价格：￥720

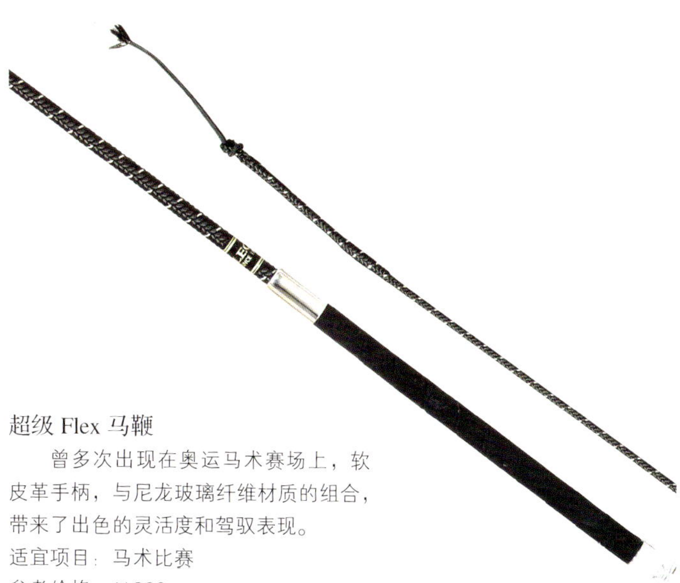

超级 Flex 马鞭

曾多次出现在奥运马术赛场上，软皮革手柄，与尼龙玻璃纤维材质的组合，带来了出色的灵活度和驾驭表现。

适宜项目：马术比赛

参考价格：￥900

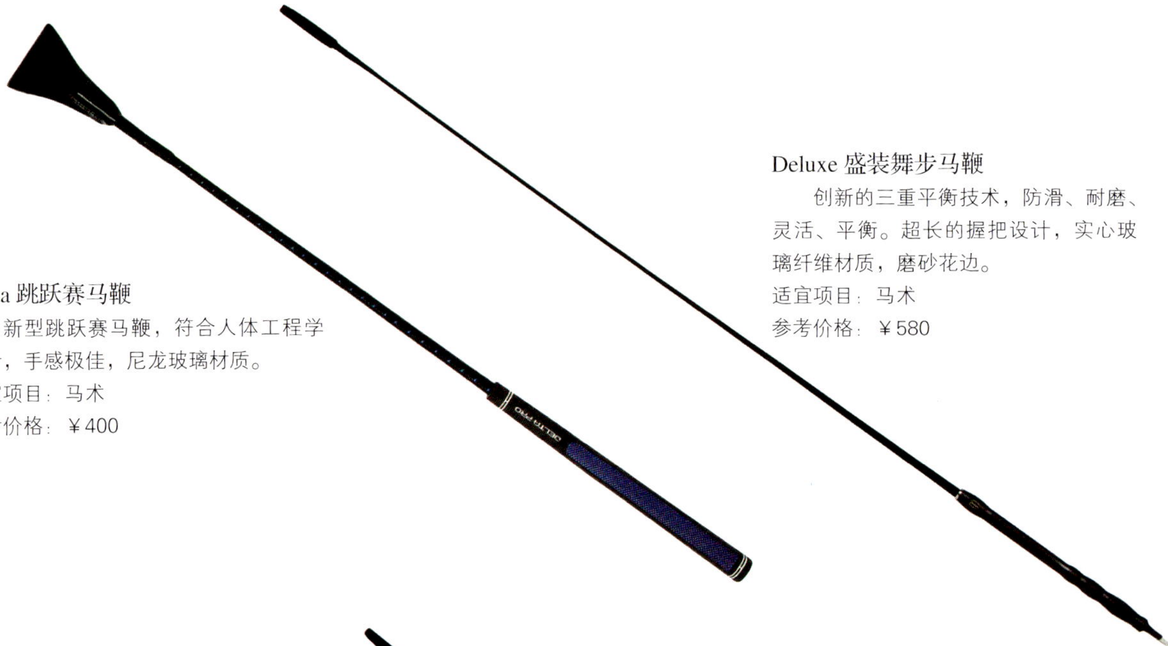

Delta 跳跃赛马鞭

新型跳跃赛马鞭，符合人体工程学设计，手感极佳，尼龙玻璃材质。

适宜项目：马术

参考价格：￥400

Deluxe 盛装舞步马鞭

创新的三重平衡技术，防滑、耐磨、灵活、平衡。超长的握把设计，实心玻璃纤维材质，磨砂花边。

适宜项目：马术

参考价格：￥580

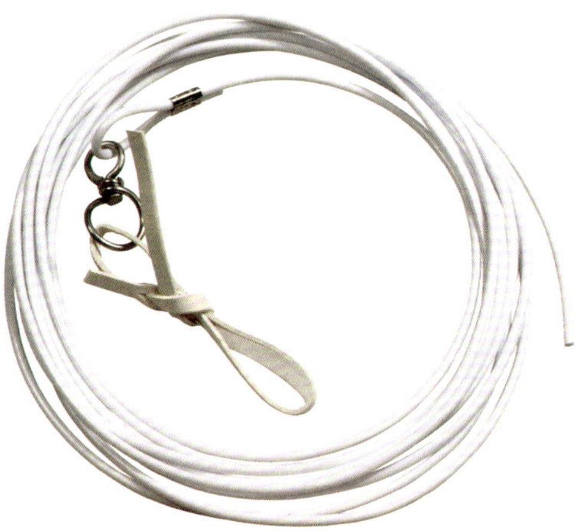

耐磨锁马绳

多种耐磨材质组合而成，具有防腐蚀、抗污等特点，并具有超强韧性和耐磨性，易于清洗，长 2.5 米。

适宜项目：马术

参考价格：￥180

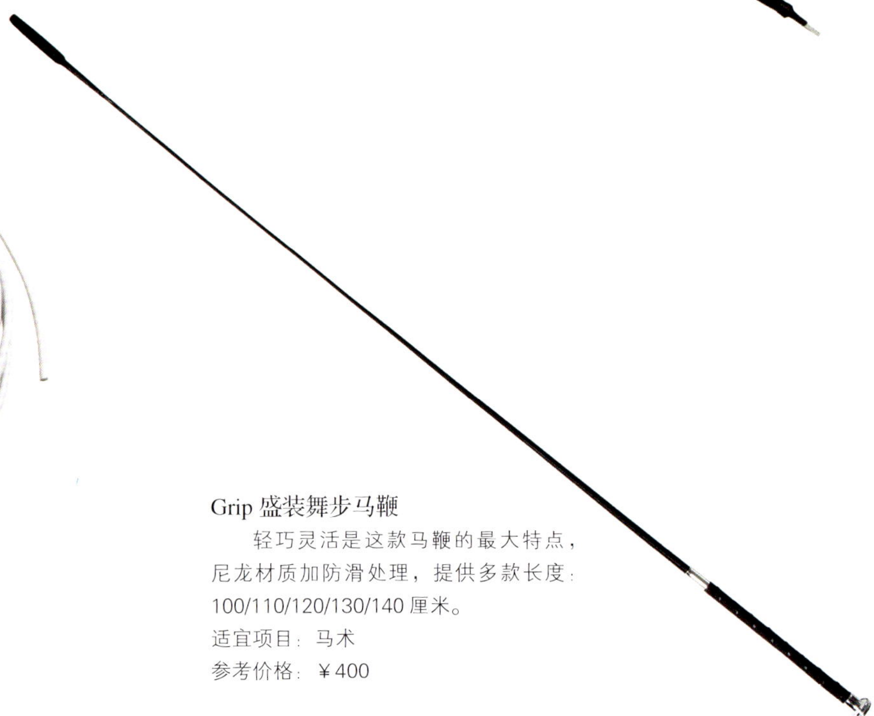

Grip 盛装舞步马鞭

轻巧灵活是这款马鞭的最大特点，尼龙材质加防滑处理，提供多款长度：100/110/120/130/140 厘米。

适宜项目：马术

参考价格：￥400

冲刺型超轻长鞭

尼龙编织长鞭，带来精细的控制力和出色的防滑能力，可伸缩的中空玻璃握把，长度约 2 米，适合经验丰富的骑手。

适宜项目：马术

参考价格：￥550

英国的贵族说道，马术是人类到目前为止最高雅的征服。
骑马已然不是代步工具了，而是一种贵派的存在，一如普瑞斯帝马鞍，
呈现的是一种与修养和品位紧密相关的生活方式，优雅包括奢华，谦逊又含有征服。

普瑞斯帝

马鞍王国的法拉利

普瑞斯帝的标志是一位骑手与一个简易的马头，之下是“Prestige”的名称和产地名意大利，该标志表明了普瑞斯帝马鞍要“建立马鞍与骑手之间美好联系”的重点。

1974年，普瑞斯帝公司（Prestige）由斯托克·蕾西亚家族成立于意大利，原名为“阿帕卢萨（欧洲的一种优良马种）”，这个对马术运动充满极大热情的家族为马鞍制作设定了两个重点：一是根据不同的马匹品种制作马鞍，二是要满足骑马者的最舒适骑乘的要求。随着时间的推移，他们开始注重品质和声誉，并开始吸收德国、英国和瑞士的马鞍制作工艺，将马鞍制作的重点转移到“建立马鞍与骑手之间的美好联系”。这一转变既为普瑞斯帝马鞍带来了品质上、设计上的极大提升，又将它的声誉带进了世界顶尖马鞍的荣誉殿堂。在成立至今的40年时间里，它将传统欧洲马术文化、意大利手工工艺和冠军骑手的想法感受完美结合，打造出一件件如同意大利艺术品一样出色的马鞍，成为马鞍世界里顶级的代表。

普瑞斯帝的品牌精髓在于“创新、人性和最完美的质量”，在此基础上，满足骑手对马术运动的要求，最大限度地实现马术的乐趣，进而实现工具与工艺、马匹与骑手、文化与乐趣的完美平衡。手工制作和定制服务是普瑞斯帝马鞍最大的特征，作为意大利手工工艺的杰出代表，普瑞斯帝的工艺大师们在吸收欧洲设计理念的同时，依旧保持着在手工制作工艺上的领先优势，其定制服务也完全依赖于杰出的手工制作工艺。其次是它顶级的选材，包括轻巧柔软的名贵小牛皮和碳纤维鞍心等。后鞍桥的白色镶拼弧线是普瑞斯帝的另外一大特色。这些特色使马鞍富有设计感，充满个性，让人一眼难忘。

品牌名品

梅雷迪思冠军障碍鞍

这个与德国最伟大的女骑手梅雷迪斯·迈克尔斯·比尔鲍姆女士紧密联系的障碍鞍是普瑞斯帝最经典的作品之一。由于该马鞍从设计、制作到后期的改进，每一个小细节都是在与这位德国女冠

梅雷迪思冠军障碍鞍

适宜项目 马术障碍赛 马术训练

参考价格 ￥50 000

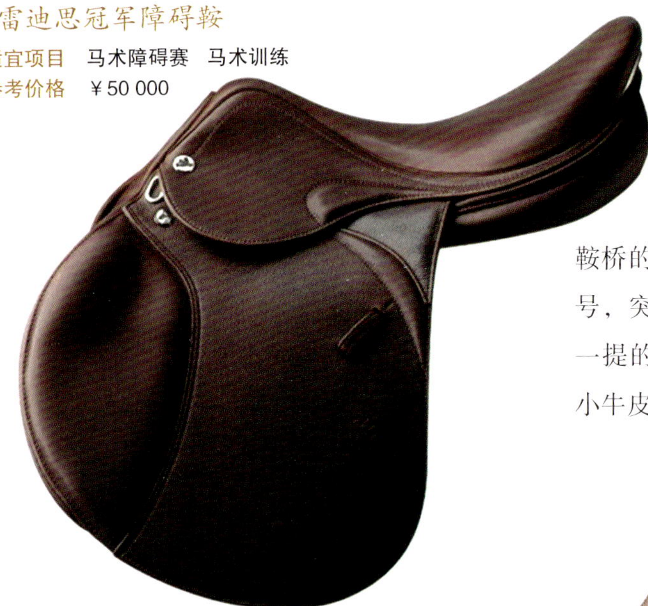

军的合作中完成的，所以采用了她的名字命名，成为众多顶级骑士的御用马鞍。该马鞍设计得尤为人性化，让骑手不会觉得太宽或太窄，鞍的长度很长，一直延伸到骑手的膝盖部位，这样即便是跳跃过程中，也能让骑手感受到马鞍对身体的保护，是专门为马术障碍赛准备的。在材质上选用了顶级的小牛皮，最大的特色是其碳纤维的鞍芯，这种鞍芯是由尼龙和碳纤维材料做成的，它颠覆了古老的钢木结构，使马鞍变得轻巧，富有韧性并且非常坚固。这种鞍芯比传统的鞍芯要轻1000克左右。凭借这种独特材料的鞍芯，设计者可以大胆地向使用者做出鞍芯终身保用的承诺。

D1K 盛装舞步马鞍

D1K 是普瑞斯帝最著名的一款舞步马鞍，其偏窄的鞍身让骑手可以更紧密地保持与马匹的联系。该马鞍具有鲜明的设计感，黑色带来的严肃感让人过目不忘。鲜明的“D1”标志表明了它高贵的身份，窄的鞍身搭配宽大而偏薄的下摆，使得骑手能够更好地控制自己的身体。鞍的膝垫造型非常独特，各种唯美的曲线连接饱满灵动，极富想象力。而后鞍桥的白色牛皮镶拼弧线作为 D1K 舞步马鞍的符号，突出体现一件高级产品的简洁、明快。值得一提的是它的材质——一种名贵的小牛皮，这种小牛皮使鞍翼柔软舒适，兼具优异的阻滑性能。

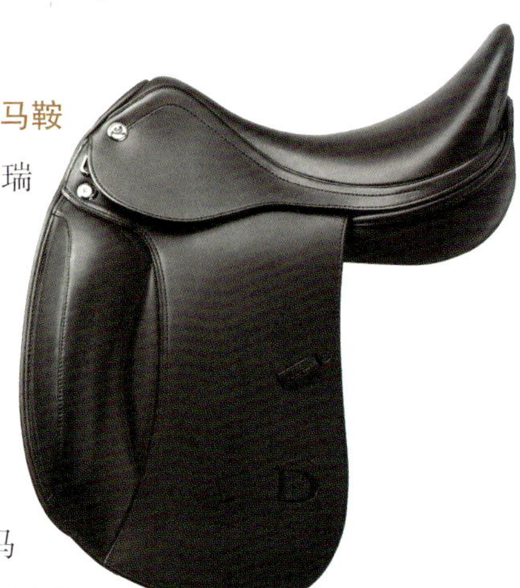

D1K 盛装舞步马鞍

适宜项目 马术运动

参考价格 ￥60 000

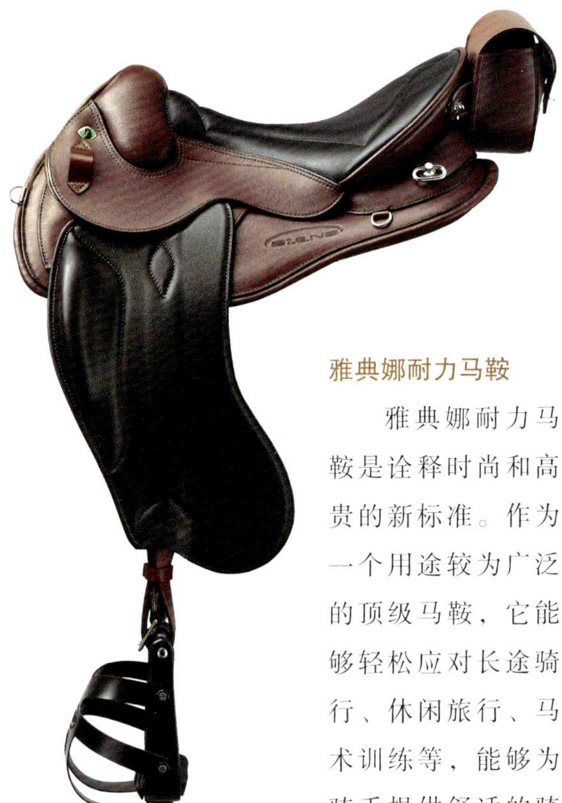

雅典娜耐力马鞍

适宜项目 耐力骑行 休闲旅行

参考价格 ￥45 000

雅典娜耐力马鞍

雅典娜耐力马鞍是诠释时尚和高贵的新标准。作为一个用途较为广泛的顶级马鞍，它能够轻松应对长途骑行、休闲旅行、马术训练等，能够为骑手提供舒适的骑行感受。该马鞍采用产量极低的小牛皮做鞍翼，柔软顺滑，毛孔细，韧性好，鞍翼比之普通鞍翼柔软很多，并且阻滑系数也大大提高，使骑手更易于操控马匹完成各种指令动作。同时搭配安全脚镫，该脚镫可以按照骑手的习惯轻易地做出调整，鞍座柔软舒适，既耐磨，又有很好的减震能力，鞍头借用了西部鞍的设计却又不失柔和。膝垫较高，可以让骑手找到着力点，一切都是为最舒适的骑行准备的。

攀岩者也许能够用肌肉的力量来对抗地球引力的阻碍，
可是谁都无法消除对于BEAL的依赖，这个来自法国的安全专家，
以其卓越的性能表现成为激情与科技的象征。
它在你享受攀登乐趣的同时，为你提供最高的生命系数。

BEAL

最高的生命系数

暗色调的标志以品牌名和一个环形线条组成，将BEAL低调、严谨的特点以及绳索提供者的角色呈现了出来。

1950年诞生的BEAL公司坐落于法国维埃纳省伊泽尔地区，这个被誉为“世界上攀爬及安全绳索的第一制造商”，以其永无止境的创新精神和对高性能安全绳索的追求成为当今世界上最值得信赖的绳索品牌。作为一家小型的家族式企业，BEAL尤为重视技术创新和品质管理，它将营业额的10%用于产品研发，另外5%用于提高产品质量。BEAL还将预算中的一大部分用于赞助世界上登山及攀岩高手，作为品牌推广的一种手段，同时又检验了产品的品质。自20世纪80年代起，BEAL就将攀登专家的实践经验作为产品创新与发展的基础，产品包括动力绳、静力绳、安全带等绳索装备。正是为了满足攀登者的需求，BEAL研发了动力绳，使攀登者从坠落的疼痛与危险中解脱出来，而将全部注意力集中于攀登作业，从而完成了人类攀登史上的一个又一个创举。如今的BEAL绳索早已是世界上销量最大、安全等级最高、知名度和信誉度最好的绳索品牌，成为激情与探索的象征。

以卓越的创造性，向人们提供安全、耐用的绳索装备，让攀登者更加舒适、更加安全，是BEAL的使命。BEAL绳索的特色在于其超强的安全性能和超长的使用寿命，且其采用低冲击力工序，这种独一无二的编织工序使得绳子的内芯和外皮联成一体，保证了绳索具有完美的均一性。同时，给攀登者带来更高的安全系数，减轻外力对保护点的冲击，使保护者付出的制动力量更小。与此同时还提高了绳索在损坏前能承受的坠落次数，具有更高的坠落次数就意味着更长的寿命。

壮志凌云 2

适宜项目 攀岩 登山
参考价格 ¥33/米

品牌名品

壮志凌云 2

和它的称谓一样，这款通过 UIAA CE 认证的高性能防水主绳囊括了无数的大奖，也因此几乎世界上每个攀岩场地都能找到壮志凌云 2 绳索的身影。创新技术和精湛工艺使壮志凌云 2 绳索拥有创纪录的技术指标。其出色的承受能力能够实现最多 14 次的速降冲击，首次冲击力 7.35~7.4 千牛（该数据越小，意味着降落物体对绳索的损伤越小），这款性能如此卓越的绳索每米的重量仅为 68 克。正是它无可挑剔的技术性能，才会受到所有攀爬爱好者的青睐，包括攀登运动专家、业余攀登爱好者，都选择它来作为安全的守护神。壮志凌云 2 绳索的超强抗磨损能力和超长工作寿命，使它成为拓展学校和野外攀岩俱乐部的核心装备。

半身安全带

这款具有极高性价比的安全带是 BEAL 专门针对中初级客户设计的，尤其适合入门级攀岩活动人员的使用。整个安全带仅有 300 克，设计风格为全可调型安全带，调节范围广，所以能够适应各种身材。其挂点采用 BEAL 蓝色安全标识，左右腿不纽结易区分，自锁型卡扣无须反穿，初学者和青少年使用更安全。安全带的两侧各有 1 只硬塑装备环，挂扣容量大且更快捷。腿带在大腿外侧位置加宽，内置泡沫软垫，瞬间冲坠或空中悬停时更舒适。腰带在背部中央位置加宽，给予腰部力量支撑且更舒适，这是许多团队用安全带不具备的优点。在外形色彩上采用鲜亮的普鲁士蓝，背部支撑板刺绣 BEAL 文化符号，前部挂点缝线模仿 BEAL 商标图样，外观独特而容易识别。

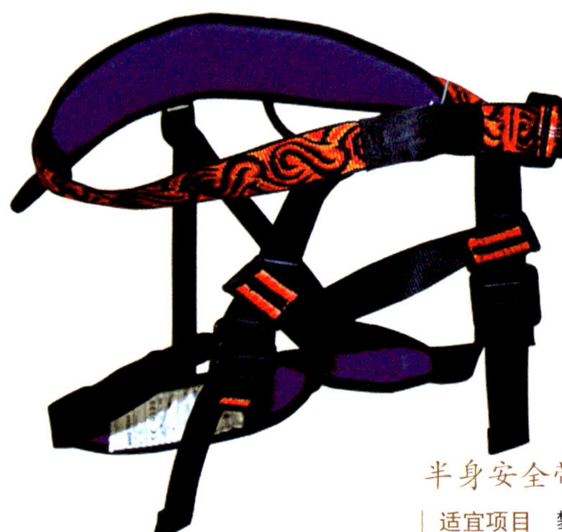

半身安全带

适宜项目 攀岩
参考价格 ¥500

Hotline 静力绳

Polymide 材质，直径 11 毫米，最大承受拉力 2880 千克，100 千克坠落次数为 15，静力延展率 50/150 千克时为 3.1%，外皮零滑动，缩水率为 3%，最大可承受 300 摄氏度，此时拉力最大为 820 千牛。

适宜项目：攀登

参考价格：￥55/ 米

Intervention 静力绳

直径 10 毫米，静态拉力 2700 千克，100 千克坠落次数为 6，静态延展率 4.4%，缩水率 4%。专业速降绳索，外层采用 Polyamide 材质，有效降低磨损。

适宜项目：攀登　速降　探险等

参考价格：￥39/ 米

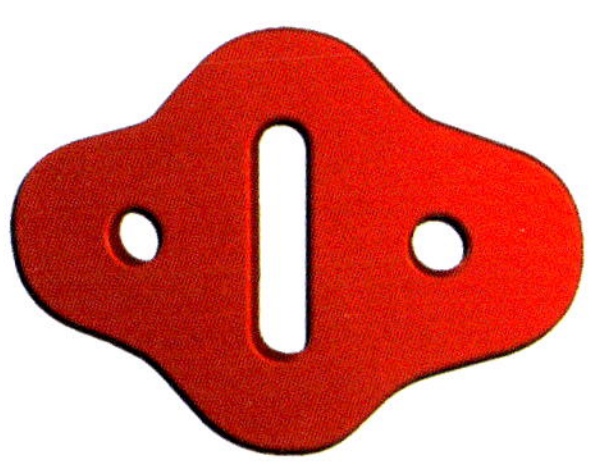

Pinch 绳索配件

放置于挽索末端与安全扣相连的位置，作用是在挽索与岩壁有接触时，防止岩石磨损绳索，材质坚实可靠，可经受长期、高频率使用。

适宜项目：攀登　速降　探险等

参考价格：￥40

攀登动力主绳

专为攀登高手设计，用于高难度线路。耐冲击次数为同等重量绳索中的佼佼者，每米重 59 克，静态伸长率 9.5%。

参考价格：￥47/ 米

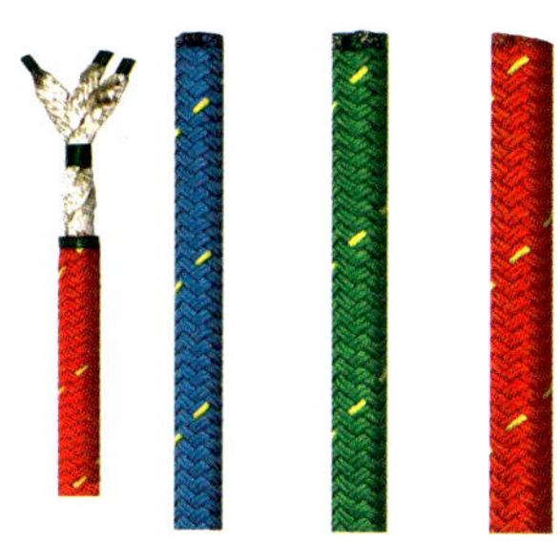

Diablo Unicore 9.8 安全绳

升级产品，能够满足更高要求的攀岩者的需求。柔软的绳皮让绳索滑动更顺畅，摩擦更小，并且手感更舒适，适用于有经验的攀爬者，直径 9.8 毫米，61 克 / 米。

参考价格：￥30/ 米

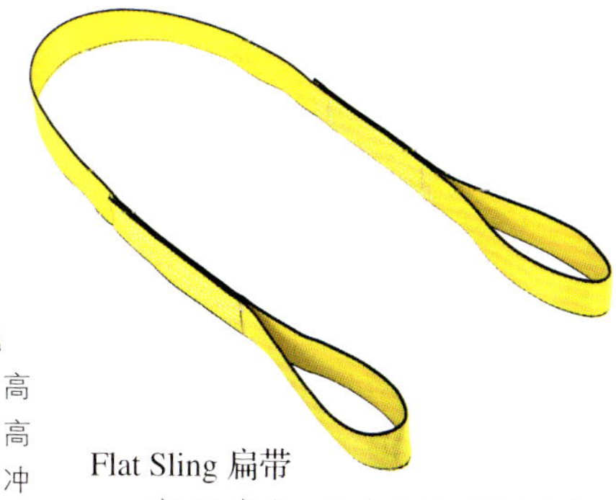

Flat Sling 扁带

宽 18 毫米，最大承重 2200 千克，Polyamide 材质打造，提供 40~175 厘米长度供选择。

适宜项目：攀登

参考价格：￥40/ 米

攀登溯溪背包

容积 35 升，重 735 克，人体工程学设计，外加防水口袋，采用高频焊接技术打造，使背包与身体保持恰当的距离。

适宜项目：攀登　溯溪等

参考价格：￥960

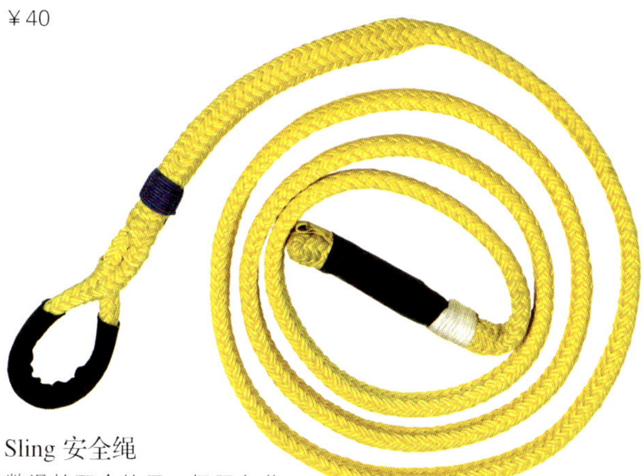

Top Trunk Sling 安全绳

可与多数滑轮配合使用，极限负荷为 1100 千克，采用中空聚酯纤维编织工艺，表皮包裹聚亚胺酯，备有 3 米和 4 米两种长度选择，适用于轻型悬吊与下降作业。

适宜项目：攀登　速降　探险等

参考价格：￥1 000

Diablo Unicore 9.8 安全绳

升级产品，能够满足更高要求的攀岩者的需求。柔软的绳皮让绳索滑动更顺畅，摩擦更小，并且手感更舒适，适用于有经验的攀爬者，直径 9.8 毫米，61 克 / 米。

适宜项目：攀登　速降　探险等

参考价格：￥30/ 米

极限运动的乐趣在于它的肆意征服，极限运动的不安则是对危险的顾忌。
然而黑钻攀登装备让每一个攀登者忘乎所以地享受着攀登的乐趣，
至于危险，早已在对它的信赖中淡忘了。
它让直上直下的性情与征服者的雄心以及冰峰上的残阳有了交集，这就是攀登的艺术。

黑钻

值得信赖的攀登艺术品

Black Diamond®

黑钻攀登装备又被誉为“户外的古驰”，其黑色的钻石状标志
和简称“BD”，更是有着和古驰的“双G”标志一样的影响力。

黑钻（Black Diamond）的品牌历史可以回溯到1957年，年仅18岁的加利福尼亚州攀登爱好者伊冯·乔伊纳德凭借自己的爱好和热情，开始兜售自己手工制造的岩锥，并且大受欢迎，一年之后，以创始人名字命名的乔伊纳德装备公司成立了。兼具商人和攀登爱好者双重角色的创始人在冰镐、锁环、冰爪、安全绳等方面都有了创新和突破，到1989年公司正式更名为“黑钻”，并于两年后将总部从加利福尼亚州搬到了犹他州的盐湖城，在那里近在咫尺的岩壁、冰壁及天然滑雪场等自然条件使得公司更加贴近许多一流的攀登和滑雪高手，也进一步拓展了黑钻在攀登领域的影响力。

作为一个典型的“美国制造”品牌，黑钻的每一件产品都被赋予了“运动的热情，生活的自由，以及对大自然的热爱”，不论是设计者、制作者，还是产品的使用者，黑钻公司一直以“专业户外用品”自我标榜，更是用此来约束和挑剔自身，制造出高品质、高性能的户外产品。

由于创始人、设计者、制造者和使用者都是攀登爱好者，所以黑钻的装配总是能够将性能和实际需要相结合，再以一种高雅、值得信赖的方式呈现出来，不论是攀登设备、照明设备，还是帐篷、服饰等，在每一个领域都能够以实际的经验，配合高科技材料来完成设计和制作。

品牌名品

眼镜蛇冰镐

黑钻攀登装备在攀冰领域表现得极为出色，其中最重要的贡献就是1986年将碳纤维材料用于冰镐的制作，使得黑钻的冰镐成为攀登冰山的首选工具，其中又以眼镜蛇冰镐最为著名。碳纤维材料的运用使得这个长达50厘米的冰镐重量更轻、灵敏度更高，更易于抓握，使得攀冰的效率大大增强，纤巧精细的外观、出色的冰壁表现和

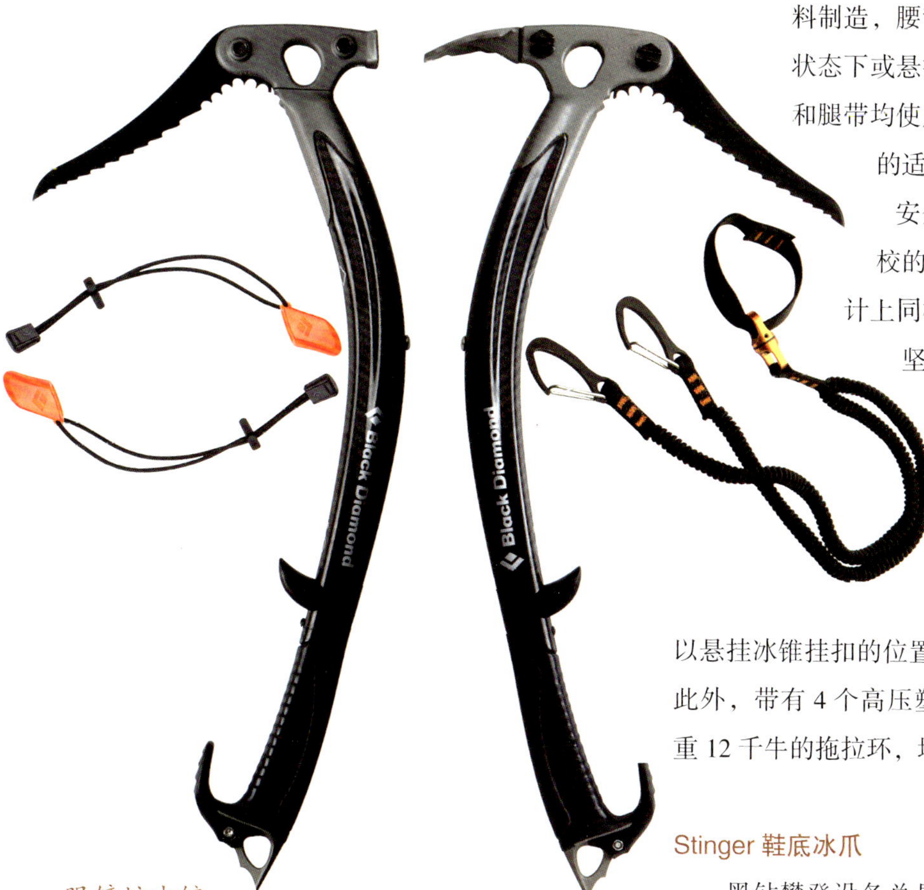

眼镜蛇冰镐

适宜项目　极限攀冰　专业登山　攀登雪山
参考价格　￥3 000

冰岩混合线路上的优势使得眼镜蛇冰镐拥有了长期的生产年限，深受业界好评。眼镜蛇冰镐作为一款为坚冰线路先锋攀登和高难度技术登山设计的冰镐，既不会降低攀冰过程中的平衡性，也不会出现轴距扭转现象，并能在最大程度上增加与冰面的距离。碳纤维的镐柄保证了冰镐大部分的重量集中在头部，并有效地吸收震动，最大限度地减少击镐时对手腕的冲击。浇注成型的橡胶握把与镐身下部融为一体，提供精确的控制和更出色的安全性能，让攀登者准确而稳定地握持。

Xenos 混合攀登安全带

这款仅重 460 克的超轻安全带是黑钻的高端安全用具，专为攀冰和混合攀登运动而设计，采用 KCC 动量均分结构，材质上则是由不吸水材料制造，腰背部的垫层提供长时间保护状态下或悬挂状况下的舒适感觉。腰带和腿带均使用速调带扣，增加不同季节的适用性，这种实用性提高了该安全带的使用效率，缩短了调校的时间。这种实用性在整体设计上同样得到了体现，比如采用了坚韧的牛角形腰带，这种设计为腰背部带来强力支撑的同时，又不妨碍屈伸的灵活性。为了保证身体与腰带的安全捆绑，安全带特别设置了 6 个可以悬挂冰锥挂扣的位置，增加携带和整理的便利，此外，带有 4 个高压塑形的装备环和 1 个可以承重 12 千牛的拖拉环，增加了攀登的携带能力。

Stinger 鞋底冰爪

黑钻攀登设备总是会给人两种印象：一是高端、值得信赖，二是经常出现在极端环境中。这款 Stinger 鞋底冰爪旨在解决极寒天气下、冰与土的混合地形下攀登者快速攀登的问题。采用高级的不锈钢为冰爪主要材质，同时添加了多种塑料

Xenos 混合攀登安全带

适宜项目　攀冰　混合攀登
参考价格　￥1 300

Stinger 鞋底冰爪

适宜项目　攀冰　极寒登山　极寒徒步
参考价格　￥1 600

材质，在保证足够韧性的同时，也相对减轻了冰爪的重量，单只仅为 480 克。它既具有高山登山靴的外形轮廓，又以轻薄、牢固的特点与登山靴完美契合。鞋头有三处“利爪”，为攀登防滑提供了足够的支持。鞋底中部有多个钢质环扣，可以灵活调整冰爪的长短，以便能够与不同尺码的登山鞋搭配。

锁环

对锁环的信心意味着对攀登的信心。所有黑钻的锁环都采用 7075 铝合金材料，这些铝合金棒是以 12 米的长度成批采购来的。在制造锁身的时候，先将 7075 铝合金棒按一定的长度切割，然后弯曲，进行冷铸处理，并分两步对锁身两端进行冲压成型，这充分保证了铁锁成型尺寸的精确性。接着利用最先进的热处理炉对锁环的锁身进行热处理，以使它们能够拥有耐用度和强度的最佳结合。锁门的材料同样也要进行热处理，再在自动化的锁门仪器上对其进行切割、钻孔和研磨成型的工序。然后继续对锁门和锁身进行研磨抛光处理，以使它们具有最光滑的光泽。锁门和锁身的工序都完成后，就要将部件送到生产线上进行组装。每一个组装好的铁锁都要通过专门的 CTM 铁锁测试器的检验。其中包括对锁门开合流畅程度的检

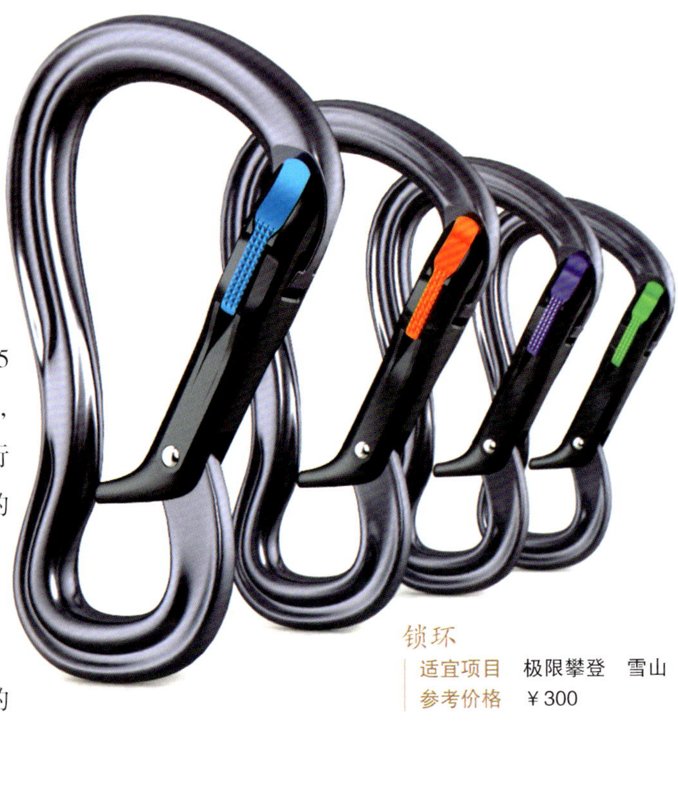

锁环

适宜项目　极限攀登　雪山　攀岩
参考价格　￥300

验，根据额定强度所进行的半力测试，图片比较分析，同时还要加上日期代码以使产品具有可溯性。最后从同批生产的铁锁中随机抽样，进行破坏性测试，以获得数据进行统计学分析，如此复杂的工序只为了最牢固可靠产品的问世。

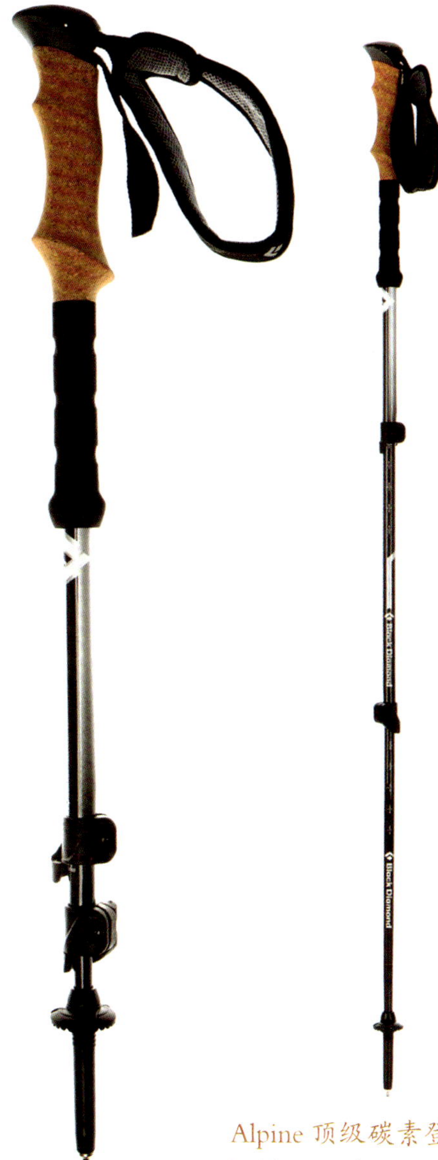

Alpine 顶级碳素登山杖

适宜项目　高山攀登　山地徒步

参考价格　￥1 200

Alpine 顶级碳素登山杖

作为黑钻顶级的登山杖，这款碳纤维高级登山杖以其出色的性能受到了登山爱好者的赞誉。就算超宽的 360 度腕带被大雨淋湿也能够迅速干爽，和橡木手柄配合，给人以舒适手感。其特色之处在于高密度工程塑料制成的关节固定装置，也就是黑钻拥有专利的 Flicklock 技术，每节杖杆伸缩间隔非常紧凑，这个设计能减少泥土和沙尘的进入（这点是很多登山杖无法做到的），就算在各种恶劣环境下也能够迅速调节。碳纤维材质具备极强的吸震功能，再加上轻量化的设计，使得减震能力大大提高。值得一提的是杖尖由极难磨损的碳化合金头制成，很容易找到支点，支撑非常稳定。

小不点头灯

流线型的小不点头灯通过最优化配置的会聚和周边光线，以能够轻易装进探险者任何口袋的大小产生令人惊奇的光量。安装在聚光器中的 1 瓦 LED 能够投射出强劲光柱，亮度足以在最黑暗的地方照明或是进行整夜的找路。当探险者所需要的只是近距离照明时，可以轻松切换到 3 枚辅助 LED 模式获得长达 140 小时的持续照明时间。头灯顶部的一个开关能够分别让探险者在两种照明方式下切换四种照明模式：低亮、中亮、高亮和频闪，以满足探险者的不同需要。

小不点头灯

适宜项目　户外照明

参考价格　￥600

Fusion 冰镐

高端混合型冰镐，液压技术打造，使结构更完美、更轻量化，不论是戴手套，还是赤手操作，均表现出良好的手感。柄尖可拆卸，长度 50 厘米，重 672 克。

适宜项目：难度极高的冰岩混合地形攀岩

参考价格：￥2 380

Hercules 装备行李箱

有黑色和灰色多款可选，配备大滚轮，可背负，采用 Rhino Tek 材料，结实耐磨，具备一定的防水性。拉链开口可上锁，容积 150 升，重 5 070 克。

适宜项目：休闲旅行

参考价格：￥2 300

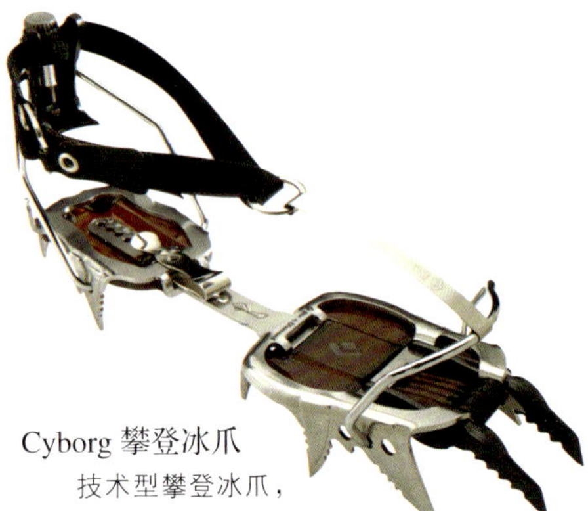

Cyborg 攀登冰爪

技术型攀登冰爪，重 1 120 克，不锈钢材质，轻量化、耐久，抗腐蚀。3D 成型框架，可与不同型号登山靴配合使用。

适宜项目：陡峭的垂直攀冰路线攀登

参考价格：￥2 180

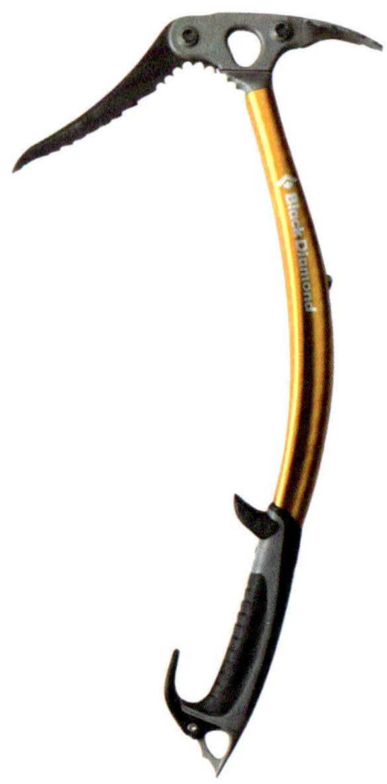

Viper 技术型冰镐

液压成型技术打造，增加了刚性，减少了重量，同时保持与冰面的最大距离。配备黑钻品牌专有的上受托和底托，保护操作者。长 50 厘米，重 655 克。

适宜项目：攀岩

参考价格：￥1 680

Serac 半绑式冰爪

通用型冰爪，不锈钢材质，12 齿设计，能够适合不同的冰雪环境，提供 3 种绑带方式，能够搭配专业高山靴、不带前趾卡槽高山靴，以及徒步鞋，另带有 ABS 阻雪板，重 968 克 。

适宜项目：攀岩

参考价格：￥1 700

Infinity 耐力背包

采用 210D 防撕裂尼龙面料，先进的 Ergo Activ 背负系统，开放式通气背板，通过顶部存取，腰带和肩带覆盖透气网格，重 1 740 克。

适宜项目：户外旅行

参考价格：￥1 600

Absolute 登山手套

轻量实用，内衬可拆卸，GORE-TEX 面料，高性能羊毛保暖层，强力缝线，拇指部位加固处理，增加操作过程中的耐久性，4 向弹力尼龙外壳，耐磨，重 424 克 。

适宜项目：野外登山

参考价格：￥1 700

Neve 冰爪

10 齿雪地攀登冰爪，造型时尚，超轻铝合金材质打造，配备弹性中央连接杆，配备阻雪板，重 576 克。

适宜项目：配合徒步　越野

参考价格：￥1 500

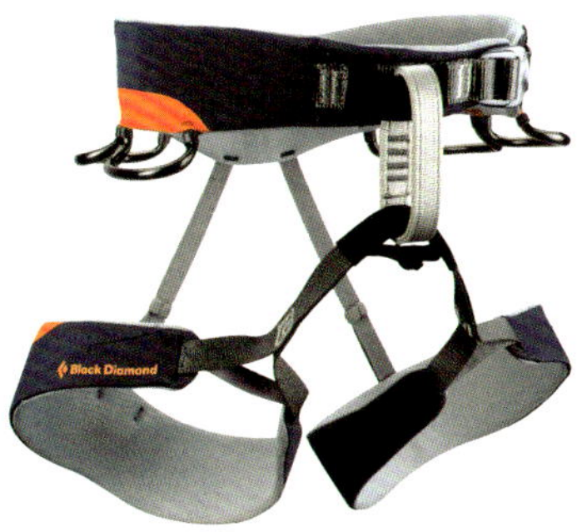

Chaos2013 攀登安全带

快速调整，均匀承重，柔软里衬，轻便舒适，额外腰部支撑，高压塑型装备环，可承重 12 千牛的拖拽，重 400 克。

适宜项目：长时间的攀岩

参考价格：￥1 300

Stubby 时尚背包

外形时尚前卫，适合一天攀登行程的小型背包。尼龙防水面料，防撕裂能力强。容积 35 升，重量 350 克。

适宜项目：休闲旅行

参考价格：￥1 010

Speed 背包

210D 尼龙防撕裂面料，Re Active 背负系统，可调肩带，其腰带、铝合金背架、背板垫层、顶包均可拆卸。配备登山装备挂环，包括冰镐、绳索等，容积 55 升，重 1 500 克。

适宜项目：徒步　越野

参考价格：￥1 500

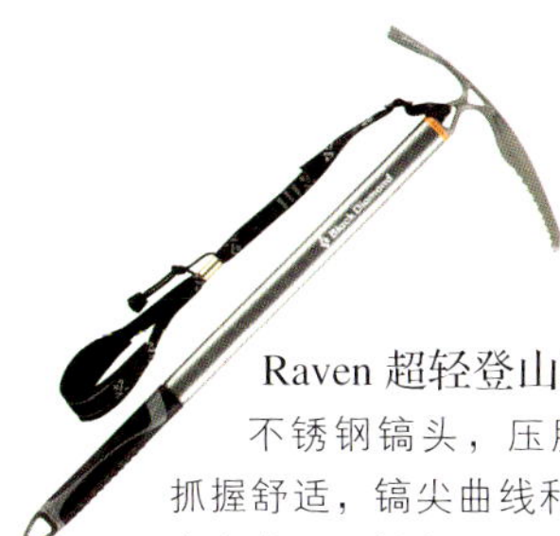

Raven 超轻登山型冰镐

不锈钢镐头，压膜手柄，抓握舒适，镐尖曲线和齿头配合完美，能够帮助使用者获得更大的效果，配有腕带，重 250 克。

适宜项目：登山

参考价格：￥900

Camalot 攀登用机械塞

世界上销量最好的弹簧机械塞之一，全球销量超过 100 万。适用于 13.8 毫米 ~195 毫米，双轴控制，杆头坚固耐用，易于操作，重 557 克。

适宜项目：登山

参考价格：￥1 300

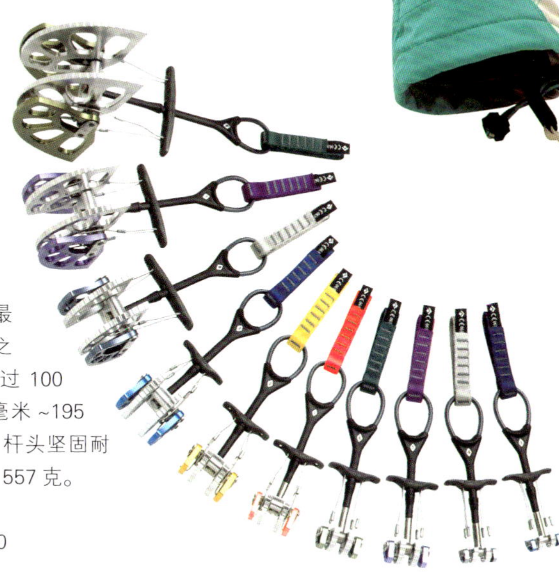

Enforcer 手套

专为严苛的苦寒环境而设计，采用 GORE-TEX 防水透气材质，外层为耐磨弹性材料，具有防撕裂、抗污等功能，强力缝线，多部位加固处理，指关节以 3 垫层进行保护，分段剪裁，佩戴舒适，抓握有力，重 236 克。

适宜项目：探险登山等

参考价格：￥1 500

Prodigy 女款防水手套

GORE-TEX 材料 + 隔热材料，带来了防水、保暖的效果，长袖口设计，有效阻绝冰雪。内衬可拆卸，4 向弹力纤维外壳，100 克抓绒内衬，重 400 克。

适宜项目：登山

参考价格：￥1 000

支撑你冒险欲望的可能是户外的乐趣，可是真正支持你身体的却是装备。
一个值得信赖的装备品牌有着和值得信赖的兄弟一样的意义，
来自法国的攀索装备就属于这种坚毅而可靠的安全专家。

攀索

直上直下的安全专家

攀索的品牌标志设计灵感来源于美国科罗拉多河附近的一幅古老印第安岩画，外围的线条将攀索名称团团围住，既是指攀索装备对于户外探险全面的保护，也是指攀索公司的所有人团结努力的公司氛围。

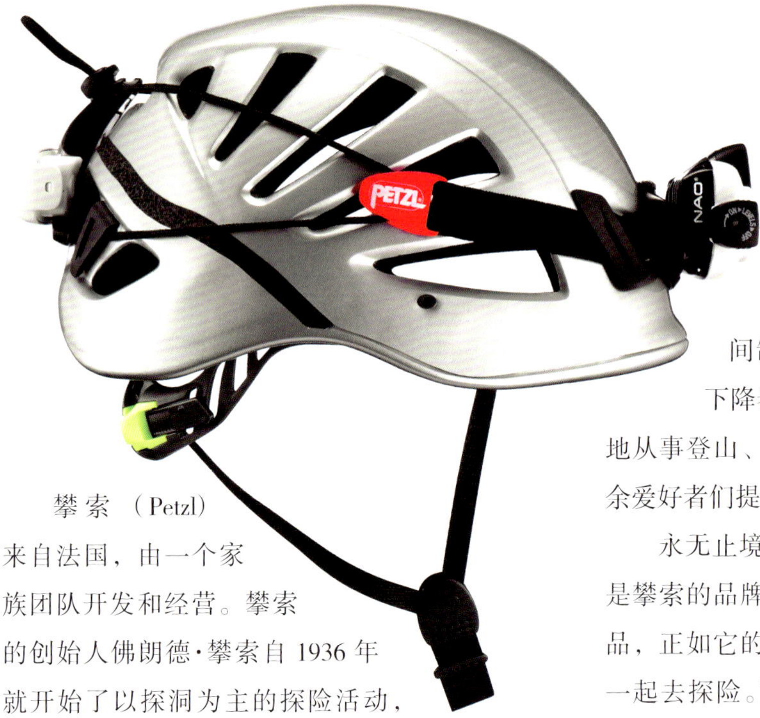

攀索（Petzl）来自法国，由一个家族团队开发和经营。攀索的创始人佛朗德·攀索自 1936 年就开始了以探洞为主的探险活动，身为机械师和模型制造师的攀索也就此开始了研制新技术和新工具的历史。早年攀索只是在一间小工作室里进行研究，渐渐地得到了探洞专家、登山家和攀岩家的认同和参与，正是他们的热情，推动了垂直运动技术及应用工具的持续发展，包括极限运动、险境救援，以及其后发展起来的高空作业等垂直运动，这些活动的发展使攀索产品得到了推广。自 1975 年正式创办品牌至今，攀索和他的家人们在车间制造各种手柄和制动设备、上升器、下降器、保护器、滑轮和头灯，为世界各地从事登山、洞穴探险和远足的专业运动员和业余爱好者们提供最专业和顶级的服务。

永无止境的品质追求和永不枯竭的创新精神是攀索的品牌精髓，以此来生产安全、可靠的产品，正如它的广告语所说："帮助你，并且和你一起去探险。"攀索产品的特色之处在于技术创新，它总是以探险家的运动实践为基础，每一件产品都是在严酷的自然环境中得到检验和认可的，它对探险装备有着完美要求：安全保障、操作简捷、轻而舒适还有样式美观，这些也成为其产品的基本特点。

Exo 逃生系统

这款以优质材料制作而成的紧急逃生系统是专门为危险时刻准备的，该系统主要由三大部分组成：固定点安全扣、自动制停系统以及收纳袋。这三大部分被一种名为 Technora 的纤维材质绳索连接起来。这种纤维绳索具有耐摩擦、耐高温的特性，其表面并不光滑，可以增大摩擦。最重要的当属自动制停系统，使用者在任何时机都能控制和停止下降，它同时能够快速做出水平移动，让使用者可以选择最佳着落点。小巧的收纳袋是该逃生系统极具人性化的一点，它可以直接连接在安全带上，方便携带。

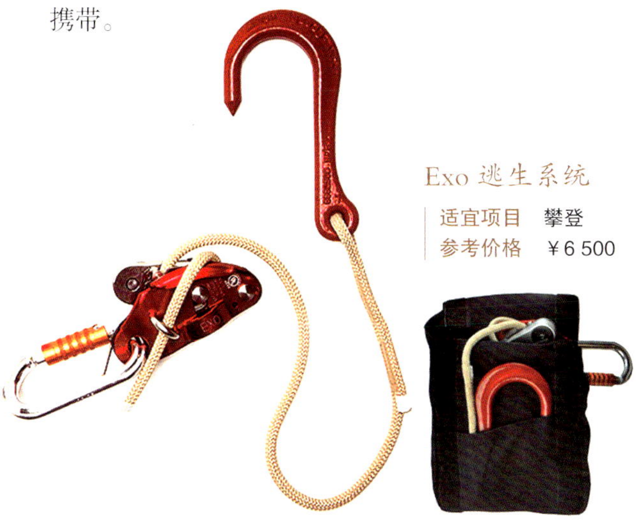

Exo 逃生系统

适宜项目　攀登
参考价格　¥6 500

超宽型 E52 大功率头灯

这款超大功率人体工程学头灯是攀索的头灯代表作品之一，是专为需要泛光照明的活动（如探洞、夜行等）而设计的。该头灯性能可靠，且经久耐用，拥有 300 流明超大功率稳压照明输出和接近 180 度的均匀光线垂直照明范围。设计用于运动使用，带有灵活固定板及舒适发泡，松紧头带及可调节顶带，可稳固地佩戴在头上。该头灯设计注重实用性，能够全天候使用，且能够在暴雨情况下正常使用，并提供 4 种亮度的照明模式，从而实现超长照明时间，电池电量随时掌握。值得一提的是，头灯重量在装备有电池的情况下为 345 克，为了进一步减轻头部的负担，特意增加了电源延长线，使电池可以从头上拆下。

超宽型 E52 大功率头灯

适宜项目　探洞
参考价格　¥5 500

纳瓦霍安全带

这款专为攀登者和长时间悬空作业的人设计的高端安全系统是攀索家族的科技结晶，强大的安全性能和舒适的使用感受是该安全带的主要特色。在材质的选择上，除了耐磨坚韧的攀索专利绳索之外，半坚硬的腰带和坚硬吊座的搭配提供了更好的舒适度，腰带及吊座均可调整以改变吊座角度及适应不同的工作位置，两个水平系统点用

纳瓦霍安全带

适宜项目　攀登　悬空作业
参考价格　¥5 500

作维持工作位置，防止悬空时的摇晃，同时它还可以分散腰带和吊座的重量，并根据需要制造一个可移动的腰间系统点。胸前防坠系统点置于肩膀之后，避免了移动的制止下坠器和后背绳索的干扰，增加使用的便捷性。可调校的肩带同样是出于安全和舒适的考虑，能够快速调整。设计有 8 个器材挂环包括 2 个可挂较重的工具，提升了攀登过程中的携带能力。该安全带还可与腹式上升器配合使用，使绳索攀爬更为容易。

实用技术型冰镐

该系列冰镐被称作是“攀冰舞者”，冰镐全长 48 厘米，重量仅 635 克。结构上采用“T 型镐身 +B 型镐头”，完全满足各种线路的攀爬需求。冰镐把手采用人体工程学设计，抓握舒适、有力。同时把手可根据手型或佩戴手套时调整把手形状。其底部卡托采用了攀索的专利设计，镐头两侧配有两块金属用来调节其配重。镐头配重非常理想，挥镐效率及入冰力量非常均衡。另外镐头独特的锯齿设计，使得此款冰镐极易入冰，且入冰位置准确并可保持较高的稳定性，不弹出。在把手上方还配有黑色的抓握带，它的作用是为了提高抓握时的摩擦力，同时还具有良好的隔热性。

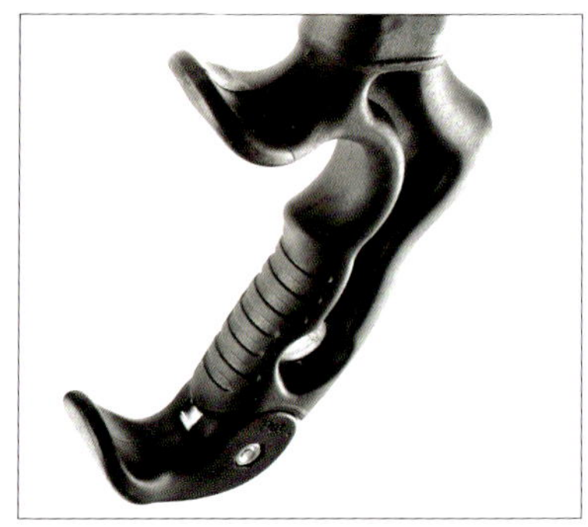

实用技术型冰镐

适宜项目　各种路线的攀冰

参考价格　¥3 500

购买推荐

DUO LED 14 防水头灯

混合灯光，14 个 LED 灯泡，强光灯可作长距离照明，防水至 5 米深。三种照明模式，最长可达 45 小时，2700 毫安电池，快充仅 4 小时，重 300 克。

适宜项目：探险　露营等

参考价格：￥4 200

Explorer LED 14 三合一头灯

专业探洞用头灯，三合一产品：可调校头盔，混合头灯，14 小时电石气照明。重 725 克，法国原厂生产。

适宜项目：探险　露营等

参考价格：￥3 670

Quark 冰镐

适合冰上攀登及冰岩混合路线的专业冰镐，握把有力，舒适，设计有护手装置，多个工具设计，能够有效地进行攀登活动，长 50 厘米，重 650 克。

适宜项目：冰上攀登

参考价格：￥3 300

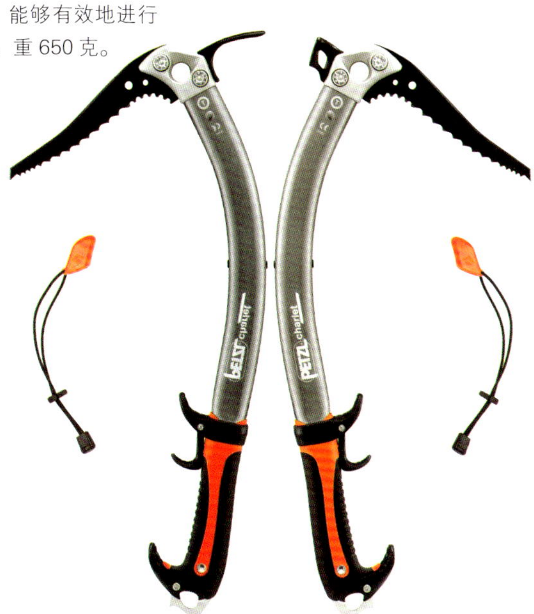

Dartwin Sidelock 双前齿冰爪

用于困难地形，包括冰岩混合地形。前齿插入冰层迅速，两侧利齿保持较高的稳定性，束缚带易调整，可与多种型号的登山鞋兼容，重 864 克。

适宜项目：冰上攀登

Irvis 冰爪

半专业级冰爪，10 齿设计，用于滑雪向导及冰川行走。2 个中尖齿以 45 度倾斜，作侧尖齿和抓紧之用，设计有阻雪板，重 800 克。

适宜项目：冰上攀登

参考价格：￥2 020

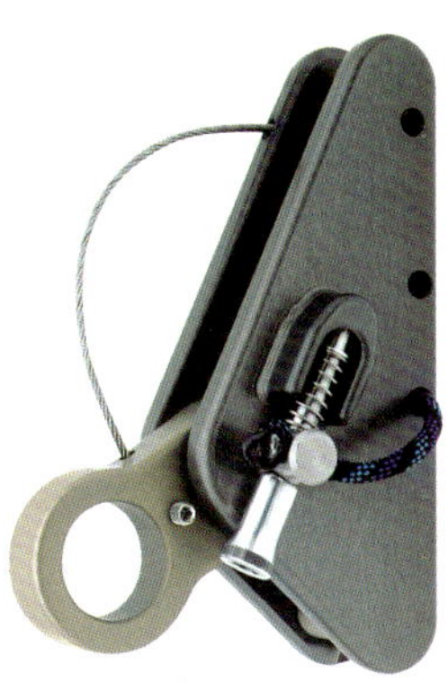

Rescucender 移动式上升器

可在主轴之外的任何绳索上安装和拆除，适用于直径 9~13 毫米的单绳，上锁栓和主轴配合使用，有效制停，重 250 克。

适宜项目：冰上攀登

参考价格：￥1 600

Asap 绳索机动防坠器

备用救生绳索，能有效制停坠落、突发性下滑，以及不受控制的下降。无论是在垂直或倾斜的绳索上均可工作，适合直径 10~13 毫米绳索，重 425 克。

适宜项目：攀登

参考价格：￥2 700

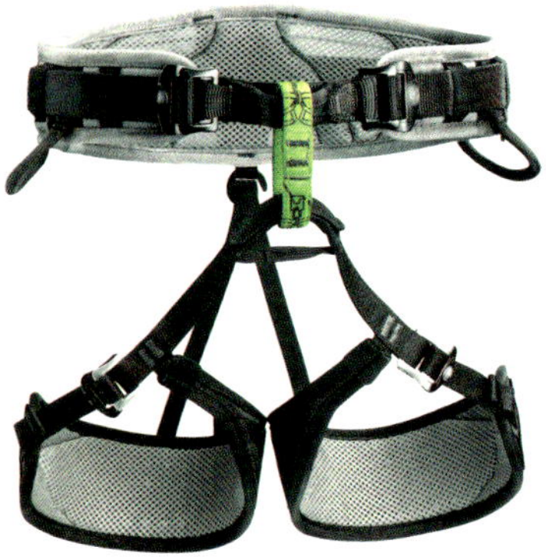

Calidris 安全带

适用于长时间悬吊以及其他技术型攀登运动，安全、耐用，具备良好的透气性，采用框架结构技术，让使用更舒适，并能让各个部位均衡受力。多个专用挂环，便捷实用，重 600 克。

适宜项目：攀登

参考价格：¥1 500

Ecrin Roc 安全帽

外壳为聚碳酸酯材质，可有效抵挡刮痕和撞击，尼龙材质束缚系统，带头灯安装装置和速调系统，14 个透气孔，下颚可调，能满足不同脸型和脖颈高度，重 445 克。

适宜项目：探险　攀登等

参考价格：¥1 220

Simple Descender 下降器

简单设计，易于操作，用手拉住即可控制下降速度，在狭窄的沟壑使用尤能体现其小巧优势，适用于直径 9~12 毫米单绳。

适宜项目：攀登

参考价格：¥770

Trac 架空滑轮

备有 Vertigo 安全扣，双滑轮结构，安装容易，滑轮走珠轴承保证了滑行过程中的均衡性，减少了使用者体重、周边环境造成的影响，最快速度建议为 20 米 / 秒，断裂负荷为 22 千牛，工作负荷为 2 千牛，最大绳索直径为 12 毫米。

适宜项目：探险　攀登等

参考价格：¥1 500

Myo RXP 头灯

多功能头灯，可提供 4 种照明强度模式，自动省电模式，省电模式最长可使用 95 小时，弹性头带，佩戴舒适稳定，可靠耐用，重 175 克。

适宜项目：探险等

参考价格：¥1 200

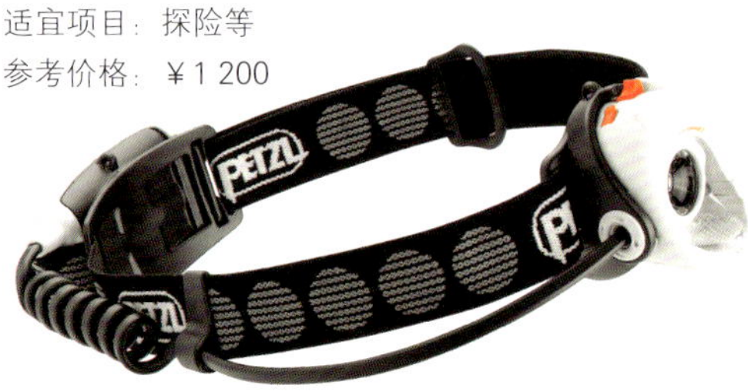

Gants 速降用手套

采用高强度耐磨、耐高温、耐冲击的尼龙材质打造，经 CE 安全认证，性能安全可靠，专业的速降用手套，重 200 克。

适宜项目：速降等

参考价格：¥820

Bermude 救援三角带

醒目的红色，易于追踪辨识，穿戴便捷，安全舒适，适合于没有负伤的男女老少使用，重 795 克。

适宜项目：探险　攀登等

参考价格：¥1 380

Swivel 万向节

安装在滚珠轴承上的旋转连接器，使负载物体不会因旋转而缠绕绳索，断裂负荷 23 千牛，负重 5 千牛，重 95 克。

参考价格：¥900

Freino 安全扣

与下降器配合使用，内含制停装置的安全扣，可单手操作，简单、可靠，自动上锁，开口阔度 12~15 毫米，开口时最大承受拉力为 9 千牛，闭合时为 25 千牛，短轴最大承受力为 10 千牛，重 85 克。

适宜项目：探险　攀登等

参考价格：¥620

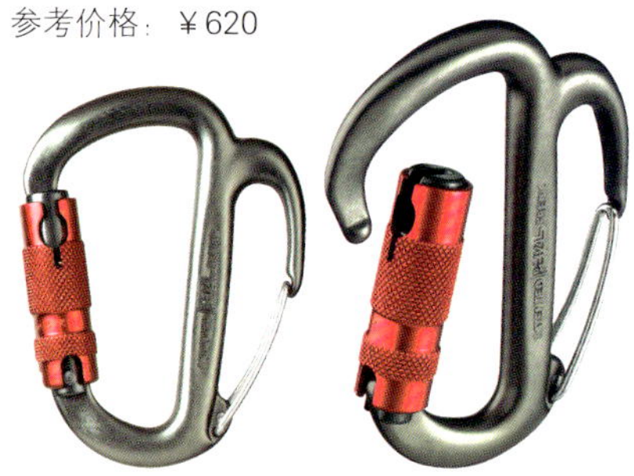

LEKI
RAUCH

LEKI品牌于1948年创立于德国，最初以木材制品为主，后来，由于创始人卡尔·伦哈特对当时滑雪登山杖的质量不满意，于是转向了登山杖设计与生产，并很快成为欧洲工艺和创新科技的代表。六十多年来，一大批登山专家和知名户外选手不断为LEKI产品的设计贡献他们的经验与智慧，使LEKI成为登山杖变革的引领者。从杖杆、锁定系统、避震系统，到握把、腕带、泥托、杖尖，LEKI不断创新，其先进技术获得了多项专利保护。LEKI公司遵循最高的安全标准，为LEKI赢得了以严格著称的TUV南德意志集团质量认证和日本消费者产品安全协会的安全认证，LEKI也是全球唯一同时获得这两项认证的登山杖品牌。在世界范围内，LEKI的徒步杖、北欧健行杖、滑雪杖、手套等产品受到了户外爱好者的广泛推崇。

LEKI始终坚持“以客为尊”的宗旨，致力于不断提高产品的安全与舒适性，为户外爱好者奉献质量顶尖的全系列产品。在它之前，从来没有谁能如此享受户外的乐趣。

LEKI登山杖的最大特色就是极具人性化的快速插接把抓握系统的运用，一般说来，提高个人滑雪技术可以简单地通过使用具备良好动能传输特性的雪杖来实现。为了达到这个目的，雪杖的握把必须非常合手，以保证在紧密接触时给予足够的支撑。否则在事故发生时这些位置可能导致受伤。LEKI开发的快速插接把抓握系统就是针对这种情况研发的，包括手套、弹性支撑腕带、速度赛用尼龙搭扣腕带、动能型腕带和安全腕带等。不同的腕带选择提供不同的舒适平台，使每个滑雪者都能找到适合他们的理想登山杖，最大限度地提高安全性和舒适性。

品牌名品

夏尔巴加长登山杖

该登山杖的长度可以轻松地在71厘米到145厘米之间调整，由于使用了超轻铝合金材质，在保证其韧性的同时，也降低了登山杖的重量，仅为282克。在手柄握把处添加了吸震泡棉材料，能够减少汗水对把握的影响，同时提升了减震的效果。再加上安全锁定腕带的使用，让登山杖与身体的联系更加紧密。杆身喷涂了特殊的高光漆，减少了污渍对杆身的伤害，也增加了杆身的美观程度。碳合金弹性杖尖既防滑，又耐用。最值得一提的当属LEKI快速锁定系统的运用，其支撑力胜过了市面上所有的外部调节系统，能够便捷地完成调整与锁定。软性避震系统则是该登山杖的

夏尔巴加长登山杖

适宜项目　徒步　登山

参考价格　¥1 200

又一特色，该系统位于手杖的底部，能够直接吸收冲击力，仅需 14 牛的力量便可轻便锁定，终极支撑力则达到了惊人的 140 千克。

碳纤维加长握把徒步登山杖

LEKI 作为登山杖技术革命的领导者，对碳纤维材料的使用更是到了炉火纯青的地步，这款碳纤维徒步用登山杖就是其杰出的代表。超轻碳纤维杆身是它最大的亮点，碳纤维材料提供了比钢铁材料更强的支撑力和耐磨性，同时大大降低了产品的重量，使得这款登山杖的重量仅为 245 克。杆身处除了高光漆之外，在中部及底部采用了一种绝对防刮的表层，所以不论是面对乱石还是杂木等物体时，都能保证杆身的美观和长久性能。泡棉握把带来了完美的握感，带有绒面的安全腕带让手腕更加舒适。由于该登山杖尖顶部有螺口，因此无须借助工具便可将不同大小的杖托旋上旋下，方便选择最佳的附件。其外锁一侧含有凹槽，可使用硬币、钥匙、卡片等轻松调节松紧。让人“心动”的 LEKI 快速锁定系统在这里同样出色，其支撑力胜过所有其他外部调节系统，同时快速调节及固定，操作简便。

碳纤维加长握把徒步登山杖

适宜项目　徒步　越野
参考价格　￥1 300

马卡鲁峰经典登山杖

马卡鲁峰登山杖是 LEKI 登山杖中最为著名的一款，俗称“黄金马卡鲁”，这个名字很贴切，因为它是 LEKI 系列中唯一的一款通体金黄色登山杖。铝合金材质杆身可以承受最大 140 千克的重量，而自重仅为 260 克。坚固耐磨的钨锰合金杖头，防滑性能非常好，即使是在大理石地面也同样有很好的防滑性能。仿木材料握柄也很舒适，粗细正好，不会有涨手影响握感的不适，再加上腕带收紧锁死装置，只需要托拽调节即可固定。最经典的当属微调锁死系统，只需要用拇指和食指配合轻轻地慢慢旋拧即可锁死，不会出现滑动的现象。这款经典登山杖并不迎合喷涂工艺和减震要求，而是突出微调锁死系统，因此它经常成为专业登山家的首选。

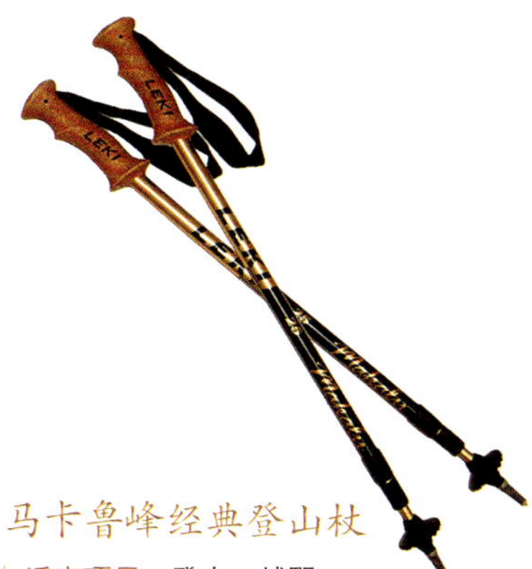

马卡鲁峰经典登山杖

适宜项目　登山　越野
参考价格　￥600

购买推荐

Photosystem Alu 铝合金相机登山杖

杆身3节设计，7075航空铝材，钨合金杖尖，避震设计，EVA发泡手柄，隔热，握持舒适有力，自锁系统，快速稳定，带相机架功能，长70~150厘米，重300克。

适宜项目：登山

参考价格：¥1 580

碳纤维超轻登山杖

碳合金杆身，钨合金杖尖，3节设计，泡棉握把，长62~135厘米，重240克。

适宜项目：登山

参考价格：¥1 240

Dural 4 铝合金长把登山杖

7075航空铝材，钨合金杖尖，避震设计，3节结构，EVA泡棉握把，自动锁定系统，快速可靠，长55~130厘米，重200克。

适宜项目：登山

参考价格：¥1 090

Wanderfreund 旅行避震徒步杖

铝合金材质杆身，钨合金杖尖，印花高光漆身，软性避震超轻系统，长度63~118厘米，3节结构，橡胶握把，重350克。

适宜项目：徒步　野外坦途旅行等

参考价格：¥980

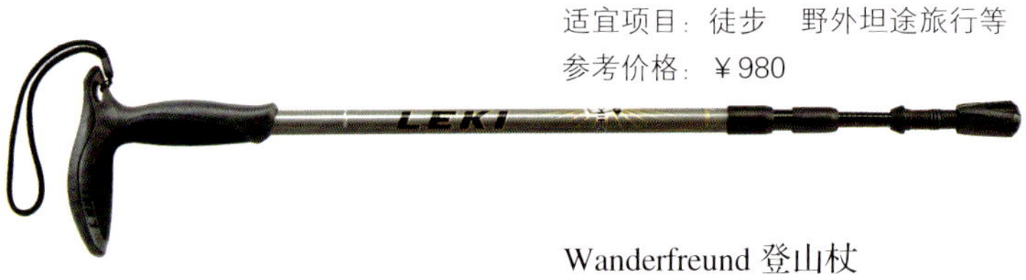

Wanderfreund 登山杖

3节结构，复合式橡胶材质握把，快速锁定系统，弹性腕带，钨钢杖尖，经久耐用，铝合金杖身，长63~120厘米，重270克。

适宜项目：登山

参考价格：¥780

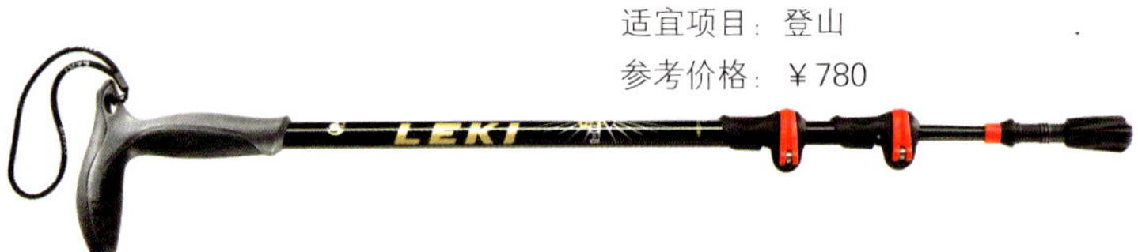

Summit AS 软木握把避震登山杖

软木握把，完美握感，3节结构，碳合金弹性杖尖，长69~145厘米，超级锁定系统，最大支撑140千克锁定力量，软性避震系统，重350克。

适宜项目：登山

参考价格：¥840

马卡鲁峰越野徒步杖

锁定最大支持重量为140千克，橡胶握把，经镂空设计，让抓握更舒适。碳合金杖尖，长65~145厘米，重274克。

适宜项目：徒步　野外坦途旅行等

参考价格：¥470

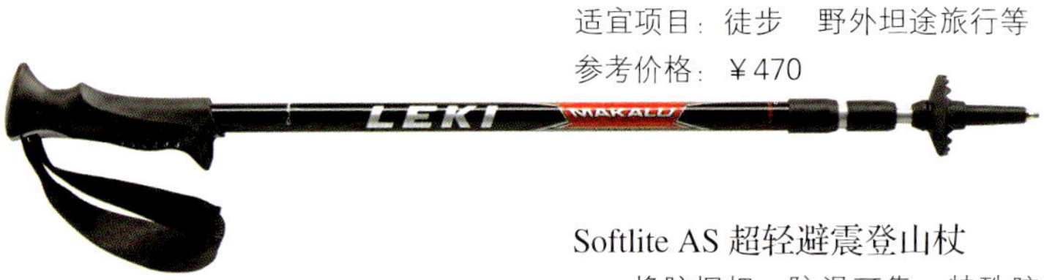

Softlite AS 超轻避震登山杖

橡胶握把，防滑可靠，特殊腕带设计，易于调整和分离。铝合金杆身，钨钢杖尖，阻尼板设计，增加了通过性。长65~135厘米，重300克。

适宜项目：登山

参考价格：¥760

老鹰登山杖

铝合金杆身，橡胶握把，碳合金杖尖，快速锁定，3节结构，长度65~145厘米，安全锁定腕带，重270克。

适宜项目：登山

参考价格：¥390

芬兰人对未知世界的探索，不仅仅是基于地理环境上的优势，

还在于勇气和智慧，就像是芬兰的颂拓产品，如同英雄一样受人尊敬。

颂拓在最不显眼的地方展示着它的能力，用最精确的数值来抚慰你对陌生的恐惧。

颂拓

腕上知天下

SUUNTO

CONQUER NEW TERRITORY

"SUUNTO"在芬兰语中的意思就是"方向"，它的标志是一个指向正上方（北边）的红色三角箭头。

1936 年，酷爱户外运动的芬兰工程师兼投资人托马斯·沃伦在芬兰范塔市创立了颂拓（SUUNTO）公司，公司初期主要以生产精密罗盘为主，由于创始人用自创的液体填充罗盘获取了更为精确的刻度读数，使该品牌在很短的时间内赢得了大批的客户订单。20 世纪五六十年代，它创造性地在指南针上安装表带，这一便携性设计为其赢得了世界性的声誉。如今，颂拓的陆用指北针、腕式指北针、航海用指北针、测斜器、腕上电脑以及潜水仪器已经成为世界上顶级的专业户外运动的必备产品，颂拓也已经从一个精密仪器的生产者升华为一个户外运动电子工具的领导品牌。

颂拓的信仰和它的名字的含义一样——方向。SUUNTO 所指的方向，就是科技的方向——永远代表着最精确，最值得信赖。颂拓产品的最大特色是多项功能的集合，可谓是将功能精准化，再大胆组合而成新的、功能丰富的产品。它的腕表往往兼具有倒计时、气压测量、GPS（全球定位系统）定位导航、高度差测量等多项功能，并且每一项功能都能够做到精准、可靠。颂拓产品一直以其精准可靠和时尚设计被客户所推崇，可帮助不同阶段的各类专项训练及户外爱好者提升他们的运动表现。

品牌名品

X10 腕表

X10 被看作是现在世界上最轻巧的腕上 GPS 装备。这款被称作“为活力人士准备的腕上电脑”的产品内置气压计、海拔计、电子罗盘、温度计，当然 GPS 功能是不可或缺的。不过 GPS 并不是用来给你指路的，而是用于告诉户外运动玩家距离、高度、速度等地形参数，无论是在多么复杂的地形情况中都能正常工作。它还可以通过 USB 线缆充电和传输数据，户外行走的轨迹都可以被上传到电脑上，而他人的轨迹也能下载到手表上，这样，他们就能通过卫星图像实时观察他们的冒险旅程。当户外运动者开始预计自己的下一个行程时，X10 还会显示方向和距离下一个路标的距离并且计算到达所需要的时间。当户外运动者在移动时，SUUNTO X10 会通过 GPS 来计算他目前的速度和行进的距离。寻找原点功能会指导户外运动者回到原来的路径。户外运动者还可以在 X10 里设置活动方式，以记录自己的速度、距离和移动信息。如此强大的腕表在材质上同样出色，采用高强度复合材料表壳和表带，不锈钢搭扣，最大限度地体现了它的可靠性。

X10 腕表

适宜项目　户外运动导航

参考价格　￥6 000

拓野系列腕表

颂拓拓野系列是每个热爱滑雪、徒步、越野跑的人和登山玩家渴望得到的一款户外利器，它

拓野系列腕表

适宜项目　高山竞技　徒步　速度赛

参考价格　￥6 000

融合了高科技 GPS 全球定位功能，独特的三维罗盘和高灵敏度的高度气压计，使户外运动者能够随时随地地了解所处的方位、准确的高度和天气条件。申请专利的 GPS 定位功能使户外运动者迈出的每一步的数据（速度、距离）尽在掌握之中，因此可以选择路径点进行导航并可在多个坐标系统中进行位置查看。值得一提的是，拓野系列对于严苛的山地竞技选手还提供多种功能应用，如定位加速计功能（可精确查看车速的变化）、心率监控配合最佳锻炼效果功能（查看最佳的锻炼时间段）、恢复时间提示功能（将告知何时恢复体力）等。在材质上，拓野系列采用了坚实可靠的一体合成坚固外壳，电池使用时间在全运动模式下可持续 15 个小时，并且采用了源自颂拓潜水器械经典设计，可实现 100 米的防水性能。

心率 M5 腕表

适宜项目　户外健身　有氧锻炼
参考价格　￥2 500

核心系列腕表

核心系列腕表是在颂拓的另一款矢量系列腕表 Vector 的基础上发展而来的，因此表现得更加出色。核心腕表是集时间、高度计、气压计、指南针为一体的高科技产品，所以它不仅仅只是一块完美的手表，更能实时精确地告知海拔、方向、天气等信息。它是垂直运动爱好者的必备测量装备，其中最突出的特点是它的压力计，压力计运转有四个不同模式，其中自动调整功能可以通过高度计和气压计之间的切换，记录户外运动者的经历。指南针的转动玻璃框有传统意义上的功能，也有同步定位的一点通功能。日常功能包括：显示二时区时间、日期、闹钟、运动秒表，以及日出、日落时间预测，甚至能准确地预报暴风雪，并能够记录最多 7 天的海拔数据。该系列腕表拥有十几种款式，是时尚观念、实用功能和科技的完美结合。

核心系列腕表

适宜项目　登山　攀岩　越野
参考价格　￥4 000

心率 M5 腕表

作为颂拓锻炼系列腕表中最高端的腕表之一，M5 以其简洁易操作的特点和丰富实用的功能赢得了极高的声誉，如同私人健身教练一般职业。M5 由 4 个部分——手表、心律带、安放在鞋内的计步器，以及安放在运动工具上的传感器组成，配合精准且敏感的腕表内置感应系统，能够对使用者的各项训练和运动给予强大的数据支持，包括提升健身强度、减肥和自由训练等目的。它可以根据户外运动者的心跳为户外运动者制定理想的训练长度和强度，能够自动排出一周的训练计划表，并做出相应的记录。若户外运动者错过了其中的某些训练，它又会自动为其做出调整，不论是跑步，还是自行车，它都可以通过 GPS 来追踪不同时间段的速度和运动的距离。值得一提的是，心律带搭配有双重编码功能，能够与健身房的大多数显示心率的有氧器械兼容。

购买推荐

Elementum 潜水男表

顶级运动型男表，直径 45 毫米，橡胶表带，拥有深度计、计时、水温、潜水时间等功能，防水深度 200 米，最多 14 次潜水日志记录，重 300 克。

适宜项目：潜水　越野

参考价格：￥8 200

Terrap 登山男表

不锈钢表壳，防腐蚀橡胶表带，直径 45 毫米，日期、时间、闹钟、三维罗盘、计时器、高度计、气压和天气趋势图，以及最多 8 次登山记录，100 米防水。

适宜项目：登山　越野等

参考价格：￥6 500

拓野系列 GPS 心率男表

树脂材质表盘，橡胶表带，直径 50 毫米，100 米防水，功能更加完善的 GPS 是该表的最大特色，具备三维罗盘、高度计、气压计、温度计、线路追踪、速度策略、心率表。

适宜项目：越野　探险　滑雪等

参考价格：￥5 600

Ventus 航海休闲男表

不锈钢表壳，真皮表带，直径 45 毫米，气压及趋势图，时间、日期、闹钟、计时器，耐撞击，100 米防水，设计有背景灯和按钮锁定等实用功能。

适宜项目：休闲户外活动

参考价格：￥7 400

拓野 2 型心率男表

全能型户外男表，不锈钢表壳，橡胶表带，直径 45 毫米，日出日落时间、自行车功率显示、暴雨警报、GPS 定位、高度计、潮汐变化信息、坡度测量，100 米防水。

适宜项目：登山　自行车等

参考价格：￥6 000

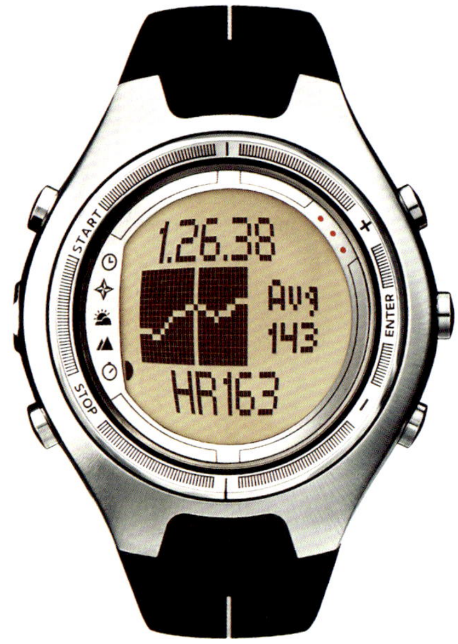

心率运动系统男表

专业户外运动男表，能够有效记录户外活动的精准数据，重 160 克，配有心率监视器、高度计、信号传送器、步数计、罗盘、气象仪、日期、时间、100 米防水等功能，降低未知地域旅行的风险。

适宜项目：城市户外休闲　登山等

参考价格：￥7 000

观察家钛合金户外腕表

钛合金表壳表带，直径 44 毫米，具备多时区显示、海拔日志记录、高度差测量、气压计、罗盘、闹钟、温度计、天气趋势指示器等功能，设计中性，男女皆可佩戴。

适宜项目：登山　攀岩　滑雪等

参考价格：￥6 100

Quest 系列跨越腕表

高强度复合材质外壳，橡胶表带，直径 42 毫米，具备心率计、锻炼时间、实时卡路里显示、心率警报、双时区、计时，并能保存个人锻炼日志。

适宜项目：户外健身锻炼等

参考价格：￥2 400

核心系列铝制腕表

外形时尚大方，男女皆宜。具备高度计、气压计、指南针、深度测量、日出日落时间、双时区显示、计时。

适宜项目：户外休闲活动

参考价格：￥4 800

Vector 系列原创系列腕表

高强度复合材质表壳、橡胶表带、直径 51 毫米，具备高度计、气压计、指南针、计时、天气趋势指示器、温度计、高度差测量、30 米防水，并能存储 4 天气压变化信息和海拔信息。

适宜项目：登山　滑雪

参考价格：￥2 300

T3D 户外锻炼腕表

最具性价比的锻炼用腕表，具备实时心率显示、心率警报、码表计时、卡路里显示、测速、平均心跳记忆、闹钟、双时区等功能。

适宜项目：休闲户外活动

参考价格：￥1 850

核心系列橡胶男表

橡胶材质表带，直径 44 毫米，具备高度计、气压计、指南针、深度测量、日出日落时间、双时区、计时等功能，重 250 克。

适宜项目：休闲户外活动

参考价格：￥3 800

核心系列时尚探险腕表

高强度复合材质表壳，橡胶表带，直径 48 毫米，具备高度计、气压计、指南针、暴雨警报、日出日落时间、气压高度转换、深度计、30 米防水、闹钟。

适宜项目：户外探险

参考价格：￥3 500

M2 户外运动女表

多色可选，适合时尚的女性。具备日期、星期、计时、闹钟、心率测试等功能。

适宜项目：日常休闲　锻炼

参考价格：￥1 100

现代人需要向古人学习的内容，不仅仅在于饮食、作息等表面现象，
更重要的是要学习他们利用自然、与自然和谐相处的态度。
来自瑞典的精密仪器制造商席尔瓦就是在做这样的事情，
它让户外的世界摆脱了迷失的危险，而不再依赖电池、卫星等条件。

席尔瓦
拒绝偏差的北斗星

Silva®

简单的一个红色单词，却足够显眼，好像不用表现得太明显，看到“Silva”，就能想到它的非凡。

全球领先的席尔瓦公司是一家专业指北针制造商，自1933年谢尔斯特伦兄弟制造了他们的第一个指南针起，席尔瓦公司在80年的历史中勤勉不懈地发明各式各样的、指向精准的指北针，尽管其原理简单，但仔细的改良使导航及定向时更加精确，面对户外环境更加稳定和从容，使得席尔瓦公司很快成为一个世界级的指北针提供商。不管身在世界任何角落，做任何历险活动，每位户外运动爱好者的背囊内都应该携有这样精密的用具。一个可靠的指北针能为户外运动者引领方向多年，最为重要的是，无须电池更不必担心电池会耗尽。如今的席尔瓦公司已经被芬兰的巨型设计公司费思卡集团收购，席尔瓦总部设在了瑞典的斯德哥尔摩。席尔瓦的产品主要是户外和随身健康用品，如指北针、计步器、头灯、双筒望远镜、专业仪器及野外定向设备，并且成为这些领域的品质标杆。

席尔瓦有“森林”之意，是指一片充满危险与迷茫的地方，而席尔瓦公司正是最好的指向者，为了向人们提供更精准的生活而不懈努力。席尔瓦的产品建立在尊重大自然的基础上，是科技和经验、荣誉和生活态度的组合。尽管席尔瓦指北针的原理和大多数指向产品相同，但是它表现得更“精准”。在材料选择上，它抛弃了低廉却会影响到精准度的材质；在设计上，选择在不受磁性影响的环境中进行；在外观上，以“让客户更精准方便地获取地理信息”为主旨。因此席尔瓦指北针没有丝毫多余、花哨的设计。

品牌名品

58指北针

58系列指北针是席尔瓦公司的个性指北针的明星代表，它是专为车、船等运载工具而设计的，因此呈现出稳定的特点，以“平稳、精准”为设计理念制作而成。黑色的身体有着一个敦实的底

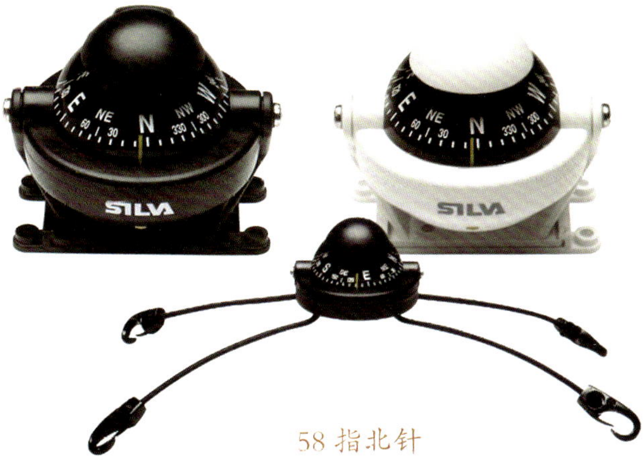

58 指北针

适宜项目　全面适应多种交通工具
参考价格　￥1 200

盘，这是平稳的先决条件。底盘托起一个球状指北针盘，由灵活的转轴链接，减少了颠簸对指北针的影响。白色的刻度表和黑色的盘面，让阅读信息变得更加轻松。该指北针采用了精密的工艺设计，因此平衡性更高，亚克力材质带来了透明且耐磨的特性。值得一提的是磁球设计，即便是出现 20 度的倾斜，也能精准使用。新式 Dry-Flex 双倍填充液体稳定系统，让使用的舒适度及定位表现更加理想。这款适合露营车、轿车、越野车、船舶等多种交通工具的指北针仅有 165 克。

冒险家系列指北针

冒险家系列是席尔瓦公司提供的专业级户外指向设备，采用了简单易操作的 Dry-Flex 技术，在地图、放大镜和测量尺等附件的配合下，精准地计算出不同参照物之间的实际距离。为了增加测量的精准程度，该指北针还增加了矽胶固定脚点，同时还有可拆卸的安全携行绳和夜间发光标记，即便是在黑夜或是伸手不见五指的地方，也能精准测量。作为一款专业级设备，它充分考虑了不同人群的需求，尤其是长距离、陌生地带的探险，所以又添加了可快速调整的磁偏角，能够永久调整为所在地的磁偏角，让指北针更加精准。另一个重要设计是内置倾斜角测角器，这是冒险家 S 型指北针新增功能之一。如此强大、精准的指北针，加上可拆卸的安全绳，总重量也只有 50 克。

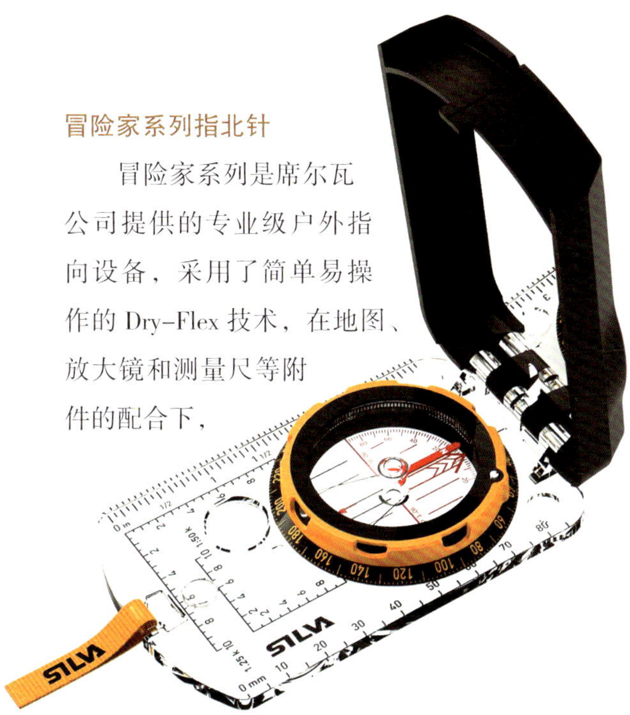

冒险家系列指北针

适宜项目　专业测量　户外长距离活动
参考价格　￥900

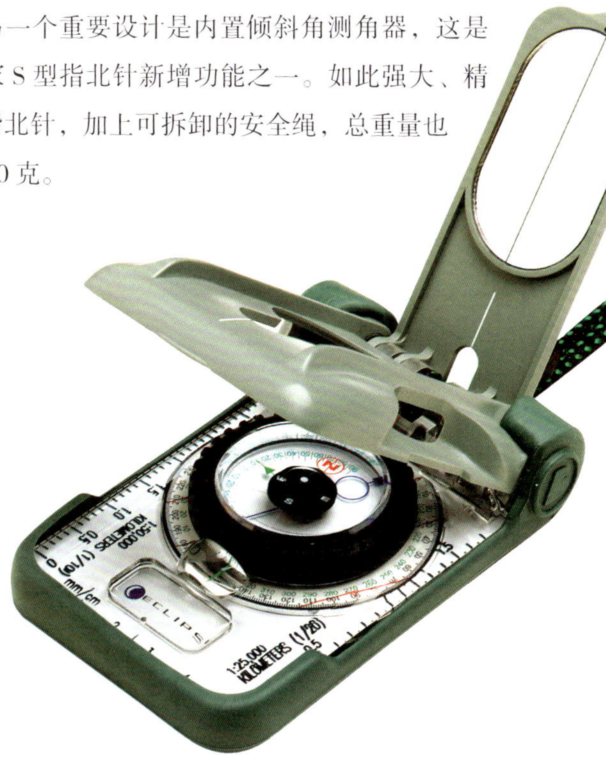

日蚀系列指北针

适宜项目　野外生存　攀山　越野
参考价格　￥800

日蚀系列指北针

日蚀系列是席尔瓦公司又一款代表性专业户外工具，尤其适合专业及户外活动者使用。依据人体工学设计的外形，让它的使用过程变得更为简单。底板处标注有各种尺寸的比例尺，可结合 GPS 地图使用，轻松应对野外生活体验、攀山等活动。该系列最杰出的作品当属日蚀 97 指北针，它被誉为是“21 世纪最具革命性的指北针”，除了精准指向和测算距离之外，新型易操作的专利指北针磁盘和“Bulls-Eye”瞄准定位系统，拥有 360 度正反方位角刻度，精密度可读至 0.5 度，极大地提升了读取数据的精准度。值得一提的是，它还增加有求生哨和多功能插扣系统，可谓一物多用。

自从两千多年前的西伯利亚人和阿拉斯加人懂得眼镜防护的重要性时起，
人类在眼镜材质、设计上的努力日趋增强，
尤其体现在开阔视野的开阔度、解决汗水凝雾以及展现时尚外形三个方面，
斯密斯光学眼镜无疑是这两千多年智慧的完美结晶体。

斯密斯

时尚的光学专家

斯密斯的标志是其品牌名，首字母“S”被镶嵌进眼镜镜面形状的椭圆形图案中，与其产品相关联。

进化系列太阳镜

适宜项目　多种户外运动

参考价格　￥1 500

1965年，美国加州的牙医鲍勃·斯密斯创建了斯密斯眼镜品牌，作为一名在加利福尼亚州极为普遍的滑雪爱好者，他最初的目的是想解决自己雪镜起雾的问题。通过反复试验，他和助手们终于研制出了世界上第一副双层镜片的风雪镜，由于斯密斯能提供一整套防雾解决方案，它迅速成为世界第一大风镜生产商。在逐步成功的过程中，它的研发中心不断地推陈出新。Hydrophillic镀层、可调节通风系统、可透气发泡材料、防刮划材料和辅助通风等研发技术层出不穷并在太阳镜领域掀起了时尚旋风。如今，斯密斯已经无可争辩地成为兼具功能性与时尚感的太阳镜领导品牌。

斯密斯眼镜的设计理念是“一边专注于雪镜和太阳镜尖端技术的研发，一边又将自然随性的运动生活方式融入太阳镜产品之中，全面保护佩戴者的眼睛”。斯密斯眼镜的特色体现在其对偏光技术的研究上，斯密斯的偏光镜片与渐变技术完美结合，适合全天候佩戴。它将卤化银晶体在制造时注入镜片之中，这种微小的晶体就能根据光线强弱的变化自动调节镜片透光率，以适合一天的佩戴需

V90 无框太阳镜

适宜项目 多种户外运动

参考价格 ￥1 200

求。这种技术还是为消除眩光而设计，能够快速有效地消除平面的横向眩光，如雪面、水面或者柏油路所带来的视觉精度下降，以及随之带来的视觉疲劳，从而追求舒适的视觉体验。

品牌名品

进化系列太阳镜

进化系列太阳镜是强强联合的两大科技公司合作的结晶，斯密斯与来自法国的著名科技公司阿科玛联手，推出了这款极具时尚感的系列太阳镜。它的卓越性能是通过一种名为“高性能生物质基聚酰胺产品”的新型环保材料实现的，这种材料以其舒适的透视性、轻巧的质地、优良的抗冲击性、卓越的耐用性以及良好的切割弯曲灵活性著称。这种材质尤为重视环保，是一种可再生的环保型材料，其原材料为蓖麻油，从而有效地减轻温室气体二氧化碳的排放。为了增加可选择性，该系列太阳镜框架已有 20 种款式，更加完美地诠释了斯密斯眼镜的时尚造型、持久耐用和环保型设计的产品战略。

V90 无框太阳镜

这款无框太阳镜以帅气的外观受到了众多户外爱好者的青睐，它的功能远不止遮挡阳光这么简单，而是一种集合了多种专利技术和实用功能的眼镜。该眼镜引进了全新改良的 PIVLOCK 集成系统，这个系统能够快速更换镜片，以不同的镜片类型满足不同的运动、不同的环境，其自带镜片分别为白金、透明和玫瑰三种颜色。这种集成的快速切换系统得益于眼镜脚和鼻梁架的独特设计，在方便更换镜片的同时，也成就了眼镜时尚帅气的外形。由于是无框设计，该眼镜的视野更为开阔，镜片为碳晶材质，具有斯密斯专有的防汗防起雾效果，整体重量仅为 285 克。

V2 户外太阳镜

适宜项目　多种户外运动

参考价格　¥2 000

V2 户外太阳镜

和 V90 一样，V2 采用了类似的快速切换镜片的 PIVLOCK 集成系统，使得 V2 的镜片切换如同优雅的电影镜头一样简单随意。有人将 V2 视为 V90 的升级版本，原因是它们都是无框设计，而且都采用了切换系统，但 V2 却明显更倾向于恶劣、多变的户外环境。在汲取多位户外运动员经验和建议的基础上，V2 进一步加宽了视野，同时在高度上也增加了，这就使得 V2 比 V90 看上去更“粗壮”一些，对眼睛的保护范围也更为宽广。鼻梁架增加了更多的调整性，保证佩戴时与鼻梁达到最佳吻合状态，眼镜架与耳朵相连接的地方增加有柔软的材质，这个微小的细节，让佩戴的舒适性大为改善。

近视雪镜

这款专门为近视眼滑雪爱好者打造的近视雪镜，是斯密斯中高端特色雪镜的代表。优良的设计使它能够与头盔完美兼容，该雪镜是斯密斯公司专为亚洲人设计的。框架及防过敏贴面泡棉，能够针对亚洲人的鼻梁和脸型特征，完全贴合面部，镜带内侧硅胶条有效防滑。专为近视镜佩戴者设计，不是指其镜片具有度数，而是可以在戴近视镜时佩戴，带有 TLT 镜片渐薄技术的含碳镜片，解决视偏差的同时能使镜片更加坚固。双层的镜片结构增加了保护的效果，其外层镜片为带有 Porex™ 技术的镜片，防水的同时，还能有效地控制雪镜内起雾的现象。

近视雪镜

适宜项目　滑雪

参考价格　¥1 100

购买推荐

Factor Max 护目镜

左右双镜片设计，可独立更换，镜片两侧加长设计，加强保护，黑色眼镜架附有镜片锁，可保持眼镜架轻巧，同时锁紧镜片，舒适橡胶鼻托，两组镜片包装，包括灰色和透明。

适宜项目：多种户外运动

参考价格：￥720

Boogie 防风护目镜

镜片符合美国耐冲级标准，专利设计排热气系统，镜片不易起雾。防护面积与一般大型护目镜相同，镜面均涂装防起雾及防刮伤涂料，100%抗 UVA/UVB射线，适合恶劣环境下使用。

适宜项目：多种户外运动

参考价格：￥500

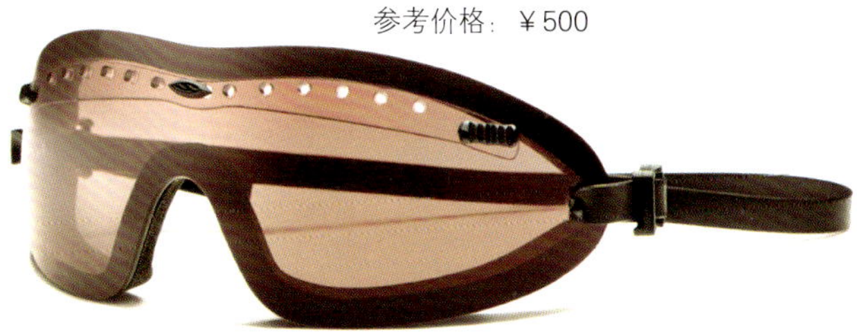

Hudson 高级太阳镜

通过美国军方的多项耐冲级检验，曲型镜片让视野景物更真实，100%抗 UVA/UVB/UAC 射线，镜架采用轻量化、坚固耐冲击材质制成，设计时尚、大气，适合小型脸型。

适宜项目：多种户外运动

参考价格：￥1 500

Chief 护目镜

耐冲击镜片材质，中等大小，100%抗 UVA/UVB/UAC 射线，镜架采用轻量化、坚固耐冲击材质制成，鼻托舒适。

适宜项目：多种户外运动

参考价格：￥1 600

Shorewood 女款太阳镜

极具魅力和时尚气息的女款太阳镜，提供多种绚丽色彩和酷炫外形供选择。粗框架设计，搭配大型镜面，能够有效地阻挡有害光线，并提供清晰的视野。

适宜项目：户外休闲

参考价格：￥800

Ridgeway 休闲太阳镜

简约设计，时尚大气。轻便的不锈钢框架，耐用，灵活，轻巧，佩戴舒适，硅胶鼻托，大面积镜面。

适宜项目：户外休闲　城市郊游等

参考价格：￥1 200

Lockwood 护目镜

经典大气，又充满现代风格，100%抗 UVA/UVB/UAC 射线，镜片耐冲击，鼻托舒适、柔软，视野保真度高。

适宜项目：骑行　越野等

参考价格：￥980

它是时尚界的巨星，问世之初便颇受追捧，
帅气与张扬的外形设计让它成为户外的焦点；
它是科技界的宠儿，拥有颠覆传统的力量，时时刻刻都在给予眼睛十足的呵护——
它就是欧克利户外眼镜，一个将舒适性、实用性和艺术性融为一体的户外光学大师。

欧克利
时尚与科技的产物

欧克利的品牌标志是一个以品牌名首字母设计而成的镜片图案，同时又与人类的眼睛颇为相似，既表示其科技公司、眼镜研制公司的本质，又暗示欧克利产品对眼睛的全面呵护。

1975年，自称“疯狂科学家”的吉姆·简纳德以300美元起家，在美国创立了欧克利公司。公司早期以研制和生产舒适的越野摩托车手握把套为主，在取得该领域的多项专利技术之后，颇具创新精神的简纳德开始与世界级的运动员合作，准备进军太阳镜、滑雪镜、光学眼镜等领域，并以其卓越的高清晰度和充满艺术感的外观赢得了人们的青睐。经过近40年的发展，欧克利相继进入运动服饰、配件等领域，取得了超过600项的专利技术。这种对创新的着迷，对挑战规则的热情以及对科技的狂热使得欧克利始终保持着其科技的领先优势，成为世界上卓越的眼镜品牌。

始终保持着对科技创新的热情，让每一项科技的产生，都变成改变时尚，颠覆传统思维的新革命，并将功能、时尚以先进的科技进行艺术化的处理，创造出独一无二的时尚产品，是欧克利成功的关键。欧克利品牌最大的特色在于其先进的高清晰度光学技术，简称HDO（High Definition Optics），它是专有技术和专利镜片技术的结合，这项专利通过了美国国家标准学会的所有光学测试，为世界提供了最佳的清晰度和视觉保真度。HDO技术能够消除普通镜片扭曲实现的普遍缺陷，

雷达锁定系列太阳镜

适宜项目　自行车　摩托车

参考价格　￥3 400

气闸滑雪镜亚洲款

适宜项目　滑雪
参考价格　￥2 200

以保持更清晰、更锐利的视野，不存在图像损坏的情况，并能无偏移地看清视野中的每个物体。HDO 并未止步于精确，它还继续拓展在抗冲击性方面的创新，从而满足恶劣环境下使用的需求。此外，它还提供百分之百的紫外线过滤。

能够安全固定镜片，避免压力不均或者弯曲造成的视觉误差。镜片部分则运用了 HDO 高清晰度光学技术，能够百分之百地屏蔽 UVA、UVB、UVC 和波长达 400 纳米的有害蓝光，提供无可比拟的高清视野，并具有超强抗冲击的防护功能——足以承受 500 克重金属从 1.3 米高度落下时的冲击力。

品牌名品

雷达锁定系列太阳镜

雷达锁定系列太阳镜是欧克利的科技结晶，是专门为参与高速运动而设计的专业运动太阳镜。这款眼镜在镜架和镜片上革命性的改进，使得运动员能够根据不同光线环境选择最为适合的镜片。时尚的镜框设计让人过目难忘，镜腿上采用了锁开关技术，使得佩戴者能够快速、轻松地根据光线环境更换镜片，创造更为清晰的视野。镜框材料也颇为讲究，轻质和记忆材料的加入可以带来舒适的佩戴感，一体式设计的透气孔可以有效地排汗和排热，再加上可替换的防滑橡胶鼻托，能有效提供贴合度和佩戴舒适度。镜架的悬浮系统

气闸滑雪镜亚洲款

气闸滑雪镜亚洲款是专门为亚洲人脸型打造的，可以带来服帖和舒服的佩戴感。先进的镜腿开关锁技术旨在让镜片能够简单而又快速地更换，并确保镜片在装配中不会有折损而造成视觉变形，让滑雪者能够快速更换不同颜色的镜片，实现最佳的光线过滤、视觉对比度和色彩平衡。使用者只要扭开眼镜上的开关，即可取出镜片，无须烦琐的操作就可完成更换过程。在材质选择上，该雪镜将硬质材料制成的防护前区与弹性镜框技术相结合，特别定制的框架能减轻对鼻梁的压力，让呼吸更为顺畅，即使是在极其寒冷的条件下也

能保证很强的贴合度。它的镜带能起到平衡压力的作用，可与头盔佩戴一起使用。由于采用了由三层摇粒绒制成的面部海绵，使得滑雪镜内部的湿气得以均衡，佩戴也更加舒适。为了防止雾气生成，该雪镜采用了 F3 防雾技术，并装载了通风的双层镜片一起固定。所有镜片均由经久耐用、视线通透、可阻挡 UVA、UVB 和 UVC 紫外线的专利材质制成，在带来出色视野和精准度的同时，还具备极佳的抗冲击保护性能。

霍尔布鲁克太阳镜

霍尔布鲁克太阳镜是由滑雪名将肖恩·怀特在赛场之外与欧克利密切合作的产物，从外形上看，该眼镜与早期的欧克利运动型太阳镜相似，充满了怀旧情怀，这种怀旧元素源自 20 世纪中期的银幕偶像明星——酷派十足。而“霍尔布鲁克”原本就是亚利桑那州北部的经典的荒原名，是公路探险和冒险精神的缩影，这一名称也与该款太阳镜的超强性能相契合。抗压 O MATTER 材质的镜框，经久耐用，经过轻巧的设计，带来舒适的佩戴感受，同时还突出了金属银钉和品牌标志，时尚感十足。先进的 PLUTONITE 镜片，能滤除所有 UV 光，镜片基弧为 6，使周边视野和侧翼保护得到优化，其光学精确性和抗冲击能力达到 ANSI Z87.1 标准（能承受高速重物冲击），清晰度和保护性能极为出色。同时还能 100%滤去包括紫外线在内的多种对眼睛有害的蓝光。

霍尔布鲁克太阳镜

适宜项目　多种户外运动

参考价格　￥1 600

购买推荐

Flak 男款太阳镜

大受欢迎的时尚款太阳镜，将舒适性、实用性和艺术性完美融合，采用先进的镜片材质，具备强大的防撞击和阻挡有害光线的能力，重 200 克。

适宜项目：骑行　城市户外休闲

参考价格：￥1 700

Livestrong 男款注塑太阳镜

炫酷造型设计，镜片采用先进的 HDO 技术，能够获得更高的清晰度和抗冲击力，在保护眼睛的同时，还有助于缓解大脑的疲劳。

适宜项目：骑行　城市户外休闲

参考价格：￥3 300

Jawbone Retina Bum 太阳镜

炫酷造型设计，提供多种颜色可选。重约 200 克，轻便有韧性。镜片采用先进的 HDO 技术，能够获得更高的清晰度和抗冲击力，在保护眼睛的同时，还有助于缓解大脑的疲劳。

适宜项目：骑行　城市户外休闲

参考价格：￥2 200

Radar Path 高端户外骑行眼镜

将舒适性、实用性和艺术性完美融合，采用先进的镜片材质，具备强大的防撞击和阻挡有害光线的能力，重 200 克。

适宜项目：骑行　城市户外休闲

参考价格：￥2 000

Splice 雪镜

舒适的佩戴和出色的视野是该雪镜的最大特色，镜框采用专利材质打造，在酷寒天气下保持足够韧性和灵活度，三层面部海绵垫，镜片采用防雾和抗冲击保护，Plutonite 材质保证了足够的清晰度，能够抵挡多种有害光线。

适宜项目：滑雪

参考价格：￥1 700

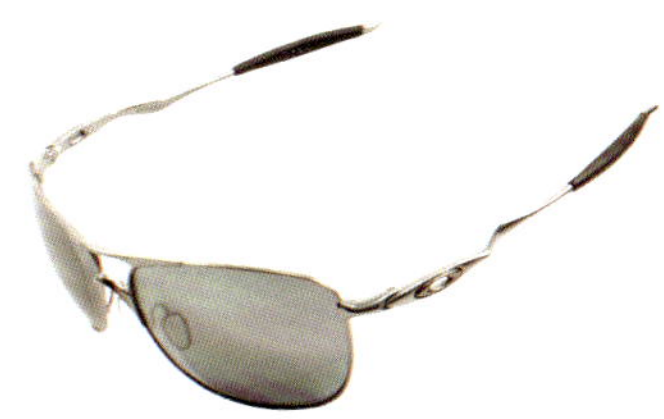

Crosshair 金属太阳镜

简约大方的设计，适合休闲时刻。耐撞击镜片，视野清晰，采用注塑成型技术打造，既能剔除有害光线对眼睛的损害，又能增加韧性，重 200 克。

适宜项目：城市户外休闲

参考价格：￥2 100

Straight 户外太阳镜

更精致的设计，专为骑行、攀岩等运动而设计。镜片采用先进的 HDO 技术，能够获得更高的清晰度和抗冲击力，同时镜架更紧凑，不易脱落。

适宜项目：城市户外休闲

参考价格：￥1 560

Whisker 商务休闲眼镜

外形时尚，适合前卫的男性。镜片能够获得更高的清晰度和抗冲击力。重 200 克。

适宜项目：城市户外休闲

参考价格：￥1 600

莱泽曼刀具是户外刀具中的全能战士，
以多达十几种功能的组合和精致不累赘的出众外观享誉全球。
如果说瑞士军刀是野性和霸道的交集，
那么莱泽曼就像个不懂言语的老木匠，功能强大，却从不张扬。

莱泽曼
提供 25 年质保的万能工具

LEATHERMAN®

莱泽曼的品牌名源自创始人的名字，其标志也充分展现了莱泽曼工具的全能性特点，而外围的线条则暗示莱泽曼在追求强大功能的同时，也注重对使用者的安全保护。

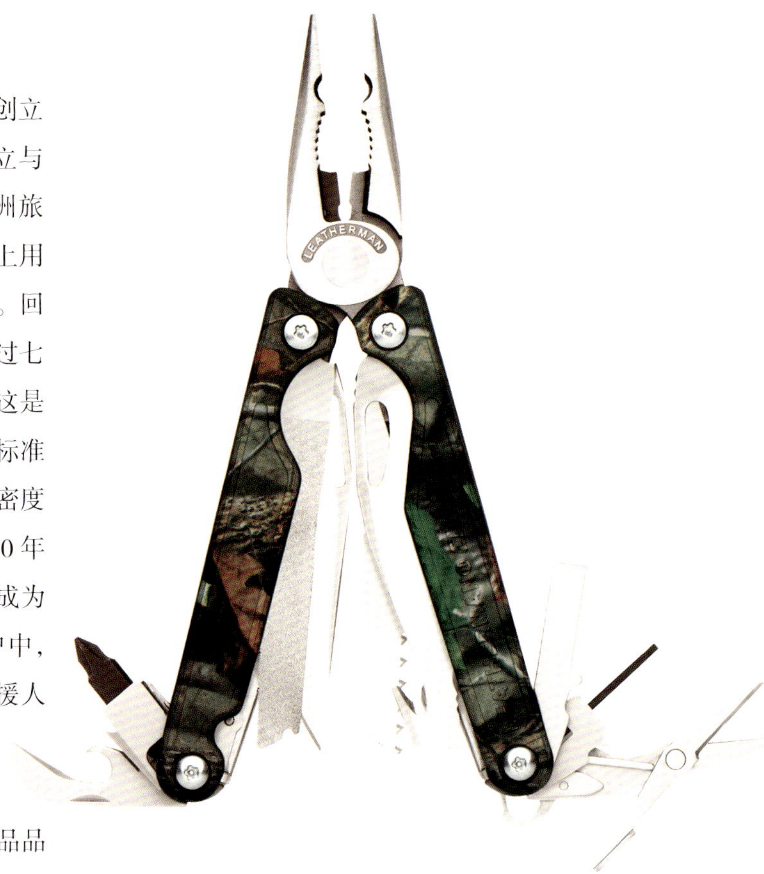

1983 年，酷爱旅行的提姆·莱泽曼在美国创立了莱泽曼（Leatherman）刀具品牌。公司的创立与创始人的一次经历密切相关，当时他正在欧洲旅行，恰逢车子出了故障，所带的刀具根本派不上用场，于是他便梦想有一把小巧、全能的工具刀。回家后，他运用自己工程设计上的专业知识，经过七年的努力，终于打造出了万能的莱泽曼工具。这是一把具有主刀、各类螺丝刀、锥子、刻度尺和标准尖嘴钳的组合工具，并且在质量、耐用性、精密度与做工精细方面都表现出卓越的性能。经过 30 年的发展，莱泽曼刀具畅销世界 70 多个国家，成为数百万人所信赖的随身工具。在莱泽曼的用户中，不仅有户外运动爱好者，还有各国军人、救援人员、电气工程师、水手，甚至宇航员。莱泽曼不仅是多用途工具的创始人，而且是公认的具有最高品质的生产商，也是高档别致的礼品品牌，其产品均提供长达 25 年的质量保证。

重型多功能军刀
适宜项目 多功能户外
参考价格 ¥2 200

以耐用、坚韧的品质，以小巧、多功能的特点，满足人们对刀具的多种需求，是莱泽曼的一贯追求。莱泽曼刀具作为多功能刀具的代表，其小巧精致的外形、全面坚韧的品质赢得了世人的青睐，作为品质保证的基础，其特制的高品质钢材起到了决定性的作用。每一件莱泽曼工具由400系列高碳不锈钢制成，并针对每一件工具，在钢材的含碳量和热处理上进行优化，使得莱泽曼工具在质量、做工、耐用性和精密度上都显现出了极大的优势，保证了它具有最佳的性能和耐用性。它可以在极端苛刻的条件下工作。从太空到极地，不论是修理游艇还是做手术，莱泽曼多功能刀具都能出色地完成任务。

品牌名品

重型多功能军刀

这款性能卓越的多功能军刀是莱泽曼公司针对战场等恶劣环境而设计的，其强悍的性能和霸气的外形设计使其成为莱泽曼刀具中的又一经典代表。该工具钳合起时长12.7厘米、伸展时长19.8厘米，重量仅为310克，提供多达17种用具，并且每一件都用优质钢材精制而成。除了常见的420HC钢材主刀、锯子和钳子外，还有由154CM钢材制成的钳口，以便剪断铁线，至于螺丝起、木锯、开瓶器这种常见器具自然更是齐备。该款刀具在细节上也表现完美，尾端设计有V型切口，是为了军队在遭遇翻车或其他危险情况时，可以轻易快速地一刀割断安全带、飞机伞绳、安全绳等设计的。多处的防滑纹和刀口处小扳手的设计，增加了握持过程中的摩擦力和安全度。

维物多功能刀具

维物刀具是莱泽曼产品中最经典的款式，也是开发时间较早的、功能最齐全的产品之一，它的面世带动了新一代多用途工具的发展。其最显著的特点是它的直刃刀和锯齿刃可以直接单手打开、锁定。它还是所有组合工具中第一个采用衬锁作为刀锁的，即由一个弹性钢片抵住刀的根部来实现锁定，这种刀锁形式只在高档折刀中使用，具有很大的强度，同时也需要很高的加工精度，否则将直接影响锁的可靠性。而莱泽曼凭借其高精度的加工技术在这一点上就做得十分不错，锁

维物多功能刀具

适宜项目　多种户外活动
参考价格　¥1 200

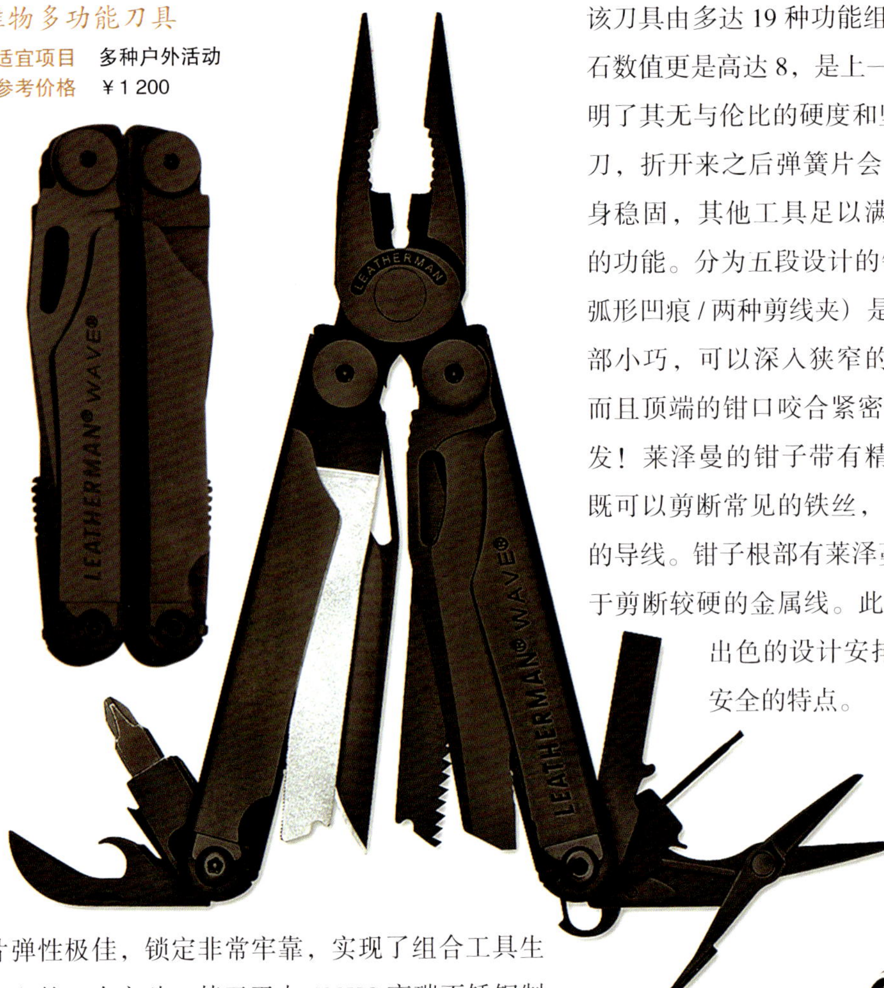

片弹性极佳，锁定非常牢靠，实现了组合工具生产上的一次突破。其刀刃由 420HC 高碳不锈钢制成，具有良好的保持能力。与以往的设计不同，维物的直刃刀、锯齿刀、木锯、钢锉（锯）可以在不打开整个工具的前提下直接打开使用，使用更加方便快捷。手柄内藏有 4 种尺寸的螺丝刀和多种实用刀具，双排齿木锯和正规的木锯一样，其锯齿是向回钩的而不是垂直向下的，这样具有更高的效率并不易被卡住。粗纹锉刀的背面配有金刚石面的细锉，可以应付任何金属及坚硬的物体，其细致的表面同样适合外出时充当一个相当好用的磨刀器。全钢结构加上莱泽曼的精致做工，使得维物多功能刀具成为日常和户外所需的万能型工具。

电荷多功能刀具

电荷多功能刀具是一款不论在外观设计、功能数量，还是材质、性能上都堪称顶级的产品。该刀具由多达 19 种功能组合而成，钻头上的金刚石数值更是高达 8，是上一代产品硬度的 3 倍，表明了其无与伦比的硬度和坚韧度。S30V 钢材的主刀，折开来之后弹簧片会自动弹上并扣住，让刀身稳固，其他工具足以满足“砍、削、切、锯”的功能。分为五段设计的钳子（尖嘴压 / 圆形夹 / 弧形凹痕 / 两种剪线夹）是其最大的特色，钳子头部小巧，可以深入狭窄的地方从事精细的工作，而且顶端的钳口咬合紧密，甚至可以夹住一根头发！莱泽曼的钳子带有精密的交错式的剪线钳，既可以剪断常见的铁丝，又可以处理细如漆包线的导线。钳子根部有莱泽蔓特有的“硬线剪”，用于剪断较硬的金属线。此外，每一个工具都因为出色的设计安排而呈现出省力、实用、安全的特点。

电荷多功能刀具

适宜项目　多功能户外
参考价格　¥2 000

它是美国军刀的代表，因此性能可靠；它是潮流刀具的代表，
因为造型时尚。对于真正的户外爱好者和刀具收藏者而言，
它是不二之选，这便是戈博。
拥有戈博不仅仅是拥有了一个出色的帮手，更是拥有了一段传奇。

戈博

性能可靠的户外刀具传奇

GERBER

戈博是创始人的名字，其标志为锋利的刀剑和宽大的剑鞘，
暗指其刀具极为锋利，但也兼顾安全性的设计。

辛德勒野外救援刀

适宜项目　多种户外运动

参考价格　￥2 600

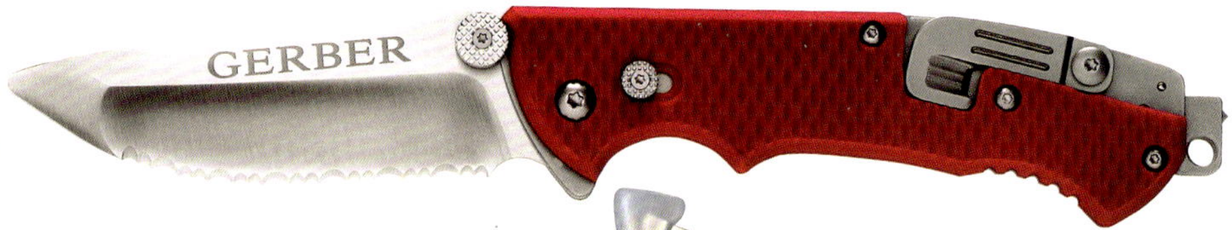

1939 年，约瑟夫·R.戈博在美国俄勒冈州波特兰市创立了戈博传奇刀具公司（Gerber），公司早期专注于厨房刀具的研制，随后开始了军用刀具的生产，并很快以卓越的品质成为美国最优秀的刀具生产商之一，其产品在“二战”期间成为美国军队的必备刀具之一。“二战”之后，随着户外运动的蓬勃发展，戈博很快就在户外刀具领域大受推崇，其高品质的直刀、打猎刀具、捕鱼刀具、便携刀具等成为众多户外爱好者的首选，其折叠刀更是受到美国国家航空航天局的认可。如今的戈博仍然是军用和户外用刀具的高端品牌，在刀具领域享有极高的声誉。

戈博的宗旨是“生产世界上首屈一指的刀具”。戈博刀具的特色是其充满传奇色彩的外形和出色的性能。它以其铜摺刀及救生刀闻名于世，对刀具生产过程中的每一个细节均一丝不苟，人工镶嵌技术更是巧夺天工，水准堪称同业中的翘楚。更为重要的是，所有戈博产品都提供与产品制造有关的终身担保，可见其性能与服务之优越。

品牌名品

辛德勒野外救援刀

辛德勒野外救援刀曾荣获“最佳国际刀具”和“最佳探险装备”两项国际大奖，堪称是戈博的明星级刀具系列，备受关注的辛德勒 CLS 款救援刀正是基于这款刀具设计而成的。辛德勒野外救援刀是极具特色的救援刀，由著名刀具设计者里克·德玛诺构思，他本人既是消防员，又是急诊医生，他将野外生活和救援的需要附着在该刀具上，使其在功能性和实用性上表现卓越。该刀具在带有安全手套时，具有更大、更耐用的使用机制，拇指柱和外部刀刃释放钮使得单手开启、单手闭合易如反掌。内置钩形铣刀能安全切割安全带，并带有窗口冲头，手柄背侧带有氧气筒阀。还有可更换的九件套工具包，装在弹道尼龙刀鞘内，提供了足够高的安全系数。

生存者步兵直刀

戈博与特种部队训练专家弗兰克·海利经过两年的合作研究，推出最坚韧可靠的生存者步兵直刀，现已成为戈博刀具的经典代表。它的刀刃由单片高碳不锈钢精心打造，绝对紧固耐用。半锯齿刃设计，使其成为更多功用性的切削工具。生存者步兵直刀握把材质设计为特殊橡胶，除了提供舒适握感和绝缘电力之外，敲击时可吸收和减少震动。握把尾端部分则为多功能锤，除可作为一般工具锤之外，亦可作玻璃击破器，其强度足以击破直升机上的强化玻璃。握把尾端也可与木棍捆绑作为茅，加强攻击时的长度即攻击力。此外，安全刀套设计上配有一体成型的 V 形快速磨刀器，令生存者步兵直刀时时刻刻都保持最锋利状态。另附有割绳钩及钩套，使它在野外求生状态下，更加迅速切实。刀鞘上所附的皮带配件，采用多样式的佩带方式，可用于大、小腿、腰和背心，让携带变得更加方便轻松。

生存者步兵直刀

适宜项目　多种户外运动

参考价格　￥1 100

曾经难登大雅之堂的军表自 MTM 开始变得奢侈了起来，
这个以简单实用、性能强悍著称的军表品牌成为户外爱好者心目中的殿堂级腕表。
名声是需要实力做保证的，
拥有过 MTM 表的人都记得它那超强的耐撞击性、可靠的防水性和卓越的精准度。

MTM

海豹突击队的腕表

MTM 的标志是一柄利剑，既展现了军表品牌的威严，又说明了 MTM 腕表卓越的性能。

MTM 的总部位于美国洛杉矶，它的历史可以追溯到 20 世纪 80 年代。自创立以来，该公司一直为美国特勤局、海军海豹突击队、空军飞行员、三角洲特种部队、美国陆军别动队、FBI（联邦调查局）特工、DEA（缉毒局）、SWAT（特种武器和战术部队）特警队、英国 SAS（特种空勤队）、以色列特种部队等提供军用手表，以出色的性能赢得了世界性的声誉。经受过实战检验，并且对极端环境有着充足准备的 MTM 腕表在短短十几年的时间里便俘获了一大批户外爱好者的青睐，成为世界上顶级户外腕表的代表。MTM的成功除了总公司给予的财力和技术支持外，还有现役特种部队队员的意见和建议，使得它打造出一系列精准可靠的腕表。

MTM腕表的特色之处在于超强的耐撞击性，正如一些特种部队队员所说："若你的子弹用光了，MTM腕表就可以当武器使用。"采用航空级不锈钢、NASA纤维等多种耐磨、坚韧材质打造的表壳，在设计者的精心设计下，能够最大限度地保护机芯，保证腕表的精准度。

品牌名品

极限作战系列

这款高性能腕表系列是专门为极端作战环境研制的，在各项性能上都达到了极致。该腕表采用了瑞士制造的精密机芯，用NASA碳纤维材质做表壳加以保护，在防磨、耐撞击性和抗压性方面表现卓越。特殊的指针设计便于在水下认读，表盘还设计有氚气发光管，在不借助任何外部光源的情况下也能清晰读取时间。钛金表壳和表带经由六角螺丝固定，带来无与伦比的可靠性能。该腕表经过多次试验，可承受至少100米、最大可达1000米深度的水压，美国海豹突击队甚至直接携带进行水下军事演练。

极限作战系列

适宜项目　水下运动

参考价格　￥70 000

猎鹰系列

猎鹰系列军表是MTM腕表中最具代表性的军表之一，它率先完成了强光灯和腕表的结合。作为MTM腕表系列中亮度最强的腕表，猎鹰系列内置有三颗LED强光灯，提供最多五种模式，兼顾了实用性和持久度，先进的锂离子电池的使用寿命长达十年。出色的防水性能也是其突出特点，防水性能高达100米。值得一提的是，其便捷高效的充电系统，另提供有防过充保护和低电量警示。

猎鹰系列

适宜项目　水上运动　越野　溯溪

参考价格　￥50 000

勇士系列

氚气亮光表盘以其卓越的表现赢得了大批户外爱好者的青睐，但是绝大部分并未达到军表所需的苛刻要求，勇士系列就是MTM腕表中最具时尚气息的氚气表盘腕表。有人曾将勇士系列腕表视为极限作战系列腕表的弱化版，因为他们仅仅看到二者在氚气表盘和碳纤维外壳的相同点，并且仅仅只比较了在防水性能上的差距（勇士系列最高为200米，极限作战系列最高可达1000米），却忽视了勇士系列腕表的时尚和耐磨性。勇士系列腕表添加了耐磨防刮的蓝宝石水晶，同时在外形设计上更加时尚美观，对于那些对美观和性能极为挑剔的人而言，是最佳的户外之选。

勇士系列

适宜项目　水上运动　溯溪　越野

参考价格　￥30 000

关于挺进者刀具最疯狂的描述是这样的：
一个海军陆战队队员爬上了一面悬崖的绝壁，
用锤子将一把挺进者刀具钉进了岩缝里，他不仅将这柄刀当作岩钉，
还当作一个供自己驻守的定位点。这就是位于刀具品牌之巅的挺进者，
时刻以一个硬汉的形象，给人以强悍、锐利、骨感和冷眼之美。

挺进者

为硬汉制造的高效工具

"叶子"是挺进者最冷艳的标志，中间用一柄刀具替代了叶脉，向人们传达了挺进者刀具坚韧、牢靠的硬汉形象。

位于美国加利福尼亚州的挺进者刀具厂（Strider Knives）是一家私人所有的公司，致力于设计和制造在恶劣环境下使用的生存刀具。公司的创办者、设计者、制造者和经营者都是退役的军人，其中最不寻常的当属创始人杜恩·维尔和工艺大师保罗·波斯。前者以独到的艺术家的眼光和工程师的头脑保障其产品品质，后者则有40年的刀具热处理经验，由他加工的手工刀具有值得信赖的耐久性。

从挺进者出厂的刀具以其强悍勇猛的特质著称于世，被誉为美国警察特种兵最可靠的搭档，如今已经成为美国特种部队、海军陆战队、警察部队的首选刀具，其出色的品质更是得到了户外运动爱好者的青睐，成为户外运动刀具中的珍品。这些高端刀具绝对不是为追求漂亮的外观而设计的，而是彻头彻尾的实用性产品，尤其是其强劲的韧性。正是凭借这一硬汉形象，挺进者刀具受到全球刀迷疯狂膜拜，成为世界上最高端刀具的代表。

挺进者刀具宣称的格言是："给硬汉制造的高效工具。"由美国特种兵使用而得以闻名于世的挺进者刀具在野外和战场上具有无坚不摧的本领，它不仅在感观上流露着与硬汉共通的阳刚之气，其内涵更是体现了一个时代冶金业、热处理工艺、材料工艺和加工工艺的发展水平，渗透着一个国家的文化和个性。

挺进者刀具的声誉最主要来自三个方面：一是材料。挺进者刀厂不断地评估和研制新的材料产品，这些测试和评估都是非常严格的，以保证每一款刀具都是由当时世界上所能够提供的最好原材料制造而成。二是对选定材料的加工处理。凭学识和经验，挺进者刀厂有着完美的热处理工艺流程，这同时也是一个复杂而昂贵的流程。三是与其他公司的亲密合作，包括特种部队装备公司，鹰工业集团等先进器械生产部门，最终打造出坚韧无比的挺进者刀具。

Strider-D9 匕首

D9 匕首的刀身表面经过虎纹处理，在钢材表面加入了一层薄薄的渗碳层，大多数刀匠会用珠光处理法把这层黑色碳层完全去掉，但挺进者刀具却只是去掉一部分，使在刀刃表面形成灰黑相间的条纹，来消除反光。D9 匕首的手柄是将全龙骨柄芯夹在两片厚实的 G-10 手柄当中，手柄边缘被打磨成流线型，并经过精细切割与柄芯边缘齐平。另外，为了增大把握的摩擦，在手柄面上还用球刀刨出大小不一的“弹坑”。手柄面用很粗、很结实的十字螺钉固定在龙骨上，足以应付高强度的工作。刀刃在接近手柄的地方向两边突出成护手，而在手柄尾端也有一段横向突出，确保即使在重型工作中，使用者的手也不会滑出。在材质上，D9 匕首以 ATS-34、BG-42 等钢材为刀身，以顶级的粉末冶炼钢 CPM-S30V 为刃材，使其拥有更出色的切割性、坚韧性及耐磨性。匕首的手柄材料可以有更多的选择机会，比如有军规伞绳及 G10 合成材料。军规伞绳，有黑色、橄榄绿、沙漠黄等几种颜色可选择。值得一提的是，该匕首采用了最传统的猎刀刀型，其经典的造型、现代感的流畅线条和强悍的品质，共同成就了 D9 的经典地位。

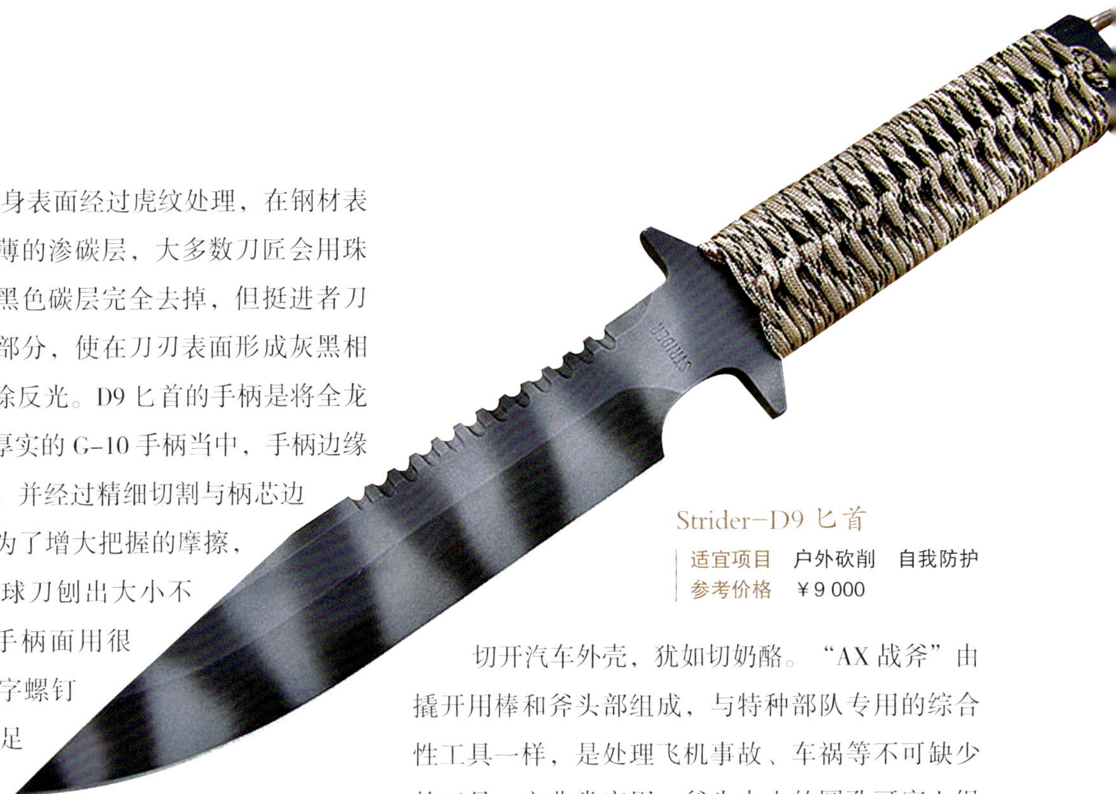

Strider-D9 匕首

适宜项目　户外砍削　自我防护

参考价格　￥9 000

Strider-AX 斧头

AX 又被称作“AX 战斧”，这是挺进者刀厂的全能型成员，是具有惊人破坏力的综合性工具。切断粗大的板材、切开飞机的外壳、打碎强化玻璃，无所不能。尤其是切开汽车外壳，犹如切奶酪。“AX 战斧”由撬开用棒和斧头部组成，与特种部队专用的综合性工具一样，是处理飞机事故、车祸等不可缺少的工具。它非常实用，斧头中央的圆孔可穿上绳或棒状物等当作拉杆使用。在斧头后端设计成可切换式结构，使用者可根据不同需要换装尖锄、锤子等工具，且丝毫不影响灵活操作。“AX 战斧”全长 40.3 厘米，刀身经过虎纹喷砂处理，刀刃则是挺进者最强韧的 62HRC 材质，刀的背钩设计像割牛皮一样的原理，可以让使用者的劲力使于一点，轻松撕开钢板，达到事倍功半的效果。

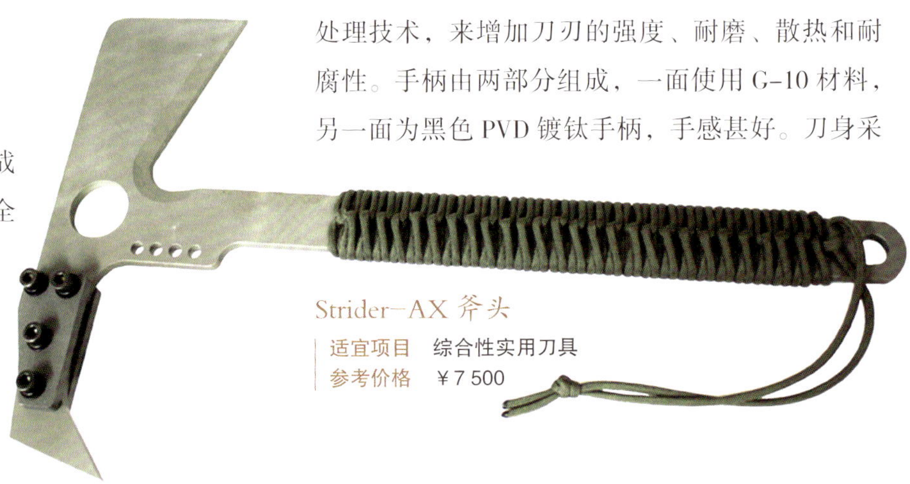

Strider-AX 斧头

适宜项目　综合性实用刀具

参考价格　￥7 500

Strider-SMF PVD 折刀

SMF 是挺进者刀具中经典的战术折刀系列，这把名为 SMF PVD 的折刀使用了黑色的 PVD 镀膜处理技术，来增加刀刃的强度、耐磨、散热和耐腐性。手柄由两部分组成，一面使用 G-10 材料，另一面为黑色 PVD 镀钛手柄，手感甚好。刀身采

Strider-SMF PVD 折刀

适宜项目　登山　攀岩　越野
参考价格　¥4 000

Strider-BT 撬刀

回顾挺进者公司的历史和它辉煌的测试战绩，BT型号可以说是刀厂的经典代表作品。该款刀具采用黑色氧化表面处理，刀身不反光，减少维护时间；对于追求美学效果的用户，设计者另外提供缎面打磨服务；刀身采用ATS-34高碳、高铬、高钼、低杂质的不锈钢，因此在韧性上更为出色，同时采用了特殊的处理流程，包括非常高温的热处理、零度以下的淬火，保持最大程度的坚韧性；刀具本身能承受任何情况下的剧烈使用情形，因此在刀具专家眼中，BT甚至被视为一把有利刃的“撬杆”。

用双拇指推刀柱和椭圆形推刀孔，刀背的背齿也增加了拇指的抓力，增加了使用的便捷性。刀刃处使用了高品质的154CM钢材，这是一种440C高钼改进型钢种，在440C的基础上增加了材料的耐磨性能（特别是抗卷刃性能），提高了材料的抗腐蚀性能，同时拥有更好的机械加工性能。作为美国制之优质不锈钢材，154CM的铬含量达15%，钼含量达4%，故定名为154CM。

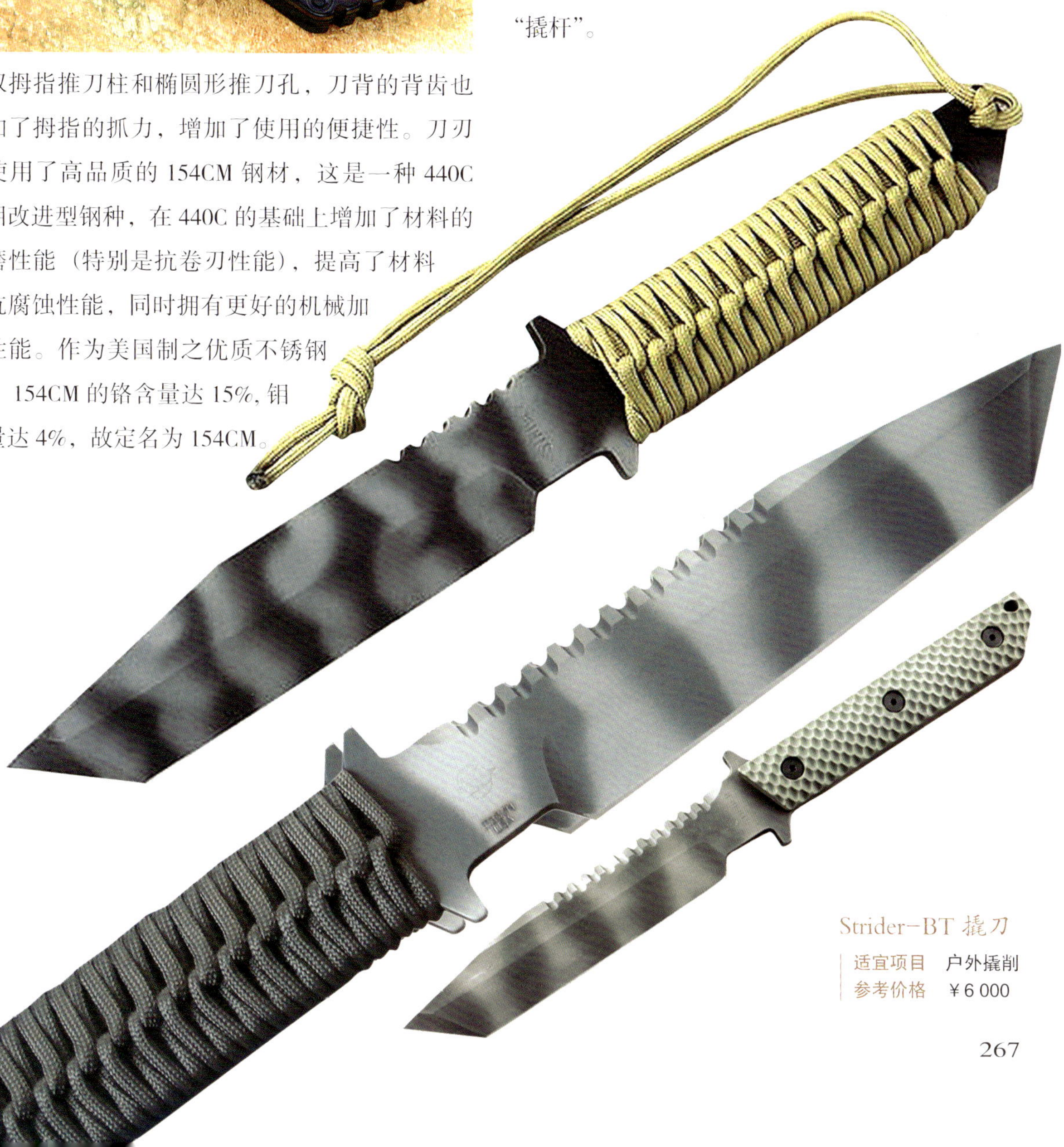

Strider-BT 撬刀

适宜项目　户外撬削
参考价格　¥6 000

比历史，擎天柱炉具超过了老牌的普里默斯炉具，论声誉，
擎天柱炉具早已拥有了时尚、前卫的美名，
以至于人们不得不这样描述它：“擎天柱炉具让人们统一了对户外产品的认识，
那就是喜欢那些看起来来自未来，而用起来却适合现在的产品。”

擎天柱
时尚的炉具贵族

它的标志常常被人忽略，因为只是公司的名称而已，“瑞典的擎天柱”，这样的称号就是它最好的标志。

擎天柱（Optimus）制造炉具的历史，是从瑞典工程师卡尔·理查德·伯格先生开始直至今天。1899年，擎天柱公司成立并开始生产各类炉具，成为瑞典原产炉具的典范。在户外炉具领域中，擎天柱不断追求更轻、更强、更前卫的产品理念，它总能制造出最轻，却又最具燃烧效率的炉子，并且以概念化的外观，成为与普里默斯炉具齐名的瑞典炉具典范。自2007年起，该公司被瑞士的KATADYN集团收购，开始了新一轮的技术、销售和户外时尚的革命。

正如它的名字那样，擎天柱炉具具有一种顶天立地的气质，给人值得信赖的印象。在更轻、更强的基础上，擎天柱炉具始终注意外形设计，从而呈现出一种“看起来像是未来的，而用起来适合现在”的品牌精神。和老牌的普里默斯炉具一样，擎天柱炉具也注重效率，在强调轻量化设计的同时，还将时尚和前卫的元素融入炉具设计中，从而呈现出一种更先进的整体印象，成为斯堪的纳维亚工业设计的卓越代表。

品牌名品

折叠炉

这款经典的气炉在推出之后的两年时间内，迅速成为行业的标准。轻量化是它最大的特色，炉头净重约80克，结构简单巧妙，不设鸡肋的电打火，而是采用具有安全可调整的火焰展阔器，在高海拔地区依然能保持稳定且安全的性能。炉头用一个布套包起来，塞在气罐底部的凹下空间内，将节约空间的功能发挥到了极点。就连支架也是折叠的，只有大约20克，工程结构

折叠炉

适宜项目　三季长途徒步　轻装露营
参考价格　¥900

很合理，可以使支锅的稳定性大增。最值得炫耀的是这款折叠炉的热效率，在零海拔、高质量燃料的情况下煮沸一升水的时间少于 3 分钟。它使用传统的丁烷罐，每罐汽在高功率下可使用 60 分钟。优良的慢煮功能和精确的火力调节，加上特大号火炉头圆盘，实现了最高效率的热量传递，并可以旋转折起，方便携带。因此，这款折叠炉一举拿下 2003 年的《户外》杂志的 GEAR 大奖。后续又推出了改进型的折叠炉，表现都很出色。当然，选择它只是选择了轻便性，热效率和分体炉比较还是有差距，对于轻装三季长途户外运动项目比较合适，不宜高寒户外运动项目。

斯维汽油炉

适宜项目　三季户外徒步　露营

参考价格　￥1 600

斯维汽油炉

斯维汽油炉保留了 100 年前瑞典炉具的经典设计，优雅与古典之美，炉身由黄铜制成，在阳光下闪耀着金色的光芒，与卓越的生活品味相映生辉。百年来它始终是户外探险炊具的典范，在瓦斯炉大行其道的今日，斯维汽油炉的存留尤为可贵。同样是一款小巧、轻便型户外炉具，斯维汽油炉是相当典型的小型汽油炉，整体重量不过 550 克。这款小型汽油炉为精简其构造，放弃了打气泵而使用灯芯，利用毛细作用将燃油引至油量控制阀处，并利用经由预热在油箱内产生的一些压力将燃油挤压出去，经控制阀及喷嘴喷出后直接汽化燃烧。为了保证炉具的安全性，在油箱和油箱盖处均添加了压力安全阀，以及油量控制阀，设计前卫的挡风罩增加了燃烧的效率和稳定性。这个整体呈圆柱形的炉具有严格的使用要求，这也增加了户外运动的乐趣。整体设计也极为袖珍，方便携带。油箱油量仅为 0.13 升，最大燃烧时间约为一个小时，不太适合高寒地区。

斯特拉分拆式炉具

作为《户外》杂志评选的“2007 年度最佳户外设备大奖”和《斯堪的纳维亚户外》杂志评选的“2006 年最佳装备大奖”得主，斯特拉炉具完美地结合了瑞典的工艺和斯堪的纳维亚的现代设计风格。便携的可折叠分体气炉设计，可以使炉头的携带厚度减少到令人难以置信的 35 毫米，同时结合了气炉的方便性和油炉的耐用性，可谓是户外经典炉具的集大成者。内置的自动点火装置和气门完美地结合在一起，保证了气罐的安全性，从大火到微火可以很方便地调节，控制相当灵活且精确。该炉具巧妙地结合了擎天柱折叠式炉具的超猛火力，以及坚固的折叠炉体炉架，使得负载能力达到 4000 克，而自重仅为 270 克。斯特拉炉具巧妙地将火力调整钮与电子点火开关分离于瓦斯罐两端，增加了使用的便利性和安全性，并大幅降低了因长时间大火力使用时，烧融组件的危险性。

斯特拉分拆式炉具

适宜项目　四季长途徒步　登山

参考价格　￥1 000

它用半个世纪的探索开辟了户外露营生活的新方式，安全而便携；
它用先进的科技完成了对户外炉具的新定义，高效且美观——它就是积雪场炉具，
一个懂得与大自然和谐相处的炉具专家。

积雪场

露营的最佳伴侣

snow peak
outdoor lifestyle creator since1958

积雪场的标志是一片雪花，在品牌名下方另有两个区域，分别展现了品牌创立年份和品牌的宗旨——户外生活方式的创造者。

积雪场（Snow Peak）品牌由山井幸雄于1958年创立于日本，自创立之初起便致力于露营装备（以帐篷为代表）的开发，其精湛的工艺和优良的品质很快就征服了日本的户外爱好者。到20世纪90年代，积雪场开始进入炉具和炊具的研制领域，由于其设计精巧，使得其炉具体积小、效率极高，很快就引领了户外炉具小型化的革命，其“天”、“地”、“人”三大系列炉具称王于户外炉具领域。如今，积雪场将其设计理念和品牌理念完美融合，逐渐成长为世界顶级炉具的代表品牌。

与大自然和谐相处，为人们打造出舒适的自然生活方式，是积雪场的最高追求。积雪场炉具的特色在于设计，其炉具体积小，所以轻便，易于携带，并且外形美观。精巧的设计还带来了更高的燃烧效率，这也是炉具向小体积方向设计的前提。

品牌名品

GS-010A 油炉

这款先进的油炉是积雪场品牌殿堂级的产品，基于传统的预热管式电油炉改进而成，加上日本传统细致的制造技术和数量繁多的配件，增加了户外烹饪的乐趣。整体结构上，该炉具和传统预热喉管款式非常相似，不同之处在于喷嘴，已不是向上喷

GS-010A 油炉
适宜项目　露营　越野
参考价格　￥2 700

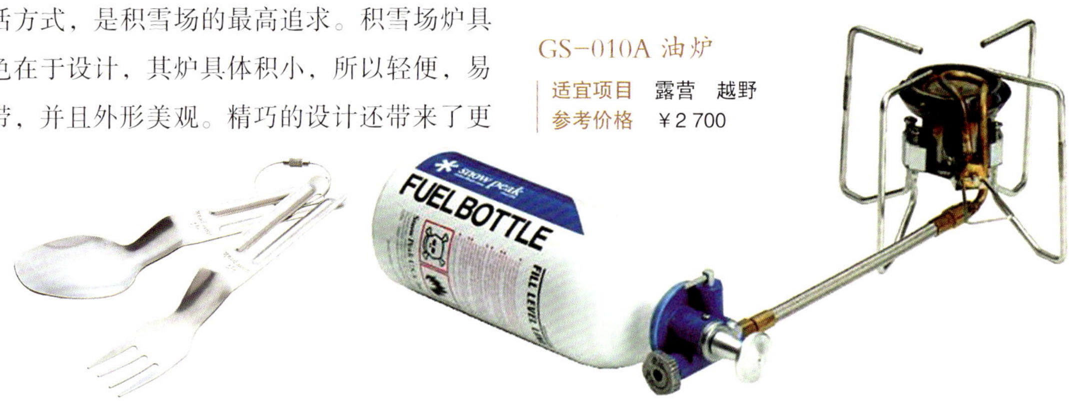

射，而是水平 90 度角安装，预热程序和传统的做法也完全不同。预热管是一条黄铜制造的燃料管，连接着燃油樽与喷嘴，火焰将预热管加热，从而汽化管内的燃料从喷嘴射出，增加燃烧效率，而且更加安静。预热管一端连接着调节阀及喷嘴，另外一端经过一段长度大约八英寸包上金属网的软喉管，连接到燃油加压泵及燃油樽组件处，燃油加压泵由半金属半塑胶材料制作而成，塑胶材料主要用于非活动部分，耐用与否仍然需要时间观察，整体设计非常精美。炉具本身安装了 4 个完全可以接合的支撑脚架，当完全接合起来时，体积非常细小，携带非常方便。

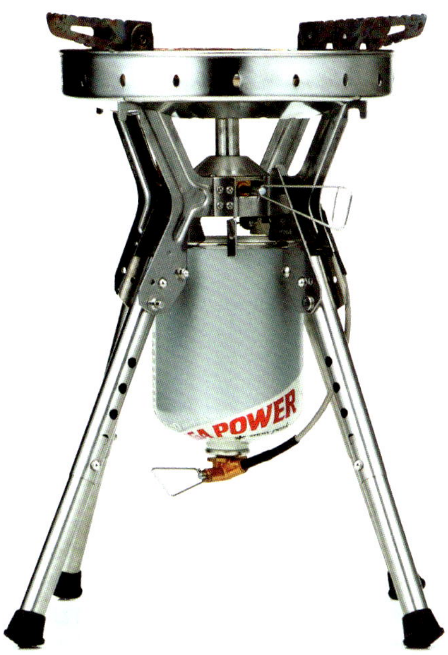

千兆力量瓦斯炉

适宜项目　露营　越野

参考价格　￥1 200

千兆力量瓦斯炉

千兆力量瓦斯炉曾在 1998 年美国盐湖城户外用品大展中大放异彩，是积雪场的经典代表作品之一，并于 1999 年荣获户外权威杂志《背包客》颁赠的荣誉奖项。这款被誉为“世界最轻、最小、最精巧”的炉具产品，以高效能的燃烧力，全新的充填瓦斯混合比例赢得了世界性的声誉。它将 1 升水烧开仅需 2.5 分钟，这种高效来源于积雪场独特的瓦斯气体混合比例搭配，开发了以丙烷 35% 及异丁烷 65%优良混合比例搭配的高压瓦斯炉。4 根支架坚固且可以折叠，使得它既可以平稳地摆放大型炊具，又可以以极小的体积收纳起来。支撑片双边皆有锯齿状设计，加强止滑，炉架转折点的下方处两侧，也都有辅助支撑的小构件，以增强其稳固性。

钛金属炊具

适宜项目　露营　野炊

参考价格　￥1 300

钛金属炊具

最早于 2001 年问世的钛金属炊具被称作是“革命性的多任务钛金属户外容器”，全新的造型与机能适合于任何 2~5 人的团体使用。钛金属中锅具备以下几个基本设计理念，首先是锅的上方沟槽的加工，经由此加工可增加锅具的强度，即使厚度仅为 0.4 毫米也十分坚固。锅边的把手轻易地用指尖即可拨出使用，手持的同时可自动加以固定，大大地提高了移动时的安定性与安全性。锅盖的厚度为 0.5 毫米，通常锅盖的钮都会设计固定在中间，但是这款钛金属中锅却将钮改为提把的形式，并将它设置在锅缘的位置，如此一来，提把可以尽量远离热源，避免烫手，在提把向外摆放的状态下，锅盖的面是完全净空的，此时作为盘子盛菜或是作为砧板切菜均可，用途可以说十分广泛。煎锅的厚度为 0.5 毫米，已加工为凹凸面，防止因加热而变形，并且减低烹调时粘锅的概率。煎锅不使用时可将状似兔子耳朵的把手收合即自动固定，不会摇晃，此外在形状上也尽量采取了远离热源的设计。

购买推荐

Trail Tripper 2 帐篷

外帐为 75D 抗撕裂聚酯纤维，外加 70D 尼龙，增加防水涂层处理，防水耐磨。内帐为 68D 聚酯纤维，底布为 75D 聚酯纤维，帐杆为 7001 铝合金材料。尺寸长 242 厘米，宽 210 厘米，高 110 厘米，重 4.1 千克。

适宜项目：露营　登山　远足等

参考价格：¥6 800

BBQ 单箱烤炉

不锈钢材质打造，长 35.5 厘米，宽 24 厘米，高 18 厘米，适合户外烧烤，简单易携带，内带铁板和网格，重 5000 克。

适宜项目：露营　城市户外休闲

参考价格：¥1 600

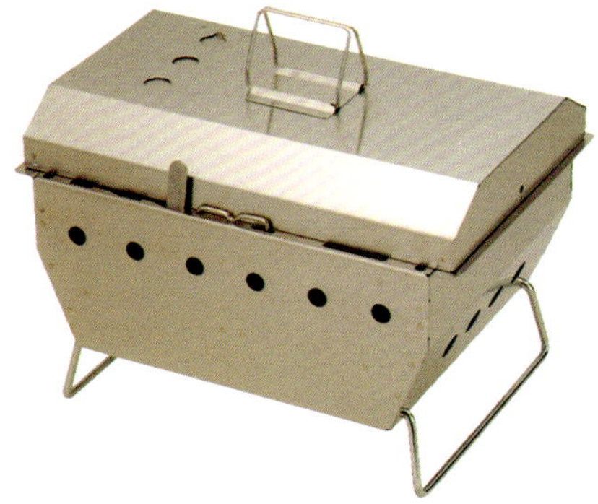

Snow Miner 小型头灯

3 种亮度切换模式，高效实用，聚碳酸酯尼龙材质，以及橡胶材质，LED 灯泡，最高可达 140 小时照明时长，重 65 克。

适宜项目：露营等

参考价格：¥500

Starter 炉具套装

超值套装，电子点火炉，钛金属锅，防热手柄设计，适合于一人户外烹煮，超轻设计，仅重 260 克。

适宜项目：露营　户外休闲

参考价格：¥850

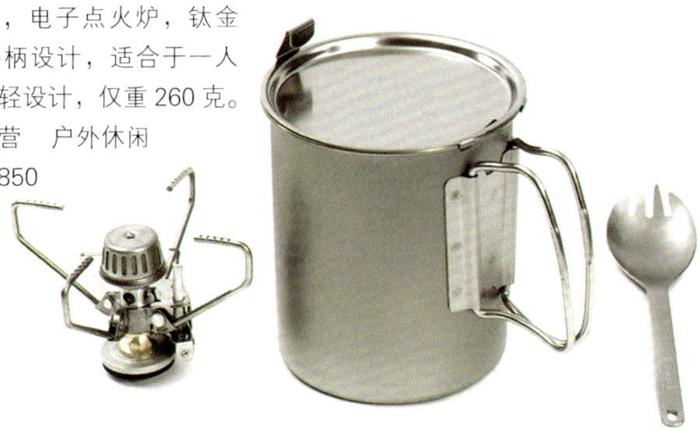

Double Nall 450 钛金属水杯

双层彩色钛金属打造，容积 450 毫升，重 118 克，100℃热水倒入杯中也不会烫手，手柄可折叠，易于携带。

适宜项目：露营　城市户外休闲

参考价格：¥600

Lago 双人帐篷

超轻材质，重 1400 克，内外帐均采用 20D 防撕裂材质，加 PU 防水涂层，底布为 30D 材质，防水出色，加上 7001 铝合金帐杆，足以提供两人空间。

适宜项目：露营

参考价格：¥4 500

Giga Power BF 户外照明

亮度可控制，兼容所有的品牌燃料罐，长手柄，便于转移，不锈钢加黄铜加铝合金加耐热玻璃打造，最大输出为 170 瓦，重 1000 克。

适宜项目：露营

参考价格：¥1 750

斯堪的纳维亚半岛的冷风造就了瑞典人高度理性的生活方式，
也塑造了和冰雪能够共生共荣的瑞典式设计，
有着百余年历史的普里默斯户外炉具便是其典型代表。
它完美诠释了斯堪的纳维亚半岛的工业设计理念：简洁、环保、实用，并且极酷。

普里默斯

传承百年的瑞典炉具大师

普里默斯的标志由红白黑三色以及“PRIMUS”字样组成，而“PRIMUS”在英语词典中的解释正是“普里默斯炉，一种便携式汽化煤油炉”，可见其地位之高、历史之久。

普里默斯（Primus）作为专业炉具生产商，至今已有120多年的历史。公司是从一个小作坊开始的，由弗朗斯·W.林克韦斯特于1892年创立于瑞典斯德哥尔摩，凭借出色的性能，身处极寒的瑞典人很快将普里默斯视为雪中送炭的圣物，尤其当人们注意到1897年去往北极的探险家使用普里默斯炉具吃到了热乎乎的食物时，更进一步推动了其发展。在随后的一百多年里，不论是极地，还是珠穆朗玛峰，都曾留下了普里默斯炉具的痕迹。伴随着用户数量和要求的增加，以及整个户外产业的发展，普里默斯始终保持着炉具技术领先者的地位，不断地在效率、轻量化、易操作性等方面取得突破，成为世界上最高端、最优质炉具品牌的代表。

普里默斯炉具的品牌精神由一个问题和一个追求组成：一个问题是“如何才能让普里默斯技术发挥出最大的潜能，最大限度地帮助户外爱好者”；一个追求是“更轻的重量、更低的能耗、更符合环保理念”。普里默斯炉具的特色也体现在“能效”、“轻量化”和“环保”三个方面。它总是能够比其他炉具“在更短的时间内达到加热、烹饪的效果”，重量也往往很轻，且在燃料和废弃物的处理上时刻注意环保。

品牌名品

超级节能炉具

对于户外运动而言，节能意味着“携带更轻的燃料、更环保”，这款最早于2007年诞生的超级节能炉具便是普里默斯炉具节能工艺的代表作品之一。它的重量仅为1140克，加上套锅和气罐也不到1800克，非常便于携带。炉头形状类似一只碟子，与空气接触面积增大可以提供更稳定的热能。内置液化气喷嘴，性能卓越，使得燃烧效

超级节能炉具

适宜项目　高山　雪地　极寒气候徒步　单人或双人
参考价格　¥1 000

率可达到80%，这意味着一个450克的气罐可以帮助4个人在6天的野外生活中享受丰盛的野餐。预热导管适用于寒冷天气，保证了炉具的低能耗和安全性。挡风板部分有效降低热损耗，这对于提高燃烧效率非常重要。此外，该炉具还配置了两种不同容量的套锅（1.7升和2.2升），同时装配了热交换器，共同造就了它超级节能的声誉。

阿尔卑斯山厨师炉

普里默斯的阿尔卑斯山系列气炉，专为那些喜欢“斤斤计较”的登山者而设计。它不仅是世界上最轻的，而且是火力最强大的户外炉具，而又以这款厨师炉最为著名。这款净重仅为185克的炉子能够提供4000瓦的超强热能，而一罐450克的纯丁烷燃料可以支持3~5个小时的持续使用，将节能的特点表现得淋漓尽致。支架由铝、钢和铜做成，将轻量化、导热性和坚固度完美统一，在烹饪大量食物方面有着优秀的表现。由于气罐和炉子是可以完全分离的，所以安全性更高，配套的炊具设计也能最大限度地利用这个“火力十足”的炉子，甚至可以与大直径锅媲美。

阿尔卑斯山厨师炉

适宜项目　团队高山登山
参考价格　¥1 100

喜马拉雅多种燃料适用炉

正如它的名字一样，喜马拉雅多种燃料适用炉可以胜任最艰苦的条件和拥有最多的燃料适应性。它可以使用任何一种常见的燃料作为能源，无论是汽油、煤油，还是瓦斯气、白汽油，户外运动者都可以毫无顾虑地在此款炉具上使用。这一特点不仅使户外运动者能够根据不同燃料的使用性能灵活地进行选择，还可以最大限度地避免在野外燃料耗尽后又无法找到合适补给的困境。此款炉具的结构设计同样是匠心独具，设计者充

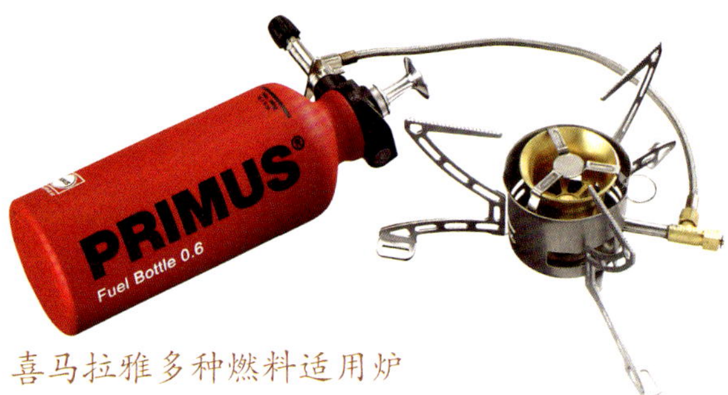

喜马拉雅多种燃料适用炉

适宜项目　全能型
参考价格　¥1 500

分考虑了使用中的各种细节。比如：内置的预热系统，火柴点火孔等。而且，由于此款炉具的外形经过了严格的受力分析，所以即便是使用较大的炊具，炉具的受力作用于整个结构中最为坚固的受力点附近，从而既有效避免了炊具的颠覆，又大大提高了炉具的耐用程度；炊具－炉体两用支架不仅能够对炊具起到有效的支撑作用，还可以避免由于不慎离炉具过近而造成的烧伤或烫伤。再加上此款炉具对使用过程中的安全性和携带的方便性也考虑得十分周到，使得它成为普里默斯炉具产品中最为完美的一款，曾荣获“1998年《背包客》杂志编辑选择奖”和欧洲户外组织评选的优秀奖。

Easy Fuel II 经典分离式瓦斯炉

简单，耐用，大火力，自动点火，分离式设计，更安全。重 346 克，1 升水煮沸仅 3 分钟，适合 1~4 人使用。

适宜项目：露营

参考价格：￥850

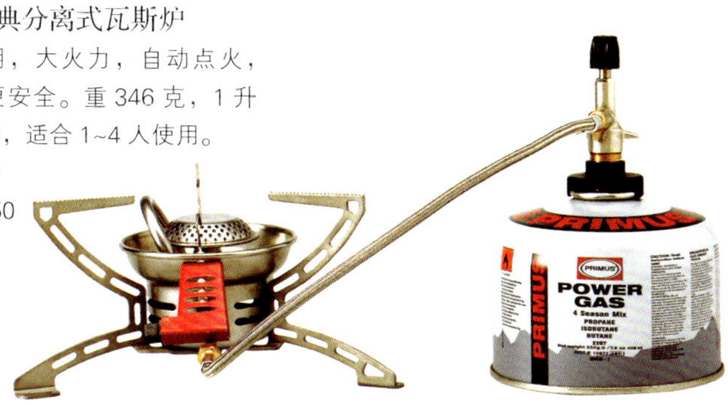

Gravity II EF 分离式瓦斯炉

4 个固定支架，具有强大的稳定性，超轻设计，轻巧易操作，带预热线圈，在低温时也能正常使用，带挡风板。重 263 克，1 升水煮沸仅 3 分钟。

适宜项目：露营

参考价格：￥800

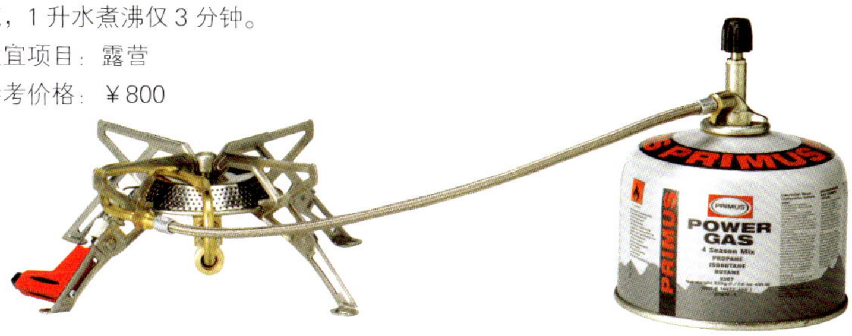

Express Spider 瓦斯炉

世界上最轻巧的瓦斯炉之一，稳固耐用，炉角可旋转，易于收纳，便于携带，带有热反射板和尼龙收纳袋。重 198 克，1 升水煮沸需 4.5 分钟，火柴、打火机点火，适合 1~3 人。

适宜项目：露营

参考价格：￥640

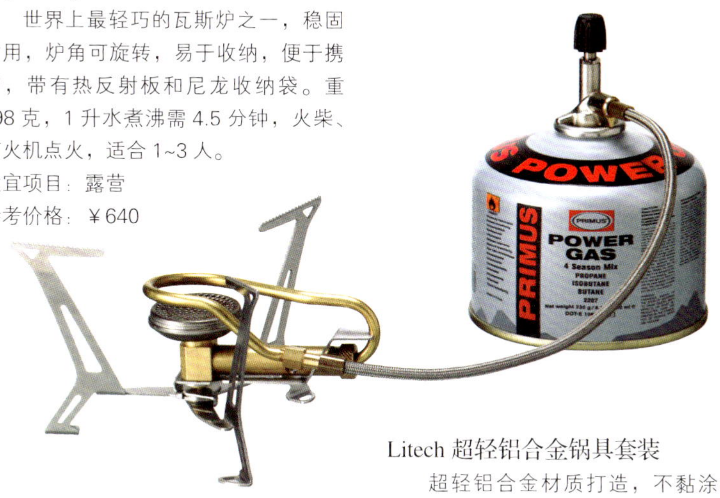

Litech 超轻铝合金锅具套装

超轻铝合金材质打造，不黏涂层，1.7 升煮锅 +2.1 升煮锅 + 煎锅，活动锅把，防烫，易于收纳，重 923 克，可满足 3~5 人户外烹煮，另提供收纳袋。

适宜项目：露营

参考价格：￥640

Easy Light 超轻高山瓦斯灯

拆装简单，易于携带，设计有手提把，易于转移。带有电子点火器，专利静音灯芯，可调整亮度，最高可调至 490 流明，重 192 克，使用时长为 4~36 小时。

适宜项目：露营

参考价格：￥590

Camping Lantern LED 露营灯

耐用，内含 9 颗 LED 白炽灯，光源充足，外壳用橡胶保护，提供了韧性和防水性，设计有手提把，另有迷你型同款。重 385 克，最长可使用 180 小时。

适宜项目：烹煮　阅读　其他露营活动

参考价格：￥280

铝合金咖啡 / 茶壶

采用超轻铝材打造，经久耐用，容易清洗。折收式手把，收纳节省空间，使用更安全，重 205 克，容积 1.5 升，附收纳袋。

适宜项目：露营

参考价格：￥180

Prime Lite 多段式强光头灯

航空铝合金打造，坚固耐用，并具备超强防水能力。高级 LED 灯可产生 176 流明的光束，另有高低亮度及闪光等功能，重 70 克。

适宜项目：露营

参考价格：￥400

不锈钢真空水壶

雾面防刮涂料，不锈钢材质打造，设计有运动用吸水瓶塞，便于饮用。附带瓶塞 D 型环，便于携带，时尚大方。有 0.6 升和 1 升两种规格供选择，重 160 克和 205 克。

适宜项目：露营　户外休闲

参考价格：￥130/￥170

喷火枪

与高山瓦斯罐配合使用，具有安全点火、超强火力等特点，燃烧彻底环保，带电子点火器，能在酷寒天气下使用，甚至可以颠倒使用，重 156 克。

适宜项目：露营

参考价格：￥400

强力防风打火机

可填充瓦斯，在大风、高山环境下仍可使用，1300 度高温喷射式火焰，便于点燃炉具和营火，重 67 克。

适宜项目：露营

参考价格：￥140

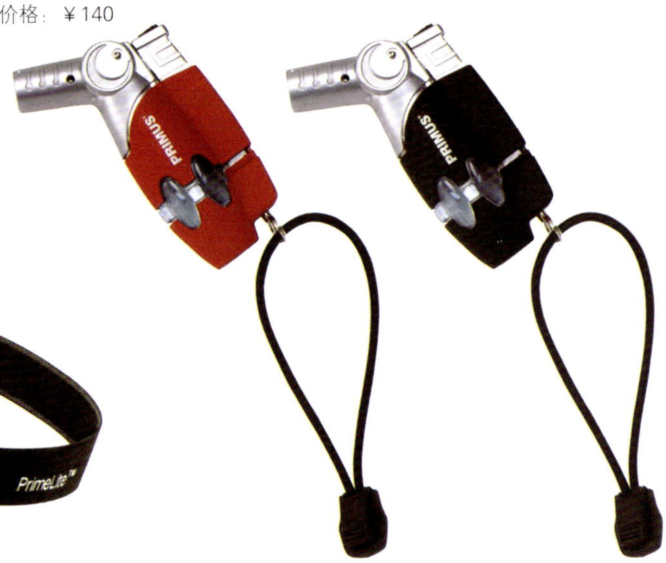

Litech 超轻铝合金汤壶

采用超轻铝合金材质打造，添加钛合金不粘锅面，经久耐用，易清洗，折叠式手把，易收纳，容积 1 升，重 267 克，带壶嘴，锅盖可盛放物品。

适宜项目：露营

参考价格：￥310

真空食物保温壶

超轻双层真空保温壶，采用不锈钢材质打造，分 1.2 升和 1.5 升两种，大口径设计，易于清洗和盛放，杯盖可做水杯使用。装 95℃水 18 小时后仍有 60℃，重 890克和 996克。

适宜项目：露营

参考价格：￥300/￥350

从某种程度上来说，户外饮水的安全性比食物更加重要。
这种重要性决定了康迪公司的使命——
提供便捷携带、更高品质、更长实效的移动饮水器。

康迪

户外安全饮水标准的创立者

KATADYN®

MAKING WATER DRINKING WATER

康迪在户外饮水器领域的地位，让它的水纹标志名扬天下。“MAKING WATER DRINKING WATER”则表明了它的基本使命，就是让户外水源变成可饮用的水。

1928年创立的康迪公司（Katadyn）是欧洲市场上最大型的户外装备供应商之一，包括康迪饮水器、奥普瑞斯炉具等顶级品牌都归康迪公司所有。康迪饮水器在其80多年的发展过程中，始终立足于生产高质量的便携式净水器，并以可靠、耐用的特点被广泛应用于军队、国际救援队及户外运动中。可以说，世界上没有其他任何品牌能在净水器的轻便度、净水品质和使用时长上达到康迪的标准。在相继收购最好的净水器品牌“美国极限清泉”和“比德捷那”之后，它成为世界上净水器市场最齐全的产品供应商，堪称是净水器领域的霸主。

打造世界上便携性最好的户外饮水器，打造世界上品质最高的户外饮水器，打造世界上实效最长久的户外饮水器，是康迪的一贯追求。康迪饮水器最大的特色在于其先进的滤芯，该滤芯主要由三大部分组成：陶瓷过滤器、活性炭和玻璃纤维。孔径仅为0.2微米的陶瓷过滤器能够有效过滤0.2微米~5微米的杂质或细菌，却不会有任何的损耗；用于消除异味和有毒物质的活性炭成分经过特殊处理，提高了净化能力的同时，也延长了使用时长。超细玻璃纤维和陶瓷片类似，以无损耗的方式消除0.3微米的细菌和微生物，其柔软材质具有强大的吸附能力。

品牌名品

袖珍户外净水器

这款名为“袖珍”的户外饮水器以强大的净化能力和轻便的携带性著称。作为第一个手提式户外净水器，

适宜项目　多种户外运动
参考价格　¥3 600

“袖珍”被视为康迪的经典代表作。袖珍之名缘于外形尺寸，高不过 27 厘米，底盘直径仅 6 厘米，但最大净水容积却可达到 5 万升，而重量仅为 580 克。独特的陶瓷滤芯不仅可以用于清水，也可以用于浑水。与一次性的过滤器不同，经过数百次清洗后仍可使用，尤为重要的是，这种独特的掺银陶瓷滤芯经世界上各种挑战性环境使用证实，可滤除各种细菌、鞭毛虫菌和隐孢菌。选材上采用了品质最好、最耐用的材料，包括铝、不锈钢、硅、陶瓷等。再加上净水器整体可活动部件极少，所以易于操作和维护。这也使得“袖珍”能够适应各种恶劣的户外环境，成为无数探险家们的首选之品。

户外多用途净水器

这款净水器以超强的净化能力著称，能够将各种不同水质的户外水变成安全的饮用水，因此获得了“工业大奖”和“夏季户外用品大奖”两项荣誉。它的强大适应能力源自多种不同过滤滤芯的简单替换，包括泵压过滤、陶瓷过滤、0.3 微米的玻璃纤维膜以及可替换的活性炭滤芯等。它

户外多用途净水器

适宜项目　多种户外运动

参考价格　￥1 600

户外净水瓶

与户外净水器相比，净水瓶在净水量和净水速度上有很大的差距，但是它在便携性、时尚外观等方面则表现出色，这款多色户外净水瓶就是一款潮流尚品。该净水瓶的滤芯为玻璃纤维前置滤芯，搭配活性炭，再加上新式的三层防毒设计，可以轻松消除细菌、原生生物、多种有毒物质和污染物，而活性炭在消除碘和氯的同时又改善了水的口感。该净水瓶的净水速度为每分钟0.2升，净水容量为100升，足以满足一次长途旅行的需要。在使用方式上为手指挤压过滤，饮水立即可得，使用方便，无须泵水，重量仅为200克。值得一提的是，该净水瓶可装配水瓶夹，尤为适合自行车爱好者。

的最大净水能力为2000升，配有手柄以便携使用。过滤模式有多种可供选择，能用陶瓷过滤泥沙，用玻璃纤维滤除微生物以求最小的过滤阻力。在“长使用寿命”模式下，浑水是首先被陶瓷盘过滤的，在“高速净水”模式下，水流将直接由玻璃纤维过滤，速度达每分钟2升。活性炭颗粒可去除水中的化学成分，改善水的气味和口感，多种模式能轻松地将细菌、原生物、包囊、藻类、孢子、沉淀物以及放射性粒子过滤出去，而活塞系统可以用较小的力气来获得净水。

户外净水瓶

适宜项目 多种户外运动

参考价格 ￥800

水是人体的主要成分之一，更是维持生命不可或缺的部分，
所以安全水源是户外运动的重要前提。
来自美国的奈尔根水壶在杜绝双酚 A 这种有害物质上所表现出的优越性，
使它成为全世界户外爱好者盛装安全水源的首选。

奈尔根

户外水壶的安全标准

nalgene®

Your bottle for life

奈尔根水壶用“旋转成圈的水滴”来作为标志，以此表明它在安全水壶领域的地位，并强调选择奈尔根水壶是对生命负责。

奈尔根的历史可以追溯到 1949 年，当时美国的一位犹太化学家开发出第一根塑胶输液管，并在纽约州罗切斯特创立了奈尔根公司，成为美国最大的实验室及医疗用容器生产商。公司早期主要是生产过滤器、储藏桶以及实验室和医疗用容器，由于这些容器具有密封性好、安全无毒的特点，因而被一些户外爱好者用于远足使用。直到 20 世纪 70 年代，一位名叫马西·海曼的经理人改变了奈尔根的历史，他从酷爱露营的儿子那里得知了奈尔根容器被用于储存食物、水源，甚至牛奶，于是就开始了奈尔根水壶进入专业户外水壶的生涯，凭借在科研上的优势，奈尔根水壶很快就风靡全球，成为户外水壶的安全标杆。

奈尔根水壶的设计原则是“以实验室和医疗用容器的安全标准来规范水壶的生产，并以对人和大自然负责的态度来进行设计和制造”。奈尔根水壶的最大特色在于材质，这种标榜“BPA Free（没有双酚 A）”的安全材料既拥有像橡塑一样的韧性、耐磨性，同时其自身因为不含对人体有害的 BPA（双酚 A）有机化合物，而受到人们的青睐。这一安全材料是基于美国食品药品监督管理局、美国国家环境保护局、美国塑胶协会及其他来自全球有公信力的团体共同监督、检测并认可的，从而保证了奈尔根水壶的产品安全性。

OTF 运动型水壶

适宜项目　探险　自行车　健身　休闲

参考价格　￥200

品牌名品

OTF 运动型水壶

早在 2005 年，当第一款 OTG（On The Go）运动型水壶问世时，就很快得到了自行车爱好者和健身运动爱好者的青睐，并成为最畅销的奈尔根水壶之一。如今，在这款水壶的基础上，一个更加耐用、防漏性能更出色，同时更容易清洗的水壶诞生了，这便是 OTF 运动型水壶。这款专门为户外爱好者设计的水壶拥有最新型的壶盖设计，饮水口采用了硅脂材质的防漏塞，在深刻螺纹的配合下，防漏性能极佳。在设计上，采用单手按钮设计，容易打开与关闭。打开角度大，易于饮用。水壶拥有 63 毫米的大口径，容易清洁、装填冰块和调饮料。

绿洲军式水壶

拥有 1000 毫升容量的绿洲军式水壶是集实用性与时尚性于一身的杰作，聚碳酸酯材质的瓶身保证了水质的安全，当然也排除了果汁变味的可能，同时能够应对长时间的远足及剧烈户外运动，并且经久耐用，不易变形。这一特色除了瓶身材料外，还有防漏水的瓶盖设计，在大螺纹的配合下保证了极高的密封性。在外形上，圆滑的瓶身和多种颜色可选使它的时尚元素备感十足。

CXC 快充水袋

这款集可靠性能、牢固材质和时尚设计于一身的水袋是专为挑剔的冒险家而设计的。它具有“透明、柔软、强韧、坚固、耐磨损”的特点，因此在面对挤压、碰撞、磨刮等情况时能轻松应对。在安全性上，符合医药及生物科技规格等级，确保饮水安全，同时包含有奈尔根公司独特的 Aquaguard 抗菌配方，能够减少细菌滋生，保持饮料原味且不产生异味。在设计上，坚固的专利握把使水袋在背包内平整而不扭曲变形，80 毫米的大口径容易装填与清洗。同时增加了奈尔根专利技术的快接止水阀，容易装卸不漏水，当水管被卸下时，止水阀会自动关闭，避免液体流出，该水袋设计有 2 升和 3 升两种容量。

CXC 快充水袋

适宜项目　户外运动

参考价格　￥300

绿洲军式水壶

适宜项目　远足　登山　休闲

参考价格　￥200

对于户外运动而言，水质的健康、长久保存至关重要，
来自瑞士的希格水壶如同一个健康的移动水库，用一个世纪的经验和专注，
打造出极具时尚感、科技感和文化深度的水壶品牌。

希格

健康的移动水库

"SIGG"是公司创始人的家族名，希格标志由轮廓鲜明的公司名和瑞士国旗图案组成，重在强调水壶产品的"瑞士制造"，以此来强调公司对质量和安全性的重视。

希格水壶是当今运动水壶世界第一品牌，产自瑞士。公司成立于1908年，从一开始，希格公司就是铝合金制品行业的先驱，专业制作休闲制品、厨房用品和其他家庭制品。为了在国际市场上加强它的地位，公司从1988年开始把它的业务重点集中在"水壶和户外"。从此，希格公司将所有的精力全身心地投入到了希格水壶这一国际著名品牌的铝合金饮料瓶以及相关的附件和水过滤器上。100多年来，希格水壶在全面质量管理方面一直被默认为是一种标准，在户外和水壶领域里的不断努力得到了国内和国际上的广泛认可。

希格水壶的品牌精神体现在它对人和自然的关爱上，对人，它要确保生产出高品质的安全水壶，对自然，它的产品必须是建立在对大自然最小伤害的基础上。希格水壶的特色主要体现在工艺和外形上。希格水壶的加工工艺非常特殊，由一整块铝片（航空用铝合金材质，超轻、坚固、不龟裂）挤压、拉伸并经复杂的工序制成，因此更加耐用，同时易回收。希格水壶在外形设计上极具时尚感，再加上它各种实用的尺寸规格，使得它足以满足各种人群的不同需要。

品牌名品

运动系列水壶

运动系列水壶是希格公司的经典户外用水壶，其0.6升款式还被收录于纽约现代艺术博物馆的奇特珍藏。该系列水壶以出色的安全性能著称，在水壶底部有一个特殊的圆形加强筋，可以防止水壶在摔落时严重变形。为了减少水壶的重量，提升韧性，该水壶采用了"非等壁加工工艺"，即壶身壁最薄并渐渐向壶口与壶底增加厚度。此外，它的涂层加工工艺也很特别，采用热熔喷涂法，即将涂层材料加热熔解，再用静电喷涂方法喷在

运动系列水壶

适宜项目　户外探险　休闲

参考价格　￥400

水壶内壁，所以水壶没有味道。这种涂层不仅卫生耐用，而且可以用来盛装碳酸、果酸类饮料(因这两种饮料很容易腐蚀壶体)，所以是其他水壶所不敢承诺的。紧密的螺纹瓶口，加上易于启闭的瓶盖，使得水壶在防漏性能和便携性上表现得十分出色。

军壶

希格水壶的出色品质赢得了无数的赞誉，这款以耐用著称的户外军壶是其销量最好的水壶之一。同样是源自高品质的瑞士制造，其环保、轻便、无味、抗果酸等特点在这款水壶上同样出色。专利的柔性内部涂层，就算是水壶已经变形，也绝不会开裂、脱落。独特的食品级水基无毒内涂层，可以盛放茶、碳酸、果酸等饮料，可以抗苹果酸的侵蚀。在材料上，99.5%的高纯度德国铝材，利用太空高科技加工工艺，在600吨的压力下整体一次冲压成形，再经24道工序最后完成，带来坚固耐用的特性。精密的瓶塞模具，搭配延伸式螺纹，在不开裂瓶体的配合下，实现完全防漏。瓶塞螺纹部分两侧独有设计缓释凹槽，当盛装有气压饮料时，旋开的同时将缓慢释放压力。值得一提的是，该水壶的保温性能也很出色，配合希格保温套，可保持温度3~4小时。

军壶

适宜项目　户外运动

参考价格　￥400

广口运动水壶

容积 750 毫升，内侧涂层不会溶解于任何有毒物质，壶身为 99.5% 纯度铝打造，无缝设计，经久耐用。多色可选，老少皆宜。

适宜项目：多项户外活动

参考价格：￥280

球场的国王水壶

专利瓶口，配以高分子材料瓶身，内侧涂层安全可靠，瓶身耐用、时尚，适合时尚的户外一族，重 200 克。

适宜项目：多项户外活动

参考价格：￥260

瑞士印水壶

耐用和安全是该水壶的最大特征，即便壶身变形，也绝不开裂，可盛放热水、茶、碳酸、果酸等饮品，无异味。外形精美时尚，重 150 克。

适宜项目：多项户外活动

参考价格：￥260

卡通系列儿童水壶

容积 400 毫升，动漫图案设计，专为儿童准备。99.5%纯度铝打造，轻便、耐用，绝不开裂，食品安全级无毒内涂层，可盛放热水、茶、碳酸、果酸等饮品，无异味，重 150 克。

适宜项目：多项户外活动

参考价格：￥210

猩猩乐园水壶

容积 600 毫升，个性瓶身设计，适合时尚、前卫的户外一族。99.5% 纯度铝打造，轻便、耐用，绝不开裂，食品安全级无毒内涂层，可盛放热水、茶、碳酸、果酸等饮品，无异味，重 150 克。

适宜项目：多项户外活动

参考价格：￥230

Rise Above Plastic 水壶

99.5% 纯度铝打造，轻便、耐用，绝不开裂，食品安全级无毒内涂层，可盛放热水、茶、碳酸、果酸等饮品，无异味，重 150 克。

适宜项目：多项户外活动

参考价格：￥230

马雷什的诞生是从兴趣开始的，它的产品时刻传达着一种充满激情的潜水乐趣；
马雷什的成功是由科技引导的，每一件马雷什产品都是科技的结晶。
这些科技元素累积了六十多年，马雷什也因此创造了一种潜水的文化。

马雷什
科技引导的六十年荣耀

mares®

马雷什的名字“mares”代表着最好的潜水产品，其标志在首字母 M 下方有一处尖部朝下的红色三角形，代表着马雷什在潜水方面的光荣历史和卓越性能。

1949 年，酷爱潜水运动的卢多维科·马雷什在意大利创办了马雷什品牌，这个早期的小工厂最初主要生产面罩产品，创始人最初的目的也是希望通过生产可靠、耐用的潜水装备来与全世界的潜水爱好者一同分享潜水的乐趣。经过 60 多年的发展，马雷什以科技创新为手段，不断探寻更高的科技力量、更深的潜水记录，并且在潜水电脑、脚蹼、潜水衣等方面取得了一系列杰出的成就。如今，马雷什已经出现在全球 80 多个国家，被国际公认为潜水装备的专业大师。

马雷什的品牌理念是“以科技为向导，在材料、工艺上不断地创新，打造出安全可靠的产品，在此基础上带给客户潜水的乐趣”。马雷什的特色之处在于产品的实用性，这种实用性是通过科技元素和使用感受呈现出来的，十几项专利技术通过人性化的设计变成了产品的技能，不论是在深海，还是在浅水，都能感受到产品对于人

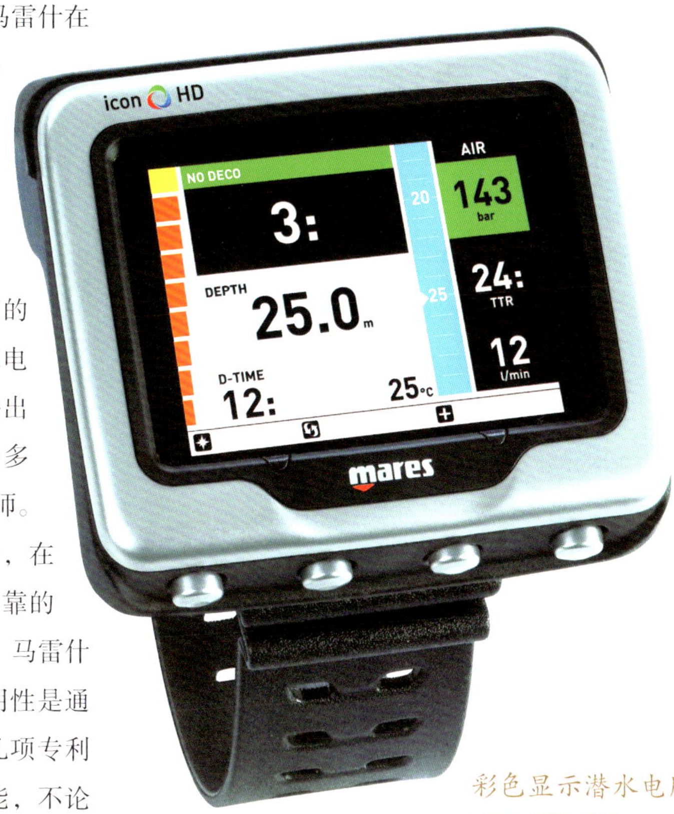

彩色显示潜水电脑
适宜项目 潜水
参考价格 ¥17 000

流水型潜水脚蹼

适宜项目　潜水
参考价格　￥1 600

的呵护。更为重要的是，这些高科技产品尽管是最新的科技结晶，但无一例外地都能感受到60年前的一大特点：对潜水的热情。

品牌名品

流水型潜水脚蹼

流水型潜水脚蹼是马雷什在潜水界服务60年的经验和科技的结晶，该脚蹼花费两年时间设计，经过无数次的测试，再结合马雷什四项专利技术，打造出的一款色彩绚丽的时尚精品。这款脚蹼荣获德国红点设计大奖，灵感来源于海洋哺乳动物的流畅外形。

在设计上，新一代的优化旋转脚蹼带来了顺畅轻松的潜游感受，筛状设计减少了阻力，更少涡流的版面允许脚蹼保持最优划水角度，在踢水的同时，产生一种强大的推力，从而减缓了潜游的疲劳感。

彩色显示潜水电脑

彩色显示潜水电脑是马雷什最先进的气体整合电脑款式，目前市面上的潜水电脑表几乎都是被动的接收讯息，而应用马雷什的双向通信技术，该潜水电脑可以主动与气瓶的无线压力发射器连接，从而达到最佳的安全性和沟通的方便性。该潜水电脑结合了ICON的彩屏显示技术，这也是世界上唯一采用该技术的潜水电脑，能够以高清的屏幕将气瓶的压力信息以数字的形式显示出来。同时结合薄膜晶体三极管，用一目了然的五种颜色显示。蓝色和绿色表示气体压力在中断警告之上，红色表示已经低于残压设置之下，橙色和黄色表示在前两者之间，这些阈值都可以由使用者在一定范围内自己设定。

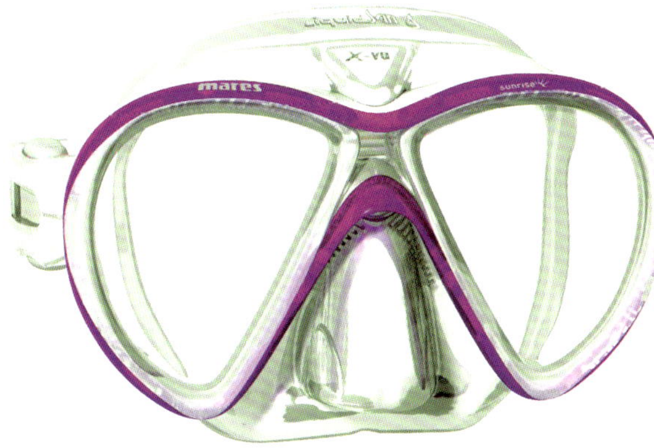

黎明潜水面罩

适宜项目　潜水

参考价格　¥1 000

龙族浮力控制背心

龙族浮力控制背心是马雷什的代表作品之一，独特的空气浮力控制系统可以方便、快速、精准地控制浮力的变化。这款背心采用流线型设计，加入了浮力大但又不臃肿的龙族气囊，具有夹克型干式浮力背心的舒适性，而且还采用三维 Atutex 加以防护，既安全，体积又小，且升力很大。与传统的气囊式浮力补偿服相比，这种设计特点是在有限的体积里创造出更大的升力。这对于要求更高的技术性潜水员极为有用，即使身上携带了很重的气瓶和许多辅助器材，也能保证有足够的浮力，并且不会影响其活动。在材质上选用了金属丝织物，外包层为 600D 尼龙织物，极为耐用，同时配有 MRS 机械配重投弃装置，让浮沉更迅捷。该背心还设计有插入式刀鞘，可方便固定潜水刀具。按设计，刀鞘的位置在浮力背心最方便的部位。当使用时，潜水者的手可以很方便地摸到。

龙族浮力控制背心

适宜项目　潜水

参考价格　¥7 500

黎明潜水面罩

黎明潜水面罩外形时尚，是专门针对亚洲人脸型而设计的。这款最新型面罩是在 X-VU 面罩的基础上改进而成的，采用液态双硅胶技术，具有密封性好，柔软舒适的特点，大大降低了面罩对脸部的挤压。在液态双硅胶裙边之外，更柔软的硅胶注入鼻梁部，起到类似反冲的作用。同样和 X-VU 一样，在其裙边的前部，平排了一系列缓冲器的设计，减少面镜面部的移动，也减小了在额头和面部的挤压感觉，长时间潜水更受其惠。

购买推荐

Abyss Navy 潜水调节器

适宜在冷水、酷寒等恶劣环境中使用。专利旁通管，气体直流咬嘴，气流不经过调节器内部，避免结冰现象。配有 CWD 冰潜防冻装置，所有金属机械部件完全与水隔绝。

适宜项目：潜水

参考价格：￥7 600

Proton 42 Metal 女款呼吸调节器

世界上第一款为女性设计的调节器，以最大的性能、最小的体积，满足女性潜水者的需求。外形雅观，在冷水环境中同样表现出色，CWD 防冻保护，NBS 呼吸系统让呼吸更轻松，全金属材质，使用寿命更长。

适宜项目：潜水

参考价格：￥5 800

Kaila 女款潜水背心

专门为女性设计的浮力背心，口袋位置、内部剪裁，以及背负系统均按照女性身体结构进行了全面优化，同时采用大升力设计，快速上浮。多处不锈钢材质加上 420D 材质，耐磨可靠，重 3900 克。

适宜项目：潜水

参考价格：￥6 700

Instinct 12S 呼吸调节器

独一无二的二级调节器，重量轻，横向设计的排水导向口，避免气泡影响视野。VAD 涡流辅助供气系统，让呼吸更顺畅，并能在强水流的情况下，最大限度地保证供气安全稳定，由高分子材料打造，更加耐用。

适宜项目：潜水

参考价格：￥4 900

Nemo Excel 潜水腕表

外形时尚，功能齐全，采用瑞士机芯技术，无机玻璃显示窗，最深显示深度为 150 米，具有日期、双时区、潜水时长、电量显示、温度、氦氧量、气压检测等功能，易触摸按钮设计。

适宜项目：潜水

参考价格：￥5 700

Aliikai 女款潜水背心

可折叠结构，轻巧便捷的浮力控制系统，巨大上升浮力，可快速压缩和释放，长毛绒内衬与加垫衣领设计，让穿着更舒适。

适宜项目：潜水

参考价格：￥4 800

Mission 3 多功能仪表电脑

更好的识别和读取功能，多个附件环，加上精准和耐用，构成了该微型电脑的总体特色。控制台由计算机、压力表、指南针组成，多角度设计，让读取更舒适快捷。最深显示深度 150 米，高度调整显示。

适宜项目：潜水

参考价格：￥4 800

Abyss 22 呼吸调节器

结构紧凑、性能卓越的一级减压器，是经过改良的升级产品。坚固耐用，性能可靠，其前盖和软管保护层均增加了金属材质，使其在恶劣潜水条件下也能表现稳定、可靠。

适宜项目：潜水

参考价格：￥3 900

Cruise 拉杆潜水器材箱

外形时尚，性能实用，适合旅行人士。大而耐用的轮组可伸缩调整，不锈钢铆钉加上 72T 材质，耐用可靠，净重 5690 克，容积 131.4 升，尺寸为 37×30×78.8（厘米）。

适宜项目：潜水

参考价格：￥2 000

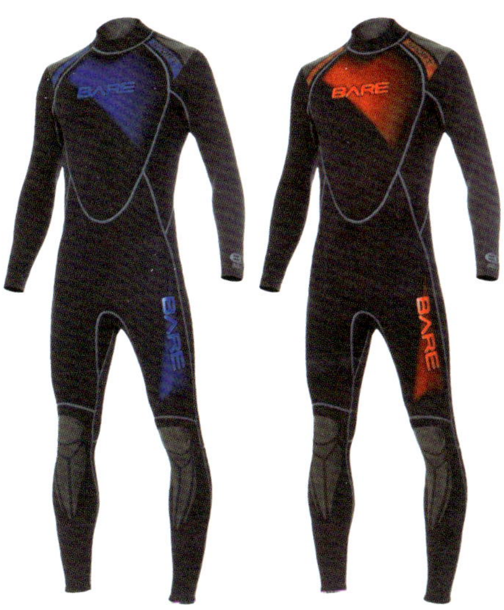

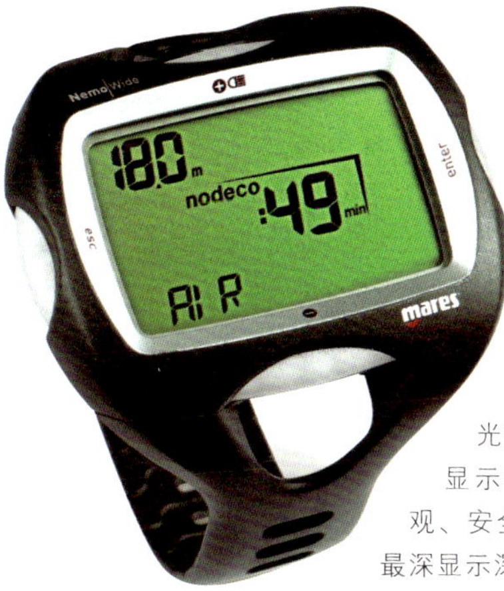

Nemo Wide 潜水电脑

设计者充分考虑了数字大小、亮度、背景光强度、视角等问题，以宽显示视窗，具有数据读取直观、安全、可靠、精准的特点。最深显示深度为 150 米，警报、高度调整显示等。

适宜项目：潜水

参考价格：￥3 000

F-Light 潜水浮力背心

超轻结构设计，重 2200 克，主面料为 420D 材质与铝合金框架，耐磨可靠，多处 PVC 软包垫，让背负更舒适。多个挂环，便于携带其他装备。

适宜项目：娱乐型潜水

参考价格：￥2 500

EOS 3 水下手电筒

强硬的铝合金电镀外壳，橡胶安全手把，长 178 毫米，30 瓦卤素灯泡，具有聚焦 200 毫米直径的热点长达 5 小时的能力，光线极具穿透力，100 米防水。

适宜项目：潜水

参考价格：￥1 200

2ND Skin 潜水防寒衣

被誉为是“冷水潜水衣”的革命性产品，超强防水拉链，便于穿脱和防水保暖，舒适脊椎保护椎垫，颈部密封拉链设计，让防水更彻底。采用 6.5 毫米厚弹力保暖材料打造，分男女款，轻便舒适。

适宜项目：潜水

参考价格：￥2 500

Mission 潜水腕表

外形时尚前卫，性能可靠，是理想的水下伴侣。瑞士石英机芯，全不锈钢表壳，橡胶表带，200 米防水，日期、夜光显示等。

适宜项目：潜水

参考价格：￥2 800

Hydrex Superdry 干式呼吸器

外型酷似眼镜蛇，观头阀门对水压感应灵敏，咬嘴柔软舒适，符合人体工学设计，硅胶材质，防水设计确保不会吸入海水，快速排水专利系统，可清除管内积水，可与多款面镜配合使用。

适宜项目：潜水

参考价格：￥350

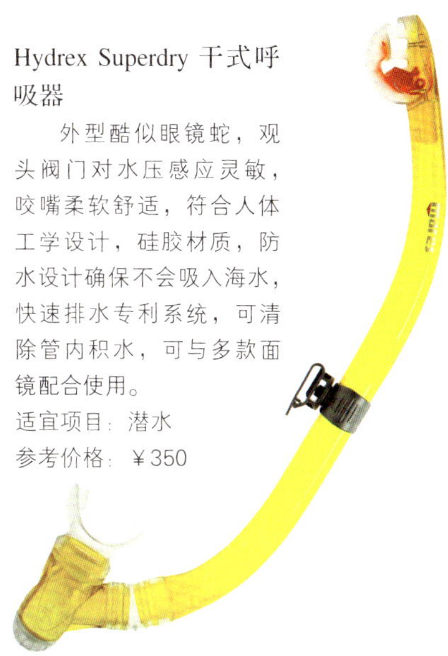

美丽、神秘、挑战，这或许就是潜水运动带给我们的最直接的感受，
就像是逃到了一个全新的世界，去见识全新的画面、场景，
让一切好奇和刺激得到舒心的满足。专业的水肺潜水装配，
将带给你最自由的海底世界探险。

水肺

在海底自由呼吸

AQUA LUNG

"Aqua Lung"不仅仅是呼吸调节器的发明者，更是一个专业的、大型的潜水品牌，成为一个专业词汇。

水肺公司是由著名潜水家古斯特于法国创办的，作为水肺潜水和装备的创始人、呼吸调节器的最主要革新者，以及20世纪50年代水下呼吸调节器的发明者，古斯特创造、发明的产品质量及性能被美誉为潜水仪器品牌中的"奔驰"，其创办的"水肺"更是水肺系统最专业、顶尖的品牌。如今，水肺品牌创立超过60年，旗下有八大子品牌，各有专业的产品分类，比如Sea Quest专做浮力背心，APEKS主要研发呼吸调节器，Deep See专做面镜和呼吸管等。由于水肺一直以科学理念不断革新，竭力满足全世界潜水客户的需求，深受全球潜水爱好者的追捧。

水肺的最高宗旨是"时刻保持创新精神，时刻准备好满足客户的需求，带给客户满意的潜水装备，以便他们更好地享受潜水的乐趣"。水肺产品的特色之处在于，对潜水员和潜水装备同等重视，因此它的产品更加人性化，更加便于操作，同时注重潜水员的实际经验，对装备本身，则选择更优质的材料、设计来保证设备的耐用性。

品牌名品

传奇呼吸调节器

这款在冷水水域大受欢迎的呼吸调节器是水肺的专业级产品，由Apeks公司负责制造，鲜明的水肺标志已经表明了它的出色性能。经过专业测试的传奇呼吸调节器在呼出和吸入时做功几乎

传奇呼吸调节器

适宜项目　寒冷地区潜水

参考价格　￥7 000

是相同的，这也意味着可以在水底待更长的时间，并且呼吸更轻松。在配置上，一级头拥有两个高压阀和四个低压阀，保证了在深潜时也能呼吸顺畅，同时采用了ACD专利技术，防止一级头意外进水，确保一级头内部的润滑顺畅，减少了保养次数，而且能更安全地使用高氧。重量仅为235克的二级头采用了平衡式设计，表现也很出色，并且提供了一块冷水挡板，能够使嘴唇摆脱冷水的"折磨"，让人觉得咬合不会太辛苦。它还采用了干式密封舱，在一级和二级处使用了类似Apeks ATX200的散热器，这意味着它更适合冷水使用。值得一提的是，该调节器的金属表面有橡胶涂层，能更好地保护金属的表面，进一步提高了装备的安全性和使用寿命。

浮力控制背心

适宜项目　潜水

参考价格　￥5 500

泰坦呼吸调节器

适宜项目　潜水

参考价格　￥2 500

泰坦呼吸调节器

名为泰坦，实则是一款适合入门级潜水者的潜水产品，尤其适合潜水次数不多的潜水爱好者。泰坦呼吸调节器是性价比最好的水下呼吸设备，采用了水肺著名的涡轮系统，在一级头内有额外的一个气流通道，使呼吸更顺畅。一级头采用了平衡隔膜式设计，除了一个高压出气口之外，还有四个低压出气口，所以性能稳定、出色；二级头的性能同样出色，尺寸大小也很适中，再加上独特的出气量调节装置，既能防止意外漏气，又能确保水下呼吸顺畅。在接口处使用了专利设计的Comfo-Bite咬嘴，便于咬合和呼吸。所有的出气口位置都经过优化设计，实现了最佳的管线走向。

浮力控制背心

面对陌生的海底世界，潜水员维护自身安全最重要的途径就是对自己身体的控制。这款顶级的浮力控制背心无疑是最佳的选择，该背心内置的i3浮力控制系统，让充气和泄气变得更为简单轻松，扳动i3开关的时候，背心上方及下方气囊排气口同时工作；扁平的E-Valves排气阀有效地保持了背心的流线型，减少了水中的阻力，而且内部的单向阀设计能有效阻止海水进入背心。随后，由专利技术的配重袋开始工作，这种配重袋使用简便，连接牢固，配重袋上也有D环，使用起来更简便，正面五个拉环，两侧还各有一个额外的袋子可以作为额外的配重袋使用。为了让沉浮变得更加精确，该背心还增加有3D扩展设计的气囊，提供了充足的浮力补偿，气囊外部采用了防弹尼龙材料制造，更加耐磨、耐穿刺。背架上设置有一体化橡塑提手，方便使用。背部有专利设计的衬垫能更好地固定气瓶，防止气瓶的意外滑落。在肩带的位置则采用更安全的旋转式插扣，腰带则为可伸缩设计，以适宜不同身材的潜水员使用。

Infinity 潜水面镜

眼眶凹凸设计，让视野更广阔，侧面镜提高了视觉的亮度，佩戴舒适，开放式按钮，易于摘戴。

适宜项目：潜水

参考价格：￥500

Pearl 女款浮力背心

专为女性设计的新型浮力装备，更符合女性身体结构，穿着更舒适、牢固。主材为500D加420D尼龙材质，内置先进的i3浮力系统，升降更快速有效，背部有衬垫固定气瓶，防止意外滑落，腰带可调节。

适宜项目：潜水

参考价格：￥4 900

Rashguard 潜水防晒服

80%尼龙加上20%氨纶材质，能够有效地防止岩石、珊瑚等对身体的刮划，同时能够阻挡强烈太阳光带来的伤害，多色混搭，时尚大方。

适宜项目：潜水

参考价格：￥200

Mikron 男款呼吸调节器

小而轻是该调节器的最大特点，仅重800克。全新中压管，柔软易收纳，一级头和二级头均采用平衡式隔膜，让呼吸更轻松，大幅降低了进水的可能性。

适宜项目：潜水

参考价格：￥3 300

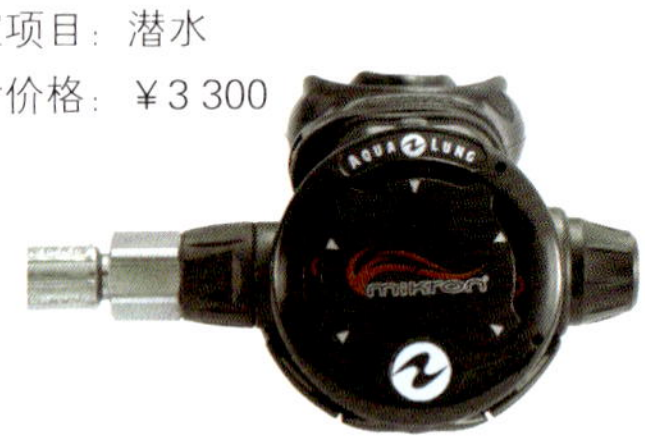

Kronos 呼吸调节器

单边排气，有助于防止气泡的堆积，获得更好的视野，出气量可根据需要进行调节，呼出的气体经过二级头内的阀门，能有效地避免冷水区域的结冰现象。一级头采用隔膜设计，能有效地避免意外进水。

适宜项目：潜水

参考价格：￥3 400

Slingshot 套鞋式可调节脚蹼

采用定制的半硬聚合物制造，穿着舒适，使用灵活。脚蹼连接着胶套的侧面，更容易发力，效率比传统脚蹼高30%以上。三档可调，脚蹼底端为防滑橡胶，提升了在夹板等区域的安全性。

适宜项目：潜水

参考价格：￥1 300

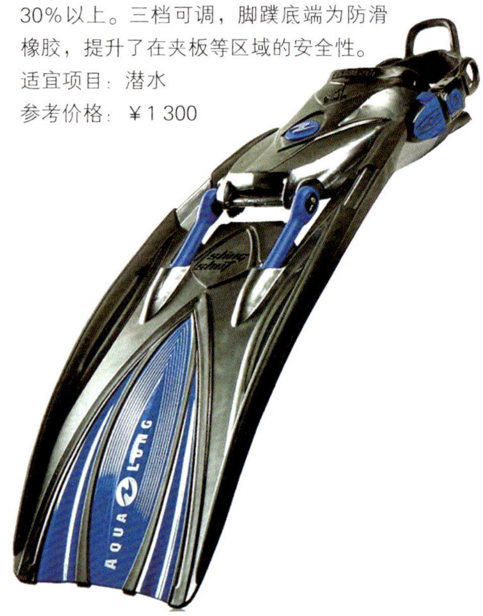

Wave 浮力背心

入门级潜水背心，具备很高的性价比。主材为强度1000D的尼龙，配以不锈钢材质。多口袋设计，腰带易拆卸，拥有多种尺寸规格可供选择。

适宜项目：入门级潜水　较浅地带潜水

参考价格：￥2 000

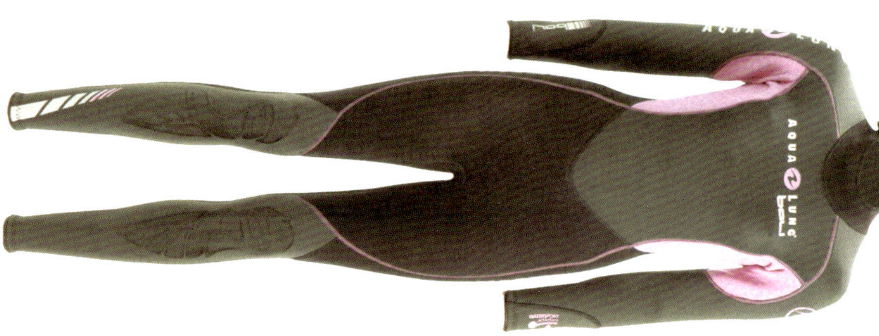

BALI 潜水衣

分男女款，多色搭配，时尚大方，采用弹力材质打造，保暖防水，减少水阻力的同时，提升对身体的保护能力。

适宜项目：潜水

参考价格：￥850

当放眼所及的世界已经变得越来越熟悉的时候，水下的王国充满了诱惑。
把身体悬浮在一个区域，却不会有沉没的危险，
潜水运动的魅力离不开斯库巴普罗装备的支持，它是当之无愧的水下征服者。

斯库巴普罗
水下世界的征服者

“S”标志不仅是指斯库巴普罗的品牌名，同时也宣告了它对安全的重视，而这两者都统一体现在产品质量上。

斯库巴普罗（Scubapro）是世界上最大的潜水装备提供商，它最早出现于20世纪60年代，两位潜水天才古斯塔夫·达拉·沃勒和迪克·柏宁创立了这一品牌，凭借着出色的性能，以及对潜水运动的理解，他们创造出了一系列功能全面、性能出色的产品。不论是浮力背心、鱼鳍脚蹼、减压阀，还是潜水电脑都成为潜水界的典范，受到了全世界潜水爱好者的青睐。更为重要的是，该品牌将水下产品的安全性和性能摆在了同等重要的位置上。如今，斯库巴普罗仍然是首屈一指的潜水设备制造商，覆盖全球的生产和销售网络，展现出潜水巨人企业的超凡实力。

斯库巴普罗公司只有一个简单明确的目的：创造最高质量、最舒适、最安全的潜水设备，这样潜水者就可以专注于自己的水下乐趣。对安全性的关注成为斯库巴普罗装备最大的特色，这种特色贯穿于产品的设计、制作以及使用的全部过程中。在所有的员工中，每两名中至少有一位是潜水员，而这名潜水员既可以是教练，又可以是实践者与研发者。在设计的过程中，每一个功能的创新、每一种技术的研发都是基于安全考虑的，对材质的选择更是严格，这才有了在潜水装备领域叱咤风云的斯库巴普罗。

品牌名品

夹克式浮力背心

夹克式浮力背心是斯库巴普罗公司的独家发明，也是美国海军公认并使用的专业级潜水产品。该浮力背心采用均衡式气流设计，使空气均匀地在浮力背心中流动，潜水员可稳定地、轻松地控制浮力。独特的平衡式充排器阀，设计轻巧，只需轻轻按下，就能稳定地排气及充气。气囊采用

夹克式浮力背心

适宜项目	专业潜水
参考价格	￥8 000

420D 面料，耐磨防刺，100%人工制作，在无须加热的情况下，将气囊的周边缝接，使气囊缝边更稳固耐用。为了控制浮力，保持体位，该浮力背心配备了三个排气阀，确保万无一失。除了质量，夹克式浮力背心在功能上也做到了顶级，使用公司专利配重整合系统，将配重装在配有双面尼龙贴的口袋上，再使用 50 毫米的快卸扣固定，不单只取代了传统的配重带给腰部和髋关节带来的不舒服感，更可快速接触配重带。每个配重带可以承载高达 5 千克的配重，操作简单，适应性广。这样一款采用多种专利技术的浮力装置，可以提供给潜水者最安全的潜水保障。

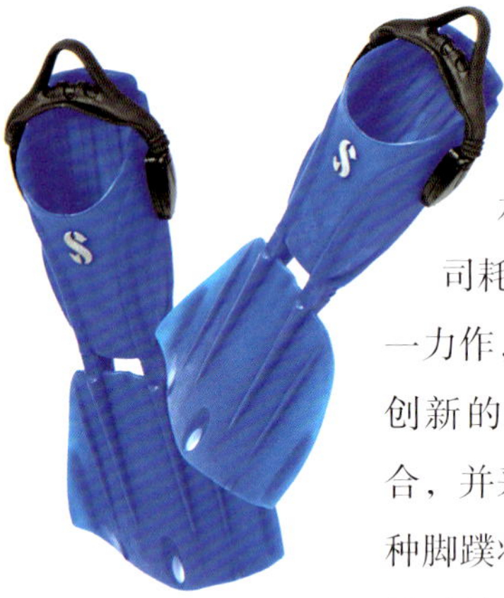

技术型潜水脚蹼

适宜项目　专业潜水

参考价格　￥1 400

技术型潜水脚蹼

新型的技术型潜水脚蹼是斯库巴普罗公司耗资 30 万美元研发的又一力作，它将传统脚蹼技术与创新的流体动力学设计相结合，并采用前沿材料制造。这种脚蹼将片式脚蹼的加速力和机动性与分叉式脚蹼的舒适、高效、省力相结合。铰链式结合部使整个脚蹼可以沿枢轴弯曲从而产生推力，蹼片的几何学设计有效地减小了水阻，改善了推力，水沿工作面自由流动，因此可以有效地减少涡流阻力，增加推力。可变的枢轴控制肋条能够确保脚蹼在任何踢力下以最佳的角度工作，另外，人体工程学设计的套鞋和加长的鞋底可以有效地传输力量并减少腿部疲劳，加上高效海事弹簧系统让穿着更加方便舒适。在材质上选择了坚固耐用的橡塑材料，让潜游变得更安全、有趣。

喷射蛙鞋

斯库巴普罗的喷射蛙鞋被称为“蛙王的经典蛙鞋”，自 1965 年推出了“推进力”概念起就已经出现，它使用了蛙鞋的反弹力或者称为恢复力，利用潜水者踢水的力量向前推进。另外，在喷射式蛙鞋的喷水孔设计概念中，将水划向蛙鞋后部喷流，以减少在用力踢动时所增加于蛙鞋两侧的吸附力。所以喷射式蛙鞋因它的功效与耐用度成为至今历久不衰的蛙鞋经典之作。目前，这款喷射蛙鞋仍是美国海军专用的蛙鞋。它的特点是重量大却牢靠灵活，材料比较硬，只有黑色一种颜色，但对于脚力不错的潜水者来说是一款不错的选择。这款喷射蛙鞋还提供有弹簧蛙鞋带等配件。

喷射蛙鞋

适宜项目　潜水

参考价格　￥2 000

干式潜水衣

干式潜水衣作为斯库巴普罗公司独创的专利产品之一，采用交叉式的三层制作工艺，防止任何水进入衣服内部，并且采用新型的尼龙材料，使得该潜水衣穿起来极为舒适。除了最初的三层表皮外，该潜水衣还采用双层系统：在一个 1 毫米厚的超级材料之外还有一个高强度的橡胶密封层，进一步确保了潜游的安全性。由于是在冷水中潜游，所以一个很关键的因素就是身体温度的控制，该系统还可以保持合适的身体温度，让潜水员更好地享受潜水的乐趣。

干式潜水衣

适宜项目　寒冷地带潜水

参考价格　￥9 900

不论深浅，它以品质给人可靠的印象；

不论远近，它以轻便让人对负重无所顾忌。

在它之前很长的一段时间里，潜水装备的世界不乏精品，但在它出现之后不到20年，已鲜有品牌能够与之匹敌——它就是原子游水，一个全新的潜水标准制定者。

原子游水

创造潜水装备的新标准

ATOMIC AQUATICS

“ATOMIC”本意是原子，本身就是高科技的代名词。红色的圆点是该标志唯一的颜色，既是指品牌产品的主要色彩，又是其高性能、高品质的代号。

原子 T2X 呼吸调节器

适宜项目　专业潜水

参考价格　¥15 000

原子游水（Atomic）品牌诞生于1995年，由迪恩·格拉法和道格·塔勒创立于美国加利福尼亚州的亨廷顿海滩，前者是一位金属研究方面的科学家，后者则是一位海洋生物学家兼潜水教练，他们对潜水的认识以及对装备的要求远远超出了一般人。近20年来，两位创始人一直扮演着潜水业界的开路先锋者，从蛙鞋、调节器到呼吸管，他们发明了数十种的专利。由于该公司的员工几乎都是潜水员，所以他们很认真地看待这项运动以及公司所设计的每一款产品。他们所做的不单是研发新产品，更是创造另一种层次的潜水装备。如今的原子游水已经成为世界上顶级的潜水装备公司，尤其是在呼吸调节器和蛙鞋研制上，更是无人能比。

提升潜水质量是原子游水公司最高的追求，它同时也希望让潜水成为一项能够终身享受的活动。他们所采用的高科技，焦点一向放在如何使潜水活动更简单、更安全、更有乐趣。原子游水品牌的潜水装备的特色之处在于其真实的性能表现。稳定、不受深度影响、自然、舒适的呼吸，尤其体现在它的呼吸调节器上，由于这些调节器不受水深影响，始终保持最佳效能，所以我们称它为直效型调节器。不论是在水面上还是在60米深的水下，呼吸同样自然轻松。这些产品不像其他声称高效能的调节器，那些产品大都是依赖较高的中压输出或者真空吸力装置，其实质只是为了在测试机器上取得高分，实地使用时却造成大量空气涌向潜水员的喉咙。

品牌名品

原子 T2X 呼吸调节器

原子T2X呼吸调节器是目前市面上顶级、重量最轻的专业呼吸调节器之一，是专门为专业级潜水爱好者设计的，应对那些地处偏远、不易取得维修服务的地区的潜水活动。原子T2X呼吸调节器处处流露着金属光泽的前卫外观让人心动不已，更重要的是它的性能出色。一、二级头的金属组件都是以实心钛棒透过精密计算机加工制造而成，不但重量超轻，而且完全不受海水侵蚀。其中一级头有2个高压孔和5个位于旋转端的低压孔，同时原厂环境密封，将沙石、杂质完全摒除在外，确保一级头不受外部异物污染。一级头采用原子游水喷射气流活塞设计，供气量最大、最稳定，最高可抵挡300帕的压力，保证了潜水的安全。由于料性无法达到工作性能的要求，所以唯独高压活塞与高压弹簧这两个零件无法以钛合金加工制造。最新设计的高流量二级头主体以及吸气连杆，更进一步降低吸气阻抗，保证不论任何深度，绝对感受不到丝毫的额外负担。值得一提的是，该呼吸器采用了一体成型的计算机加工工艺，活塞及高压座配合的准确度极为精密，可避免中压跳动空气输出不稳定的现象。新型的金属套件，包括前盖固定环、调整旋钮以及AFC外盖，再次突显T2X的尊贵质感。

毒蛇潜水面镜

这款专为海底旅行准备的潜水面镜，能够让潜水者看得更多，而且看得更好。新型的玻璃镜片具有特殊的光学清晰度，这种名为“Ultra Clear”的镜片是一个前无古人的创造。之前普遍的玻璃面镜所采用的玻璃，在生产阶段过程中都有肉眼可见的绿色的铁粒子残留。这些绿色的铁粒子残留对光线的穿透造成了极大的阻碍。而新型镜片利用更高质量的光学玻璃，由德国肖特玻璃公司生产，极大地提升了水下的视觉感受。它的光线穿透率能达到96%，是最高的玻璃纯净度等级。用户能享受到难以置信的清晰度和高透光度。这种本质上的改进，不是其他品牌面镜宣称的那种清晰度所能媲美的。在外形上则采用了专利设计与流体力学的造型及独特的无框架设计。双层、双色硅胶裙边使面镜舒适安全。同时还有简单的紧缩带，用以调整到最舒适的佩戴状态。

毒蛇潜水面镜

适宜项目　潜水

参考价格　￥2 400

潜水分叉蛙鞋

这种高效率的蛙鞋堪称是潜水推进方式的重大变革。只需轻轻一踢，即可促使分叉鞋面偏转，形成一双翅膀切开海水，将水阻降至最低，并利用压差产生往前推进的力量。有别于传统的桨式蛙鞋，分叉蛙鞋本身的设计，就是适合以小幅且频繁地上下踢动来产生最大的动力。踢动的幅度愈小、频率愈快，所产生的力道和速度也就愈强。经实验证明，这种分叉蛙鞋的设计，可大幅降低潜水员的空气消耗量。该蛙鞋在设计上采用了先进的螺旋桨蛙鞋技术，因此只需做出小幅且快速的上下踢动，即可带来非常高速的推进力，就像船只提高螺旋桨的转速以进行加速的原理一样。此外，面对激流时，使用分叉蛙鞋还可避免肌肉过度用力、疲倦和抽筋的现象，因此可以让潜水者顶着强劲的水流，游动较长的距离。根据许多潜水员的描述，他们原来使用桨式蛙鞋无法冲过的流区，现在使用分叉蛙鞋都可以顺利通过了。

潜水分叉蛙鞋

适宜项目　潜水

参考价格　￥2 000

GIN

人类对于飞翔的欲望已有数万年的历史，
自飞机从危险的游戏变成严肃的商业之后，滑翔伞以一种更亲近自然的姿态出现了，
来自韩国的珍滑翔伞以易操作、便于控制的特点，满足人类对于天空的渴望。

珍

易操控的飞翔

珍（GIN）的品牌标志是用汉字“珍”表示的，它既是创始人姓名的音译，又取中文之意，暗指品牌产品“珍惜、珍贵”之意。

1998 年，韩国著名的滑翔伞运动员兼设计师 Gin Seok Song 和他的团队创立了珍滑翔伞公司（GIN）。创始人凭借其在滑翔伞领域的多年滑翔经验，再结合不断更新的新材料和新技术，很快就在各项滑翔伞比赛中取得了好成绩，尤其是竞赛伞 GIN Boomerang 的出现，它创立了飞行界的新标准，之前从来没有哪一款高级滑翔伞如它一样简单易控。自那时起，国际各类飞行比赛就成了珍的天下，而简单易控的特点也和珍品牌一起名扬天下。如今珍的产品线不断扩展，除了提供不同级别的滑翔伞之外，其产品还包括滑翔服、眼镜、配件等，成为世界上顶级的滑翔伞品牌。

珍品牌的理念是“和自己有着共同飞翔兴趣的人们一起，打造简单安全的产品，与所有渴望飞翔的人们一起分享天空的自由。”珍滑翔伞的特色在于安全和易操控，这种特点来源于多个方面：一是设计者根据自身的丰富滑翔经验而设计，使得其滑翔伞能够轻松应对不同地形、不同气流的环境，同时简化操作流程和便捷程度；二是综合运用先进的材料和设计工艺，这不仅让其滑翔伞的重量降低、载重量提高，还能够提高伞的整体性能和耐用度，这对于滑翔者而言，意味着更高的安全度。

品牌名品

斯普林特系列中级伞

斯普林特系列滑翔伞是 1–2 类伞中的典型代表，它的设计引进了最先进的技术，安全、易操控，具有良好的飞行表现，为中级伞创立了新标

斯普林特系列中级伞

适宜项目　初级滑翔运动　中级滑翔运动
参考价格　¥30 000

准，受到飞行员的广泛欢迎。斯普林特系列滑翔伞不仅有较高的性能，还能在恶劣环境下保持稳定舒适的特点。起飞时即便遇到大风，伞也不会突然飞得太高。该款滑翔伞的主要特点在于它极佳的稳定比：在涡流中能尽可能地减少反应，使飞行变得十分舒适。值得一提的是其内装的 Rigifoil 系统，这是一款专利系统，已经在珍的高性能伞中使用。在斯普林特系列伞中，该系统用于保持伞翼前缘的稳固，以避免翼尖的俯仰。甚至在这类伞飞行的最快速度下，也能保持飞行的平稳性。对于展弦比为 5.32 的斯普林特滑翔伞来说，其速度最大值已经相当高了。达到这种速度并依旧舒适是有可能的，这是因为有了 Rigifoil 系统的帮助，伞的进风口能保持敞开而不瘪下去的状态，进一步增强了稳定性和安全度。

雪人串联双人伞

雪人串联是一款设计独特、性能卓越的双人

雪人串联双人伞

适宜项目　初级滑翔运动　中级滑翔运动
参考价格　¥40 000

伞，在设计新型的雪人串联时，设计师让伞头在重量尽可能轻的情况下发挥它最大的飞行效能。从材质的选择、内部的构造到生产方法，每个方面都尽量做到优化。与旧款的 7.2 千克相比，新型的雪人串联双人伞仅重 5.6 千克，新型的博舍纤维材料每平方米仅为 27 克。更轻的重量让充气和起飞更加容易，还能提高飞行时的性能。除了用于登山，对于闲暇时的飞行来说也是不错的选择。起飞时，伞翼能够很轻松自然地上升而不会前冲。即便在条件不太好的情况下，雪人串联双人伞也能助滑翔者起飞。高纬度、轻微顺风、侧风……雪人串联双人伞都能很好地应对这些情况。转弯变得更加精准，制动压力也小了很多。适中的展弦比兼顾了速度与控制性的双重要求，再加上新型材料的使用，使其能够使用多年，轻薄的面料让它变得十分轻盈，驾驶着它感觉就像是在空中飘浮。

流体高山速降伞

作为一款专业级的滑翔伞，流体高山速降伞是专门为有着丰富经验的滑翔者设计的，它的精确性、较大的速度范围和飞行角度范围将大大拓展滑翔者对高山速降的理解。从最开始，珍就秉承了这样的高山速降理念：简约，轻松，安全与乐趣，通过该伞就可以看出，设计者更注重速度与安全的要求。该伞操作精确，反馈及时，而且速度很快。遇到陡峭的地势时，能像在平缓的斜坡上一样轻松掌控。滑翔者可根据自身的体重，更重要的是飞行经验，来选择该伞的型号。对于有经验的专业选手来说，驾驶该伞最优化的翼载荷应在 8.5~10 千克 / 平方米之间。为了与高山滑雪相配合，该速降伞还配备了一个全新特殊设计的两用座袋（可用作背包），以及挂钩和一个快速收纳袋。这款轻便简约的座袋十分适合在野外使用——可以用来装滑雪杖、冰镐等装置，还有防刺设计，全方位的照顾，让人自由地驾驶流体滑翔伞在气流与积雪中体验高山速降的终极感受。

流体高山速降伞

适宜项目　专家级滑翔运动　高山速降
参考价格　¥15 000

部落动力滑翔伞

部落是为那些想飞得更远、成为佼佼者的人们设计的。该滑翔伞从世界闻名的以竞技著称的高级伞回飞棒系列伞和以安全为特点的波莱罗系列伞中汲取速度和安全的元素，使得部落动力滑翔伞涵盖了珍品牌所有的最新技术，也使其成为一款让越野飞行真正变得更轻松、更安全、更无压力的滑翔伞。先进的“W 型”进气口前缘，使部落动力滑翔伞在热气流中有精确而简易的操控性，能使滑翔者的刹车力度达到最小，从而专注于飞行，达到最快和最有效的提高。这种设计也意味着，翼面压力在高速飞行时有所增加，由于这款伞的伞翼十分坚硬，带来了更高的性能，也更易操作。它的展弦比增大到 5.8，共有 62 个气室和 1 个 3 气室的对角系统。像其他珍的滑翔伞在同类伞中出类拔萃一样，部落动力滑翔伞也是 C 类伞中表现最好的。优化的翼型设计有助于部落动力滑翔伞给飞行员带来协调、均匀、安全的感觉。在材质上，这款伞注重性能与重量的平衡。伞头的顶部和底端由每平方米重 40 克的 Skytex 9017 材料制成。这种更轻的材料被用于加固翼型内的附着点，使负荷分配更为均匀。再加上新型的弹性材料加固了伞翼前缘，减少了传统的聚酯薄膜插入的重量，同时提高了气动效率。伞绳则是由凯芙兰和迪尼玛材料按最佳配比混合制成的，上线出鞘，但中端和较低的主线带有护套以保证易用性和耐久性。

部落动力滑翔伞

适宜项目　中级滑翔运动　高级滑翔运动
参考价格　¥30 000

X-Alps 滑翔伞

X-Alps 滑翔伞是一款三组带的伞，以满足难度最大的滑翔伞比赛。它十分简单，易于操作，同时速度很快。由于采用了最新的平衡压力技术 Boomerang 9，因此这款伞可以轻松起飞，并在艰难条件下着陆，同时可在湍流和高速飞行中保持稳定。轻型材料和创新的内部结构，让其重量保持在 3.5 千克左右。

适宜项目：多种环境的滑翔运动

参考价格：￥40 000

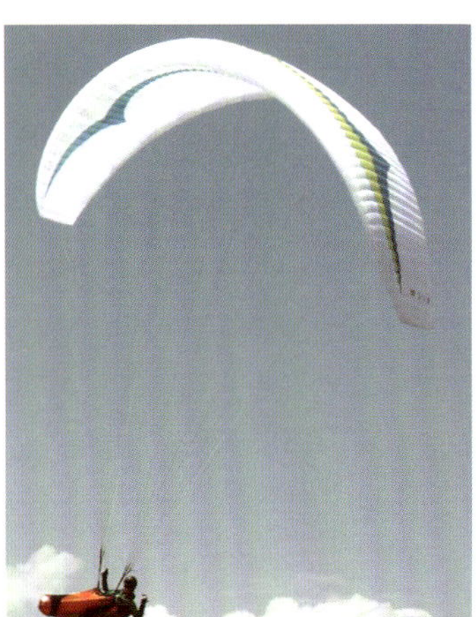

回旋镖 X 型滑翔伞

回旋镖 X 型滑翔伞是专门为专业级选手而设计的，提供高性能、极具竞技竞争力的飞行能力。改良的结构让起飞和降落更加稳定。提供 4 种型号供选择，伞翼最大面积为 26.37 平方米，最大载重 125 千克。

适宜项目：专业级滑翔运动

参考价格：￥40 000

Yeti 滑翔伞

Yeti 滑翔伞引进了新一代框架技术，起飞与风中飞行性能都有不错的提高，并且重量相对旧款减轻了 500 克。该伞拥有极强的适应性，不论是新手，还是老手，不论是在海拔 8000 米的山峰上，还是在如履平地的陆地上，都能满足滑翔者的飞行需求。新型的轻巧内部构造，以及拥有塑料加固装置的伞翼前缘，使得该伞便于携带，也更有舒适感。但更棒之处在于新款 Yeti 滑翔伞的飞行表现，充气、起飞、操纵、速度、滑翔比，以及风中的飞行性能都得到了全面提升。Yeti 滑翔伞共有六种型号，以满足 50~120 千克的体重范围。这款 19 平方米的伞仅重 2.5 千克，作为该系列的第三代产品，Yeti 滑翔伞堪称越野飞行伞的典范之作。

适宜项目：业余级滑翔运动　专业级滑翔运动

参考价格：￥28 000

Bolero 四代滑翔伞

珍的最新产品，操控简单，采用经过弹力加固的伞翼打造，保持出色的空气动力学的同时，减轻了重量，防水涂料的加入确保了耐久性。伞翼展开的最大面积为 32.7 平方米，最大载重可达 140 千克。

适宜项目：入门级滑翔运动　专业级滑翔运动

参考价格：￥30 000

对于天空的热情并没有让 UP 肆无忌惮地追求速度和距离，
反而让它在满足人们对天空的探索欲望时，更为重视对安全的考量。
在 40 多年的时间里，它从飞翔的爱好者变成了关怀者，
像一位领域的开拓者一样，书写着滑翔运动的历史。

UP

安全的飞翔专家

UP
AIRBORNE SENSATIONS
since 1972

UP 是“Ultralight Products（超轻产品）”的缩写，其标志是滑翔伞世界里最早的标志之一。

20世纪70年代，身为赛车设计工程师的皮特·布洛克和罗伊·哈格德基于对滑翔运动的热情创立了UP滑翔伞品牌，凭借着先进的科技手段和工程学原理，UP滑翔伞很快就成了欧洲滑翔运动的引领者。随着越来越多的冠军头衔和滑翔运动员的加入，UP品牌以其“安全、简单”的产品迅速向全世界扩展，尤其是在20世纪80年代中期被日本企业收购之后，品牌的全球化战略进一步稳固，就此奠定了UP在亚洲的霸主地位。如今的UP公司努力为各个级别和能力水平的飞行员生产适合他们的滑翔伞，并成为世界上最大的滑翔伞及辅助设备制造商之一，由其制定的滑翔伞安全标准成为世界滑翔伞领域的公认标准。

UP标志与其在世界范围的成功密切相关，因为早期的滑翔产品都是无标志的，因此很难让人相信它的品质，也很难让人记住，自然也难以吸引商人的投资。如今的UP以安全为准则，打造世界上最卓越、最易操作的滑翔产品。UP滑翔伞的特点在于其可靠性，这种可靠性是由40年的历史沉淀出来的，包括先进的设计技术，这是源自设计者和无数世界冠军的真实经历；先进的材料，例如领先的碳纤维材质等。这些需要不断创新，并且不断获得检验的产品均经过安全性和耐久性试验，拥有最高水平的性能。在此基础上，UP产品提供了更多的飞行乐趣和安全方案，获得了滑翔者的信任。

品牌名品

马卡鲁峰3滑翔伞

这款专门为初学者和中级滑翔爱好者设计的高性能滑翔伞是UP最受欢迎的滑翔伞系列之一，以安全稳定的表现和卓越的性能著称。宽大的伞

马卡鲁峰3滑翔伞

适宜项目　初级滑翔运动　中级滑翔运动
参考价格　¥30 000

面为初学者和水平一般的滑翔者提供了更高的容错率，即便是在飞翔的过程中出现了少许错误操作，或者是遇到突变的恶劣气候也不会影响到整体的飞翔安全。该滑翔伞采用了3-liner帽口设计，能够有效地减少阻力，提高飞行的速度和距离，该滑翔伞最大速度可达每小时51千米。先进的翼型稳定系统ASS和制动张力系统BTS带来了卓越的稳定性和操控性。这两大系统和整个伞面材质均经过多次专业测试，保证了其运行的安全度。值得一提的是，该滑翔伞提供有4种尺寸，能够承受范围跨度从55千克到126千克的体重，这也是其他品牌滑翔伞难以比拟的优势。

坎特噶XC2滑翔伞

坎特噶XC2滑翔伞是UP公司专门为中级滑翔运动员设计的卓越滑翔伞，其最大的特点是出色的操控性能。该滑翔伞配备有多种先进的工具，包括高空传感器和调速系统，前者能够帮助滑翔者快速地了解降落地点的地理环境，而后者则能满足滑翔者对速度的掌控需求，独特的手柄控制器提高了操控的手感和精度，其速度最高可达时

坎特嘴 XC2 滑翔伞

适宜项目　中级滑翔运动
参考价格　￥33 000

速 55 千米。为了让它具备更坚韧的品质和更强的适应能力，该滑翔伞在材质上精选高强度的轻质材料，提供 4 款类型，最轻的仅有 4 千克，而载重最高可达 125 千克。在设计上，更高的尾翼设计和更流畅的绳索系统，带来了更持久的滑翔距离和更稳定的滑翔体验。

边缘 XR 竞赛型滑翔伞

这款专门为有着丰富滑翔经验的人设计的竞赛级滑翔伞是 UP 的最新产品，其最大的特色在于追求速度与操控性。该滑翔伞最大速度可达每小时 70 千米，但是为了提升在滑翔过程中的安全性以及适应能力，专门增加了控制系统，可在最高速运行的时候快速将速度降低。这也意味着，在气流环境平缓的时候，滑翔者可以选择以最快的速度前行，而当遇到气流不稳定时，可以减速以提高稳定性。作为一款“初学者最好不要靠近”的滑翔伞，在设计上更能体现这一点，高达 5.9 的纵横比是速度的保证，独特的 2-liner 技术的运用更是将它的竞赛伞血统展露无遗。

边缘 XR 竞赛型滑翔伞

适宜项目　竞赛级滑翔运动　专家级滑翔运动
参考价格　￥34 000

奥匈帝国的征服欲望早已被历史所掩埋，
征服者的雄心和野性却从未消失，在这片被群山和丛林覆盖的地区，
诺瓦滑翔伞以征服者的名义俯瞰大地。

诺瓦

性能卓绝的飞行家

PERFORMANCE PARAGLIDERS

诺瓦的标志经过多年变化终于形成了今天的样式，其第一个标志是由创始人之一的费利克斯·R.费德勒设计的，随着产品类型的扩展和品牌影响力的提高，标志也变成了以滑翔伞的外形组合而成。

1989年，奥地利的五个崇尚滑翔运动的年轻人在一个地下仓库里开始了诺瓦滑翔伞（NOVA）的创建，凭借着出色的绘图能力、卓越的手工工艺，以及对于滑翔运动的无限热情，诺瓦的滑翔伞产品很快在当地的滑翔伞比赛中表现出优越性。更加时尚的外观、更长远的滑翔距离，加上不断赢得的冠军头衔，让诺瓦滑翔伞以极快的速度打开了市场。自20世纪90年代开始，诺瓦在匈牙利、德国、瑞士、法国、日本等多个国家受到欢迎，其产品和理念也逐渐被世界各地的滑翔爱好者所接纳。如今的诺瓦早已在世界35个国家拥有了工厂或销售点，卓越的性能更是将其推上了“世界顶级滑翔伞领导品牌”之位。

追求更快、更高、更远，用真诚和高度的责任感，去制造兼具艺术气质和卓越性能的滑翔伞，满足不同级别滑翔者的需要，是诺瓦的最高追求。诺瓦滑翔伞的特色在于其卓越的性能表现，尽管它的历史不及UP长久，但是它对滑翔伞的性能和外形制定了严格的标准。诺瓦的产品多数定位于中级和专业水准的运动员，因此在产品性能上表现出优异的速度优势和操控性优势，这种优势体现在内部是其对设计和材质的苛刻要求，体现在外部是其不断赢得的赞誉和冠军。

品牌名品

Prion 2 滑翔伞

Prion 2滑翔伞是经过上千次试验之后制作出的新款滑翔伞，其敏感的操作系统完全摆脱了普通伞具运动时反应单一、缓慢的问题，除了适合初学者之外，对于积累了一定飞行经验、对伞具有被动安全配置愿望的飞行员来说也是不错的选择。该伞在对应转弯和处理热气流飞行方面有相当大的改进，对飞行员给出的控制指令可以做出直接、快速、准确的反映，即使在复杂多变的飞行条件下，也能在热气流中行云流水般高效、自

Prion 2 滑翔伞

适宜项目　入门级滑翔运动　中级滑翔运动
参考价格　￥23 000

如地滑行。新的悬挂几何设计能使飞行员毫不费力地环绕热气流中心盘升，解决了伞在急速上飞过程中较易脱离气流上升区的问题。经过多种环境猜测也为该伞带来了更高的安全系数，其和缓的阻尼技术处理为飞行员遇到大面积夹伞时提供宽裕的时间完成调整操作，延长的控制路径能有效避免翼面意外撕裂，相对较低的下沉率使伞具在行途中的速度有所减缓。另外，特殊的设计原理使伞在“不干预”模式下，也能自动放缓下降速度。

离子 2 号轻型滑翔伞

离子 2 号轻型滑翔伞是基于离子 2 号伞改造而成的，两者最大的差别在于重量，改进型由于采用轻质的尼龙杆加固和每平方米仅 34 克的轻质布料，使得整体重量降低了 1.3 千克，最小重量仅为 3.9 千克。更轻的重量意味着该伞拥有更为出色的速度优势和操控性优势，轻薄的伞翼得到了牢靠伞绳的支持，变得更具灵活性，这也成就了该伞的一大特性：出色的起飞能力和卓越的转弯能力。虽然重量降低了，但是其承载能力并未受到影响，4 款型号提供了 60 千克 ~130 千克不同重量的起飞载重能力。在安全性能上该伞也表现卓越，由于采用了新型的稳定系统，减弱了曲轴旋转时带来的影响力，从而大大提高了涡流状态下飞行的稳定性。作为一款 2 类伞，其对速度和操控性能的要求也保持有离子 2 号的技术指标，伞翼顶部的新型设计减少了阻力，增加了滑翔性能，使得其最高时速可达 50 千米。

氚核滑翔伞

氚核滑翔伞是一款专门为有着丰富滑翔经验、对滑翔速度和距离有着极高要求的滑翔者设计的，作为一款 2–3 类滑翔伞，高达 6.4 的展弦比注定了它是一个速度利器。该滑翔伞拥有一个特别改进型的伞翼，采用了更高的翼曲线和更多的伞格，从而带来了在苛刻条件下保持良好稳定性和操控性的能力，起飞表现也很出色，当然这需要较高的滑翔水平来操作。由于伞翼狭长且弯曲，使得该滑翔伞表现得很“敏感”，因此操作需要平和的

氚核滑翔伞

适宜项目　专业级滑翔运动
参考价格　￥27 000

离子2号轻型滑翔伞

适宜项目　中级滑翔运动
参考价格　¥25 000

心态和足够的自信。轻轻地转动操作都会带来精准、迅捷的反应，不论是滑行还是起飞，都能带来十足的驾驭体验。加速器系统和稳定系统扮演着重要的角色，让该伞在面对漩涡气流时也能保持平稳，并且能够减少驾驭者的疲劳程度，增加飞行的距离。

Jamboo 串联滑翔伞

Jamboo 串联滑翔伞由诺瓦的创始人兼设计师汉尼斯·帕波斯设计而成，是诺瓦公司最受欢迎的双人伞之一，尤其受到双人滑翔爱好者和滑翔娱乐人群的青睐。该伞以其简单灵敏的操控性，强大的稳定性和承载能力著称。该伞最早于2006年推出，拥有多款改进型号，其展弦比仅为3.9，这也意味着它平稳、安全的性能，速度上自然有所牺牲，其最高时速仅为42千米，多数情况下甚至控制在30千米的时速上下，对于双人滑翔而言，已经足够。多达51格的伞翼带来了出色的操控性，这种新伞翼提供了更短的起飞距离以及更远的滑翔长度，再搭配舒适的软垫制动手柄，让操作变得简单易行。最值得一提的当属它的承载力，最大可达300千克，堪称是滑翔伞中的“巨无霸”。

Jamboo 串联滑翔伞

适宜项目　休闲娱乐　初级滑翔运动　中级滑翔运动
参考价格　¥40 000

论辈分，它不如UP；论销售量，它不及珍；论速度，
它也不比诺瓦占优势，但是论名声，它无人可及——它便是推进者滑翔伞。
在滑翔这个小众化的运动领域里，
它以独特的设计、卓越的性能和追求完美的天性成为滑翔伞王国里的优雅贵族。

推进者
伞翼狭小的滑翔贵族

ADVANCE

推进者的标志由品牌名的首字母“A”与滑翔伞的伞翼形状组合而成，意指其先进的技术和完美的品质。

推进者（Advance）于1988年诞生于瑞士，创始人洛夫·泽特勒和罗伯特·格雷厄姆在自己的工作室里开始了严谨的伞具制作，出于对滑翔运动的热爱，他们对滑翔伞的制作提出了“完美”的要求，这种完美体现在产品上，就是耐用性、安全性、操控性和轻便性的结合。经过几年的发展，尤其是其产品在多次世界比赛中赢得冠军，使得推进者很快就得到法国、瑞士、德国等的滑翔爱好者的青睐，加上两位创始人卓越的设计研发理念和经营理念，使得推进者成长为世界上领先的滑翔伞制造商。如今的推进者，已经成为“成熟的技术和完美的品质”的代名词，受到全世界滑翔爱好者的认可。

推进者滑翔伞的设计理念是“打造完美的滑翔伞，让飞行员自由地享受飞行的乐趣。”推进者滑翔伞的特色在于其成熟的科技，尤其体现在伞翼上，推进者自创立时起就开始使用狭窄伞翼设计，带来了速度与控制力的双重效果。其伞翼的形状不是其他品牌滑翔伞单纯的弧形单元格，而是稳固轻便的半圆形。这种设计减少了伞翼恢复性不足的弊端，减少重量的同时又提高了使用的耐久性，稳定的半圆结构优化了内部气流的流通，在面对涡流环境时也表现稳定。

品牌名品

阿尔法第5代滑翔伞

作为阿尔法系列的第5代产品，阿尔法5是滑翔经验和先进科技的结合。该滑翔伞是专门为休闲和初级滑翔者设计的，因此更加注重滑翔时的操控性和安全性。仅为4.85的展弦比预示着它稳定的表现，而最大可达130千克的强大载重能力表明了它对滑翔乐趣的重视超过了对速度的要求。简单的结构和轻质尼龙材质的运用在降低其重量的同时，也让起飞变得更加容易。更为牢固的伞翼和紧凑的伞翼单元格带来了平稳的飞翔能力，滑翔者甚至很难

阿尔法5代滑翔伞

适宜项目　休闲娱乐　初级滑翔运动
参考价格　¥30 000

感觉到小范围的气流的影响，让滑翔者进行简单的操作即可享受到自由飞翔的乐趣。

欧米茄第8代滑翔伞

欧米茄系列滑翔伞是推进者为有着丰富滑翔经验的人设计的，这款第8代产品以稳定、易控、高速著称。高达6.8的展弦比也表明了它对速度的渴望，而高达59千米的时速足以满足人们对高速滑翔的欲望。多达73个单元格的伞翼表明了它在追逐速度的同时对稳定性的兼顾，伞翼两侧还专门增加有小型突出的翼角，进一步增加了滑翔的平衡度。再配合先进的速度控制装置，让滑翔过程中的操控更加灵敏和及时，即便是遇到恶劣的气候环境，滑翔高手也能轻松应对。值得一提的是其整体构造，由于采用了轻质耐用的材料和牢固的尼龙丝，使得它的重量仅为5.4千克，而起飞重量最大可达130千克。

PI滑翔伞

这是一款让人不得不赞叹的滑翔伞产品，充分发挥滑翔者的个人潜力是该伞最大的目的。之所以称其为“pi”，是因为它的重量，仅仅只有3.14千克，这还是在配件齐全的情况下，最低重量甚至只有2.45千克。尽管该滑翔伞的展弦比仅为4.5，最高时速也不过42千米，但是它却是专门为有着丰富滑翔经验和熟练操作水平的人设计的，很大原因在于它对操作的要求更高。该滑翔伞尤其适合复杂地形的环岛滑翔和探险，对于那些追求轻量化滑翔的人而言，他不一定要求极高的速度，而是更注重滑翔的技巧，以及更高的适应能力。除了轻，其结构也很简单，滑翔者可以背负这款伞很快地登上他想去的山顶，然后以最快的速度完成起飞准备。在滑翔的过程中，灵敏的操作系统让滑翔者体验到更多的操作乐趣。需要强调的是，该滑翔伞并不适合长距离飞翔。

欧米茄8滑翔伞

适宜项目　专家级滑翔运动　竞赛级滑翔运动
参考价格　¥33 000

PI滑翔伞

适宜项目　专家级滑翔运动
参考价格　¥24 000

它用八十多年的专注成就了冠军品质，

它用最新的科技赢得了世人的信赖，继而成为德意志民族时尚的化身——

它就是 UVEX，一个“为人们提供从头到脚防护”的忠诚卫士。

UVEX

冠军级的专业滑雪镜

uvex

PROTECTING PEOPLE

每一个 UVEX 产品上都有一个鲜明的“uvex”标志，其有多个译名，包括“优维斯”、“伟斯文特”、“优视”等，这一标志已经成为品质和安全的象征符。

UVEX公司于1926年由菲利普·M.温特创建，总部设在德国福尔特市。现任总裁是于20世纪60年代初接管UVEX并成功把它升格为一家全球企业的超级管理者。今天，UVEX是世界上唯一一家提供专一品牌从头到脚工业安全防护用品的国际供应商。UVEX是世界顶级防护头盔及运动眼镜品牌，且其在欧洲、日韩等地区销量第一，同时几乎垄断了国际顶级赛事的防护头盔和运动镜。自1926年成立至今，始终如一地交付根据高技术和高质量要求制造的最高水平的产品，如今已经成为运动器材技术的领航者之一，成为户外爱好者最信赖的品牌。UVEX公司始终以“给使用者在工作、运动、生活中提供最佳保护”的理念进行工作。“给使用者提供保护”不仅是UVEX公司的经营理念，同样也是带来伟大责任感的一个目标。UVEX始终走在专业运动领域的最前端，始终坚持“只为第一、最新科技、经典永恒”的品牌精髓，为人们提供更优质、安全的户外产品。

UVEX的眼镜均是由Makrolon（又译马卡隆）材料制造而成，该材料是一种碳酸聚酯，是制作镜片的专用材料，具有极强抗冲击性，并且清晰度极高，由世界500强企业——德国拜尔公司和UVEX联合为UVEX镜片特别制造的高科技材料，通过了直径6毫米钢珠在160千米每小时弹道射击的强度试验，保持从零下40℃到高于100℃温度的稳定性。自主研发的镜片涂层UVEX Supravision，能完整地吸收400纳米以下的紫外射线，有效保护眼睛免受伤害。此种材料具有高透光率、防撞击、几乎不能被折断等突出特性。由于严格选用优质的材料，UVEX眼镜产品符合对光学产品质量控制的各类要求。

品牌名品

阿帕奇雪镜

作为UVEX最经典、知名度最高的一个滑雪镜系列，阿帕奇完美地兑现了“全面保护眼睛”的承诺。它兼具了滑雪镜理应具备的所有功能：防止冷风对眼睛的吹拂，防止紫外线对眼睛的灼伤，镜面不能起雾气，跌倒后眼镜不应对脸部造成伤害。因此可以看到，这是一款全封闭型滑雪镜，这种滑雪镜外观上类似潜水镜，但不把鼻子扣在内，外框由软塑料制成，能紧贴面部，防止进风。UVEX阿帕奇雪镜添加了独有的通风设计，保证了使用者呼吸的顺畅，高科技的超级防雾涂层保证了其在最艰苦的环境下也不会出现雾化现象，而Supravision双层球面镜片设计则减少视觉偏差，提供了更广阔的视角，从而达到更好防雾、更安全的要求，加上UVEX独有的镜片材质，使得这款眼镜具有极强的韧性。作为一个“提供从

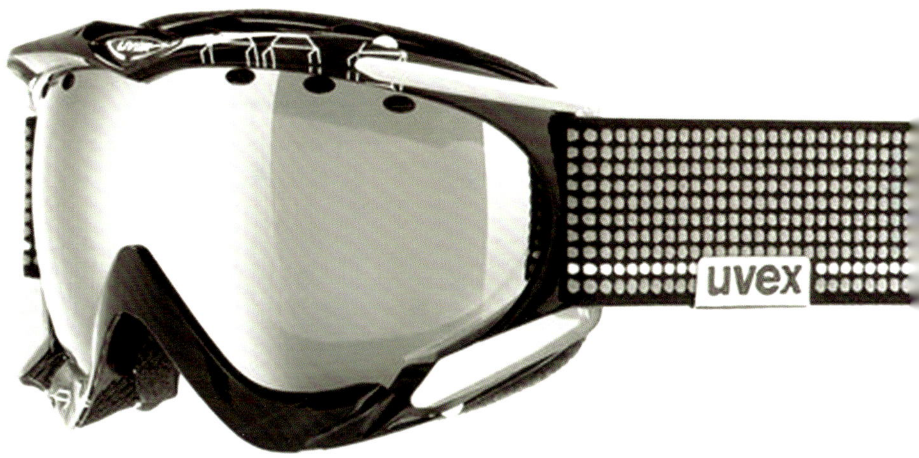

阿帕奇雪镜

适宜项目　滑雪　雪地徒步

参考价格　￥1 200

头到脚保护”的公司，每一款滑雪镜都有相对应的滑雪帽，并且在帽檐上有专门的设计，以便与滑雪镜达到最完美的组合，因此建议在购买 UVEX 滑雪镜的同时，最好选择 UVEX 的保护帽。

超级战斧滑雪镜

作为 UVEX 的又一经典系列，战斧滑雪镜以其时尚大方的外观赢得了滑雪爱好者的青睐，尤其是与奥运会结缘。在 2006 年的都灵奥运会上，战斧滑雪镜帮助中国人赢得了第一枚冬奥会金牌，2008 年，中国志愿者戴着战斧滑雪镜将奥运火炬送到了珠穆朗玛峰之巅。这款经典的滑雪镜拥有由 Makrolon 材料制成的球形双层镜片，不仅具备高度防撞击、断裂、剐蹭的功能，外层镜片还镀有 UVEX 技术的浅反光涂层，里层镜片内含 UVEX 技术的超级防雾涂层，保证了优质的视觉效果。镜片的通风设计及宽大的镜内空间使其更趋完美。这些优良特性的统一应用，使其能极长时间使用而不起雾，即使在极其恶劣的天气条件下也能保证优良的视觉效果。此外，基于电脑优化设计的战斧滑雪镜能够完美地与头盔协调使用，一次加工成形的贴面泡沫塑胶及外镜架是按照人体工程学要求设计的，能够与面部轮廓紧密结合，使用人体工程学外框，能够防止长时间使用的过敏反应。采用 UVEX Supravision、Litemirror 镜片技术，双层球面镜片加入了循环空气流通系统，100%防止 UVA、UVB、UVC 对双眼的伤害。镜片上涂加了 18 层涂层，使得镜片在防雾的同时，还具有反静电功能。其弹性合金光泽反光镜架的制造工艺还吸收了航天工程学及汽车工程学的先进技术，成为雪镜制造领域内技术革新的代表。

超级战斧滑雪镜

适宜项目　滑雪

参考价格　¥1 000

如果说费舍尔是奥地利的典范，那么阿托米克就是无与伦比的双板之王。
前者更倾向于竞技比赛，而后者则更注重野外的乐趣，
尤其是在双板领域，阿托米克是无可争议的霸主。

阿托米克
双板之王

阿托米克的标志为一个三角形图案，与品牌名的首字母 A 相似，意指其产品卓越、先进的科技表现。

1955 年，阿托米克（Atomic）在奥地利创立，自成立之初，就以生产滑雪装备为主。阿托米克公司坐落于群山环绕的山谷中，这让它更加崇尚滑雪运动，尤其是野外滑雪，凭借着强大的创新能力和严苛的滑雪检验，阿托米克制造出了全球最先进的滑雪装备，连续十几年的高山赛冠军就是最好的证明。其产品线涵盖了滑雪板、滑雪靴、滑雪服、手套、固定器等几乎所有的滑雪领域，尤其以双板最为著名。在近 60 年的发展过程中，阿托米克的工程师们对于滑雪运动的激情早已不被山谷所束缚，它的产品和冠军之心与滑雪爱好者们一道放逐于世界巅峰与峭坡之上。

阿托米克的宗旨是为崇尚滑雪运动的人们，提供卓越的产品，让其享受到滑雪运动的乐趣。其滑雪板的特色在于其出色的抓雪能力（控制能力），先进的技术和材质是这种能力的前提条件，包括高硬度高弹性、中等硬度板、极为柔软各种板材板，硬度级别从高到低有十几种，但都表现出优良的抗扭性能，这也使得阿托米克滑雪板具有更好的切雪能力，边刃更容易抓雪，使滑雪者更容易控制雪板。

品牌名品

D2 小回旋滑雪板

2008 年首次推出的 D2 滑雪板堪称是“革命性的作品”，它以能够“全时自动变换”而著称。该滑雪板能够随力变形，将大回转和小回转板合二

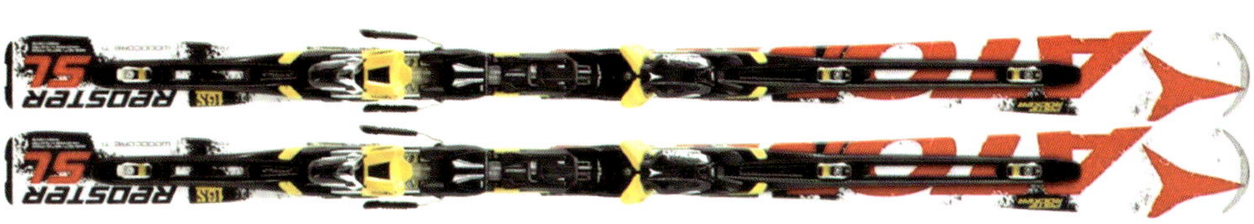

D2 小回旋滑雪板

适宜项目　高山滑雪
参考价格　¥10 000

为一，这一技术是基于上下两个甲板，上方固定器延伸出的是控制甲板，下面的雪面滑行板受控后，板头和板尾可以在一定范围内分开，改变雪板三围比例进而实时改变雪板的转弯半径，可以根据使用者的控制力量的变化刻画出随心所欲的弧线。这是目前最极端的雪板全时可调系统，无须停止滑行后人工控制改变力臂长短和炭精长度开关，做到了实时的、滑行连续的调节。得益于双层的防抖动控制系统，大回转高速滑行时更加稳定，急转弯时雪板根据侧立刃的控制力度，无级渐进的改变转弯半径使之平滑的切换至小回转滑行状态，反之亦然。自由切换可以适合各种坡度的雪道，保持滑行的连续性。这款 2013 年改进型的滑雪板革新了 D2 的竞技板技术，重新设计了上层板（即控制板）。在材质上运用了全新的碳纤维加强变换能力，使得高速滑行更加平稳，全新防震模块和实木 Ti 加强芯，让滑行的控制力进一步加强。

诺玛德黑眼睛滑雪板

适宜项目　高山滑雪

参考价格　￥9 000

诺玛德黑眼睛滑雪板

阿托米克的诺玛德黑眼睛滑雪板是其销量最好的全能板之一，每年都会推出全新的设计，是专门为那些时常离开雪道去滑野雪，滑行技术娴熟的滑手设计的理想的高性能雪板。其全地域前头翘板形技术使得雪板的用途更加全面，翘起的板头在面雪上会抬起，使得启动转弯更加容易。黑眼睛全能板在任何地形条件下滑行都可得到很容易的控制，对于野外滑雪而言尤为舒适。它在压好的地域滑行，更具速度优势，无论在何种地形，其钛铝合金材质的板壁结构使得板刃都能够牢牢抓住雪面，其腰宽达到了 82 毫米，增强了滑行的稳定性。板头至板尾木芯结构能够很好地吸收震动，大大地提高了滑行过程中的平衡性，从而极大地节省了滑手的体力。

它让雪地变成了海洋，它让滑雪变成了时尚，
这个滑板领域的龙头老大，已然成为时尚界的领军者——
它就是伯顿，一个对滑雪、自由、刺激、时尚抱有极大热情的世界级滑板巨头，
它让驾驭变得如此简单、有趣。

伯顿

雪域魅影

BURTON

伯顿的标志是一个扭曲的箭头，既是品牌名称首字母的变形展现，又是其滑板特点的描述——灵活的可操控性。

伯顿（Burton）是世界上最大的滑板品牌，也是最受滑雪选手青睐的时尚品牌。它最早由杰克·博顿于1977年创立于英国伦敦，伯顿公司的第一块滑板是在杰克·博顿的车库中完成的，一年之后，公司转移到曼彻斯特，并且有4、5个工人进行着滑雪板的制作和修理。生产者们在制作新产品期间，经常在狭小旅馆房间的地板上早起晚睡，与世隔绝，放弃度假，经常被人认为是疯子。就是因为他们认真、执着的经营理念，加上追求技术创新、新素材技术的投入和追求构造轻量化的科技表现，伯顿很快就从一家小作坊发展成为全球最大的单板制造商，也是世界上顶级的单板制造商。如今的伯顿已经是当之无愧的雪域之王。无论是对年轻天才选手的培训，还是对各项赛事的举办或者赞助，也不论是各级顶尖选手装备的提供与研制，还是滑雪科技的创新与运用，它从来都走在行业的最前面。

伯顿所面对的客户群体很广泛，但是始终坚持着高品质和时尚的特点，挑剔的设计师们以打造最完美的滑板为目标，“梦想它、制造它、毁坏它、修改它”，以完美的滑板带领人们享受滑雪的乐趣。

布兰特单板

适宜项目　公园滑雪　街道秀

参考价格　￥4 000

伯顿滑雪板最大的特色是其对滑雪文化的拓展，将科技的、社会的、艺术的、影视的等各个种类的元素全部囊括进滑板的设计中，再以一种时尚的方式呈现出来，进而最大范围地赢得年轻的滑板爱好者的认同。在此过程中，对新材料、新设计的大量投资也是伯顿滑雪板成功的重要因素之一。

布兰特单板

作为伯顿单板中中高级款式的代表作品，布兰特板面非常精致，板面硬度为 3（最软为 1，最硬为 10），不算太软，也有足够的支撑力。该款式一共拥有 142 厘米 ~162 厘米间共计 9 种规格（包括加宽版）的产品。值得一提的是，这款单板的板刃经过了特殊处理，在冰面或硬雪上的表现会更加顺滑。作为一款双向板头、V 字形单板，除了性能出色之外，其特殊的熔铸板底和高强度有机玻璃板面，提供了出色的跳跃能力，转向也自然灵活、轻松。值得注意的是，在玩转的过程中可以感觉到板面相对柔软，若滑手想让下一个跳跃动作更加完美，那么在跳跃之前，最好是降低重心，更加用力地踩压单板。

好先生

这款于 2012 年推出的单板，一经推出就凭借个性的名称和板面图案赢得关注，全板面都是以爱丽丝梦游仙境为主题而设计的 4 种不同样式的单板，颇为花哨。不过如果滑手认为它只是个花架子的话，那就大错特错了，有了好先生，滑手几乎可以征服任何一种雪地环境，如单板公园、高山峭壁等，这种全能型的表现也是其“好先生”名号的一种佐证。该款单板长度有 152 厘米 ~157 厘米，共计 6 种款式（包括加宽型），灵活的转向和平稳的滑行让滑手可以轻松地享受滑雪的乐趣，在跳台、公园等地均有出色的表现。需要注意的是，该滑板的硬度相对较高。

羽毛女式滑板

这款双向头滑板以绚丽的色彩赢得了女性滑板爱好者的青睐，出色的操控性是这款滑板最大的特色。一方面，它为那些水准出众的滑板人提供了展示其转向技巧的途径，另一方面，它又适合于入门级滑板人学习转向技巧。这款滑板专门针对女性增加了一种 Flex Fly 的板芯技术，同样是为了增强滑板的控制能力。板面使用了双轴玻璃纤维进行包裹，减少了因碰撞造成刮花的可能性。作为一款适合初级、中级玩家使用的滑板，它的硬度仅为 2，这种偏软的硬度使得新手更容易掌控。

羽毛女式滑板

适宜项目　初级　中级玩家

参考价格　￥3 200

好先生

适宜项目　全能型滑板

参考价格　￥4 000

它视滑雪运动为一种生活方式，并以此为手段去体现生命的意义；
在精神的滑雪场上，它以尊贵、完美的品格成就了滑雪服贵族的美誉——
它便是 KJUS 滑雪服，集小众化、个性化于一身的北欧滑雪服之王。

KJUS
北欧滑雪服之王

每一件 KJUS 滑雪装备上都会出现醒目的橙色品牌商标，以品牌名的首字母“K”进行变形处理，给人一种自由自在、无拘无束的感觉。

曾在奥林匹克运动会上拿了5块奖牌的挪威高山滑雪运动员拉瑟·许斯（Lasse Kjus），于2000年在瑞士创立了以自己的名字命名的滑雪装品牌KJUS。创立者根据自身滑雪比赛的经验，开发出了世界上最好的滑雪服，用最先进的面料和设计，以满足热情的滑雪者的最高要求，促使品牌创立只有短短十几年的时间已得到全世界滑雪爱好者的认同，同时品牌更凭着独特的剪裁及一级的用料，且选用最先进的科技制造与融合流行元素混搭机能的设计，获得业界的一致肯定，加上小众化的销售方式，使它逐渐成为欧美户外人士心目中的顶级贵族品牌。

KJUS一贯追求不受限制的行动自由，这种自由信念源自十几年前的一个大胆的设想："我们要开发世界上最好的滑雪服。"加上创始人丰富的比赛经验和积极的生活态度，他们不断呼吁"对运动的热情"并遵循自己的梦想，在向人们提供完美高贵的滑雪服的同时，KJUS也向他们传递了一种全新的贵族生活方式，这便是KJUS滑雪服的"革命精神"。

KJUS系统是KJUS滑雪服的设计精髓所在，它集成了滑雪服制作的顶级技术，运用最新的材料、最轻量、具有伸缩性的面料，以及对滑雪者身体结构的研究成果，实现了保持温度、减轻服装重量、提升行动自由度以及干燥和保护等功能，从而保证了KJUS滑雪服超高品质、耐用和性能可靠。

品牌名品

Herren系列滑雪服

细节被忽略，仅仅因为它们是难以察觉的，但KJUS却不这么认为，先进而奢侈的KJUS Herren滑雪服便是最好的证明。该滑雪服内部镶嵌了八大功能系统，几百个部位细致裁剪和拼接，为的就是在细节和整体功能上的完美。作为KJUS滑雪服的代表，该系列滑雪服采用了革命性的伸缩材料，使得该滑雪服不仅轻便，而且富有弹性，尤其是在肘部、膝盖和肩部等关键部位，可以为滑雪者提供最大可能的自由度。为了最大限度地实现这种伸缩上的自由，设计师对滑雪服的内衬做了相应的调整，同时基于性别上的不同，裁剪大师还专门研究了不同身高尺寸的人体解剖。优质的涤纶面料在裁剪大师的设计下变成了一个紧紧环绕在身体表面的"气象系统"，为滑雪者提供了最舒适的温湿度条件。

欲望女款滑雪服

作为KJUS滑雪服的最新作品之一，该滑雪服一经问世，便赢得了众多声誉，德国著名的滑雪杂志曾评价该款滑雪服为"最具创意的滑雪服"。

Herren系列滑雪服

适宜项目　滑雪　登山

参考价格　¥6 200

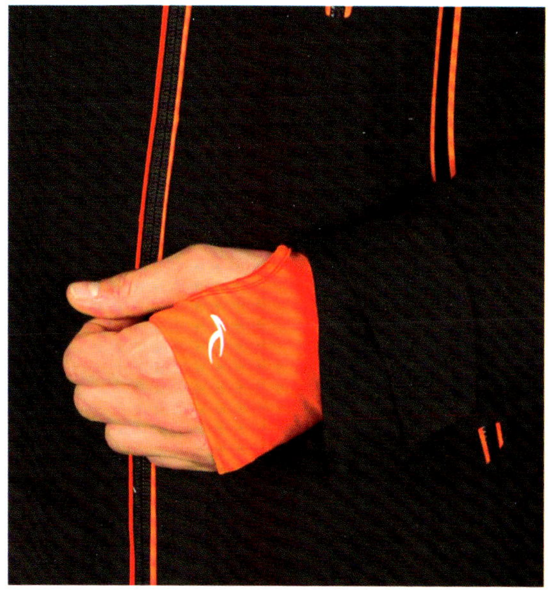

欲望女款滑雪服

适宜项目　滑雪　登山

参考价格　￥7 000

这种创意主要体现在它的面料和设计上。由于采用了 KJUS 最新的面料，从而保证了体内温度能够始终保持在最佳范围内。防水拉链拒绝了外来融水的进入，而独特的“水分管理系统”甚至可以将服装内部多余的水汽排出体外。这种独特的设计提供给使用者更多的舒适感，让人们更好地享受到滑雪的乐趣，这款滑雪服也被视为是绝佳面料和功能的完美结合。

氦气滑雪服

氦气是地球空气中极为稀少的气体之一，源自“Helios”一词，意指太阳。KJUS 的设计师们以此为灵感，设计了一款极轻、极保暖的滑雪服，这就是氦气滑雪服。这款重量仅为 888 克的超轻滑雪服完美地实现了最初的目标：像第二层皮肤一样，与你的运动一起呼吸。它为人们提供了足够的温度保护，却又可以轻得让人忘记它的存在。这种轻薄的特性给予了人们更多的行动上的自由。

氦气滑雪服

适宜项目　登山　滑雪

参考价格　￥8 000

购买推荐

Formula 女款滑雪裤

KJUS 的经典女裤之一，每年都会推出类似的新产品。它采用 100%涤纶外料，配以层压里料，带来了出色的防水、保暖特性，立体剪裁配以弹力材质，带来了更佳的活动自由度。

适宜项目：滑雪

参考价格：￥2 900

Townhouse 拼接女款滑雪服

设计时尚，黑色图案与白色可拉伸材质的结合，带来了出色的防水、透气性能。外层为 100%涤纶材质，内衬为 88%涤纶加 12%氨纶，Dermizax 层压材料，透气保暖。

适宜项目：滑雪

参考价格：￥5 800

时尚无檐帽

时尚外形设计，70%腈纶加 30%羊毛材质，微小羊毛内衬，柔软舒适，保暖透气，无檐设计。

适宜项目：户外休闲

参考价格：￥300

女款滑雪手套

90%真皮加 6%尼龙加 4%聚氨酯材质制作而成，内衬采用优质羊毛，带来了舒适的佩戴手感和超强的保暖、防护性能。袖扣采用拉链设计，便于脱戴。

适宜项目：滑雪

参考价格：￥900

Herren 男款滑雪手套

40%的涤纶加 60%的皮革，里衬为 35%的腈纶加 15%涤纶加 50%真丝，在舒适、保暖和最大程度的防护之间取得完美平衡，更重要的是，它还保证了足够的灵活度。

适宜项目：滑雪

参考价格：￥750

Warp Speed 男款经线动感滑雪服

专为专业级男性滑雪运动者设计的滑雪服，采用 4 向拉伸面料，88%棉纶加 12%的氨纶，采用层压处理科技，配以通风网眼，带来了最大的行动自由度和防水透气性能。

适宜项目：滑雪

参考价格：￥8 000

Swerve Halfzip 男款高领滑雪衫

袖扣不对称色彩设计，配以简约风格，适合在温度相对较高的滑雪场所使用。91%涤纶加 9%氨纶材质打造，透气，弹力出众，柔软、自由度俱佳。

适宜项目：滑雪

参考价格：￥1 000

Checkmate 男款时尚滑雪服

多种高科技材料、立体剪裁与时尚设计的完美结合，带来了极具实用性和时尚感的滑雪外套，外层和内衬均为100%涤纶，采用 Dermizax 层压材质，连体帽设计更加保暖。

适宜项目：滑雪

参考价格：￥5 400

Sprinkle Beanie 女款保暖帽

外形时尚大方，外层100%腈纶加内衬 100%涤纶，舒适保暖，多种颜色可供选择。

适宜项目：冬季户外运动

参考价格：￥300

Daunen 男款羽绒外套

超轻、保暖、时尚是该羽绒服的最大特色，外层和里衬均为 100%聚酰胺材质，填充蓬松度为 650 的鹅绒，手感柔软，连体帽设计，可轻松应对恶劣的气候环境。

适宜项目：冬季户外活动

参考价格：￥3 300

Reisetasche 旅行包

以超强的品质著称，满足各项长途旅行。可更换式滑轮设计，配以耐用提手，尺寸为 72×41×33（厘米），容积 115 升，净重约 4600 克。

适宜项目：户外旅行

参考价格：￥2 700

Onyx 女款滑雪服

顶级女款滑雪服，4 向弹力面料，混合材质内衬，将防水、透气、保暖完美结合，立体剪裁，带来了更加出色的活动自由度，多处防水拉链设计，配以连体帽。

适宜项目：多项雪上运动

参考价格：￥9 700

Streamline 女款长款羽绒外套

外层和内衬均为 100%聚酰胺材质，防水、抗污，填充蓬松度为 650 的鹅绒，外形设计时尚大气。

适宜项目：城市郊游　户外休闲等

参考价格：￥3 500

2013 款女款 RAY 滑雪外套

20000 毫米防水等级，20000 克每立方米透气性能，外层和里衬均为 100%涤纶材质，采用 Dermizax 层压技术，带来了更加出色的保暖效果和活动自由度。

适宜项目：滑雪

参考价格：￥4 300

博格纳拥有两种角色，一种是以奢侈著称的服装品牌，
一种是以性能著称的户外用品品牌。它在这两方面都表现出色，
因为价格昂贵而疏远了大众，又因为性能出色而成为专业滑雪服中的贵族。

博格纳

滑雪服中的“迪奥”

BOGNER

作为欧洲最早使用品牌名首字母设计的“B”字标志是博格纳品牌的象征符号，这种设计方式成为许多欧美奢侈品牌效仿的对象。

博格纳（Bogner）是德国著名的奢侈服饰品牌，也是德国在世界上有重大影响力的户外用品品牌。它由常胜滑雪冠军威利·博格纳于1932年创立于慕尼黑。公司初期主要以销售进口滑雪服和滑雪产品为主，恰逢1936年冬季奥运会在德国举办，威利·博格纳配合德国冬奥队设计了一系列队服，自此以后成为德国冬奥队和德国滑雪协会的指定服装品牌。随后，在妻子玛利亚·娜斯的帮助下，博格纳更加注重面料和剪裁，在20世纪50年代赢得了“滑雪界的迪奥”的美誉。在此后的半个世纪里，博格纳已经成为德国乃至全欧洲最知名的服装及奢侈品品牌之一，被当今服饰界公认为“运动时尚的开创者”，其一直努力倡导的“健康的生活方式体现在服饰上就是完美的设计和顶级的品质”这种融时尚、优雅和活力于一身的设计风格令全世界瞩目。

博格纳以“运动服饰发明家”的角色，始终保持对滑雪运动的狂热和对高品质的追求，打造出充满竞争力的运动产品和时尚潮流。博格纳滑雪服的特色之处在于“让滑雪者速度与高雅并存”。作为一个滑雪冠军创立的品牌，博格纳滑雪服更懂得如何让滑雪者以更自由、舒适的方式驾驭雪道以及赢得冠军，更为重要的是它对高雅的打造，作为德国重要的奢侈品品牌，博格纳在设计、选材和功能上做到了完美统一。

品牌名品

SKI运动系列滑雪服

博格纳SKI运动滑雪系列滑雪服性能出众，外观时尚。该系列服装采用怡人的明快色彩，包括白色、花色等多种亮丽色调，营造出奢华的运动体验。层次感和轻盈面料是滑雪系列的关键词，不论是防风、透气，还是保暖、御寒都表现得极为出色。该系列服饰的一大特色是运动服和现代配饰的混搭，营造出一种更时尚奢侈品的氛围，尤为引人注目。滑雪系列均采用高性能面料制成，这些来自法国、意大利和德国的面料经过了长期的检验，同时结合了德国严谨且复杂的制作工艺最终打造出来。贴身的人体工学剪裁设计是SKI

SKI运动系列滑雪服

适宜项目　滑雪　高寒徒步

参考价格　¥20 000

运动滑雪系列的特征，来自博格纳的裁剪大师像加工艺术品一般裁剪服饰，该系列可演绎别具一格的奢华和运动的混搭风情，从而打造出可展现运动滑雪系列创造力和实用性能的个性时尚。现在，SKI 已经成为博格纳高档服饰的代言人，每一季都会推出不同的款式和色彩，但无一例外地成为时尚运动的杰作。作为博格纳高档滑雪服的代表，运动系列滑雪服追求最佳运动和最佳时尚风格，是创新精神的结晶。

SKI 系列滑雪器材

博格纳 SKI 系列滑雪器材的特点是高速、高端、高科技、轻巧，提供由竹子等天然原料与高科技材料结合形成的完美产品，设计风格经典而不失奢华。超酷的防风眼镜以浅褐色高科技镜片配合轮廓诱人的黑色边框，给人以超未来的感觉；牢靠的头盔除了材质一流之外，白色板块镶嵌于黑色头盔之上，颇为时尚；厚实的滑雪靴和轻巧的滑雪杖分别用银白色和金黄色装饰，再加上布满黑色条纹的个性滑雪板，营造出一种高端、时尚、动感、前卫的滑雪氛围。可以说，这些器材是速度、风格与趣味的结合。任何有志成为冰天雪地中闪亮时尚之星的人士，都应该将目光投向博格纳 SKI 系列滑雪器材。功能出众、设计美观的配饰使滑雪者从众人中脱颖而出。

SKI 系列滑雪器材

适宜项目　滑雪

参考价格　￥5 000

各种时尚潮流元素穿插在产品细节之中，
时尚的色彩、国际领先的功能材料以及专业的研发理念，
让菲尼克斯产品成为体现时代性特征和潮流趋势的服装作品，
并以时尚性与功能性成为世界顶级滑雪服的代表。

菲尼克斯

时尚与功能的完美结合

phenix

“phenix”有两层含义，一是指诞生于日本，而日本又意为“太阳升起的地方”，因此取菲尼克斯太阳鸟之意，表明出处；二是指绝处逢生，太阳鸟就是长生鸟。

菲尼克斯（Phenix）于1953年由户外运动的领袖级人物田岛一男创立于日本，田岛先生将毕生精力投入到其所热爱的户外运动中，他不仅自身水平出众，而且不遗余力地帮助所有喜爱户外运动的人们。自品牌诞生之日起，菲尼克斯就全身心地投入到滑雪等所有挑战极限的户外体育运动中，并希望其产品能够为户外运动爱好者提供最贴心的服务。几十年来成为众多极限户外运动世界冠军竞技装备的不二选择，并受到欧洲、亚洲皇室成员的追捧，以及挪威、日本、美国等国滑雪队成员的青睐，成为其户外运动指定装备。2008年，公司被中国动向集团完全收购，成为少有的由中国企业掌控的世界顶级服饰品牌。

菲尼克斯倡导尽情享受体育运动带来的快乐，追求一种“功能性＋时尚性＋泛用性”的现代滑雪服，将技术与功能拓展到体育运动中的一个又一个场面中。菲尼克斯滑雪服最大的特色在于其面料，其最具代表性的EPIC完全防水性材料（美国陆战队特选户外军服材料），除了防止因蒸发带来的体温下降外，素材耐洗涤永久性达到以往防水浸湿材料的10倍，防止洗涤后导致的功能减退，以及需要重新进行涂层保护修理的缺点，拥有的专利DEOSEAM（强力中和汗臭等异味的魔力消臭线）不仅可以在3秒内消除周围8.8平方米的臭味，而且在消除异味的同时能够保留香水等芬芳的香味。这种“选择性消臭”的功能通过日晒或水洗即可恢复，即消臭能节约节能。

品牌名品

极限运动长袖羽绒服

作为菲尼克斯公司顶级的款式之一，极限运动长袖羽绒服可谓是“时尚与功能”的完美杰作。填充物为含绒量大于90%的狮头鹅绒，其蓬松度为800FP（蓬松度Fill Power的简称），在满足保暖性的前提下，最大限度地减轻了自身重量，适中

极限运动长袖羽绒服

适宜项目　极限滑雪　极限登山　高寒攀登
参考价格　￥20 000

的 60 克充绒量，丝毫不会影响到肢体的自由伸展，再配合上材质轻柔的弹力面料，进一步提升了穿着的舒适性。表层采用了防水性能极佳的 EPIC 完全防水性材料，同时在一些关键部位如腋下、手肘等处拼接了耐磨的抓绒面料，既牢靠灵活，又能够中和摩擦产生的静电。在外观上，迷彩色和浅灰色设计增加了服饰的时尚感。值得一提的是，该服饰另有短袖款，仅为 50 克的充绒量便于它更灵活地适用于任何情况及多种叠加穿着。时尚短袖羽绒服的款式小巧、贴身，半袖的设计版样不仅体现了其更多的功能性，也增加了几许俏皮的时尚味道。

竞技滑雪系列游戏套装

作为一款性能出众的竞技滑雪服，该套装分为游戏外套和 3D 羽绒裤，它们同样是功能性与时尚性的完美结合。在面料上采用了完全防水性材料，经过特殊纤维加工处理的面料不仅能够保证水分低吸收率，同时还能有效地保持体温，该面料耐用性极佳，无须担心因多次洗涤后导致功能减退的问题。另一大特色是它的防护功能，UV-CUT 技术的运用能够屏蔽 92%的有害光线对肌肤的损害，这在雪地上尤为重要。这种具有弹性的面料为设计提供了更多便捷，3D 成型的设计保证了运动过程中身体所需的空间，增加了运动员的灵活性，同时整体不至于太臃肿。绚丽的色彩和多色口袋，再加上精致的帽子，使得该套装堪称是时尚精品。

竞技滑雪系列游戏套装

适宜项目　竞技滑雪
参考价格　￥7 000

女款挪威国家滑雪队队服

自 1993 年成为挪威滑雪队滑雪服供应商以来，菲尼克斯滑雪服和挪威滑雪的成绩一样节节攀升。这款全新设计的滑雪服采用了立体 3D 剪裁技术，符合人体线条的流畅性，穿着更贴身舒适。在材质上，该滑雪服外层面料采用 TOREX 的 Dermizax EV 高透气性特殊无孔质薄膜面料，有很好的防水和防风性能。当剧烈运动导致滑雪服内的温度过高时，可适度将热量排出，在保持适合体感温度的同时可避免滑雪服内的结露现象，有效抵御寒冷对人体的侵害。同时采用弹性 ORCA SHELL 设计，实现运动中的最佳穿着感受。保暖层则采用了新型的保暖材料，此面料可将外界的光电热量譬如阳光转化成供暖热量，也可吸收体内热量。精湛的企鹅式裁剪，增加了服装的时尚感。

女款挪威国家滑雪队队服

适宜项目　双板滑雪　竞技滑雪　自由滑雪
参考价格　￥3 500

意大利的制作工艺和意大利人对户外的热情成就了它在户外用品领域的重要地位，
尤其是登山鞋领域，在这品牌云立的地方，
泰尼卡卓越的雪地靴赢得了世界性的声誉。

泰尼卡

性能超群的雪地征服者

该标志以品牌名的首字母“T”变异所得，并且每一个字母都是有棱有角的设计，意在强调泰尼卡产品在雪地、冰地和越野环境下的卓越性能。

泰尼卡（Tecnica）于20世纪30年代由奥雷斯蒂斯·扎拉塔创立，创立初期，公司主要以生产劳动靴为主。自1970年以来，泰尼卡一直是世界滑雪领域最活跃的公司之一。到20世纪80年代，其经营范围更加多样化，开发了户外运动鞋系列，迅速在世界市场中赢得积极的回应。今天的泰尼卡集团是世界运动鞋最重要的生产商之一，它在世界范围内生产和销售运动鞋及装备。业内人士和消费者都公认它的技术及性能超群的表现，它在创新、设计、舒适度、安全及质量方面堪称极品。

泰尼卡的宗旨是为不同的客户需求提供最佳的解决方案。它将技术、功能、品质、舒适及设计完美地结合在一起，无论徒步的条件有多难，所处的海拔有多高，从0~8000米充分满足和适应客户的各种需求。

泰尼卡的特色之处在于TRSMAX系统的运用，该系统具有减震稳定舒适、贴合抓地纹路和促进能量靠前的功能。在长距离及崎岖山路地域表现尤为优秀，同时对各种地形及日常穿着适用，是一种多用途鞋。鞋底后部占据了鞋底2/3的长度，结合了最新鞋底轮廓材料与超级缓冲材质，创造出比传统鞋底接触地面3倍的效果，这将帮助提高转移能量向前的速度与质量，增强前脚掌的推进力。同时也意味着抓地力更强，与传统鞋底相比，提供更多安全保障，使穿着者感受到更轻、更快的舒适感。

品牌名品

进化论徒步雪地靴

作为泰尼卡的经典鞋款之一，进化论徒步雪地靴将功能性和舒适性完美结合，堪称是泰尼卡雪地靴中性价比最高的鞋款之一。该雪地徒步靴的靴腰为6英寸（1英寸=0.0254米）左右，靴口有和冲锋裤内衬相结合的袖套设计，并有收口。靴古部分加入了硬质塑料，能对脚起到更强的保

进化论徒步雪地靴

适宜项目　雪域徒步　冰面行走

参考价格　￥1 800

护作用。靴面材料选用了新型的High Insulation面料，体现了泰尼卡勇于使用新科技材料的特点，这种面料在透气性能上较皮面更好，同时重量更轻。与靴面搭配的是高品质的GTX防水材料内衬，足以轻松应对雪地行走。靴底则采用了VIBRAM的防滑鞋底，鞋底相对于一般徒步鞋较软，且纹路设计似乎可以有效防止冰面滑倒，鞋底重量也得到了有效的减少。在细节处理上更是体现了泰尼卡的专业性，如鞋底中部添加了硬质树脂的中间层、鞋跟部位的耐磨层、减震层等，让穿着更加舒适。

克里斯蒂娜雪地徒步鞋

克里斯蒂娜雪地徒步鞋是专为追求乐趣、喜欢冒险、懂得享受自然的女性设计的，1.8毫米厚的小山羊皮作为鞋面，既透气又时尚。GORE-TEX内衬保证了恶劣环境下的保暖需求，同时这种内衬超强防水、透气、排汗，不管路途多长多艰难，在任何恶劣气候条件下，都能为穿着者的双脚提供持久舒适的完美保护。柔韧、轻便的VIBRAM鞋底、接缝两向伸展领都是户外鞋类产品的优异特性，且在冰面和雪地上表现出卓越的防滑性。值得一提的是Ortholite鞋垫，它也被称为“会呼吸的鞋垫”，具有透气、吸汗、防臭、防霉、抑菌、缓冲性良好的特点，与环保高聚合绵相比，透气性更好，更轻便，耐水洗，更耐磨。加入活性炭、抗菌剂、香料，使其透气排汗、防臭抗菌，既而双脚保持清爽干燥。

克里斯蒂娜雪地徒步鞋

适宜项目　雪地徒步　户外休闲

参考价格　￥2 000

它用创新完成了从小作坊到世界级品牌的升华，
又用成绩为奥地利的滑雪界加冕——它便是费舍尔，
一个荣耀了 90 年的家族企业，一个在滑雪装备领域享有盛誉的顶级品牌。
它的运作被誉为商业史上的典范，它的产品更是滑雪装备中的典范。

费舍尔

奥地利滑雪装备的典范

以创始人名字命名的费舍尔品牌，其标志为三个叠起来的三角形，该标志由著名设计师鲁道夫·芬奇于 1958 年设计而成，暗指费舍尔滑雪板坚韧、牢固的特点。

1924年，约瑟夫·费舍尔在奥地利创立了费舍尔公司（Fischer），公司最初主要是生产四轮马车、雪橇、滑雪板等产品，后来才专注于滑雪器材的生产。自1964年费舍尔产品帮助滑雪选手夺得冬季奥运会金牌时起，费舍尔就开始了它在顶级赛事中翻云覆雨的品牌影响力，其产品的品质也随着每一次的夺冠得以验证。费舍尔超强的科技创造力迅速将产品线扩展到滑雪板、滑雪靴、手杖、配件等领域，成为历届冬季奥运会上最耀眼的明星，也是最成功的滑雪装备品牌之一（后来又延伸到网球拍领域）。90年的荣耀故事，使费舍尔在国际雪联的综合统计中多年都排名世界第一，特别是在越野滑雪及跳台滑雪方面有着不可动摇的霸主地位。

费舍尔以先锋精神和革新的态度不断提高，不断挑战自我，打造出冠军品质的产品。费舍尔的品牌特色在于它的创新精神，无数的技术革新带来超强性能成就了费舍尔的霸主之名。包括PRO TEC技术、震动频率调和、等离子边刃、航空碳纤维等新材料的采用都证明了费舍尔强大的革新精神，这种创新性以强化产品品质、提升运动员的成绩和使用体验为最终目的，由此转换成冠军品质的产品。

品牌名品

竞赛级RC4滑雪板

RC4在滑雪板王国的美誉已经无须多言，这款竞赛级滑雪板便是RC4系列中的高端产品。在材质上，该滑雪板采用了航空碳纤维与钛材质的结合，带来了轻量化和高强度的双重效果，在经典的三明治式板壁结构和木制板芯的辅助下，带来了出色的弯曲表现以及完美的弹性，带有双层钛壳的木芯经由碳材料加强，在设计上以完美的边刃处理，实现了强大的抓地力，强有力的固定器展现了强大的操控力，让滑行如滑板手所想。该滑雪板提供了150~170厘米五种规格，且其转弯半径为14米。

竞赛级RC4滑雪板

适宜项目　高山滑雪

参考价格　￥7 500

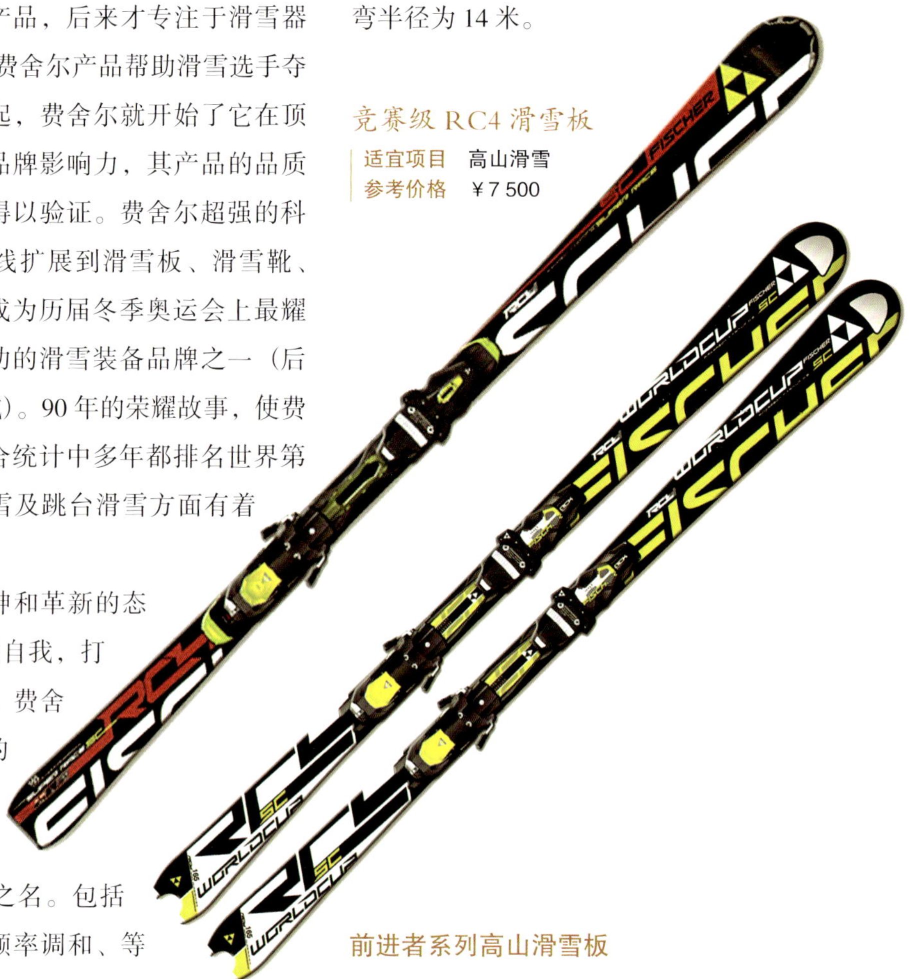

前进者系列高山滑雪板

前进者系列滑雪板是奠定费舍尔在高山滑雪领域霸主地位的一大功臣，它是为高水准的专业人士设计的，是向表现出色的多面手准备的极佳滑雪装备。多样性的全能表现带给雪板卓越的表现性能，双半径系统和速度系列雪板技术的运用，让雪板在各种雪道上都能实现完美操控。通过双半径技术的应用，轻松完成大小回转的切换，完美快速地转弯。无论是短且动力十足的小转弯，还是长且稳定的大转弯，都能随心驾驭，感受至高的转弯乐趣。该系列滑雪板同样划分有几款不同的款式，腰宽分70毫米和72毫米两种，长度在160~170厘米之间可供选择。

在材质上，采用0.5厘米厚的双层钛合金板、木制板芯和双半径系统的三明治式板壁结构，在带来强韧表现的同时，也给予滑雪者更多的操控性和滑雪乐趣。

前进者系列高山滑雪板

适宜项目　高山滑雪
参考价格　￥7 000

冷热全能型滑雪板

以全能的表现著称的冷热滑雪板是专门为具有超强潜力的专业级滑雪者准备的，能适应各种雪道的滑行，在任何地形上都能以最快的速度转弯，在各种雪况下都能发挥出极佳的性能。该滑雪板基于世界级比赛用滑雪板的专业技术，即使拥有较宽的板身，仍能确保能量最大限度地流向板刃，同时具有最稳定的滑行能力。凭借木制板芯结构，无论在何种雪道，以何种滑行方式滑行都能表现出超强的稳定性。该滑雪板拥有多种长度可供选择，长度范围在155~180厘米之间。其腰身宽度达到了82毫米，加上0.5厘米厚的双层钛合金板，再辅以三明治式的板壁结构，带来稳定、易控、超强弹性的特点，轻便牢固的航空碳纤维材料的加入，保证了完美动作和高速滑行的实现。

索玛系列瓦伊伦滑雪靴

索玛系列滑雪靴是费舍尔专门为中高级滑雪者设计的高性能专业靴，全部采用最新的索玛技术，这一技术是由多位滑雪冠军的经验总结而成的。它能让滑雪者的双脚呈自然的V字形站立，这样当滑雪者弯曲双脚向前滑行时，膝盖和脚的方向成自然平行状态，滑雪者的用力方向和滑行前进的方向也自然地一致向前驱动了。除了力学的优势外，该技术还能减少腰部在滑雪过程中可能造成的伤害和疼痛感。在设计上，更流畅的外形配合更舒适的内胆材料，让运动者展现实力的同时，也拥有非凡的魅力。尤为重要的是，更加牢靠的材质带来了更佳的抓雪力和控制性能，助滑雪者展现更佳的滑雪技能。

冷热全能型滑雪板

适宜项目　滑雪
参考价格　￥6 000

索玛系列瓦伊伦滑雪靴

适宜项目　滑雪
参考价格　￥5 000

欧洲流传着一个几千年的传说，
说是有一个名为哈迪的巨人变成了芬兰最高的山峰，
以阻挡北极的寒潮。几千年后的今天，在芬兰又出现了另外一个御寒的巨人，
它的名字还是叫作哈迪，一个享誉世界的户外运动品牌。

哈迪
极寒户外的服饰专家

HALTI

“HALTI”是芬兰最高山峰的名字，酷爱户外的芬兰人早就把滑雪、极地探险等活动与哈迪品牌摆在了同等伟大的地位。

哈迪（Halti）的创始人名为约翰·何克瓦拉，他在积累了多年作为户外服饰销售员和户外运动员的经验后，于1972年在芬兰建立了自己的公司，生产具有创新思想的徒步旅行和露营装备来满足客户的需要。作为户外、滑雪运动爱好者及从业多年的行业资深人士，针对风起云涌的户外运动风潮，他又在1976年推出了著名品牌——哈迪，并且将产品线扩展到绝大部分的户外产品领域，包括高山滑雪、越野滑雪、雪上滑板、高尔夫球、自行车、狩猎和钓鱼、攀登、健身和徒步旅行等。如今的哈迪已经在高山峡谷间、雪地冷泉中掀起了一股优雅的斯堪的纳维亚风情，成为顶级户外运动服装和专业装备的代表。

哈迪以“每个人都有从户外运动中获得乐趣与满足的权利”为品牌理念，努力为户外爱好者的出行和体验提供了一种可能性，使人们在户外运动中能够承受更具挑战性的户外环境，享受到自我挑战的刺激、更多的乐趣和激情，感受真实的大自然。

哈迪的特征是将它的功能、独特、自由、启迪和激情的元素融进产品中，它的每一件产品的设计都有其所针对的主要对象，提供相应的功能和技术特性。作为来自遥远斯堪的纳维亚的品牌，它总是能保持独特的个性，锐意创新，不仅体现在面料科技方面，还体现在款式、颜色设计方面，从它不断更新的外观设计就可以看出。

品牌名品

帕兰朵男款滑雪服

在芬兰语中，“Palander”是指一种“专门负责运输马匹的平底船”，而这款滑雪服选用这个名字，其本意是要强调它出色的防水性能。该服饰采用了一种弹力十足的功能面料，除了能够保证滑雪者在滑雪时保持身体灵活之外，该面料还以卓越的透气性和防水性著称，防水指数高达20000

帕兰朵男款滑雪服

适宜项目　高山滑雪　极寒探险

参考价格　￥8 000

青豆滑雪服

适宜项目　滑雪　攀登

参考价格　￥4 200

毫米。尤为重要的是它的填充物，采用杜邦公司开发的 Thermolite 填充物，轻质保暖的填充物纤维经过特殊的设计能够与防水透气面料很好地契合。纤维的空洞结构赋予填充物良好的保暖效果，同时耐用、耐洗。该滑雪服的设计灵感来自“雪道之王”凯利·帕兰朵所取得的成就，因此它是专为对滑雪服要求极高，并且期待像滑雪冠军一样飞驰在赛道上的滑雪爱好者而设计的。

同伴滑雪裤

同伴滑雪裤属于顶级的“Grade VII”系列产品，该系列专门针对各种严酷条件设计而成，并经过专业运动员和探险家的严格测试，在酷寒条件下也证实了它的可靠性和可信赖性。无论在登山，还是滑雪运动中，该系列产品都提供了顶级的技术性能，专业的技术特性和超级的耐用性能。这款滑雪裤采用和帕兰朵滑雪服相同的防水保暖材料，裤型为运动型剪裁，保证了运动的灵活性，后背带可以根据体型进行调整，并有高腰背板以保护腰部，裤脚内侧设计有防磨贴片，保证了它的耐磨性，独特的风暴裙设计则可以防止湿气和风雪进入滑雪裤内部，同样起到了保暖防寒的效果。

青豆滑雪服

青豆滑雪服以轻便取胜，力求在保暖的同时，为滑雪者减少滑雪的负担。该滑雪服采用的是 Drymax X All Weather Recycled Rip 面料，这是一种防风防水、透气的双层面料。该面料的透气指数高达 20000 克每平方米，防水能力亦有 12000 毫米，并且弹性很好。由弹力面料制成的衣服具有良好的运动性及合体性。该滑雪服的填充物则是一种名为“MICrotherm”的轻薄物质，当这种填充物与防水面料配合使用时，能够发挥出色的保暖效果，仅需 60 克即可满足保暖的需要。纤维的空洞结构赋予填充物良好的保暖效果，同时耐用、耐洗。在设计上，多个拉链的设计同样是出于透气性的考量，后身的加长设计则能够有效地保护滑雪者的腰部。该服饰设计有发光条，提高了夜间活动的安全性。

同伴滑雪裤

适宜项目　高山滑雪　极寒探险

参考价格　￥4 000

Ivalo 男款冲锋衣

超轻便全天候面料，M 号仅重 200 克，属于现今市场最轻冲锋衣产品之一。在延续了哈迪产品优秀性能的同时，携带轻便，透气性能尤为出色，是春夏旅游户外人士的最佳选择。防水指数高达 10000 毫米，24 小时透气指数为 25000 克 / 平方米。

适宜项目：徒步　露营等

参考价格：¥3 500

Topaz 女款冲锋衣

女性时尚紧身裁剪，可调节袖口和下摆，防水拉链，便捷口袋，后身加长设计有效保护滑雪者的腰部。下摆可拆卸式风雪裙能够防止湿气和风雪进入滑雪服，防水指数为 10000 毫米，24 小时透气指数为 5000 克 / 平方米。

适宜项目：高山滑雪　登山　徒步等

参考价格：¥3 400

Titaani 男款羽绒服

采用上等白鹅绒（70% 羽绒和 30% 羽毛），充绒量高达 650 克。采用人体工程 3D 运动剪裁，衣袖采用波形高线设计，保暖性能极佳，可抵御 -30 度的低温。防水指数为 10000 毫米，24 小时透气指数为 10000 克 / 平方米。

适宜项目：城市户外休闲　徒步等

参考价格：¥3 900

帕兰朵男款滑雪裤

哈迪顶级滑雪裤之一，采用四向弹力面料，可拆卸羽绒贴片，使得保暖性可调节。防水指数高达 20000 毫米，24 小时透气指数为 20000 克 / 平方米。

适宜项目：高山滑雪　探险等

参考价格：¥5 000

Salakka 男款速干短袖

速干面料混合竹纤维材料，提升了面料的舒适度及传导水分湿气能力，同时赋予其出色的防紫外线功能。竹纤维能够给服装带来天然的抗菌能力，出汗后，面料也不会产生汗臭味。防紫外线能力为 UPF30+。

适宜项目：夏季户外休闲等

参考价格：¥700

AirLite 4 多功能背包

采用交叉菱形防撕裂面料，背包内侧可拆卸背板可当作睡垫使用，容积为 43 升，重 1500 克。另有先进的 U-flow 系统，让背负更轻松。

适宜项目：登山　探险　徒步等

参考价格：¥2 000

岛国日本在钓鱼上表现出天然的基因优势，达亿瓦便是它最直白的代言人。
这个世界上销量最大的渔具品牌之一，在其半个多世纪的发展过程中，
不仅为人们提供了无数的渔具精品，更为重要的是，
它还为人们提供了一种精致、高贵的生活方式。

达亿瓦

钓鱼者梦寐以求的极品

达亿瓦的标志为其品牌名设计而成，极强的线条轮廓表明了达亿瓦产品的科技特色和低调严谨的本质。

1955 年成立的达亿瓦精工株式会社（Daiwa）是目前世界上最大的渔具和高尔夫球具生产商之一，其生产的达亿瓦渔竿享誉全球。在半个多世纪的发展过程中，达亿瓦一边汲取欧美地区的先进科技，一边又与日本本国的渔具工艺相融合，创造出了集实用性和艺术性于一身的渔具产品。自 1963 年第一支碳素杆渔竿问世，达亿瓦在碳素材质的研究上不断取得新的成果，这种始终保持科技领先，始终坚持地域钓鱼文化的做法让达亿瓦很快成为一个行销据点遍布全球的大型公司。如今的达亿瓦，早已成为钓鱼者心目中的极品之选，是日本钓具制造业的领袖品牌，在日本乃至世界渔具业界当中都极负盛名，享有很高的知名度与美誉度，并始终拥有世界顶级品牌的地位和世界顶级市场的极高占有率。

达亿瓦通过科技创新制造出卓越的产品，用以服务客户，为其带来充实的休闲时光，创造“对人和地球更加亲切的休闲生活”。达亿瓦的品牌特色是其创新性和科技成就，这一点体现为对先进的碳素材质的研究。公司一直致力于碳素技术的研发，并拥有多项专利技术。由于材料尖端、技术先进，达亿瓦生产的球杆在日本享有“碳素杆身之父”和“碳素杆身之王”的尊称。不论是球杆还是渔具，达亿瓦的碳素材料始终表现出色——更轻便、更有韧性。甚至美国波音、欧洲空客，以及日本航空和国防领域都在使用达亿瓦的碳素制品。

品牌名品

红虎 18 鲤鱼竿

红虎 18鲤鱼竿
适宜项目　钓鱼
参考价格　¥16 000

红虎系列渔竿是达亿瓦开发的顶级产品，这个堪称是艺术品的精品系列以其卓越的性能表现和外观表现颇受关注。在材质上，超高密度的 SVF 碳素材质继续施展它强韧、轻便的“本领”，竿身精细强劲，第一节前半部分采用实心设计，

使得竿身更具弹性和爆发力，挥竿和挂钩更加敏捷，再配合防滑设计的新触感握把，带来了无与伦比的持握手感。作为一款振出式极品渔竿，这款红虎 18 分为 5 节设计，最大长度为 5.4 米，收纳时仅为 1.18 米，重量更是低至 162 克，堪称是世界上最轻的渔竿之一。奢华高级的金属与橡胶结合的上栓将美感和性能统一了起来，而高感度、长久耐用的金属软尾穗先，则进一步在细节处展现了它高贵的秉性。

波纹极 F1 竞技 18 鲤鱼竿

适宜项目　钓鱼

参考价格　¥14 000

波纹极 F1 竞技 18 鲤鱼竿

波纹极 F1 是达亿瓦开发的适合于竞技手用的振出式竞技竿，是波纹系列的巅峰之作。波纹极在原料和制造工艺方面都聚集了达亿瓦最精良的技术，对各细节部位都进行了精细的设计，以压倒性的技术加工成形。该竿概念为“超轻量”和“超高质量”。超高弹性纤维与超高密度的 SVF 相结合，利用先进的高亮度表面处理技术，能最大限度地发挥出钓竿原有性能，设计者对竿节和竿节的接合部位采用了独特的 V 接口工艺，成功抑制了弯曲部位受力不均的弊端。5.4 米的长度重量仅为 137 克，轻便程度让人吃惊。除了轻巧，它还具有能在瞬间将咬钩的鱼荡上岸来的力量和能正确抛钩的绝妙平衡。不附加重量的表面处理技术，把材料原有的性能发挥得淋漓尽致，又增加了竿身的美观程度。

飞燕峰烈火 18 鲤鱼竿

适宜项目　钓鱼

参考价格　¥7 500

飞燕峰烈火 18 鲤鱼竿

飞燕峰烈火系列渔竿是达亿瓦的又一顶级产品，其极具个性的色彩和轻便的特点为其赢得了极高的声誉。这款烈火 18 鲤鱼竿是该系列长度最长的款式，采用并继式设计。该渔竿全长 5.4 米，重量仅为 81 克，和波纹极系列相类似，采用了先进的 V 接口工艺，这也使得烈火 18 鲤鱼竿拥有了接近单节式渔竿的调性，如同烈火般深红的竿身蕴藏着轻巧的身段和强大的爆发力。在材质上，超高密度的 SVF 碳素材质的使用是轻量化的前提，高精度的两段锥形简易接插口和超级卷布技术的并用，减少了渔竿振动带来的不舒适感，并且可以快速更换接口。

卓越 BJ 系列卷线器

卓越 BJ 系列是达亿瓦在卷线器生产工艺上的顶级产品，是在卓越系列的基础上进行性能提升之后的高端卷线器。该系列目前共有 3 种型号，与上一代的卓越系列相比，在性能上最大的差异就在于刹车值的提升，上一代卓越 2020 型号最大刹车值为 6.5 千克，而卓越 BJ 系列的 C1010 型号就有 7.5 千克的刹车值，其中 C2020 型号更可达 10 千克，无疑是对应鱼种体型的提升所做的调整。在抛投系统方面也有不小的改进，卓越 BJ 系列采用了双重防逆转制动器，增强了制动的效果。值得一提的是，该轮组的传动齿轮采用 C6191（铝青铜合金）材质制造，齿轮轴由不锈钢制成，齿轮比高达 7.5，让抛投更加轻松，同时更为轻便。

卓越 BJ 系列卷线器

适宜项目　钓鱼

参考价格　¥6 000

它通过你的眼神寻找你的惊喜，又通过你的握竿唤起你的欣悦，
再在一次又一次畅快的垂钓中找到了等待与收获的乐趣，
在那与垂线相接的水面里，倒映着一道明晰的贵族生活之道，这就是芬威克鹰渔具。

芬威克鹰

技术与艺术的结合

芬威克鹰的标志由一只展翅的雄鹰和品牌名组成，“Fenwick”是公司创立之地旁边的一个淡水湖的名称，而鹰型符号则暗指芬威克鹰产品卓越和强悍的性能。

1952 年，几位商人与钓鱼爱好者在美国华盛顿市芬威克鹰湖畔的一个废弃车库里创立了芬威克鹰公司（Fenwick），出于制造优质完美的渔具的目的，这些精致的手工渔具很快在华盛顿地区赢得了声誉。1967 年，看到渔具发展的有利趋势，钓鱼爱好者兼商人菲尔·克拉克完成了对这个小公司的重组，更大量的投入、更多的制造工厂以及更广的商业推广，使芬威克鹰在很短的时间内就取得了美国渔具行业的领先地位。其独有的设计理念与先进的制造技术，使它在世界各国的钓具展览中独占鳌头，产品线也从渔竿扩展到线轮、钓鱼服饰、钓鱼床等众多领域。如今的芬威克鹰是世界上公认的飞蝇钓竿、飞蝇钓具以及淡水竿的领导者，成为垂钓者追求卓越性能和完美体验的首选渔具品牌。

芬威克鹰始终将客户放在首位，将“做世界上最好的渔具公司”作为奋斗目标。芬威克鹰以制造特殊、珍贵的渔具产品，提供给充满冒险精神的钓鱼人使用而著称，所有芬威克鹰的爱好者，都一直公认这个品牌代表着技术驾驭和完美的手工表现。在秉承着技术与艺术的理念下，研发出堪称历史上最强、最轻、防弹衣材质的渔具产品。无论是它的强韧钓竿或是加入了防弹衣钢丝布线的钓鱼床，还是便于在小溪湖泊里行走、世界上最轻的可透气涉水连身衣，都确切无疑地证明了这一点。

品牌名品

TAV 系列 5.4 米鲤鱼竿

芬威克鹰鱼竿更重视钓鱼者的感受，因此它对渔竿的要求是“内外兼修”，这款 TAV5.4 米竞技用专业渔竿就是其经典代表作品。这款渔竿由 46T 超高弹性碳素纤维制成，达到竿身纤细、轻盈、高弹力与高韧性的要求，自重仅 154 克。超高的强度让每一个垂钓者都能感受到芬威克鹰

TAV 的神奇。竿身虽然很细，但柔韧性非常好，韧性几乎超出了人类的想象，所以在钓小鲫鱼时会有更多的乐趣，钓到大鱼后，它又会柔韧得像一根绳子，因此化解冲击的能力非常强。同时在外观上显得十分大气和高贵，配合表层顶级的防水涂装，确保竿身亮丽、耐用，暗绿色的涂装给人一种低调的奢华感，堪称是材质和科技的典范之作。为了增加钓鱼者握竿的手感，这款鱼竿采用防磨沙石涂装手把，让握感更舒适，操控性绝佳。值得一提的是，该钓竿重心位于距离手把 1/4 处，手感轻盈，无头重现象，确保每一个垂钓者长时间享受垂钓的乐趣，多久都不会感到疲劳。

TAV 系列 5.4 米鲤鱼竿

适宜项目　钓鱼
参考价格　￥6 000

TAV 系列 3.6 米鲫鱼竿

作为鲫鱼竿的典型代表，TAV3.6 米将轻便、柔软、坚韧的特点表露无遗，是芬威克鹰最受欢迎的鲫鱼竿之一。该渔竿长度为 3.6 米，采用振出式设计，共分 4 节，收缩长度为 1.11 米，便于携带。竿身极瘦，但韧性非常好，这得益于芬威克鹰先进的材料工艺，该渔竿在材质上采用了革命性的防弹衣纤维包覆技术，强度是碳纤维的 4 倍，而重量仅为 65 克。在设计上，该渔竿采用无缝焊接技术，钓竿的钓力损耗接近于零，同时极大地减轻了竿身的重量，带给钓鱼者无与伦比的垂钓体验。

TAV 系列 3.6 米鲫鱼竿

适宜项目　钓鱼
参考价格　￥4 000

EGT 路亚竿

作为路亚竿的最大输出国之一，美国人对路亚竿的研制热情比任何一个国家都要高，这款性价比超高的 EGT 路亚竿系列便是其销量最好的中端产品之一。该渔竿由世界钓鱼大赛冠军选手设计而成，竿身主体采用高品质 IM14 石墨材质制造，带来更加坚韧的性能。黑色带有墨绿的竿体颜色，大气而低调，与路亚钓鱼的高贵特点相配。手把节采用软木材质，握感舒适，防滑效果好。顶环与导环部分则采用比普通导环强 20 倍的硬铬导环，重量减轻 55%，而性能提升了一倍以上。竿身主体与竿标连接处加厚处理，增强了耐用性。

EGT 路亚竿

适宜项目　钓鱼
参考价格　￥2 000

钓鱼的人绝对不以钓到鱼的多少来衡量乐趣，就像江户川渔竿一样，
绝对不以销量来衡量质量。钓鱼的乐趣在于过程，
正如江户川渔竿一样，它的乐趣在于拥有，它的韵味在于尊崇。

江户川樱井

高端手工渔具提供者

简洁明了的品牌标识，由樱花标识加上品牌名称组成，既指出了品牌的诞生地是日本，又使它具有了更强的文化韵味。只有江户川樱井才是用做艺术品的态度来制作渔竿的。它们的渔竿常常与绘画、雕刻、陶瓷等一起作为艺术品参展，这个标识也成为高档渔竿的标签。

江户川樱井渔具株式会社由第一代创始人樱井信太郎于1888年一手创办，至今已有120多年的历史。经过其祖孙四代的苦心经营，时至今日，江户川和樱花这两大品牌，作为日本渔竿制作史上最悠久的会司在日本钓鱼史上有着不可或缺的地位，也是唯一一家以渔竿制作公司而被日本国经济产业省评为传统工艺品制作者。集观赏性、实用性和艺术性于一身的手工渔竿经常性地作为国礼赠送给各国元首，其中包括美国总统杜鲁门、艾森豪威尔，阿根廷总统贝隆等，这些人都给予了江户川樱井渔竿极高的赞誉。凭借着出色的手工工艺，江户川樱井渔竿成为一种品位的代名词。

江户川樱井渔具产品坚持手工制作，提供独一无二的顶级渔具，最大限度地满足钓鱼者。其独有的竿尖防缠绕装置让钓鱼者驾轻就熟。新开发的高弹性、高纯度素材的使用，使其比原来的长尺寸渔竿更加有力量，受风力的影响也降到了最小。竿尖采用轻盈的空心竿尖，弹性优越，衔接处采用了特殊的强化工艺技术。

品牌名品

特别御誂

这款钓竿是江户川工房制品的最高顶点，高弹性的碳竿，每一根均为手工制作，将纯金箔和涂漆精心研磨，使其发挥最好效果，制作成一款清新高雅的钓竿！象牙石突和本涂漆的设计，给人以更加清爽的感觉，在多层反复研涂的基础上，

运用传统的工艺，独特的手法描样，再贴上炫目的金箔，经过细心的研磨，使得触摸时就给人厚重涂漆的感觉。竿尖有100多条细线的图样设计，并用尖硬的象牙仔细雕琢出石突感的设计，相信这一款巅峰制作一定能给钓鱼者的垂钓带来高贵的享受。

特别御跳

适宜项目　收藏　竞技

参考价格　￥23 000

泰仙系列

适合竞技比赛等场合使用，其调性有利于快速收竿，爆发力强。空心构造的竿芒使得其没有沉重感，从抛竿到收竿的一连串动作能够轻松、迅捷地完成。从节与节之间独特的自然流畅的衔接工艺设计，到金漆涂表的特选泰仙，再到正统的黑漆涂表的特造泰仙，最后到真正“手工造节”的御跳泰仙，可以说各个档次的钓竿一应俱全。

泰仙系列

适宜项目　野钓　竞技

参考价格　￥11 000

川英仙系列

该系列是在充分研究了人工钓鱼池中垂钓的各种必要因素基础上精心设计的一款硬钓竿。拥有优越的整体平衡感，配有任何人都能够轻易将竿快速挑起的轻量设计。该系列钓竿拥有多款产品，黑色和橄榄绿色段涂表的江户川英仙，溜金涂表加漩涡状花纹的特选英仙，竹地金丝研磨图案的别选英仙，人工造节、花竹图案的御跳英仙等，品种繁多，种类齐全。

川英仙系列

适宜项目　鱼池钓鱼　水库钓鱼

参考价格　￥11 000

若竹系列

该系列渔竿即使是长尺寸也会将其重量降至最轻，而且平衡感很好，从抛竿到提竿再到收竿三步一气呵成。再加上新开发的高弹性、高纯度素材的使用，使其比原来的长尺寸的渔竿更加有力量，受风力的影响也降到了最小。竿芒采用轻盈的空心竿芒，弹性优越，衔接处采用了特殊的强化工艺技术。与其所拥有的江户川代表作之称的“若竹”可谓是名副其实，涂表宛若真竹，带有江户川特有的竿芒防缠绕设计，经多年研究实现了竿身粗细恰到好处，握感舒适，整体协调性优良，握在手中不会感觉到因竿身长而造成的沉重感。

若竹系列

适宜项目　水库钓鱼　鱼池钓鱼　溪流钓鱼

参考价格　￥12 000

青游系列

恰到好处的柔软性，使垂钓人感受到投竿时的快感，并且准确性强，具有能让大隆头鱼科轻松浮起的靠近力，均衡具备了鲫鱼竿不可缺少的三大要素。这一款是特别为比赛高手量身定做的比赛用胜负钓竿，不管是在以一技之差定胜负的比赛中，还是在连续被逼迫极端不流畅的周末管理钓场，垂钓者都可以充分感受到这款钓竿的真正价值。虽然青游系列是针对比赛而设计的一款钓竿，但也为江户川爱好者能够轻易掌握并运用钓竿而制作。它的另一个显著特征在于它的涂漆。涂漆是江户川工房将传统技术和现代设计相结合研发而成的。在从古至今延续下来的高级和竿上所涂的涂漆花纹里尝试注入了银青、金色、黑色三种现代颜色，再由老练的涂师一支一支手工涂绘而成，使得每一根渔竿都是独一无二的。

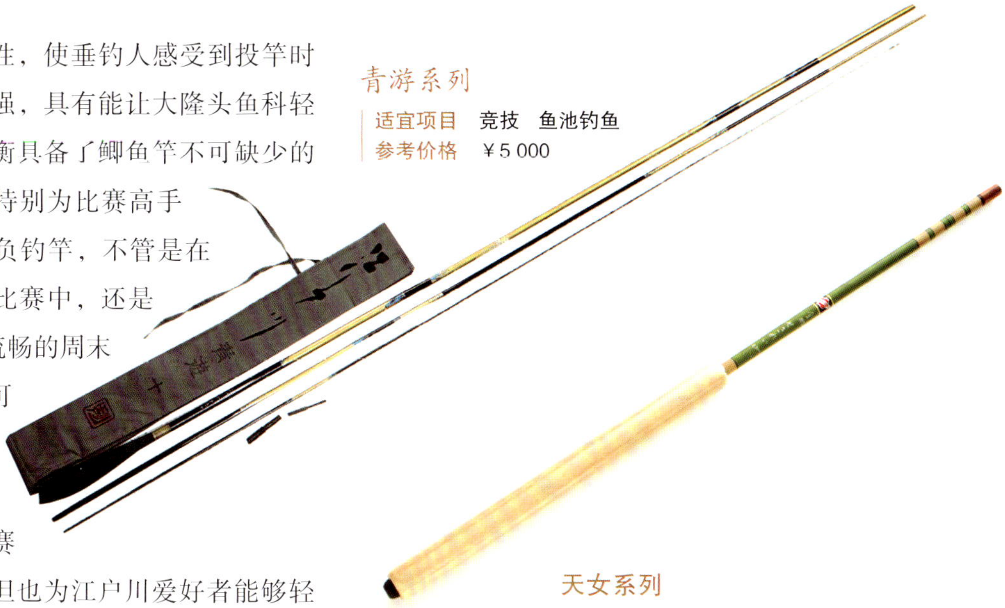

青游系列

适宜项目　竞技　鱼池钓鱼

参考价格　￥5 000

天女系列

除去了从前碳纤维竿的偏硬的缺点，竿身轻盈纤细，能使垂钓者享受到与竹竿相仿的柔软调性。竿整体的柔软调性增加了轻盈感，吸收了肘部受到的直接冲击，最适合使用极纤细的渔线进行的垂钓。得益于这种独特的性能，即使大型鲫鱼上钩也能毫不费力地将其挑出水面，纳入囊中，并拥有易收竿的性能。带有旋转型防缠绕设计，该系列还有磨光的高级品——特选天女。

天女系列

适宜项目　野钓

参考价格　￥7 000

天仙系列

提起江户川的天仙系列，有过使用体验的人都会赞叹它的“易操作性”。这是一款从抛竿到收竿都能够流畅完成的硬钓竿。使用这款钓竿，无论新手还是老手在人工的鱼塘等场所都能轻松自如地垂钓。鱼上钩时反应敏感，收竿敏捷迅速，丝毫不拖泥带水。保持了良好的柔软性，比原来的短尺寸的钓竿更具爆发力，能适应细腻的垂钓设计和进攻性强的垂钓，可旋转的竿芒附有防缠绕设计。

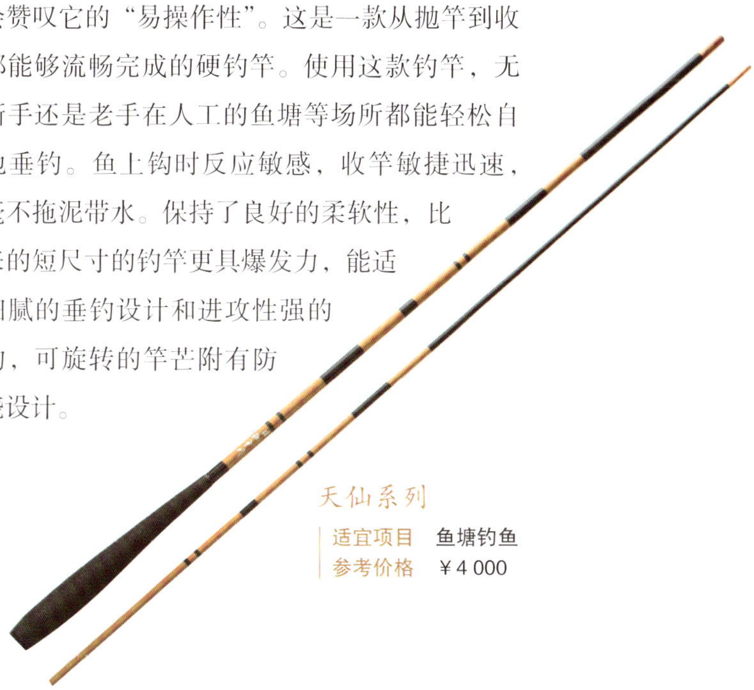

天仙系列

适宜项目　鱼塘钓鱼

参考价格　￥4 000

图书在版编目（CIP）数据

户外运动装备品牌推荐及选购指南 / 世界品牌研究课题组主编. — 北京：北京工业大学出版社，2014.7

ISBN 978-7-5639-3928-2

Ⅰ. ①户… Ⅱ. ①世… Ⅲ. ①体育用品—品牌—选购—指南 Ⅳ. ①F768.6-62

中国版本图书馆CIP数据核字(2014)第116601号

户外运动装备品牌推荐及选购指南

主　　编：世界品牌研究课题组
责任编辑：石嫵飞
封面设计：赵兴华
出版发行：北京工业大学出版社
（北京市朝阳区平乐园 100 号　邮编：100124）
010-67391722（传真）　bgdcbs@sina.com
出 版 人：郝　勇
经销单位：全国各地新华书店
承印单位：沈阳鹏达新华广告彩印有限公司
开　　本：889 毫米×1194 毫米　1/16
印　　张：22
字　　数：562 千字
版　　次：2014 年 8 月第 1 版
印　　次：2014 年 8 月第 1 次印刷
标准书号：ISBN 978-7-5639-3928-2
定　　价：169.00 元